北京高等教育精品教材

公共行政学

（第三版）

张康之　李传军　程　倩　等编著

中国财经出版传媒集团

经济科学出版社
Economic Science Press

图书在版编目（CIP）数据

公共行政学/张康之等编著．—3 版．—北京：经济科学出版社，2017.1
ISBN 978-7-5141-7589-9

Ⅰ.①公… Ⅱ.①张… Ⅲ.①行政学 Ⅳ.①D035

中国版本图书馆 CIP 数据核字（2016）第 318865 号

责任编辑：谭志军　卢元孝
责任校对：杨　海
版式设计：齐　杰
责任印制：王世伟

公共行政学
（第三版）

张康之　李传军　程　倩　等编著
经济科学出版社出版、发行　新华书店经销
社址：北京市海淀区阜成路甲 28 号　邮编：100142
总编部电话：010-88191217　发行部电话：010-88191522
网址：www.esp.com.cn
电子邮件：esp@esp.com.cn
天猫网店：经济科学出版社旗舰店
网址：http://jjkxcbs.tmall.com
北京季蜂印刷有限公司印装
710×1000　16 开　22 印张　430000 字
2017 年 3 月第 3 版　2017 年 3 月第 1 次印刷
印数：0001—5000 册
ISBN 978-7-5141-7589-9　定价：46.00 元
（图书出现印装问题，本社负责调换。电话：010-88191510）
（版权所有　侵权必究　举报电话：010-88191586
电子邮箱：dbts@esp.com.cn）

前　言

全球化、后工业化意味着人类社会进入了一个新的阶段，我们所遇到的各种各样的问题都具有全新的性质，人类的生活方式、交往方式等都面临着重建的要求。特别是在社会的高度复杂性和高度不确定性条件下，在受到危机事件频发等问题的困扰时，我们需要通过人文社会科学研究的学术和理论创新去描绘走向未来的道路。在全球化、后工业化进程中，社会科学不仅不应成为自然科学的镜像，而且需要直面高度复杂性和高度不确定性，进而努力建立具有自身特色的话语体系。这是中国学者应当承担起来的使命。

在我国，行政管理学被当作一门科学加以研究是在改革开放后，20世纪末，中国学术界开始接受"公共行政"概念。公共行政学作为一门科学形成于20世纪的美国，在成长中吸纳了各国学者的贡献。中国的行政科学研究对于中国的行政改革和社会治理实践都发挥了应有的作用。最为重要的是，中国行政学的研究紧密围绕中国政府的改革和发展，能够从中国的实际出发而进行经验总结和理论探索。今天看来，虽然行政学在中国是一门年轻的科学，但所取得的成就是非常喜人的，尤其是本土化的努力有了一定的收获。要实现学术创新，必须兼具全球视野与本土视角。因而，我们不能再满足于完全按照西方学者提供给我们的知识和理论去编写教材了，而是需要反映中国学者在这门学科的研究中所取得的成果，塑造中国行政学的理论体系甚至话语体系。不仅如此，在全球化、后工业化的大背景下，中国行政学的研究还必须走向创新之路，即致力于在解决中国问题的同时也表现出对全球性重大问题的关切。这本教材就是根据这一指导思想编写的。

事实上，从全球范围看，进入21世纪后，公共行政发展中所取得的新的理论成就主要在中国，只是由于许多中国学者尚未建立起自信心，才无视中国公共行政研究中所取得的新的成就，而是更多地被20世纪西方国家（特别是美国）的公共行政研究成果所征服，或者说，在西方国家既有的学科知识的阴影下走不出来。我们在编写这本教材时，既注重对20世纪公共行政研究成果的介绍，也努力总结中国在21世纪研究上的新进展，即把近年来中国学者的新贡献都努力吸纳到这本教材中。虽然我们因为教材的叙述需要而没有把做出贡献的中国学者名字一一列出，但我们对他们所做出的探索是充满敬意的，要特别感谢他们，正是他们的研究成果使这本教材变得更加丰富，能够给予学生更多新知识。

这本教材的第一版面世于2002年，勾画了公共行政学的学科体系，由张康之、李传军、张璋编著。2010年第二版进行了大幅度的调整，重新进行了编写分工：李传军撰写第1章和第10章，李圣鑫撰写第2章，朱晓红撰写第3章，郑家昊撰写第4章和第6章，谢新水撰写第5章，毕瑞峰撰写第7章，李东撰写第8章，王宏伟、周义程撰写第9章，刘柏志撰写第11章，程倩和张乾友撰写第12章。最后由我进行统稿和定稿。近几年来，中国公共行政的理论和实务均发生了突飞猛进的变化，为了反映这些变化，我们推出了本书的第三版。第三版在教材体系上没有太大的变化，但在内容上进行了较大幅度的调整。一是对语言进行锤炼，力求表述更加科学、精练；二是结合中国行政改革和社会治理的实践，在理论上进行概括；三是如前所述，尽可能地把近年来我国学者在公共行政研究领域中所取得的成果吸纳进来。

这部教材的第二版被评为"北京高等教育精品教材"，这对我们是一个激励，这次修订，就是这种激励的结果，我们希望通过修订获得更多读者认同。当然，行政实践每日都会遇到新问题，我们的教材就应该是与时俱进的。提高教材的境界，更新教材的内容，推出一本读者更愿意读、更喜欢读，花更少时间获更大收益的教材，这就是我们这次修订的目标。我一直认为，在专业化的作品中，教材是最为重要的，教材可以使更多的人开卷有益。同时，教材又是集体创作的作品，既包括教材撰写者，也包括教材的使用者——老师和读者。我们真心希望时时得到来自各个方面的批评和建议，这些批评和建议都会体现在以后的教材修订中，只有这样，教材的质量才会不断提高，趋向完美。

经济科学出版社的卢元孝先生是这本教材的最初促成者，这些年来，他一直鼓励和督促我们对这本教材进行修订，这本教材的不断完善，包含着他的心血，我要衷心感谢他。

张康之
2016年10月

目　　录

第 1 章　导论 ··· 1
1.1　公共行政学概述 ·· 2
1.2　行政模式的历史演进 ··· 14
1.3　公共行政学的产生与发展 ······································ 24
　　关键概念 ··· 32
　　复习思考题 ·· 32

第 2 章　公共行政体系 ·· 33
2.1　行政体系的结构 ·· 33
2.2　行政体系中的组织 ··· 38
2.3　行政体系中的权力 ··· 50
2.4　行政权力的存在形态 ··· 57
　　关键概念 ··· 63
　　复习思考题 ·· 63

第 3 章　行政人员与公务员制度 ······································ 64
3.1　行政人员及其职业责任 ·· 64
3.2　公务员制度 ··· 74
3.3　公共行政中的伦理 ··· 82
　　关键概念 ··· 87
　　复习思考题 ·· 87

第 4 章　政府职能 ·· 89
4.1　政府职能概述 ·· 89
4.2　政府职能模式 ·· 103
4.3　当前我国政府的职能定位 ······································ 113

  关键概念 ··· 124
  复习思考题 ·· 124

第 5 章 公共行政的运行机制 ··· 126

 5.1 公共行政中的领导 ·· 126
 5.2 公共行政中的协调 ·· 135
 5.3 行政监督 ··· 142
  关键概念 ··· 150
  复习思考题 ·· 150

第 6 章 公共行政的过程 ·· 152

 6.1 行政决策 ··· 152
 6.2 行政执行 ··· 163
 6.3 机关管理 ··· 168
  关键概念 ··· 174
  复习思考题 ·· 174

第 7 章 公共行政的保障 ·· 176

 7.1 公共财政、预算与税收 ··· 176
 7.2 依法行政 ··· 190
 7.3 公共行政的方法与技术 ··· 195
  关键概念 ··· 201
  复习思考题 ·· 201

第 8 章 政府绩效管理 ··· 202

 8.1 政府绩效概述 ··· 202
 8.2 政府绩效评估 ··· 207
 8.3 政府绩效管理实践 ··· 214
  关键概念 ··· 221
  复习思考题 ·· 221

第 9 章 政府危机管理 ··· 223

 9.1 公共危机与公共危机管理 ······································ 223
 9.2 公共危机管理过程 ··· 231
 9.3 公共危机管理机制 ··· 238

关键概念 248
　　复习思考题 248

第 10 章　电子政务 249
　10.1　电子政务的兴起 249
　10.2　电子政务的技术支持与制度环境 261
　10.3　网络平台上的电子政务 271
　　关键概念 279
　　复习思考题 279

第 11 章　行政改革的实践 280
　11.1　行政改革概述 280
　11.2　当代西方国家的行政改革 290
　11.3　改革开放以来中国的行政改革 297
　　关键概念 306
　　复习思考题 306

第 12 章　公共行政（学）的新理论 308
　12.1　民主行政理论 308
　12.2　新公共服务理论 316
　12.3　网络治理理论 320
　12.4　后现代公共行政理论 331
　　关键概念 337
　　复习思考题 338

参考文献 339

第1章 导　　论

人类的社会生活应当有序，无序或失序都是我们无法接受的。但是，人类早已告别了那个拥有自然秩序的时代，而是需要通过国家和政府提供秩序。至少，当人类走出原始状态后，这种秩序就都要社会治理机构来提供。近代以来，国家及其政府提供社会秩序的基本活动往往是与"行政"联系在一起的。行政学作为一门学问大致是在19世纪末开始的，它从理论上总结概括了国家及其政府管理自身和治理社会的经验，并在此基础上对社会治理的结构、过程和方式方法进行科学设计。行政学作为一门科学也被称作"公共行政学"，它在20世纪迅速地发展成为一门显学，取得了极其显著的成就，而且对行政管理以及社会治理的实践产生了巨大影响。可以认为，行政学在塑造公共行政的实践模式方面发挥了无可替代的作用。公共行政是管理行政的典型形态，而管理行政属于工业社会的行政模式。此前，在农业社会的历史阶段中，人类所拥有的是一种统治行政模式。同样，可以相信，在人类走向后工业社会的进程中，所应致力于建构的将是一种服务行政模式。

本章重点问题
- 行政管理、公共行政、公共管理的概念
- 公共行政学的学科特征
- 公共行政学的研究内容
- 统治行政、管理行政、服务行政
- 公共行政学的发展阶段

1.1 公共行政学概述

1.1.1 公共行政学的相关概念

1. 行政管理

行政管理是由"行政"和"管理"这两个意思相近的词组合而成，是指社会治理体系自身的管理。广义上的行政管理包括一切组织的自身管理活动，而狭义的行政管理所指的也就是我们这里所说的社会治理体系自身的管理。在现代政治部门与行政部门分化的条件下，行政管理一词一般是专门用来指作为行政部门的政府自身的管理活动。其实，在政治部门中，组织的运行也包含着行政管理的内容，政府在社会治理中使用行政手段对社会所进行的约束和调控也可以看作是行政管理。本书所探讨的行政管理主要是政府自身的管理。

管理活动是最为普遍的社会性活动，自从人类开始共同开展活动时，或者说，为了某个共同目的而开展有组织的活动时，就产生了管理的问题。总的说来，只要一项活动是由多人共同进行，就具有一定程度的组织特征，因而也就包含着管理的内容。在人类社会的发展过程中，社会活动越来越趋于复杂化，个人能够独立处理的事情越来越少，更多的事情需要人们联合起来共同应对，管理的意义也就被突出出来。在工业社会中，随着社会化大生产的出现，假如撇开了管理，也就什么事情都做不成。正是由于这个原因，在20世纪，管理活动以及专门研究管理活动的管理学才引起了人们的格外关注。

总的说来，行政作为管理活动的一种特殊类型是与国家及其政府联系在一起的，特别是公共行政学所探讨的"行政"是专门指政府管理自身的活动。在日常用语中，"行政"这个词有着很广泛的含义。在中国，20世纪80年代以前，人们几乎把与管理有关的活动都称为行政，不管这个管理是党政机关的，还是人民团体的、学校以及科研机构等事业单位的或企业的。随着行政管理学作为一门学科在80年代后的恢复和重建，人们已经将行政管理与企业管理分开来看待。但是，作为一种历史遗迹，在部分事业单位和企业中，仍有"行政科""行政处"的设置，在这里，"行政"所指的主要是"后勤管理"。有些企业也把办公大楼称为"行政大楼"，这里的"行政"等同于"办公"。

从汉语的词源来看，早在两千多年前的中国古文献中，就有关于"行政"的记载。例如，《左传》中有"行其政令""行其政事"的记载。"行政"一词最早见于《史记·周本纪》："召公、周公二相行政，号曰'共和'。"这里的"行政"是指对整个国家进行管理。在西方，英语中的"行政"（administration）源出拉丁文 adminatrarc，意思是"执行事务"。

"行政"一词的基点在于"政"，"行"是一个动词，"政"才是所行之事，而"政"则是在国家出现之后才出现的。直到现在，人们单独地使用这个概念的时候，还是把它作为国家的政务，或与国家相联系的各种事务。在引申的意义上，也是用来指称和描述与国家相关的各种事务。这样一来，"行政"中的"行"，实际上是与作为动词的"管理"有着同样含义的，而"行政"中的"政"则表明了行政的特殊性质，即表明行政不是一般意义上的管理，而是一种特殊形式的和有着特殊内容的管理。"行"与"政"合起来，就是管理国家政务。

随着社会的发展，国家承担了更多的管理社会事务的职能。其实，在历史发展的进程中，国家的内涵和外延都在不断地变化和扩展，出现了国家机构的分化，形成了多个相对独立的职能部门，特别是到了近代，政府逐渐地被作为国家的一个相对独立的部门来加以建构，成了执行国家意志并代表国家管理社会的专门性机构。行政的独立化使政府的行政行为成为专门管理国家事务和社会事务的活动。虽然政府所承担的行政具有管理的特征，但它与社会中的其他组织以及企业的管理又有着根本性的区别。正是这种区别决定了人们把政府所承担的管理活动称作行政，或者称作行政管理，以表明它是一种特殊形式的和有着特殊内容的管理。由此看来，行政管理这个复合词所指的其实就是行政，因而，在更多的时候，人们往往直接地把"行政管理"简称为"行政"。

在公共行政学的理论框架中，"行政管理"这个概念所强调的是政府行政活动的管理内涵，并不是对行政的全部内容和性质的表达。行政包含着管理的内容，却不能等同于或归结为管理，行政的许多内容无法归入管理范畴中去。行政是政府中的机构和人员为了政府运转的有序化和条理化以及社会运行的稳定和安全而做出的程序化、制度化行为选择的总和。在现代社会，由于政府有着推动社会发展的职能，所以政府机构和人员在程序化、制度化的体制框架下的行为选择除了谋求社会的稳定和安全之外，也通过优化政府自身的运行机制和制定公共政策等手段为社会的发展提供保障。不过，行政毕竟包含着管理的内容并有着管理的形式。尽管如此，即使是从管理的意义来认识行政，也必须指出，行政是一种特殊形式和有着特殊内容的管理，它作为政府所承担的管理活动，与企业以及其他社会组织所开展的管理活动不同，尽管政府在开展行政活动时可以从企业以及其他社会组织的管理中借鉴一些技术性的工具和手段，但就行政活动的性质而言，是不同于企业以及其他社会组织的管理的。

人们在谈论行政管理的问题时，思维的重心一般是放在政府以及其他巨型组织的内部运行的，对于政府或那些巨型组织的外部功能，是作为行政管理科学化、合理化、技术化的必然结果而出现的。所以，行政管理并不仅是以政府为主体的管理活动，一切规模较大的组织都有着行政管理的问题。但是，只有政府才能够既是行政管理的主体也是行政管理的客体。当政府作为行政管理的主体时，它既有对自身的管理，也可以使用行政手段去对社会加以管理。至于社会中其他类型的组织，只有对组织内部事务的管理才能称为行政管理。从行政发展的历史趋势看，政府运用行政手段对社会的管理受到了越来越多的批评，迫使政府更多地运用法律、政策的手段去对社会的运行进行调控。这就是行政管理的内部化，使得政府的行政管理与社会组织的行政管理呈现了形式上的趋同。

2. 公共行政

公共行政作为一种行政模式是在20世纪发展起来的，它是近代政治的人民主权原则演进和发展的结果，在直接的意义上，是政治权力分化的结果。根据近代早期启蒙思想家们的观点，国家权力被分成"立法权"、"司法权"和"行政权"三种基本的权力，并要求这三种权力之间在平衡的基础上实现相互制约。根据这一观点而做出的现实制度设计就变成了由三个部门来分别执掌这三种权力，政府也就成了与立法部门和司法部门平行的一个部门，即专司行政的部门，也被称作"行政部门"。

在国家权力来源的问题上，启蒙思想家们的人民主权原则认为，权力源于人民，是人民权利的让渡。在思考人民主权的保障和行使的问题时，19世纪的思想家们设计出了一种被称作"代议制"的权利保障制度。根据"代议制"的设计原则，人民的意见通过其代表而得以表达，在立法部门形成了体现国家和人民意志的法案和政策，而司法部门和行政部门都是对这些法案和政策的执行，只不过他们在执行立法部门的法案和政策时是有分工的。行政部门所执行的是那些维护和保障社会常态运行的法案和政策，而司法部门则对社会常态运行中的异例进行审察并做出判决。这样一来，行政部门就成了一个相对于立法部门和司法部门的独立部门。到了20世纪，这个行政部门也就被人们习惯地称作政府，相应地，政府就不再是指19世纪及其以前的那个笼统的、在很大程度上与国家相重合的"政府"了。

公共行政中的"公共"一词可以看作是对行政的定义或规定，是指政府的行政管理及其过程都是服务于公共利益的，反映公众的意志和以提供公共服务为目标。根据学者们的意见，关于公共行政可以作如下理解：（1）"公共"是相对于"私人的"或"企业的"管理来说的，它强调行政活动的主体主要是公共部门或公共服务机构，而不是私人企业或私人机构。（2）在抽象的意义上，一切行政管理活动都有着同样的职能、程序、要素或过程，但不同历史时期的行政管理活动有不同的目的和性质。如封建国家的行政管理的目的和性质是巩固王权，是服务于少数人的统治的，而公共行政的目的和性质主要是为公众提供服务。（3）公共行政是对行政性质的规定，是指这种行政应负有社会责任和义务，其工作绩效既不能用利润指标也不能简单地用效率指标来衡量，而是必须用服务数量、质量、满足社会需求的程度等多种尺度作标准。（4）公共行政是指行政的全部活动及其过程都与公众的利益密切相关，公众有权而且也有必要参与行政活动，这种参与主要表现在公众对政府决策的影响，往往是通过一定的民意代表机构对政府行为进行约束，也通过各种渠道对政府活动进行舆论监督等。（5）行政活动应当具有公开性。这种公开性一方面是指政府及其行政人员的工作要有透明度，让公众知晓；另一方面，是要让立法机关、司法机关、新闻媒介和公众了解行政工作的内容，随时接受检查、调查和监督。

关于"公共行政"概念，应当从以下几个方面来认识。

首先，是对行政管理范围的确定。如上所述，行政管理的概念具有抽象性、普遍性，这样，就出现了政府中的行政管理与企业中的行政管理在性质上的区别问题，公共行政的概念是要把行政学的研究范围确定在对政府行政管理的研究方面，至于企业中的行政管理问题，则被视为属于私人行政的范畴，也就是我们常说的"管理"。

其次，是对行政体系性质的确认。虽然人类历史上早已有了行政管理的问题，但只有服务于公共利益和以满足公众需求为出发点的政府管理活动及其过程，才能够被称为公共行政。也就是说，公共行政的概念把当代政府与以往那种作为阶级统治工具的行政体系及其活动区分了开来。当然，在奴隶社会、封建社会的历史阶段中，行政管理也包含着一些公益性的内容。比如，在道路、桥梁、水利工程等公共工程的建设中，政府行为具有一定的近似于公共行政的性质，但在总体上是不能够把奴隶社会、封建社会的行政管理称作公共行政的。

再次，是对行政体系外部功能的强调。如果说行政管理的问题集中在政府的行政体制、程序、运行机制及其方式、方法上，是对政府自身内部管理的描述，那么，公共行政的概念则着眼于政府职能，强调政府面对整个社会和全体公众提供公共服务的内容、性质和途径。在公共行政概念出现之前，行政管理的概念是可以用来描述政府管理社会的特征的，然而，随着公共行政概念的出现，行政管理的概念则被限制在描述政府管理自身的方面了。

最后，是对行政体系在国家政治结构中的地位的规定。公共行政这个概念产生于威尔逊（T. W. Wilson）"政治—行政二分原则"的提出之后，形成于利益集团已经成为一种基本的政治现象的条件下，所要强调的是政府相对于利益集团政治的独立性，即超然于不同的利益要求之上而不受具体的利益集团政治诉求的左右，是服务于整个社会和全体公众的。西方学者也把公共行政的这一特征概括为"价值中立"。

可见，相对于行政管理的概念，公共行政的概念有了一些新的内涵，对于行政学的研究范围做出了限制，增加了对行政体系的性质加以确认的内容。但是，公共行政的概念更多地表明了行政学研究重心的转移，并不回避对行政管理问题的研究。相反，由于公共行政概念包含着比行政管理概念更为广阔的视野，以公共行政概念为出发点的科学研究不仅包容了行政管理的内容，而且赋予了行政管理以新的内涵，使行政管理能够在广阔的社会背景下认识自身和完善自身，避免陷入片面的工具主义和效率中心主义导向中去。

3. 公共管理

公共管理是20世纪后期出现的一种新型社会治理模式。这个时期，社会的复杂性和不确定性迅速增长，原先由政府垄断社会治理的局面变得难以为继，出现了非政府的、非营利的组织以及各种各样新的社会自治力量，并形成了与政府一道共同治理社会的局面。同时，在行政改革的过程中，政府职能实现了转变，政府的运行机制和行为模式也都发生了根本性变化，从而需要新的概念来描述这种政府与各种社会力量共同治理社会的状况。这就是"公共管理"这个概念产生的原因。所以，对"公共管理"的概念，需要从以下几个方面来加以理解。

第一，公共管理主体是多元的，除了政府这一专门性的行政组织外，还包括非政府的、非营利的组织以及其他各种各样的社会治理力量。在我国，政府之外的、参与到社会治理过程中的所有组织都概括地称为"新社会组织"，这事实上确认了政府与"新社会组织"合作治理的新型社会治理局面的形成。使用"新社会组织"这个概念，目的是把20世纪80年代以来新出现的参与社会治理的组织与传统的组织区别开来，所强调的是这些新型社会组织所担负的社会治理功能。也就是说，传统的社会组织以及企业等私人组织都是接受政府管理的组织，而新社会组织则是与政府一道开展管理社会并管理自我活动的组织。从历史上看，自从人类有了专门开展社会治理活动的机构以来，都是由国家（政府）垄断社会治理活动的，其他任何一种社会力量都无权与国家（政府）分享社会治理权，现在，以政府为代表的行政体系成了多元社会治理主体中的一支力量，其垄断社会治理的局面被打破了。所以，需要用一个全新的概念——"公共管理"来标识它。

第二，在社会治理特征上实现了对参与治理的超越，用多元治理主体的合作治理取而代之。农业社会的治理是服务于阶级统治和阶级压迫的，治理者与被治理者的界限是清晰的，在很大程度上是由等级身份制所规定的。进入工业社会，在一个相当长的时期内，虽然政府是根据有限政府的原则来加以建构的，也表现出了对社会的尊重，并给予社会一定的自由和自主空间，但全部社会治理活动都是由政府垄断的，即使在公众以及社会对政府有了什么样的诉求时，也是通过政治部门而形成公共政策，然后再由政府付诸实施。20世纪70年代，"民主行政"的理念被提出后，公共行政发生了一定程度上的改变，公众参与治理获得了合理性和合法性。然而，参与治理依然是在政府中心主义的格局中展开的，而且极其容易受到政府工作人员的控制和操纵，尽管它实现了对政府垄断治理的改善，也取得了良好的业绩表现，却没有实现社会治理模式的根本性变革。公共管理意味着多元治理主体间的平等合作，打破了把任何一种治理力量作为中心的格局，形成了多元主体间的治理网络结构，通过相互监督、相互制约和以协商的方式在公共服务中开展共同行动。

第三，社会治理的重心发生了转移。以往，社会治理的重心被放置在提供社会秩序、维护社会稳定和保障国家安全方面，在此前提下，政府也会主动地去推动经济发展和社会进步。20世纪后期以来，虽然这些传统的政府职能依然存在，但社会治理的重心转移到了提供公共服务上来，而这些传统职能则被放到了更好地提供公共服务的保障功能的地位上。当政府的职能重心是提供社会秩序的时候，需要一个终极的权威机构将其付诸实现，而在提供公共服务的问题上，政府的垄断已经变得没有必要了，而且由政府这一单一主体也很难将事情做好，因此，需要各种各样的社会治理力量也加入到提供公共服务的行列之中。由此看来，正是这种社会治理重心的转移，造就了公共管理这一新型的社会治理模式。

第四，公共管理实现了人类社会治理模式的又一次根本性变革。在农业社会的王朝治理的条件下，就已经存在着行政管理的问题，但那种行政管理是服务于阶级统治的，在形式上也是比较简单的，其职能也极其有限。工业革命后建立起了现代政府，行政管理的范围、职能等都得到了很大的拓展，在方式、方法上也得到了民主法制的政治环境的改造。特别是到了20世纪，随着公共行政的出现，行政管理成了公共行政的一个构成部分，是公共行政模式得以运行的保障，也是政府职能实现的基本途径之一。现在，随着公共管理作为一种新型社会治理模式登上历史舞台，行政管理的技术性特征会更加突出，而公共行政也被包含在了公共管理模式之中，不再是指政府及其所开展的社会治理活动的总和，而是指包括政府在内的一切公共组织所共同拥有的提供公共服务的路径、方式、方法和行为的总和。

应当看到，公共管理作为一种社会治理模式还在成长之中，当前学术界对它的理解和认识也还存在着很多争议，很多人还是在旧的社会治理模式的框架下去提出建构方案的。但是，如果看到人类社会正走在后工业化的征途上的话，就会认识到公共管理作为一种新型社会治理模式的性质，就会根据社会发展不断呈现出来的新的特征和新的要求去自觉地建构公共管理这一社会治理模式。

1.1.2 公共行政学的学科特征

在人们的观念中，往往认为行政学就是研究政府管理的。其实，"政府"是政治学的一个概念。所谓政府是指议政之府，正如朝廷是朝拜抑或朝议之所一样，政府主要是作为议政之府而存在的。当然，19世纪开始，政府变成了专门性的行政机构，是以行政主体的形式出现的。政府与行政的关系可以这样来认识，那就是行政行为产生于政府和由政府中的组织机构或人员来承担。行政学在政府中所看到的是一个行政体系，而不是政府本身。如果说行政学是以政府为研究对象的话，那是不准确的。因为，站在行政学的视角上，政府是以行政体系的形式存在的，行政体系是经过行政学的抽象而确立起来的研究对象。或者说，行政学并不研究政府的全部，它只研究政府的行政行为以及与行政行为相关的各个方面的内容。对于政府的政治归属问题，行政学可以不去涉猎。比如，它并不专门研究资产阶级政府的行政或者无产阶级政府的行政，它的研究更多地倾向于技术性的方面，是属于技术抽象意义上的行政。当然，公共行政学所探讨的内容包括对行政性质的规定，但这个"公共性"也是一种抽象规定，而不是政治意义上的规定。

在一个较长的时期内，行政学是政治学的分支学科，所以，它需要接受政治学的政府概念。作为政治学的一个分支学科，行政学的研究内容必然是很具体的，有着描述性的特征。因为，它自身不需要有什么理论，它作为一个学科而能够成立的理论是由政治学赋予它的。虽然19世纪末20世纪初行政学发展为一门独立学科，但它只是更多地引进了管理学方面的内容，而在学科的理论归属上，还是没有走出政治学为它划定的界限。也就是说，行政学没有自己独立的理论建树，政府的概念成了行政学分析自己的研究对象的障碍。当政治学对政府的理论分析基本定型之后，行政学再对自己的研究对象进行理论分析似乎已显得没有必要了。正是由于行政学没有自己独立的关于研究对象的深入理论探讨，才造成了在"行政学是否是一门独立学科"的问题上一直存在争议的状况。科学界有着不成文的规矩，那就是一个没有独立理论的学科决不被看作是一个独立的学科。行政学要想成为一门独立的学科，它就不能现成地接受政治学为它提供的政府理论，它需要把政府抽象为行政体系，并加以分析，才有可能从根本上解决行政学作为一门独立学科存在的问题。

行政学的学科尴尬还包括与管理学之间划界不清的问题。从行政管理学的概念可以看出，在一定程度上人们是把行政学作为管理学的一个分支学科来看待的，是一门特殊的管理学科，即关于行政的管理学。根据这个思路，有学者提出，既然行政的概念本身就包含着管理的含义，那就不应当同义反复地称为行政管理学，而应当称作"政府管理学"。如果把行政学称作政府管理学的话，意思可能是，政府既是管理主体又是管理对象。这在表面上看来是合理的，但当我们深入一步，就会看到，政府就如上面所说的是一个政治学的概念，在这样一个概念下进行行政学的学科建设和研究内容的延展时，就会遇到一些无法回答的问题。比如，根据政治学的思路所建构的管理学究竟应当是一门管理学还是一门政治学？事实上，学者们时常为了行政学是管理学还是政治学而发生争论，因为这是关系到行政学的研究内容和方法的问题。如果说行政学是政治学或政治学的一个分支学科，那么在行政学研究中就需要更多地引入政治的观念和原则。而且，如果把行政学定位在政府管理和管理政府的学科位置上，它也就势必会遇到必须加以回答的政治问题。但是，称之为政府管理学，实际上又是把它作为一门管理学来看待的。所以，行政学应当被作为一门独立学科对待，而不能称为"政府管理学"。

20世纪发展起来的管理学是根据科学的原则进行学科建构的，表现出了排斥价值因素干扰的追求。在某种意义上，政治学与管理学是两门相距甚远的科学，政治学与管理学各自有着自己独立的学科标准和方法论原则，而且这些标准和原则是冲突极大的。虽然在20世纪后半期政治学出现过科学化的努力，有的学者试图建立所谓政治科学，但这种努力并没得到广泛响应，事实上也证明这种努力不可能取得什么真正实质性意义的结果。与此同时，管理学的发展中也出现过管理文化学派的理论，可是，管理文化学派至多也只是提出在管理中要重视文化因素，注重人的价值观念对管理过程的影响，提出了不同文化类型中的管理问题，但管理学家们从来也未准备建立不同文化类型的管理学，至今我们也无法设想所谓美国的管理学或日本的管理学，更不可能设想有所谓社会主义的管理学或资本主义的管理学。总之，政治学管理学化和管理学政治学化都是不可能的。

在这种情况下，如果让行政学在政治学和管理学这样两个学科之间做出妥协，那也是不可能的。至多只能出现这样的局面，那就是以行政学家的个人取向来确定行政学的学科位置。当一个行政学家在研究行政学的时候持一种为统治行政辩护的立场时，他就会更多地运用政治的思想方法来解决行政学中的问题；当行政学家站在管理行政的视角上来研究行政学的时候，他就会根据管理学的学科标准和方法论原则去建构行政学。但是，统治行政和管理行政作为人类行政发展史上的两个阶段或两种行政模式都有着历史性，它们都不是人类行政的终极模式，在人类的未来，还必将会有一种新型的行政模式取代它们。所以，无论从政治学的立场上还是从管理学的角度去建构行政学都是不可取的。行政学在历史上的不同阶段与政治学和管理学的渊源关系，并不是行政学作为政治学或者管理学的充分证明，它只是证明了行政学曾在一个时期是政治学的分支学科，而在另一个时期是管理学的一个分支学科，它在自己的发展过程中有着独立化的发展进程，在今天，它已经表现出了作为一个独立学科存在的可能性。

也有人认为行政学是一门边缘学科或交叉学科，这种观点其实是很不负责任的。所谓边缘学科、交叉学科这样的概念，都是那种不愿对新兴学科做出深入研究而又要对学科进行定位时的托词。我们可以说任何一门学科在刚刚出现的时候都具有边缘性和交叉性，但是，它的边缘性和交叉性都是它初生时期的"胎毛"，一旦走向成熟，就会蜕掉这些"胎毛"。或者说，我们无法把任何一门成熟的学科称作边缘学科或交叉学科，只是当这门学科还不成熟的时候，我们才这样临时性地描述它。行政学虽然在今天还具有一定程度上的边缘性和交叉性特点，但这种边缘性和交叉性是不应当加以强化的，而是应当在学科发展中逐渐通过学科研究对象和研究范围的确定，通过独立的理论建构去加以消除的。

行政学是不是一门独立的学科，首先取决于它是否有着自己独立的研究对象。我们不同意把行政学仅仅看作是研究政府管理的学科，是因为这样一种看法往往会把行政学的研究对象与政治学的研究对象相混同。同样，我们提出统治行政与管理行政等提法，目的就是要强调人类的行政有过统治行政的历史时期和管理行政的历史时期，在人类的未来，将会是一种既不同于统治行政也不同于管理行政的服务行政。如果说管理行政在行政发展史中曾经取代了统治行政，那么，管理行政也会因其自身的历史局限性而被服务行政所取代。所以，不能因为我们正处于一个管理行政的时代，就把行政学简单地看作是管理学，或管理学的一个分支。这也就决定了行政学既不应当像政治学那样把政府作为一个完整的对象来加以考察，也不应像管理学那样主要通过对管理过程和管理行为的分析来进行自己的学科建构，行政学需要从政府这个存在着的实体中抽象出行政体系的概念，需要通过对行政体系的分析来确定行政体系的合理性结构，把握行政体系运行过程中的内部的和外部的机制。当然，我们处在一个管理主义泛滥于社会科学一切领域的时代，在行政学的研究中更多地接受管理主义的洗礼也是难以避免的。我们的愿望是，在接受管理主义洗礼的过程中仍然把行政学作为一门独立的学科来加以建构。

鉴于行政学与政治学和管理学的渊源关系，在它形成和发展的早期阶段曾经从政治学和管理学那里汲取了丰富的营养，这对于行政学的成长是至关重要的，在行政学今后的发展过程中，它还会不断地从政治学和管理学那里学习和借鉴它们的理论和方法。同样，在行政学的当代发展过程中，它也不断地从法学、经济学、社会学、心理学等各门学科当中汲取有益的因素。而且，我们发现，在各个国家中都有大批原先学习和研究其他学科的学者们不断地加盟到行政学的研究中来，为行政学带来了其他学科的理论和方法，这对推动行政学的发展是极其有益的，也正是由于这个原因，才使得行政学成为一门当代显学。但是，我们也必须看到，行政学从其他学科中学习和借鉴那些有价值因素的行为，并没有推动行政学朝着边缘化、交叉化的方向前进，反而更加促进了行政学的成熟，使它作为一门独立学科的特征更加突出了。

总体看来，近代以来，或者说在工业社会的发展过程中，科学分化是人类认识史上的一个最为基本的特征，正是在近代的几百年历史进程中，分化出了我们今天所看到的各门学科。就公共行政学形成和发展于20世纪而言，它是科学分化走向成熟状况时的产物，也是科学分化的结果，它表明人类有一门专门性的学科去认识政府中的行政体系及其运行过程。在人文社会科学的体系中，公共行政学出现得较晚，是在政治学、社会学和管理学等学科的边缘地带成长起来的一门科学。所以，这门学科一开始出现的时候是具有多学科交叉的特征的。在一个很长的时期内，公共行政学的研究方法基本上是从政治学和社会学等学科中直接借用而来的，特别是在20世纪管理学科迅速发展的背景下，公共行政学的研究与管理学的研究在很多情况下是界限不清的，是处在一个相互推动的过程中的，几乎管理学的每一个新的理论和每一项新的进展，都会在公共行政学的学科领域中产生影响，管理学中的一切新的研究方法都会迅速地反映到公共行政的研究中来。

虽然在整个20世纪都没有真正解决行政学的学科定位问题，但它的发展还是取得了许多积极成就，而且对20世纪政府及其行政的建构都发挥了巨大作用。20世纪后期，为了适应全球化、后工业化的社会治理要求，在探索如何在高度复杂性和高度不确定性条件下开展社会治理的过程中，公共管理得以兴起。这给行政学的发展带来新的机遇，行政学研究的范围将会得到重新界定，研究内容也会走出政府活动的框架，延伸到一切公共组织之中。就公共管理是一种新型的社会治理模式而言，公共行政将被包容在公共管理之中，以往的政府通过公共行政治理社会的状况将得到根本性的改变，公共行政将成为一切公共组织实现公共管理的保障。因而，公共行政学的研究将在公共管理的学科体系建构中进行，将会成为研究公共管理体系多元主体关系以及内部运行的专门性学科。

1.1.3 公共行政学的研究内容

公共行政学是一门拥有系统化的理论、逻辑和知识的学科体系，有着独特的由各种范畴组成的研究领域。在这方面，不少研究者提出了自己的观点，其中较具代表性的有：(1) 伦纳德·怀特 (Leonard D. White) 将公共行政学的范畴归纳为四大部分：组织原理、人事行政、财务行政、行政法规。他的这一观点见于他所著的美国第一本大学教科书《行政学导论》，对其后的行政学研究产生了很大影响。(2) 卢瑟·古立克 (Luther Gulick) 和林达尔·厄威克 (Lyndall Urwick) 合编的《行政管理科学论文集》提出了著名的"七环节"理论，即计划

（planning）、组织（organizing）、人事（staffing）、指挥（directing）、协调（coordinating）、报告（reporting）、预算（budgeting），简称"POSDCORB"。其中计划理论后来逐步发展成为设计理论，为新的决策科学的创立提供了准备。

我国台湾学者张金鉴试图用更为细致的分类法表述公共行政的研究范围，提出了15M理论：目标（aim），指公共行政活动应具有明确的目标，公共部门总是围绕着达到这些目标而展开活动；计划（program），目标确定后，公共部门需制订切实可行的计划以保证目标的实现；人员（men），指选定公共行政人员，按照计划有步骤、有系统地推进工作；经费（money），指公共行政活动需要足够的运作经费；物财（material），要备齐公共行政计划所需的各种设备、工具、物品和材料，并进行妥善的管理；组织（machinery），指为实现公共行政的计划和目标，要对人、财、物进行有效的组织；方法（method），需要运用系统的程序和有效的方法开展公共行政活动；指挥（command），强调公共管理活动中正确英明的领导非常重要；激励（motivation），即要用一定的手段激发公共行政人员的积极性和创造力；沟通（communication），在公共行政活动中沟通人们的认识、感情、心理和意见等，促进团队精神的形成；士气（moral），保持公共行政人员旺盛的斗志、饱满的精神状态；和谐（harmony），保持公共行政组织系统内部以及管理人员之间的和谐一致；及时（time），指在达成目标和完成公共行政计划时把握时机；空间（room），公共行政活动要适应社会文化、历史背景乃至地理环境；改进（improvement），指要根据日益变化的客观条件不断改进公共行政的政策、原则、方法，加强公共行政的适应性，以保证目标的实现。

其实，公共行政学是以行政体系及其运行为研究对象的，是在研究行政体系及其运行机制的过程中寻找优化国家与社会公共事务管理以及提供公共服务途径的科学。也就是说，行政体系及其运行机制就是行政学的研究内容。从行政体系的结构来看，它主要包括三个方面：（1）由行政体制、行政组织、行政机构、行政人事资源等要素构成的客观结构系统；（2）由行政权力、行政法律、行政政策、行政管理方法等要素构成的主观结构系统；（3）由行政意志、行政义务、行政责任、行政人格等要素构成的价值结构系统。这三个系统在总体上的动态平衡是行政体系健全的标志，而它们的协调运行则表现为行政体系的功能。

公共行政学显然是一门理论性与应用性相统一的科学，其研究内容和范围随着社会的发展而变化。最初，公共行政学主要研究法律对行政的规范，比如1893年美国学者古德诺（F. J. Goodnow）所著的《行政法》一书即是从法的角度研究行政活动。到20世纪初，公共行政学的研究内容扩大为行政组织、人事行政、财务行政、行政法规等。如今，不仅有对各级政府、各个政府部门行政过程中的普遍性问题和一般规律所进行的研究，而且还有对政府各职能部门行政活动的特殊规律以及不同区域、不同层级的行政活动的特殊规律的探讨。随着社会治理主体的多元化，非政府组织以及公众参与等问题也成为公共行政学研究的主要内容。在未来几年，公共行政学将会把多元社会治理主体的合作治理保障问题作为其探讨的重心，即在公共管理的框架下去研究公共组织内部的运行和管理问题，去梳理公共组织间的关系和互动机制。

公共行政学所要研究的是国家与社会公共事务由谁来管、为什么管、如何管等问题。从这个思路出发，我们可以进一步推演出公共行政学的研究内容应当包括公共行政主体、公共行政客体、公共行政环境、公共行政过程、公共行政机制、公共行政保障等几个主要的方面。

第一，公共行政研究需要厘定本学科所使用的基本概念、研究内容、发展历程以及研究方法等。

第二，公共行政主体的研究所要界定的是国家和社会公共事务由谁来管理的问题，这方面的研究主要集中在对行政组织、行政体制、行政人员、行政道德、公务员制度等的探讨上。

第三，公共行政的客体研究主要解决政府应该管什么的问题，通常也被看作是关于政府职能定位问题的探讨，主要探讨的内容包括政府职能的大小、强弱问题，政府与立法机关、司法机关的权力划分问题，政府与社会、市场、社会组织以及公众的作用问题等。

第四，公共行政的环境研究主要探讨的是制约公共行政活动开展过程中的客观制约因素，其中也包括对他国成功经验的学习和借鉴等问题。

第五，公共行政的过程研究主要是把公共行政当作一个动态的变化和发展着的对象来加以认识，主要涉及的是行政决策、行政执行和机关管理等方面的内容。

第六，公共行政的运行机制研究主要探讨的是影响公共行政活动的各要素的结构、功能及其相互关系，以及这些要素产生影响、发挥功能的作用过程和作用原理及其运行方式，其中，行政领导、行政协调、行政监督等是需要研究的主要方面。

第七，关于公共行政保障问题的研究所要探讨的是保障公共行政系统有效运转的资金、法律制度以及方法和技术等问题。

在现代社会，由于公共行政的环境处于变动的过程中，社会的复杂性和不确定性迅速增长，危机事件频繁发生，也使危机管理研究成为公共行政研究的一项重要内容。

总体看来，公共行政反映了近代工业社会效率追求的精神，致力于通过科学化和技术化的方式去提高行政管理的效率，同时，也以行政管理的效率去促进政府外部职能实现上的效率，进而推动整个社会的发展。20世纪后期以来，绩效管理研究的发展正是这一思路的展开。但是，公共行政的公共性质又决定了关于绩效的研究必须在提出改进政府工作效率方案的同时也注重社会公平如何获得的问题，努力从公共行政的制度、运行机制以及行政人员的行为等多方面和多层次去探讨公共行政在维护和保障社会公平方面所发挥的作用。

近些年来，"民主行政"以及各种各样的公众参与治理方案的提出，特别是在公共行政学研究中对政府行政过程公开性、透明度等方面的关注，都反映出对公共行政公平、公正问题的思考，目的是要造就出既有效率又能提供公平和公正的公共行政。

人类社会处于一个持续的发展过程，社会发展中的每一项进步都会提出对政府的新的要求，在农业社会的历史阶段，虽然任何一个王朝都不会在新的社会要求中去改变其统治的性质，但在行政管理方面往往会谋求一定的改变；在工业社会，由于人民主权原则深入人心，在政治上和行政管理方面都会时时发生变化，其中，作为行政部门的政府变革是每一次新的变化的起点。应当看到，从严格受到政治控制的行政管理到在政治—行政二分原则基础上建立起来的公共行政的演进，就是近代行政发展的轨迹。现在，人类社会正在告别工业社会的历史阶段，开始走上后工业化的道路，在这样一次从工业社会向后工业社会的历史性社会转型中，必然要求公共行政以及整个社会治理模式都发生一场深刻的变革。因而，以改革为主题的行政发展是当代以及今后一个较长历史阶段的重要主题。

1.2 行政模式的历史演进

1.2.1 统治行政

根据马克思主义的唯物史观，国家是阶段矛盾不可调和的产物，而国家的产生是出于维护社会秩序的目标，它必然要通过行政管理去达成这一目标。因而，行政管理是国家治理社会并提供社会秩序的一个基本途径。也就是说，有了国家也就有了行政管理。尽管行政管理活动是与国家联系在一起的，但行政管理活动的性质在人类历史上的不同阶段却是不同的。在整个农业社会的历史阶段中，行政管理在性质上属于统治行政的范畴，随着人类走出农业社会而进入工业社会，行政管理的性质也发生了根本性的变化，从统治行政转化为管理行政。现在，人类正走向后工业社会，在这一次人类历史的伟大转型中，将会告别管理行政，从而迎接服务行政的到来。

恩格斯在《家庭、私有制和国家的起源》一书中指出，在原始社会，人们的组织形式是依据血缘关系的远近亲疏而构成的氏族、胞族、部落乃至部落联盟。

通过这些组织，人们进行共同的经济生活，商议共同事务。尽管以现在的眼光来看，这些共同事务是非常简单的，但也包含着协调人们彼此间关系的内容，特别是在发生了与外族的战争时，更会涉及动员氏族社会成员、协调氏族整体等重大事务。这些都可以看作某种意义上的组织活动，包含着协调与指挥等方面的内容。在一定程度上，氏族本身就是一种组织形式，从现有的考古资料来看，一般说来，在氏族组织内部也都形成了一定的组织机构，比如，作为氏族组织典型的决策机构——议事会，就是一种对氏族中的重大事务进行决策和安排的机构。

大约在原始社会末期，随着剩余产品的出现，原来被杀死的战俘有可能被当作生产的工具——奴隶而存活下来。随着生产的发展，一旦社会成员能够从事个体生产，劳动工具、生产资料以及劳动产品的家庭拥有甚至个别拥有，也就成为可能；"自由民"因无法养活自己及其家庭而借债并最终沦为奴隶的现象也随之发生。这样，社会日益分化为三种具有不同身份的社会成员：奴隶、奴隶主、自由民。随着奴隶的增多，奴隶与奴隶主之间也就产生了等级对立，奴隶与奴隶主之间的矛盾冲突也逐渐成为社会的主要矛盾，并日益尖锐。

为了维护自己的利益和镇压奴隶的反抗，一方面，奴隶主必然会动用原来用来同外族作战的共同体武装力量，致使那些原来用以处理共同事务所必需的权力异化为奴隶主阶层及其代表的权力，这就完成了权力的私有，即出现了奴隶主占有权力并服务于统治的状况；另一方面，在奴隶与奴隶主的对立中，奴隶主被整合成一个阶层或阶级，出现了这个阶层或阶级的共同利益，并通过建立专门的机构来维护这种利益，其中，这些机构的最为基本的职能就是维护阶级统治和镇压奴隶的反抗。如果对这种状态进行分析的话，可以看到，在出现了阶级反抗的条件下，是由国家的暴力机构承担镇压被统治阶级的职能，而在平时，则是由一些日常的管理机构去执行阶级统治的职能，主要以获得和维护统治秩序为活动目标。在一定程度上，这些执行阶级统治职能的机构也会以各种各样的方式去保证被统治者利益得到最低限度的实现，以借此去保证统治秩序不因被统治者的无法生存而受到挑战，但更为根本的还是要借此去保证统治利益得到可持续性的实现。

不同历史类型的国家有着不同的行政模式。里格斯（Fred W. Riggs）将人类社会早期的奴隶制社会和封建制社会中的行政模式统称为农业社会的行政模式。其特征是：经济水平主要是由农业生产力所决定；政治与行政不分，权力来源于君主；实行世卿世禄的行政制度，行政官吏在政治和经济上成为特殊的阶级；政府与民众较少沟通；土地的分配和管理是政府的重要事务；行政风范带有严重的亲族主义色彩；行政活动以地域或土地为基础，行政的主要内容是维持政令的一致和统一。也就是说，农业社会的行政完全从属于政治，是政治统治得以实现的工具。

奴隶制国家是人类历史上出现的第一个剥削阶级专政的国家。奴隶社会的经济基础是，奴隶主不仅占有全部生产资料而且占有生产者——奴隶本身。在这种生产关系中，奴隶主享有一切特权，不仅可以占有和买卖奴隶，而且还可以随意杀戮奴隶。而奴隶只不过是奴隶主会说话的生产和生活工具。这种统治和压迫结构必然会引发尖锐的阶级矛盾和斗争，甚至会以大规模的奴隶暴动和奴隶起义的形式出现。奴隶主阶级如何维护自己的统治？当然需要有一个完整的行政组织体系去承担起这一职能。进入封建社会后，阶级统治的性质和形式都发生了一定程度上的变化。之所以学者们能够在奴隶制社会和封建制社会之间做出区分，那是因为这两个历史阶段有着很大的不同，但就阶级统治结构而言，这两个历史阶段及其两种制度是有着很大的共同性的。因而，这两个历史阶段中的行政都可以归入到统治行政的范畴中去。

可以认为，封建社会中的行政是奴隶社会的行政的历史延续。在封建社会中，行政作为政治统治工具的性质没有改变，只是掌握行政这一工具的统治阶级不同而已。封建社会生产关系的基本特征是：土地由享有一定特权的大土地所有者占有；劳动者耕种大土地占有者的土地，并以劳役和实物的形式将维持家庭生产和生活以外的剩余劳动无偿交付给土地占有者。也就是说，在封建经济关系中，土地占有者和农民处于剥削和被剥削的对立地位，这就决定了封建社会的主要矛盾是农民阶级与大土地占有阶级之间的矛盾。历史上层出不穷的农民起义就是这一矛盾激化的表现。在这种经济基础之上所建立的封建制国家及其行政，必然是生产关系中占统治地位的大土地占有阶级从政治上对农民阶级实行专制、压迫，是维持阶级统治的工具。应当看到，世界上一些农业社会较为发达的地区在封建社会这个历史阶段中已经有了较为庞大的行政体系和较为发达的行政管理方式。以中国为例，在隋唐时期就建立起了以分工—协作为特征的行政体系，其"六部二十四司"的行政机构设置已经能够很好地把阶级统治内容转化为日常管理活动，并实现了有效的职能分工。

总的说来，无论是在奴隶社会还是在封建社会，行政管理都是国家实现其阶级统治的工具，行政活动的基本内容就是承担起统治和压迫的功能。当然，此时的行政机构甚至还没有从政治权力机构中分化出来，这是一种"混权"的状态。在严格的学术意义上，还很难对此时的行政管理和政治统治进行区分。我们是在政治过程与行政过程分化了的语境中而将其称为"统治行政"的，认为那是一种统治行政模式。

统治行政模式是形成于王朝治理条件下的一种较为低级形态的行政管理模式。根据马克思主义的观点，国家是阶级矛盾不可调和的产物，是阶级统治的工具。在国家与政府尚未分化的条件下，其行政管理所承担的也是统治职能，所要贯彻的也是统治者的统治意志，所维护的则是统治者的根本利益。在这一时期，行政管理的基本特征表现为:一是"混权"状态,政治权力与行政权力之间尚未出现分化,更不用说存在着近代以来的行政权、立法权与司法权的分化。二是集权管理,最高权力集中在国君一人之手,其官员所掌握的权力都是来自于国君的授权并对国君效忠;相应地,国家机构也没有中央与地方的区分,朝廷之外的一切统治或管理机构都无非是朝廷的派出机构。三是依靠权力治理国家和运用权力统治社会,即便存在着管理的内容,也是依靠权力进行的,虽然也在一些地区出现了一些所谓的法律规则,但那些被称作法律的东西其实都是权力意志的体现,与现代法律有着根本性的区别,更不是治理社会的终极依据。四是权力运行具有明显的"权术"和"权谋"特征,从根本上说,权力不受任何明文的规则体系所限制,也不受其他力量的制约,虽然在自上而下的授权过程中有着平衡权力的要求,但这种平衡也在很大程度上取决于权术和权谋。

1.2.2 管理行政

近代以来,在社会分化的总的历史趋势中,国家自身的分化尤其显著,不仅国家机构、权力和职能发生了分化,而且,国家原有的政治与行政的混沌状态也被打破,进入了政治与行政分化的进程。这种分化导致了国家的统治职能和管理职能的此消彼长。不过,在20世纪以前,国家的统治职能还一直处于主导地位,但国家的管理职能却在量上悄悄地增长。这种量的变化终于在20世纪引起了质的变化,以至于国家的管理职能占据了主导地位。这样一来,国家的统治职能的实现也总是通过管理职能的实现而实现的,只是在一些特殊情况下,即出现了管理危机的时候,国家才开始动用国家机器,才表现为传统统治形式的强制性特征。即便如此,这种强制性行为的目的也在于重建管理秩序。所以,近代社会行政发展的总体趋势是告别传统的统治行政而走向现代的管理行政。

工业化是与城市化同步发生的,社会化大生产和人口流动从根本上动摇了农业社会的区域化统治结构,而市场经济的发展则提出了平等自由的要求。在这种情况下,以等级控制为特征的统治秩序失去了基础。同时,社会变得复杂化了,特别是社会事务的日益增多也需要分门别类地加以管理。因而,需要在国家职能中分化出一个专门承担社会管理并提供管理秩序的机构,这就是专业化的行政部门的出现。根据资产阶级启蒙思想家的思考,国家权力主要由三个方面构成,那就是立法权、司法权和行政权。这三类权力需要由三个部门分别执掌并实现平衡,并要求它们相互制约。在此意义上,行政部门是被作为同立法部门和司法部门相平行的部门而加以建构的,在社会治理的意义上,所实现的是与立法部门、司法部门间的分工和协作,即在提供社会秩序方面有分工。立法部门通过立法去确定社会秩序的形式以及提供这种秩序的途径;司法部门通过执行法律、审查和制止破坏社会秩序的行为去发挥保障的功能；行政部门则通过日常管理的方式去提供社会秩序。这样一来，行政部门就被定位在承担一个国家日常管理的角色上了。

从历史上看，在自由资本主义时期，自由市场经济取代了自给自足的自然经济，在市场中活动的经济主体自由地开展活动和平等地进行竞争。与此相适应，政府的社会管理奉行"政府要好，管事要少"的信条，尽可能少地干预经济以及社会事务，私人领域中的事务主要依靠亚当·斯密所谓的"看不见的手"（市场机制）来加以调节。另一方面，资产阶级政治是被定位在保障公民自由、平等、民主权利的地位上的。此时的政府也是从属于这一政治要求的，其职能的重点主要表现在政治职能方面，即通过政治统治方式镇压封建残余势力的反抗，维护资本主义的生产资料私有制，巩固新生的资产阶级政权，而在其他的社会生活以及经济活动方面，所发挥的是"守夜人"的作用。随着资产阶级政权的巩固和资本主义制度的完全确立，资产阶级政府在经历过一段镇压工人阶级反抗的历程后，发现了资本家阶级与工人阶级共生的必要性，逐渐地开始学会运用管理的方式去化解和处理资本家阶级与工人阶级的矛盾。

19世纪后期，资本主义的发展进入了垄断阶段，早期资本主义的"自由放任"政治原则和政府的"守夜人"角色不再适应这一时期社会政治经济发展的要求。而且，在市场经济的推动下，整个社会在各个方面都日益复杂化。比如，在经济领域，由于经济危机的出现，尤其是1929~1933年的世界经济大萧条，对整个资本主义世界产生了极大的冲击。这就使市场机制难于有效地发挥调节作用，从而提出了政府介入到市场中去的要求。然而，由于资本主义的发展已经到了这样一个地步，那就是回复到农业社会的那种统治形态上去已经完全不可能了，即使政府打破了早期自由主义有限政府的梦想，参与到经济社会的运行之中去，也必须承认和尊重社会已有的自由和平等权利。因而，在手段选择上就只能选择法律的和政策的方式，在治理特征上就只能以管理的形式出现。在很大程度上，政府对社会以及经济生活的介入是以"宏观管理"的方式进行的，而且发展起了一系列诸如预算、税收、发行公债和银行利息等宏观管理的手段，对整个社会施加影响。美国20世纪30年代的罗斯福"新政"就是通过这种方式去应对经济危机的，并取得了巨大成功，从而为世界各国所效仿。

在政府告别了"守夜人"的角色而全面介入到社会生活中去之后，实际上在一定程度实现了国家的管理化，使整个国家开始拥有了一定的管理色彩。当然，资产阶级的代议制政治体制和民主制度经历了几百年的实践而变得非常稳固，尽管出现了一些学者所说的"行政国家"状态，但资本主义政治的根基并未发生动摇，反而由于行政职能的扩张而强化了政治与行政相分离的趋向，使行政的政治色彩变得更淡一些和管理色彩更浓一些。一方面，作为国家行政部门的政府通过各种各样的手段承担起管理社会的职责；另一方面，政府为了承担起和不断改进对社会的管理职责，也需要不断地改善自身的管理问题。因而，政府的管理特征得到了日益强化。所以，这一时期的行政可以称为管理行政。

其实，公共行政的产生可以追溯到19世纪末，即英国文官制度的出现和美国"彭德尔顿法案"的通过，而作为学科的公共行政学的建立则是以威尔逊1887年《行政之研究》一文的发表为标志的。威尔逊在《行政之研究》中所提出的"政治—行政二分原则"是关于公共行政的最著名的规定，而这一原则恰恰是对当时行政建构实践经验的总结，也是行政管理化追求的反映。因为，在"彭德尔顿法案"通过之前，美国所实行的是一种"政党分肥"制度，政府及其行政都因胜选的政党而异。一个政党在大选中胜选，也就意味着去组建一个完全属于该党的政府，其行政也因此发生了很大变化，政策以及政府工作缺乏连续性。这是一种政治与行政不分的状态，政党政治的动荡时时反映在政府及其行政之中。"彭德尔顿法案"的基本精神就是终结这种状态，要求建立一个独立于政党政治的稳定的文官体系，不因政党的更替而中断政府工作。这实际上就是要求政府管理化的做法，即把管理的问题与政治问题分开，政府的行政被当作管理而不是政治来加以认识，政府应当尽可能地专注于管理而不受政治的干扰。威尔逊的贡献就在于对这一实践进行理论提升，提出了"政治—行政二分原则"。后来，古德诺则将之明确表述为："政治是国家意志的表达，行政是国家意志的执行"。自此以后，如何实现政府行政管理的高效化问题也就成了理论界和实践界所共同关注的焦点了。所以说，虽然近代政府的出现已经意味着管理行政取代统治行政的进程开始了，但对政府及其行政管理化具有标识意义的事件，则是"彭德尔顿法案"的通过。而在理论上做出明确规定的，则是威尔逊所发表的《行政之研究》，它可以看作是管理行政进入其典型形态的起点。

比较统治行政与管理行政，可以发现，第一，统治行政是秩序导向的，获得社会秩序是其重心，一切都是为了维护社会的安定，而其实质则是通过秩序的获得而维护统治阶级的利益。管理行政则是效率导向的，它排除政治的干扰无非是为了获得管理国家以及社会事务的效率，特别是在定位于国家意志执行的角色上时，唯有效率才是第一位的。第二，统治行政是在"忠君事主"的原则下展开的，在权力自上而下的分配和运行中，使主观意志贯穿于整个行政过程，一切行政事项的取舍和处理都取决于权力意志，特别是取决于君王的最高意志。管理行政在效率追求中更加注重对科学性和技术化手段的选择，要求按照科学理性的原则开展行政活动和处理一切问题，最为显著的是通过科学的分工—协作体系建构去实现行政活动的科学化，以求排除行政人员个人的人格因素对行政活动的影响。第三，统治行政作为权力意志发挥作用的过程还表现在对权力的倚重，可以说是完全借助于权力去开展一切行政活动的，行政集权与政治集权是一体性的。

管理行政是在政治民主的政治环境下产生的，虽然行政体系以及行政过程中也具有集权的特征，但它是在政治民主前提下的行政集权。更为重要的是，管理行政有着严密的规则体系与之相伴随，行政集权及其运行是受到规则体系的制约和规范的。第四，统治行政作为王朝治理的途径是服务于王室利益的，至多也是服务于统治阶级的共同利益的，在这个历史阶段中，整个社会是由不同的"共同利益"群体构成的，不同的共同利益群体之间是矛盾的和对立的，此一利益共同体与彼一利益共同体之间在利益得失上是成反比例的，在它们之间是不存在某种可以抽象的共有因素的。在管理行政得以产生的近代以来的社会中，由于社会化大生产以及市场经济的原因，整个社会的不同构成要素之间被置于一个相互影响的互动过程之中，虽然也存在着不同的阶级和不同的利益群体，但在它们之间，却拥有着某种可以抽象的共通因素，那就是公共利益。因而，当管理行政在政治—行政二分原则之下开展行政活动的时候，是被要求服务于公共利益的实现的。也正是在此意义上，管理行政被称作"公共行政"。

当然，管理行政毕竟是产生于阶级社会的，资产阶级和无产阶级的矛盾对立决定了这种行政不可能在维护和实现公共利益上真正发挥作用，不可能在实现社会公平正义方面做到平等地对待一切社会成员。所以，它所具有的公共性仅仅停留在形式方面，而在实质的意义上，它依然是服务于资产阶级剥削和压迫的，在根本上，是资产阶级利益实现的工具。到了20世纪后期，它的这一性质暴露得更加清晰了，因而在社会治理上陷入了困境。也就是说，管理行政在社会治理的过程中不仅无法消除社会矛盾和对立，反而因为制造了更为悬殊的贫富差距而使整个社会陷入危机状态，特别是在出现了经济危机以及其他社会危机的时候，管理行政的作用往往表现为通过政策以及其他的宏观调控手段去让穷人替富人买单。另一方面，20世纪后期以来，随着社会的复杂性和不确定性的迅速增长，管理行政赖以成立的原则和开展行政活动的方式方法也都暴露出了不再适应的特征。这表明，管理行政的历史作用已经受到挑战，人类社会进入了一个全新的历史时期，需要一种新的行政模式去取代管理行政。

1.2.3 服务行政

服务行政所代表的是一种正在生成中的社会治理方式，它是公共行政的一种新形态，也是公共行政发展的一个新阶段。人类社会的发展经历了由农业社会到工业社会并即将向后工业社会变迁的过程，相应地，其社会治理模式也经由统治型社会治理模式演变为管理型社会治理模式，并将走向服务型社会治理模式。20世纪后期以来，在全球化、后工业化的历史性社会转型运动中出现了公共管理，"在公共管理中，控制关系日渐式微，代之而起的是一种日益生成的服务关系，管理主体是服务者，而管理客体是服务的接受者。所以，这是一种完全新型的管理关系，在这种管理关系的基础上必然造就出一种新型的社会治理模式，是一种服务型的社会治理模式。"① 服务行政就是服务型社会治理模式的一个重要组成部分。虽然在服务型社会治理模式中，政治与行政开始重新走向融合，特别是在多元社会治理主体合作治理的条件下，行政不再是基本的和主要的社会治理方式，但治理体系及其各个构成要素自身的管理依然会以行政的面目出现。不过，这个行政不再是管理行政意义上的行政了，而是一种新型的服务行政。

关于服务行政的构想可以从以下几个方面进行：

第一，服务行政是服务导向而不是控制导向的行政。无论统治行政还是管理行政，在实现行政职能的过程中都是以控制为导向的，只不过统治行政在内部职能与外部职能的实现上都是通过权力控制的方式，而管理行政在内部职能的实现上是通过权力控制并辅之以法律和政策的手段，而在外部职能的实现方面则主要以法律和政策的方式加以控制。总的说来，治理者与被治理者之间的关系是一种控制者与被控制者的关系。服务行政正如其名称所示，是一种服务导向的行政。不仅在行政主体与行政客体的关系上是以服务为导向的，而且在行政主体内部，也是以服务为导向的。如果说还存在着组织层级的话，那么，自上而下的层级关系也从控制转向了服务。当然，也会存在着权力以及法律、政策等因素，但它们都只是作为服务的保障因素而存在的，而不是作为控制手段被使用。

第二，服务行政是公正导向而不是效率导向的行政。应当看到，统治行政同样不是效率导向的行政，而且也不是公正导向的行政。统治者内部可能存在着公正要求，而且被统治者也会呼吁统治者公正地对待不同的被统治者，但统治者与被统治者之间的等级关系决定了公正的观念不可能生成。管理行政在理论上能够推导出公正的问题，因为管理行政的从业者也都是公民。然而，管理行政并不能真正实现社会公正，最多只是用普遍性的法律和政策制造出了形式公正，即用形式公正掩盖实质上的不公正。管理行政的效率追求是其最为突出的特征，无论是在国家意志的执行方面还是在促进社会发展方面，都有着强烈的效率中心主义趋向。尽管如此，管理行政由于没有找到提供社会公正的途径，它所表现出来的效率也就无法达成公众满意的结果。在很大程度上，管理行政的效率追求是没有实质性意义的，属于一种没有目标的"瞎比画"。正是由于这一原因，管理行政总是会陷入周期性的政府规模膨胀、分工不合理、职能界限不清和官僚主义等困境之中，变得无效或低效。服务行政不是效率导向的，而是把提供社会公正放在首要位置上。由于服务行政要求提供社会公正的目标是明确的，所以，能够获得管理行政求而不得的效率，会成为最有效率的行政模式。

---

① 张康之著：《公共管理伦理学》（修订版），中国人民大学出版社2009年版，第8页。

第三，服务行政是社会本位而不是政府本位的行政。统治行政是服务于阶级统治的，虽然在农业社会还没有严格的现代意义上的政府，但朝廷及其派出机构可以被看作是行政主体，行政活动是由这个主体承担的，是围绕着这个主体的意志而转移的。事实上，我们今天所讲的"官本位"所指的就是农业社会统治行政的状况，它影响至今，在一切管理行政尚未发展到其典型形态的地方，都可以明显地看到"官本位"仍然是人们不得不接受的现实。管理行政在行政人员职业化以及完整的规则体系的约束下有效地消除了"官本位"的影响，但在政府与社会之间，政府本位的色彩依然是比较浓重的，而且在近代资本主义的文化和语境下，像"公众参与"等概念都清楚地表达和描绘了政府本位的状况。因为，社会治理活动被认为是政府的本分，而公众只不过是在必要的时候参与其活动，去表达一定的看法，至于这种参与是否有意义，则不在考虑之列。尽管从"官本位"到政府本位的发展是人类社会治理史上的一大进步，但它们都必然会造成社会治理者与被治理者的割裂和对立，会引发权力的异化和腐败的滋生。服务行政的主体是多元化的，服务者与服务的接受者之间并没有严格的界限，在此时此地是服务者，在彼时彼地又是服务的接受者；针对某一对象是服务者，而相对于另一对象又是服务的接受者。在这样一个多元互动、角色变换的服务体系中，一切都是以服务接受者为本位的。对于政府而言，以社会为本位；对于其他的社会治理力量而言，只有始终以"顾客"的要求为转移并在不断地改善其服务水平的过程中才能获得生存空间。

第四，服务行政是开放式的行政而不是封闭式的行政。统治行政是一个纯粹的权力运行体系，权力的封闭性决定了只有统治阶级的成员才能进入这个体系，才能做官，而广大平民是不被允许进入这个权力体系的。当然，中国自隋唐始的"科考"也在一定程度上意味着平民可以进入权力体系，但这是极其有限的，对贵族为官的状况没有产生根本性影响。管理行政发生在政治权利得到普遍承认的时代，从理论上讲，一切具有公民资格的人都可以进入政府并成为行政人员，而在实际上却是不可能的。虽然管理行政中的行政活动被认为是一项职业活动，但行政秘密无处不在，即使在公众参与的理念深入人心的时代，行政秘密也是不允许对公众开放的，更不用说职业化的行政活动是一门专业性极强的技术活儿，往往排斥了公众的参与。服务行政是在社会充分组织化和社会治理社会化条件下出现的，政府不再垄断社会治理，多元化的社会组织都承担着社会治理的职责，发生在政府以及所有承担社会治理职责的组织中的行政过程都必须是开放的，从而保证了治理主体之间能够开展合作。所以，服务行政必然是一种具有充分开放性的行政。

第五，服务行政实现了法治与德治的统一。统治行政依靠权力开展社会治理，代表了一种"权治"行政，虽然在中国古代也提出了"德治"要求，但其关注点主要停留在对治理者道德修养和素质的要求上，在具体的治理过程中，是缺乏德治保障的，特别是在道德知觉与权力意志发生冲突的情况下，权力的行使总是会毫不犹豫地踢开道德的束缚。管理行政被要求在"依法行政"的原则下开展活动，体现了法治精神。管理行政赖以展开的前提是官僚制组织，根据官僚制组织理论，行政的价值中立所要求的是排除一切人格因素的影响，即祛除"价值巫魅"，因而，在行政过程中，道德价值也在排除之列。管理行政所接受的仅仅是成文的规则规范，往往把道德看作一种不可靠和不可操作的因素。所以，根本不可能提出德治的要求。服务行政则不同，服务的具体性决定了法治只是一条基线，法律也只是一种基本的保障因素，在具体的服务过程中，必须根据道德知觉去开展活动，必须去积极地探索服务行政过程中的道德保障问题，必须去创造性地建构起道德制度，实现服务导向下的德治。

服务行政作为一种行政方式并不仅仅是指政府中的行政，它包括一切社会治理组织的自身管理活动。但是，服务行政方式的建构需要以服务型政府建设为起点。在从工业社会向后工业社会转型的过程中，在服务行政取代管理行政的历史性变革过程中，政府在社会治理中的地位还会表现得非常突出，政府将在一个相当长的时期内发挥着引导和驱动社会发展的作用。在这种情况下，政府改革需要首先确立起服务型政府建设的目标，只有当政府实现了向服务型政府的转型，政府中的行政活动具有了服务行政的性质，才能对其他参与到社会治理过程中来的社会组织的内部管理产生影响，才能使这些组织的内部管理也具有服务行政的性质。

总之，公共行政是在行政的统治职能和管理职能此消彼长中生成的，是近代政治和行政发展的必然结果。在近代社会早期，西方各国大都通过资产阶级革命建立起了资本主义国家，与这种国家形态相伴随的是不同于封建王室的现代政府。但此时的政府往往被称为"消极政府"或"有限政府"。也就是说，其作用是有限的，主要体现在维护公民自由、平等等基本人权方面，如保护个人财产、提供基本的社会秩序以及国防等，对于来自于社会的要求，政府也总是处于一种简单的应答状态。19世纪中后期，资本主义的自由竞争开始逐渐为垄断所取代，因垄断而造成的许多社会问题都超出了社会自身的调节限度，需要政府出面来加以解决。与此同时，行政所承担的统治职能已经降到了极低的限度，而社会管理职能则迅速地增长。特别是资本主义垄断是由资本家阶级的活动所造成的，资产阶级的政府不可能通过行政的手段去实施对这个阶级的统治，而是通过改变行政的性质使管理色彩逐渐地增强。

管理相对于统治的区别在于：管理可以尽可能地模糊阶级立场和性质，可以带上科学化的面具，可以以规则的名义对任何特殊的要求加以限制。所以，此时的行政开始具有了公共行政的形式。这也说明，管理行政实际上是公共行政的另一个称谓。如果说近代的管理行政有一个生成过程的话，那么，公共行政则是管理行政的典型形态。但是，公共行政在进一步发展中不会仅仅停留在形式公共性的意义上，还会获得实质公共性，这决定了公共行政在获得实质公共性的过程中将超出管理行政的范畴，从而转化为服务行政。服务行政是公共行政的更高形态，是对工业社会这个历史阶段（即资产阶级政府中）的公共行政的超越。在技术的层面上，服务行政将继承工业社会这一历史阶段公共行政发展的全部积极成就；在性质上，服务行政将是一种全新的、具有实质公共性的公共行政。

1.3 公共行政学的产生与发展

1.3.1 建构阶段

行政学作为一门科学是19世纪末20世纪初的产物。此前，在启蒙思想家们的著作中，关于政府中的行政现象已经得到了一定程度的关注，而且一些后来被认为属于行政学研究的基本原则和理论前提也都基本确立了起来。从启蒙思想家们的权力分类学说中可以看出，当时是把国家权力分为立法权、行政权和司法权的，并要求由三个相应的部门分别掌握，这实际上已经包含着"行政是一个相对独立的领域"的认识，其逻辑结果就是对这个相对独立的领域可以进行专门的研究。只是由于启蒙以及整个近代早期面临着繁重的政治制度设计任务，才没有对行政进行专门研究。尽管如此，许多思想家还是出于政府制度设计的目的而对政府机构的构成、行政组织的特征、行政权力的结构和运行机制以及人事行政等方面的问题作了探讨。在此过程中，德国和法国在财政学和城市管理方面的研究取得了许多成果。但是，行政学作为一门学科被提出来，学术界一般认为是威尔逊的贡献。的确，威尔逊发表在1887年《政治学季刊》上的《行政之研究》第一次提出了要把行政管理作为一个独立的领域来加以研究的意见，并确立了政治—行政二分原则，因此，该文成为行政学产生的标志。而作为一门学科被建立起来则包含着更多学者的贡献，其中，在马克斯·韦伯（Max Weber）的官僚制理论和泰勒（F. W. Taylor）的科学管理理论被放置到威尔逊的政治—行政二分原则基础上之后，这就形成了一个完整的行政学的研究框架。

在"行政之研究"中，威尔逊通过回顾行政领域研究的历史，指出行政与政治的不同，认为有必要建立一门独立的行政科学去研究政府能够做什么，以及如何以最高的效率和最低的成本去做这些事情。威尔逊为行政学的研究确立了一个大致的范围，认为行政学需要研究人事问题、组织问题和一般性的管理问题，特别是应当把注意力集中在组织的有效性和效率问题上,但学术界在谈到威尔逊的时候,对于他为行政学确定研究的范围和提出的理论往往未给予过多的关注。根据学者们的看法,威尔逊的贡献在于提出了行政学赖以成立的前提——政治—行政二分原则。在威尔逊之后,古德诺的行政学研究对威尔逊的政治—行政二分原则做出了进一步阐发。古德诺在1900年出版的《政治与行政》一书中把威尔逊的"政治与行政不同"的思想作为一个无须证明的前提接受了下来,并做出了进一步阐释。根据古德诺的看法,政治是国家意志的表达,行政则是这种意志的执行;政治主要与政策的制定相关联,而行政则是对政策的执行。由于具有这些不同,行政是完全可以避开政治的纷乱和冲突的,是可以被当作一个纯粹技术性的领域来加以建设的,它在国家意志和政策的执行中,所需要的是合乎技术标准并追求最高的效率。

马克斯·韦伯通过他的官僚制理论而对行政学的建构做出了特殊贡献,由于韦伯在官僚制方面的研究而使威尔逊所确认的行政领域变得清晰了,有了一幅清晰的组织构图,从而为威尔逊所说的行政职能的实现提供了一个实实在在的载体。也就是说,韦伯的官僚制组织理论把威尔逊的思想变成了可以实施的方案。如果说威尔逊提出了建立行政学这门学科的话,那么韦伯则因他在组织理论方面的贡献而被看作是把行政学作为一门学科建立起来的人,正是韦伯所提出的理想官僚制,使行政学所要研究的一切基本的方面都包含其中了。而且,韦伯关于理想的官僚制是建立在"合理—合法"权威基础上的理论设定,也正是行政学所要遵循的普遍性原则,在落实到实践中去的时候,技术合理性追求、工具理性、层级节制、权责明确等原则也确实对政府组织以及运行机制建构产生了巨大影响,并促使政府走上了依法行政的道路。

在早期的行政学理论体系建构中,泰勒的科学管理理论是一个重要的组成部分。如果说威尔逊确认了行政学的领域并确立了政治—行政二分原则,韦伯提供了一个组织框架,那么,微观层面的操作和运行方面的问题则是由泰勒的科学管理理论来加以解决的。1911年,泰勒发表了《科学管理原理》;1916年,法约尔(H. Fayol)发表了《工业管理与一般管理》,这是管理学史上的重大事件,它们不仅意味着实践上的科学管理运动,也同时意味着作为科学的"管理学"的创立。对于行政学来说,这也同样是重要的事件,因为行政管理中的诸多技术性问题由于泰勒和法约尔的贡献而得以解决,所以,行政学作为一门学科也因他们的理论而变得完整和成熟。应当看到,泰勒和法约尔所代表的这场科学管理运动对管理的机制和过程、管理的原则和方法等方面都做出了深入而全面的探讨,而这些方面恰恰满足了行政相对于政治的独立化之后的科学化、技术化追求,所以,行政学可以把这些科学管理运动的成就直接引用到行政学的理论建构中来。

最早对公共行政学这门学科的内容进行系统研究和阐述的是美国学者怀特

（D. White）和威洛比（F. Willoughby），他们分别于1926年和1927年出版了《行政学导论》和《公共行政原理》，行政学理论体系的形成正是以这两本大学教科书为标志的。这两本著作与1930年美国加州大学教授费富纳（J. M. Pfiffner）所著的《行政学》，被誉为公共行政学的三部经典教材。1937年，美国学者古立克（L. Gulick）和英国学者厄威克（L. Urwick）共同编辑出版了《行政科学论文集》。该书包含了能够准确反映当时研究成果的一系列重要论文，是一部堪称在行政科学研究上具有里程碑意义的著作。

从学术活动来看，1930年，国际行政科学学会在西班牙首都马德里成立，从此，行政学引起了世界各国的普遍重视。1936年，美国总统罗斯福在"新政"时期成立了"总统行政管理委员会"。1939年，美国公共行政学会正式成立，从而表明公共行政学作为一门学科在理论体系的建构和学术队伍建设方面都走向了成熟。总的说来，这一时期的公共行政学研究取得的成绩是巨大的，其中，最主要的贡献就是确立了行政学这门学科的独立地位，厘定了研究对象和内容以及应遵循的一般原则和基本方法，并将效率中心主义的精神贯注到这门学科之中。

1.3.2 行为主义阶段

在两次世界大战期间，公共行政学发展成为较为完整的理论体系，其范围包括行政管理的体制、组织、结构、职能、决策、人事行政、财务行政等各个方面。这一时期的研究主要探讨的是那些不变的和具有普适性的管理原则、严格的等级制度和非人格化的管理活动、静态的组织结构、固定的管理程序、以工作为中心的管理方式、提高效率的途径以及命令——服从机制等问题。但是，这一时期的公共行政学研究也开始受到了行为科学理论的冲击，在一定程度上，行为科学对公共行政的研究产生了决定性的影响，特别是对公共行政学建构初期就已经包含着的效率中心主义精神导向了对人的行为的关注，从而把这门学科引向了通过行为研究去提高效率的道路上去了。随着行为科学理论被引入行政学研究中来并被人们逐步接受，公共行政学的发展进入了行为主义阶段。

行为科学的出现可以追溯到20世纪20~30年代的早期人际关系学说。1927~1932年，美国哈佛大学教授梅奥（E. Mayo）等人进行了著名的"霍桑实验"，形成了这样一些认识：（1）工人是"社会人"而不是"经济人"；（2）金钱不是唯一的激励因素，存在着社会的、心理方面的激励因素；（3）除了正式组织之外，非正式组织发挥着非常重要的作用；（4）新型的领导者所具有的不是以工作为中心的技术技能，而是以人为中心的社会技能。虽然在第二次世界大战前关于霍桑实验的研究报告并没有在实际运用中引起广泛的重视，但它帮助人们认识到了传统管理理论的不足之处，促进了人们对人际关系问题的关注。

这也就是后来行为科学兴起的重要原因。所以，梅奥以后，"行为科学—人际关系学说"得到了迅速发展，受其影响，管理理论领域相应地形成了一系列的新学说和理论观点。例如，马斯洛（A. H. Maslow）的需要层次论、赫茨伯格（F. Herzberg）的激励—保健因素理论、麦格雷戈（D. McGregor）的X—Y理论、卢因（K. Lewin）的团体动力学、弗鲁姆（V. H. Vroom）的期望理论、斯金纳（B. F. Skinner）的强化理论、阿吉里斯的（C. Argyris）的不成熟—成熟理论、坦南鲍姆（R. Tannenbaum）和斯密特（W. H. Schmidt）的领导方式连续统一体理论、布莱克（R. R. Blake）和穆顿（J. S. Mouton）的管理方格法，等等。这些理论和学说的提出，使行为科学一度成为社会科学中的一个很大的亮点，也对包括公共行政学在内的几乎所有社会科学门类都产生了巨大影响。

在行为科学—人际关系学说的影响下，许多行政学者开始使用行为主义的观点和方法研究行政管理现象，其中，以西蒙（H. A. Simon）所代表的行为主义行政学较具代表性。在西蒙行政学理论的思想来源中，值得一提的是行为主义政治学。20世纪30～40年代，芝加哥大学是美国行为主义政治学的中心，在此形成了著名的"芝加哥学派"。西蒙当时在此学习，他从行为主义出发来研究行政学及组织问题。按照一般的行为主义观点，在社会研究领域中，要了解社会现象，必须从人在实际生活中的行为入手，而这些行为是可以用科学的方法去观察、分析、实验并获得可靠结论的。比如，行为主义政治学认为，政治学可以通过解释和预测等而成为一门经验科学，它的目标是建立系统的经验理论；政治学研究应以理论为主，但理论应与经验事实相一致，应该严格区分事实问题与价值问题；政治分析应以个人、群体和组织的行为为焦点，而不应以政治制度为焦点。西蒙在行政学研究中借鉴吸收了行为主义政治学的观点和方法，在研究方法上讲究观察的客观性和测量的可靠性，主张价值问题与事实问题的严格区分，认为一切假说必须经过经验检验，强调以人的实际行为作为研究中心，等等。

西蒙的著述甚丰，其中以分别出版于1947年与1960年的两本著作——《行政行为：行政组织决策过程的研究》与《管理决策新科学》——最为重要，他的行政学说或者说决策学说的理论基本上都包括在这两本书中了。西蒙的研究主要包括：(1) 提出"管理就是决策"。决策过程和决策行为存在于一切组织的管理过程之中。(2) 研究了决策行为的心理环境，借助于心理学的研究成果对决策本身和决策过程及程序进行了科学分析。(3) 与"完全理性""寻求最优"的"经济人"不同，"行政人"是在"有限理性"的范围内运用相对简单的经验方法，按照"满意原则"挑选决策方案并进行决策的。(4) 对程序化决策和非程序化决策进行了区分和分析。(5) 从决策的角度，对权威、信息沟通、效率、认同、组织目标和组织系统、信息处理技术等问题进行了分析和研究。由于决策是一切政府组织和行政管理过程中的重要活动，西蒙的研究无疑对公共行政学的发展有着十分重要的影响。

1.3.3 公共政策阶段

第二次世界大战后的社会发展全面进入一个政府主导的阶段，一方面，政府的行政过程沿着罗斯福新政模式所开辟的道路前进，对深入到社会发展以及经济运行的内部去干预社会抱有热情；另一方面，社会发展把更多大规模的事项、普遍性的问题、影响面宽的任务摆到了政府面前，让政府原先的运行方式和处理问题的方法都变得不再具有效率，不得不去寻求新的路径，即不是通过直接的行政管理手段而是通过公共政策途径去解决问题。事实上，在20世纪60~70年代，许多西方国家先后出现了诸如暴力犯罪增加、经济停滞、环境污染、能源短缺、失业率上升以及住房、卫生、社会保障、公共交通等众多的社会问题。面对这些问题，政府通过行政管理行为去加以解决既没有效率也无法取得理想的效果，只有通过公共政策的途径来加以集成化地解决。此外，管理学中关于决策机制的研究以及社会学中定量分析技术的发展都取得了很大进步，也使公共行政研究能够非常方便地学习和借鉴这些学科中所取得的研究成果，或者说，管理学、社会学等学科已经为公共行政学中的公共政策研究提供了知识上的和技术上的准备。所以，20世纪的60年代成了公共政策研究最为"红火"的年代，在公共行政学的发展史上，也将此称作"公共政策运动"。

一般认为，公共政策运动只是公共行政发展史上的一个阶段，但在公共政策运动中也包含着把公共政策研究作为一门独立的科学来加以建构的倾向，所以，一些从事公共政策研究的学者也倾向于使用"政策科学"的概念。最初把"政策"与"科学"直接联系起来加以使用的是美国政治学学者拉斯维尔（Harold D. Lasswell），人们通常把他和伦纳（Daniel Lerner）1951年合著的《政策科学：范围与方法的最近发展》一书作为现代政策科学发端的标志。拉斯维尔提倡建立"政策科学"的一个基本原因是他对当时社会科学存在着零碎的专门化感到非常不满，他认为，政策科学或社会科学中的政策方向可以超越社会科学的零碎的专门化，并能够确立起一种全新的统一的社会科学。在该书中，拉斯维尔明确指出政策取向研究的重要性，认为社会科学家应从政策过程与政策内容两个方面来探索问题。在后来的著作中，拉斯维尔继续致力于政策科学的研究。在《政治科学的未来》（1963）一书中，拉斯维尔则将政策科学看作重建政治科学的基本方向，呼吁政治科学家致力于这方面的研究，特别是集中关注政策制定中选择理论的研究，希望政治科学家们更多地关注政策和社会问题。

在公共政策研究方面，较有影响的学者有：（1）耶鲁大学的经济学家林德布洛姆（C. E. Lindblom）。林德布洛姆长期研究公共政策，1959年，他在《公共行政评论》杂志上发表的《"渐进调适"的科学》（The Science of Muddling Through）一文被认为是渐进主义决策理论的代表作，该文对政府决策过程的理性模式作了深刻分析。林德布洛姆认为，政府决策不应是基于完整信息所作的理性决策，而应是整个政策制定过程为了响应短期政治条件而做出的一系列渐进式决策。他的核心思想是，政策制定不取决于政策制定者的意愿，而是决定于具体的事件和环境。(2) 以色列耶路撒冷希伯来大学教授德洛尔（Y. Dror）。德洛尔于 1967 年在《公共行政评论》杂志发表的论文《政策分析员：政府机构中的一种新的职业角色》是一篇有代表性的文章，在其后的 5 年内，他又出版了政策科学方面的多部论著。德洛尔强调政策分析是一种综合运用多种学科和多种方法的更高级的知识应用形式，它的特点在于集中研究公共决策和公共政策的制定过程。德洛尔认为，通过政策分析，可以扩大决策和政策制定的范围，获得创造性的、新的政策备择方案，能够广泛运用各种知识、模型和方法，实现对未来的长远预测。

在实践上，美国政府在 20 世纪 60 年代也积极地吸收和采用政策科学的研究成果，将其直接应用于联邦政府所面临的若干大型的、复杂的国策问题的研究和处理，成功地大规模集中和组织了专业力量和生产力量，解决了诸如国防、空间探索等领域里的一些问题。美国政府的这些做法引起了各国政府的普遍重视，到 70 年代，政策科学在世界范围内被普遍接受且得到了迅速发展。其间，不仅涌现了大量的有关政策科学的专业性的研究咨询机构和学术刊物，而且政策科学无一例外地成了各工业发达国家主要大学的进修课程。在整个 70 年代，政策科学的理论和技术不但在许多国家得到了广泛应用，而且由于其所蕴含的潜力和普遍的适用性，也在私营部门得到了推广和应用。

1.3.4 新公共行政阶段

20 世纪 60～70 年代的严峻现实对公共行政学以及政府中的管理提出了挑战。沃尔多（Dwight Waldo）注意到公共行政学处于一个"革命的时代"，于 1968 年召集了一个主要由青年学者参与的会议。该会议由沃尔多当时担任主编的《公共行政评论》及锡拉丘兹大学（Syracuse University）麦克斯韦尔学院（Maxwell School）赞助，并在锡拉丘兹大学的明诺布鲁克（Minnowbrook）会议中心召开。会议的成果集中反映在马诺力（Frank Marini）主编的《迈向新公共行政：明诺布鲁克观点》（1971）、沃尔多的著作《处于动荡时期的公共行政学》以及弗雷德里克森（H. George Frederickson）的《70 年代的邻居控制》（1973）和《新公共行政学》（1980）上。会议的目的是要鉴别公共行政学应该研究的问题，提出公共行政学作为一个学科应该把重点放在如何迎接 70 年代的挑战上。

概括地说，新公共行政的理论观点主要集中在以下几个方面：(1) 新公共行政理论在批判主流行政学的效率经济观的基础上提出价值考量的要求。这是因为，在新公共行政理论看来，公共行政不仅仅是执行政策的工具，行政人员本身就应该决策，而且这种决策影响着公民的福利，其目的应当是创造人类的幸福，承担起更广泛的社会责任，因而也就必须重视价值观的引导。同时，新公共行政运动要求学者在行政研究的过程中应以专业的知识、才能从事价值判断，并将公共行政的价值问题放在优先考虑的位置上。(2) 主张社会正义和社会公平。新公共行政理论认为，实现社会正义和社会公平是公共行政的根本目的，也是公共行政的理论的基点。与原先单纯重视效率的公共行政理论不同，新公共行政理论主张把社会公平作为行政原理和政府目标的一部分，并作为政府基本的价值标准之一。(3) 主张改革的、入世的、与实际过程相关的公共行政学。新公共行政理论主张，公共行政的研究应适应现代社会的要求，在研究领域乃至研究方法上做一次飞跃。在对公共行政研究领域的界定上，新公共行政主张跳出研究行政程序的狭窄圈子而进行"趋向相关"问题的研究，应当把研究的重点转向与社会环境相关、与公众相关、与政策相关、与政府及其官员相关的问题上来，而不应当仅仅关注那些与学术相关、与理论相关、与思辨相关、与研究方法相关的问题。(4) 主张构建新型的政府组织形态。新公共行政理论认为，当代公共行政发展的动力来源于对行政组织进行变革的需要，传统公共行政研究中的封闭体系的观念必须让位于开放体系的观念，应以高度的公共责任感关注民主社会中的政策问题。(5) 主张突出政府行政管理的"公共"性质。新公共行政理论指出，公共行政的特性在于"公共性"，它是建立在信念与价值之上的，必须包含对公共利益的回应，必须强化公民精神和服务理念。(6) 提出民主行政的理念。新公共行政不仅期待政府能够通过观念与行为的转变去解决社会中存在的问题，更期待着公共行政发展进入到一个全新的境界，即在当代民主社会中建立起民主行政。新公共行政理论将民主视为一套价值观，认为民主行政应当把公众需要作为行政体系运转的轴心，认为公众的权利或利益应高于政府自身的利益，政治民主也只有在民主的行政过程中才能实实在在地体现出来。在20世纪90年代，新公共行政理论的民主行政主张得到了发扬，登哈特（Robert B. Denhardt）通过公众参与机制的设计而将其转化为现实，并得到了很多学者的追捧。

新公共行政所提出的价值观念在公共行政发展史中打上了深深的烙印，特别是它对社会公平的呼吁，在促进社会项目被平等地分配给那些需要者的公共行政实践中发挥了很大影响，在改革公共政策制定方式方面也起到了一定的作用。1974年，《公共行政评论》组织了"社会公平与公共行政专题论文集"，以期增加人们对社会公平的理解。从现实的公共行政实践来看，新公共行政的理论包含着许多空想的成分，因而没有成功地转化为制度性的设置。但是，新公共行政理论所突出强调的公共行政价值问题引起了人们的重视，使此后的公共行政研究者更加重视把公平与效率结合起来考虑的研究路径。这在一定程度上包含着向近代启蒙精神复归的内涵，对于公共行政学这门学科形成以来更多地强调技术性因素的管理主义倾向来说，发挥了矫正作用。

1.3.5 新公共管理阶段

20世纪70年代末和80年代初，西方国家掀起了一股声势浩大的针对政府部门的改革浪潮。在英国，首相玛格丽特·撒切尔率先发起了"私有化运动"，随后在美国出现了"里根主义"。这场改革运动的主要目标是：反对低效和浪费，实行私有化；以市场取代官僚组织，将企业管理方法引入政府管理；在行政管理中引入竞争机制，在公共服务中坚持顾客导向；等等。后来，学者们也开始研究和思考这场政府改革运动的内容和性质，并出版了一些案例描述性的著作去总结改革经验和提出新构想，从而形成了被称作公共行政发展史上的一个新阶段的"新公共管理运动"。

新公共管理运动是一场先有实践再有理论的运动。从实践上看，它着重要解决的是三个方面的问题：第一，重新调整政府与社会、政府与市场的关系，减少政府职能，以求使政府"管得少一些但要管得好一些"；第二，尽可能实现社会自治，鼓励社会自身的自我管理，也就是利用市场和社会力量来提供公共服务，以弥补政府自身的财力和能力不足；第三，改革政府部门内部的管理体制，尽可能在一些部门中引进竞争机制，以提高政府部门的工作效率和社会服务质量，从而使政府彻底走出财政危机、管理危机和信任危机的困境。虽然不同的国家在改革中选择的路径和采取的措施有所不同，但共同的方面表现在精简机构、削减政府职能、放松规制、压缩管理、政府业务合同外包、打破政府垄断和公共服务社区化等等措施的运用。

起初，新公共管理并不是一场统一的运动，也没有统一的理论，由于各国的情况不同，因而所选择的理论基础也有差别。到了后来，学者们介入对这场运动的思考，根据这场改革行动的特征和目标取向，把公共选择理论、新制度经济学和新保守主义确认为这场改革运动的理论基础，同时也承认，公共物品、交易成本、委托—代理、学习型组织等理念对新公共管理都具有较大的影响。概括起来，其基本精神就是：政府不应该是一个高高在上的、自我服务的官僚机构，而应该是一个为公众服务的机构；公众作为为政府提供税收的"纳税人"是政府的顾客，理应享受政府提供的良好服务，公共部门有义务提高服务质量。为了提高公共部门的服务质量，政府有必要引进私人部门的管理方法，因为私人部门具有比公共部门更优越的管理创新能力、管理方式、管理手段、服务理念、服务质量和效率，所以，政府需要向私人部门学习。其具体做法就是，政府应响应顾客的要求，倾听顾客的意见，建立明确的服务标准，提高政府回应性，以实现改善公共服务的目的。总之，政府应是一种企业型政府，像企业那样尊重顾客，按照顾客的需求提供服务；公共服务不应只考虑投入，而应更重视产出，重视服务质量。

学者们的介入把新公共管理运动推向了一个高峰，也使这场改革运动被描述为"重塑政府"的运动。这个时期，最具有代表性的著作是美国学者戴维·奥斯本（David Osborne）和特德·盖布勒（Ted Gaebler）的《改革政府：企业家精神如何改革着公共部门》一书。这本被称作20世纪90年代美国联邦政府改革蓝图的著作勾勒出了一种新的政府形象：起催化作用的政府，掌舵而不是划桨；社区拥有的政府，授权而不是服务，服务由社区提供；竞争性的政府，把竞争机制注入到提供服务中去；有使命感的政府，改变照章办事的组织；讲究效果的政府，按效果而不是按投入拨款；受顾客驱使的政府，满足顾客的需要而不是官僚的需要；有事业心的政府，有收益而不浪费；有预见的政府，预防而不是治疗；分权的政府，从等级制到参与和协作；以市场为导向的政府，通过市场力量进行变革。这些就是新公共管理运动的主要改革目标。

关键概念

行政管理　公共行政　公共管理　公共行政学　统治行政　管理行政　服务行政　官僚制组织　行为主义　公共政策　新公共行政　新公共管理

复习思考题

1. 简述行政、公共行政的概念。
2. 简述行政管理的概念。
3. 简述公共管理的含义。
4. 简述行政体系的概念。
5. 简述公共行政学的概念。
6. 试论述公共行政学的学科特征。
7. 试论述公共行政学的研究内容。
8. 试论述统治行政、管理行政和服务行政。
9. 试论述公共行政学的产生与发展。

第 2 章 公共行政体系

公共行政体系是由主观结构系统、客观结构系统和价值结构系统所构成的，这三个子系统在总体上的动态平衡是行政体系系统结构健全的标志。行政组织是行政活动的依托，也是行政管理的对象，它有着自己的特殊性。行政组织的构成要素及其组合方式表现为行政体系的结构并造成组织功能上的差异。行政权力是行政管理的依据，即使在依法行政的原则下，离开了行政权力，行政管理也无法开展。行政权力在形式上是依据行政层级而进行配置的，而在性质和功能上则表现为抽象行政权力和具体行政权力。行政权力关系以及行政权力的运行是从属于行政效率目标的实现的，不同行政组织有着不同的行政权力关系结构。

本章重点问题

- 行政体系的结构
- 行政组织的类型及其结构
- 官僚制组织
- 行政权力的存在形态
- 行政权力关系

2.1 行政体系的结构

2.1.1 行政体系的主观结构系统

行政体系，即行政管理的体系，是在社会发展和历史进步中生成的一种通过自身的管理而实现对国家以及社会事务进行管理的组织体系，它具有明确的分工—协作特征，是行政权力赖以发挥作用的空间，包含着由法律、政策等构成的规则体系以及行政人员的行为准则体系。行政体系是建立在一定的社会政治、经济、文化基础上的，反映了其所在社会的要求，并根据这些要求而开展国家以及相关事务的管理活动。从行政体系的结构来看，它主要由主观结构系统、客观结构系统和价值结构系统三个方面构成。这三个系统在总体上的动态平衡是行政体系健全的标志，而它们的协调运转状况则是通过行政体系的功能实现状况表现出来的。

行政体系的主观结构系统是由行政权力、行政法律、行政政策和行政管理方法等一些属于精神形态的主观要素所构成的各种关系的总和，它是行政体系的主观形式。在广义上，行政体系的主观结构系统也应包括占支配地位的政治观念、思想意识形态和文化心理结构等因素。

行政权力是一种客观力量，但行政权力在本质上取决于行政客体的主观认同，它在行政组织内部是附着于岗位和职位上的，并具有一定的权威性。在行政组织作用于行政体系外部的时候，行政权力则代表了政府的权威。在某种意义上，行政体系是以人为主体、以权力为核心、以法律规范和政策调节方式为主导的国家与社会事务管理实体。在行政体系中，人是行政组织和机构的基本要素。但是，只有支配行政行为的思想观念才是行政体系主观结构系统的构成要素。对于个体来说，行政权力是一种客观力量，而行政权力在本质上又取决于行政客体的主观认同。行政法律和政策是客观的社会关系的反映，是统治意志及其观念的形式化。行政管理方法则是对行政管理客观规律的认识，也是前人经验的凝结。

在行政体系的主观结构系统中，各个要素之间是相互联系、相互影响和相互补充的。权力需要得到法律的支持并由法律来加以确定，而法律则需要借助于权力来加以执行和从权力那里获得作为行政规范甚至社会规范的强制力量。政策是临时性的法律，是法律的具体化和有效补充。同样，行政管理方法又是权力、法律、政策等因素的综合体现。

行政体系的主观结构系统具有灵活性和变动性的特征。由于这一系统与具体的行政关系、行政行为之间的联系更为密切，所以，行政关系、行政行为的状况会不断地反映到行政体系的主观结构上来。在一般情况下，行政体系的主观结构系统是在保持自身基本不变的前提下而对行政关系、行政行为进行调整的，但现实社会生活的千变万化又总会不断地向既定的行政关系、行政行为提出挑战，要求它们不断地通过变更以适应现实社会生活的需要。当这种变化达到一定程度时，就会提出改变行政体系主观结构的要求。因而，行政体系的主观结构系统往往表现为积极的、活跃的不稳定结构，行政体系的变化、发展总是首先表现为其主观结构系统的变动。

在广义上，也可以把政治观念、思想意识形态和文化心理结构等看作行政体系主观结构系统的组成部分，但这些因素与权力、法律、政策、管理方法等在行政体系主观结构系统中的地位是有所不同的。尽管政治观念、思想意识形态和文化心理结构必然会贯穿于权力、法律、政策、管理方法之中，但在行政体系的主观结构系统中,它们是处于深层的,是决定结构整体性质的因素。当行政体系主观结构的变化带动了这些因素变化时,也就意味着行政体系主观结构系统的根本变化。如果历时态地观察这个变化的过程,往往需要在较长的一段时间中才能发现,行政体系主观结构系统的变化带动了政治观念、思想意识形态和文化心理结构的变化。一般说来,在这些因素未发生变化的情况下,行政体系主观结构系统的变化是具有很大的回旋空间的。也就是说,行政体系主观结构系统的变化最终必然会导致政治观念、思想意识形态和文化心理结构的变化,但在这种变化发生之前,行政体系主观结构的变化是有着很多工作可以做的。通俗地讲,在权力、法律、政策和管理方法等层面上所进行的行政改革,并不会立即反映到政治观念、思想意识形态和文化心理结构上,只有当权力、法律、政策和管理方法等方面的变革达到了一定的临界点,政治观念、思想意识形态和文化心理结构等才会迎来变革的时机。

2.1.2 行政体系的客观结构系统

行政体系的客观结构系统是由行政体制、行政组织、行政机构和行政人事资源等物质性的客观要素构成的,是行政体系的客观形式。广义地讲,行政体系的客观物质环境因素甚至政治生态也都是行政体系客观结构系统的构成要素,因为这些客观物质因素以及政治生态影响和制约着行政体系的客观结构,行政体制的选择、行政组织的建立、行政机构的设置、行政人事资源的状况等都在很大程度上取决于这些因素。行政体系客观结构系统的各要素各自以其他要素的存在为前提,每一要素都制约和影响着其他要素。比如,一个国家选择民主的或者集权的行政体制,都会影响到行政组织、行政机构和行政人事资源的配置等方面的状况。反过来,行政组织、机构和行政人事资源的配置也决定着行政体制的性质,行政体制的优劣也必须通过行政组织、机构以及行政人事资源配置等要素体现出来。因此,行政体制、行政组织、行政机构、行政人事资源等要素之间的相互联系和相互影响构成了一个动态的、系统的结构整体。

行政体系的客观结构系统首先是由社会物质生活条件决定的。自从国家产生以来,行政体系的客观结构系统就因社会经济形态的变化而变化。在生产力水平和经济发展水平较低的情况下,行政体系的客观结构系统也是非常简单的。在这种情况下,不仅庞大的行政体系会成为社会的沉重负担,而且精致、复杂的客观结构系统既不可能产生,也没有必要。许多行政组织的建立和行政机构的设置都是社会以及物质生产分化的结果,现代社会化大生产促使社会分工越来越专门化,因而培育了巨大的行政体系,行政体系的客观结构系统也变得越来越复杂和精致,而且只有这样才能适应现代社会化大生产的需要。

客观性是行政体系客观结构系统的基本特性，同时，行政体系的客观结构系统又是行政体系最基本的形式方面，特别是对于现代公共行政而言，它的客观结构系统的形式化方面也发展得比较典型。行政体系客观结构系统的客观性主要是指行政体制、行政组织、行政机构和行政人事资源等客观性的物质存在，而且行政体系客观结构系统的状况和性质也是由社会经济结构的状况和物质水平决定的。从行政体系的历史演进来看，处于相同或相近生产力水平的国家无论在根本的社会制度上有着多大的差别，在行政体制、行政组织、行政机构、人与事的安排方面都是可以相互借鉴的。一个国家在向其他国家学习先进的行政管理经验时，主要是学习这个方面的东西。在一定程度上，一个国家的行政体系的客观结构系统是可以被移植到另一个国家的。所以，在行政体系中确定和把握其客观结构系统是科学研究的出发点。

行政体系主观结构系统与客观结构系统之间也是相互制约和相互规定的。行政体系客观结构系统是其主观结构系统的物质前提或物化了的形式，而行政体系主观结构系统则是其客观结构系统的精神内容。在行政体系中，客观结构系统、主观结构系统和具体的行政关系、行政行为之间存在着前者依次为后者的形式和后者依次为前者的内容的层次关系。客观结构系统是行政体系中相对稳定的因素，是主观结构系统的形式；行政体系主观结构系统既是其客观结构系统的内容，又是行政关系、行政行为的形式。在行政体系客观结构系统和具体的行政关系、行政行为之间，主观结构系统所起的是中介和桥梁的作用。行政关系、行政行为都是产生于一定的行政体制、行政组织和行政机构之中的，是以一定的人与事为载体的。但是，行政关系、行政行为在何种程度上是有序的和合理的，则取决于行政权力、行政法律、行政政策和行政管理方法的状况。

2.1.3 行政体系的价值结构系统

行政体系的价值结构系统主要是指行政意志、行政义务、行政责任和行政人格等基本要素所构成的一个调节系统，是深藏于行政体系的客观结构系统和主观结构系统之中的。因为，行政意志、行政义务、行政责任和行政人格等因素是隐藏在各种行政关系和行政行为之中的，并每时每刻发挥着重要的调节作用。发现行政体系的价值结构系统并加以深入的研究，可以为行政道德的建设和充分调动行政系统中人的积极性找到现实的出路。

理解行政体系的价值结构系统，需要从作为整体的行政组织和作为个体的行政人员以及行政主体与行政客体的关系入手。第一，行政组织是行政体系中最主要的实体性因素，是一个从中央到地方层层分类的组织体系，整个国家就是一个组织体系，行政体系也是一个组织体系，在行政体系的每一个层级上，又有着许多分类组织，存在着不同的部门，因而存在着上下沟通、左右协调、密切配合的纵向的和横向的组织关系。第二，行政组织活动或行政行为是由行政人员来执行的，没有行政人员也就无所谓行政组织，不仅行政组织间的沟通、协调和配合依赖于行政人员去执行，而且行政组织内部也存在着分工与协作的关系、领导与被领导的关系、决策与执行的关系。第三，行政组织的存在与发展需要具备一定的物质条件，这个物质条件主要是指人事资源。人事资源的组织和调配、人事关系的调整、职务的升迁与晋级以及人事考评和鉴定等，都是行政组织自我调整和自我完善的重要内容。第四，行政体系并不是社会生活中唯一的系统，一切行政关系和行政行为都是发生和存在于具体的社会环境之中的，因而存在着行政主体与行政环境之间的关系。第五，担负着国家和社会公共事务管理职能的行政组织是一个权力组织，它所拥有的权力总是直接或间接地支配着社会生活的各个方面，而权力往往又要落实到具体的行政人员手中。因而，权力的运行方式，对社会财富的分配、社会生活的安定、政治观念的认同等都有着重大的影响。因此，行政意志、行政义务、行政责任和行政人格发挥着重要的调节作用。

行政法律规范和政策精神在调整这些关系方面表现出了自觉的、有意识的特征，但行政法律规范往往是一些一般性的和原则性的规定，对丰富多样和灵活具体的行政关系、行政行为而言，法律规范不可能无所不及，而且，对法律的理解和执行也在很大程度上取决于行政意志、行政义务、行政责任和行政人格的状况。政策往往是因应法律的不足而采用的手段，是针对法律规范调整之外的临时性和特殊性问题而制定的。但是，一项政策的出台，必然意味着它要解决的问题已经在行政体系的运行中和在社会生活中造成了很大的影响，所以政策也总是相对滞后的因素。比较而言，行政意志、行政义务、行政责任和行政人格等价值因素则不同，它们在调节行政关系和行政行为方面表现出了先在性、灵活性、具体性的特征，能够在任何需要它的时候出场并发挥作用。

在行政价值结构系统中，行政意志、行政义务、行政责任和行政人格等因素是相辅相成的，总是以系统整体的形式在行政关系和行政行为中发挥调节作用。由于行政主体在行政体系中的地位不同，他（它）往往会使行政价值结构系统的某一要素凸显出来，但行政主体绝不可能选择某一要素而摈弃其他要素，选择了其中一个价值要素也就意味着接受了行政价值结构系统的整体。比如，行政意志的强弱，本身就是行政义务感、行政责任意识和行政人格的综合体现。所以，行政价值结构系统是其各要素互动共存的有机整体。

由于行政价值关系存在和包含于其他行政关系之中，因而其他行政关系的改变也必然会引起行政价值关系的变化。一种新的行政体制的确立、行政组织和机构的最新调整、行政人事资源的配置方式的改变、行政权力关系的更动、新的行政法律政策的出台和行政管理方法上的变革，都必然会引发行政价值关系的新变化。反过来，一种新的行政价值关系的出现，又会反作用于其他行政关系。在行政体系的各种行政关系中，是包含着行政价值关系因素的。或者说，行政价值关系是贯穿于一切行政关系之中的内在作用机制。就行政体系的总体而言，行政价值关系也是行政体系的基本内容。行政价值关系可以通过行政体系的主观结构系统对行政体系的客观结构系统发生影响，而在行政体系的客观结构系统和主观结构系统之中，也都包含着行政价值关系。所以，行政体系的客观结构系统、主观结构系统和价值结构系统间的相互影响和相互作用都会通过价值关系而得以实现。

总之，行政体系是由客观结构系统、主观结构系统和价值结构系统这三个部分构成的，这三个部分的动态平衡是行政体系作为一个完整的、系统的整体存在的客观保证。所以，行政体系可以成为一个相对完整的研究对象，而研究对象的完整性恰恰是公共行政学学科独立性的证明。

2.2 行政体系中的组织

2.2.1 行政组织的概念

组织是人们开展社会生活的基本途径，通过组织，人们得以联合起来采取集体行动，从而克服单个人所不能克服的困难。在现代社会，组织的地位尤显重要，没有组织，也就没有社会。组织是连接人与社会的中介，是社会的细胞和基本单元，也是人们实现共同目标的基本工具。美国管理学大师彼得·德鲁克（Peter Drucker）曾经指出，"社会已成为一个组织的社会。在这个社会里，不是全部也是大多数社会任务是在一个组织里和由一个组织完成的。"[①] 在我们今天这样一个组织化的社会中，行政组织是一切组织类型中最为引人注目的组织形式。

1. 行政组织的含义

组织是人们为了实现某一特定目标而按一定方式联合起来的有机整体。对于组织的认识，可以从"静态"、"动态"、"心态"和"生态"这样四个角度进行。组织结构是"静态"的，它又分为形式和内容两个方面，形式是内容的依托，而内容又往往决定了组织采取何种形式。组织的功能是"动态"的，组织只有发挥每个职能部门的功能，才能维持组织的存在和发展，组织也只有发挥自己

---

① ［美］彼得·德鲁克著，张星岩译：《后资本主义社会》，上海译文出版社1998年版，第52页。

的功能，才可以实现自己近期和长期的目标。"心态"则是组织功能的延伸，因为组织是由人组成的，组织中的成员作为组织职能的执行者是将组织的功能具体化的行动主体，在其行动中必然包含着某种心态，而且组织在整体上也有所谓组织文化以及群体心理等因素。"生态"所指的是组织所在的环境，组织总是存在于一定的社会环境中的，这个外部环境既是制约因素，也为组织发展带来机遇，提供组织所需的资源，或者说与组织处于一种"能量"交换的过程中。

行政组织主要是指政府机构和人员所构成的实体性存在，是为了实现行政目标而按照一定权责关系组合在一起的具有合理结构的行政管理和社会管理活动群体。在我国，行政组织包括各级人民政府及其内设部门、职能部门、直属机构、办公机构、办事机构和派出机关及其成员。它们依照法律的规定建立，拥有一定的行政职能和职权，在国家机构序列中被当作"行政单位"来看待，其成员按照公务员制度进行管理。

行政组织包括四个方面的内涵：（1）从静态角度看，行政组织拥有特定的静态组织结构，是国家的行政机关，由相互联系和依次展开的职位、岗位构成，这些职位、岗位的排列构成了一个纵横交错的网络，形成一个分工—协作体系。在横向的层面，对行政职位和岗位进行区域性的划分就组合成了一定的行政部门；在纵向的层面，根据分工的线索而形成上下互动的序列。与行政部门和行政层级直接联系在一起的是相应的职能关系、层级关系和权责关系等。（2）从动态角度看，行政组织本身就意味着一个国家与社会事务管理的过程，是处在一个不停息的运动过程中的，行政组织以及它的每一部门和每一成员都是在其职能和职责实现过程中才能够证明自己的存在，无论是依法行政还是依靠权力去作用于社会或其相对人，都使整个行政组织表现为一个运动着的连续统。（3）从心态角度看，行政组织受其工作人员的责任心、荣誉感、工作态度、组织意识、合作观念、服务精神以及一系列心理因素的影响和制约，是一个具有某种心态特征的群体心理系统。（4）从生态角度看，行政组织是全方位面向其生态环境的开放系统，政治的、经济的、文化的因素都随时对它发挥影响，而且行政组织自身就构成了一个开放性的生态系统，由若干子系统组成，并与特定的环境相依存，受环境的影响和制约，是一个不断适应环境并能进行自我调整的社会有机体。

2. 行政组织的特征

现代社会是一个组织化的社会，人们的几乎一切活动都是通过组织进行的。在各种各样的组织之中，行政组织是最发达的组织形式。行政组织具有一般社会组织的共同特征，同时，行政组织又是公共部门中的组织，属于公共组织的范畴，具有一定的特殊性质。与其他组织相比，行政组织的特性主要体现在：

（1）公共性。行政组织是公共组织。当然，在农业社会组织化程度还很低的情况下也存在着一定的行政组织，但那个历史阶段的行政组织并不具有公共性。到了近代社会，随着公共领域与私人领域的分化，而且整个社会都实现了组织化，因而出现了各种各样的组织。但组织也是分领域存在的，公共领域与私人领域中的组织在组织目标、组织职能等许多方面都是不同的。行政组织存在于公共领域中，是公共组织，它与私人领域中的那些以营利为目的的组织的不同就在于它具有公共性。也就是说，行政组织的目的在于实现公共利益，行政组织中的人员是公职人员，行政组织的职能是体现在对国家以及社会公共事务的管理之中的。

（2）政治性。在国家的政治生活中，行政组织是其主体的一部分。在农业社会，政治与管理尚未分化，行政组织本身既是政治主体也是管理主体。近代以来，随着政治与管理的分化，行政组织的管理职能不断地增强。但是，行政组织作为国家机器构成部分的事实一直没有改变，它通过管理服务于国家政治和把国家的政治意志落实到管理行动中来，或者说，就行政组织是政府的组织形式而言，它本身就是一个相对独立的政治实体，是凌驾于一切利益集团和利益阶层之上的政治实体。虽然行政组织的行动具有更多的管理色彩，但其内容和目标都具有很强的政治性。

（3）执行性。在近代以来的政治发展过程中，特别是在"两党制"和"多党制"国家中，政党政治对行政组织的日常活动造成了极大的干扰，为了适应近代社会发展中的分工—协作趋势，增强行政组织的管理功能，在19世纪后期，开始了行政管理专业化的进程，建立起了专业化的文官体制。同时，在理论上也提出了政治—行政二分原则。因而，作为行政组织的政府被定位在执行者的角色上，即执行国家政治部门所做出的决策。

（4）权威性。作为国家机构的一部分，以行政组织形式出现的政府有着国家权威。实际上，在国家作用于社会的过程中，日常性的管理甚至统治活动都是由政府执行的，是以权威影响的方式开展活动的。近代以来，随着法制建设取得了积极进步，行政组织的权威是由法律确认和做出规定的。行政组织的权威还在于其垄断性和唯一性，政府是一个国家中唯一代表国家对社会进行日常管理的组织，凡属于政府职能范畴的因素，都必须由行政组织承担，其他社会组织即使代理政府去承担一些公共服务的职能，也必须经过政府授权，并接受政府的监督和管理。

（5）法治性。在近代以来的整个历史阶段，以政府形式出现的行政组织所掌握和行使的都是公共权力，这种权力在根本上是服务于公共利益的，行政组织的存在和运行只有公共目标，任何私人目标的介入都会对行政组织的性质造成冲击，从而使公共利益受到侵害。但是，在权力的行使过程中，显然是包含着行政权力侵犯公民、法人和其他社会组织的合法权益的可能性的，有的时候甚至是在公共利益的名义下对公民、法人和其他社会组织的合法权益造成侵犯。因而，权力的行使需要有一个标准和依据，这种标准和依据就是法律。所以，行政组织必须服从法律的严格管制，依法行政、依法设立行政组织机构和严格按照法律办事，并承担法律责任。

2.2.2　官僚制组织

在人类历史上，行政组织有一个发生、发展的过程，官僚制组织是行政组织的典型形态。"官僚制"（bureaucracy）一词源于18世纪中期的法文，最早使用这一术语的是法国经济学家德古尔内（Jean Claude Marie Vincent de Gournay）。官僚制作为一个学术探索的主题是与马克斯·韦伯的名字联系在一起的，他在《世界经济通史》《儒教与道教》《经济与社会》等一系列著作中对官僚制的发生与发展进行了研究，从而使"官僚制"一词成为被用来专门指称一种组织类型的概念。在政府中，官僚制发展的比较完善，但官僚制并不仅仅是指行政组织的存在形式，而是现代社会一切组织的基线。也就是说，现代社会中的一切组织都是以官僚制组织为原型而建构起来的，是官僚制组织的"翻版"和"改装"。

官僚制组织是一种建立在合理—合法权威基础上的、体现了工具理性的等级控制组织系统，它拥有一整套严密的程序化的命令—服从关系和职务等级系列，每一职位上的工作人员都按照组织规则而不是按照个人偏好行事，从而使得组织的管理技术效能最大化，实现高效率。在论述官僚制的时候，韦伯区分出了三种权威类型，并根据三种权威类型提出了三种组织类型。在韦伯看来，任何组织都是以某种形式的权威作为基础的，权威可以消除混乱、带来秩序。有三种典型的权威及其统治类型："传统型"、"魅力型"和"合理—合法型"。传统型权威是一种古老的权威形式，来自于习俗、惯例、经验、祖训等。在由传统型权威支配的社会中，统治者依照传统形成的组织规则来治理臣民，人们对长官的服从来自于传统赋予长官的固有尊严。魅力型权威，又称超人权威（charisma），是建立在非凡人格、英雄气概、创业奇迹的基础上的，也就是说，它来自于对领袖个人魅力的崇拜。合理—合法型权威，也称法定权威，是建立在相信规章制度和行为规则的合法性的基础上的。这三种权威构成了三种不同的统治基础，而三种不同类型的统治又是通过三种不同的组织形式展开的。因而，在三种权威的基础上，实际上出现了三种相应的组织类型。

魅力型组织行使权威基于领导者个人的人格，"建立在非凡的献身于一个人以及由他所默示和创立的制度的神圣性，或者英雄气概，或者楷模样板之上"[①]。

---

① ［德］马克斯·韦伯著，林荣远译：《经济与社会》（上），商务印书馆1997年版，第241页。

在魅力型权威支配的组织中,领导者被视为"具有超自然的或者超人的,或者特别非凡的、任何其他人无法企及的力量或素质,或者被视为神灵差遣的,或者被视为楷模,因此也被视为'领袖'"。① 在韦伯看来,先知、救世主、政治领袖就属于具有这种权威的神秘人物。然而,在这一权威类型的组织中,领导的权威仅仅是来自于领导者个人的人格魅力,组织成员对命令的服从仅仅是基于领导者个人的感召力和鼓动力。因此,这种组织的内在基础并不稳固,经常出现"人存政举,人亡政息"的现象。在政治组织和宗教组织中,经常出现领袖死后争当"正宗"继承人的现象,从而使组织走向分裂。

在传统型组织中,命令和权威的基础是先例和惯例,其合法性"建立在一般的相信历来适用的传统的神圣性和由传统授命实施权威的统治者的合法性之上"②。在传统型组织中,从前经常发生的事情被看作是神圣的东西,并由此确定了各种团体的权利和期望,"统治者是依照传统遗传下来的规则确定的,对他们的服从是由于传统赋予他们的固有尊严"③。当魅力型组织通过世袭的方式使具有超凡魅力的领袖权力得到继承时,原领袖的超凡魅力便成为组织的惯例确定下来。对新领袖而言,起作用的不再是领袖的人格,而是其担当的角色,赖以支持的基本因素是人们对传统文化的信仰和尊重。传统型组织有"世袭制"和"封建制"之分。在实行"世袭制"的传统组织中,公之子恒为公,士之子恒为士,官员只是领袖个人的奴仆,从领袖那里获得报酬。在实行"封建制"的传统组织中,官员对自己的领袖保持着一种传统的忠诚关系,但他们拥有自己的收入来源,享有更多的自主权。

合理—合法型组织是建立在制度和规则之上的,它以组织内部的各种规则作为权威的基础。在这种组织形式中,人们服从领导者的命令是出于对组织规则和法律的信守,法律和规则代表一种大家都遵守的普遍秩序。被领导者对领导者的服从与领导者个人的品质、能力、学识并无相关性,他们在法律地位上是平等的,都要受到组织规则的约束。"团体的成员服从统治者,并非服从他个人,而是服从那些非个人的制度,因此仅仅在由制度赋予他的、有合理界限的事务管理范围之内,有义务服从他。"④ 官僚制组织是拥有合理—合法权威的现代组织类型。韦伯把它看作是现代社会占主导地位的权威制度,认为它具有合理性,可以用来作为实现某些既定目标的手段。韦伯认为这种组织就像一架精心设计的机器,旨在执行某些功能,而机器上的每一个零件都在为机器发挥最大的功能起着各自的作用。韦伯把这种以合理—合法权威为基础的组织称作"官僚制",即

---

① [德]马克斯·韦伯著,林荣远译:《经济与社会》(上),商务印书馆1997年版,第269页。
② [德]马克斯·韦伯著,林荣远译:《经济与社会》(上),商务印书馆1997年版,第241页。
③ [德]马克斯·韦伯著,林荣远译:《经济与社会》(上),商务印书馆1997年版,第251~252页。
④ [德]马克斯·韦伯著,林荣远译:《经济与社会》(上),商务印书馆1997年版,第243页。

"官僚制组织"。

在韦伯看来,官僚制组织是效率最高的组织形式,它排除了个人情感等非理性因素的影响,符合"现代文化的特性,特别是它的技术的、经济的基础,恰恰是要求效果的这种'可预计性'"[①]。政府、军队、宗教团体以及早期的企业都广泛地采用了这种组织形式。的确,官僚制组织是一种"理想类型"(ideal type)的高度理性化组织,这主要体现在:

(1)拥有正式建立的持久统一的规则系统。其规则表现为法律、法规、章程和制度,它们是合乎理性的,组织的运行最终依靠的是非人格化的法律、法规、章程和制度而不是个人魅力或传统。

(2)拥有具有明确职权范围限定的行政机构,这些机构由一些职位组成,职位的划分是按照劳动分工原则进行的。组织根据分工的要求规定每一职位均有特定的权责范围,任职者的职责权限则以法规的形式固定下来,其权力的行使方式和前提条件也是由规章制度明确规定的。

(3)组织的机构与职位都按照等级原则进行管理。官僚制组织是一个等级化的实体,各种职位按权力等级组织起来,形成一个指挥链条。任何机构都有固定的监督和监察制度,下级机构都有权向上级机关投诉或提出异议。上级机关则有权决定如何处理这些争议。

(4)通过技术性的或法律性的规则来控制官员。为了应用规则,就必须有专业培训。在正常情况下,只有证明接受过专业培训且成绩合格者,才有资格参加到行政管理班子中,才被允许任命为"官员"。

(5)行政人员同行政管理物资和生产物资完全分开。官员、职员等自己不占有这些物资,组织机关所拥有的财产应该和私人财产完全分开,职务运作场所(办公室)和生活场所(住所)也应遵循完全分开的原则。

(6)任职人员不能有任何把职位占为己有的行为。每一职务都被赋予某种权力,但职务的占有并非让官员以占有为目的,而是为了保障完成他职务上的纯粹事务的("独立的")、只受准则约束的工作[②]。任职者必须保证其行为的客观性和独立性,按照法律和规章制度的要求行使权力。

(7)行政管理实行文书和档案管理。组织的规则或规章、组织中的讨论、动议和随后的决议以及形形色色的指示和法令,都要形成书面文件,用文字固定下来。档案应与官员们的持续运作结合在一起,使办公机关成为一切团体行为的核心。

由于官僚制组织强调分工和层级管理,在形式上呈现出"上下分层,左右分科"的特点。在中国,也有人将官僚制组织译为"科层制"组织,其实就是指

---

① [德]马克斯·韦伯著,林荣远译:《经济与社会》(上),商务印书馆1997年版,第296页。
② [德]马克斯·韦伯著,林荣远译:《经济与社会》(上),商务印书馆1997年版,第245页。

它有着一个类似"金字塔"一样的组织结构形式。在 20 世纪 30 年代的"大萧条"和第二次世界大战的严重危机时期，官僚制组织因运转高效和目的明确而被人们广为接受。然而，20 世纪 60 年代开始，官僚制组织受到社会各界的批评，学者们认为，官僚制组织用来对付内部环境（协调）和外部环境（适应）的方法已经完全脱离了当代社会的现实，表现出了一系列根本性的缺陷。如，妨碍个人的成长和个性的成熟；鼓励盲目服从和随大流；忽视非正式组织的存在，不考虑突发事件；陈旧过时的权力和控制系统；缺乏充分的裁决程序；内部沟通和创新思想受到压制、阻碍和畸变；由于互不信任和害怕报复而不能充分利用人力资源；无法吸纳新的科学技术成果或人才；扭曲个性结构，使职工变成阴郁、灰暗、屈从于规章制度的"组织人"。[①] 总之，官僚制的负功能越来越受到各界的关注，如何解决官僚制的负功能也成为学者研究和讨论的新主题。

2.2.3 行政组织的类型和结构

1. 行政组织的类型

现代社会发展迅速，结构复杂，这也决定了行政组织的多样性。从不同角度对行政组织进行分类，可以得到不同的结果。

（1）根据管辖的地域范围，行政组织可以分为中央行政组织、地方行政组织和基层行政组织。在我国，中央行政组织是指国务院及其职能部门，管辖范围涉及全国。国务院是最高国家权力机关的执行机关，是最高国家行政机关，统一领导全国各级行政机关的工作。地方行政组织是指地方各级人民政府（省、市、县）及其职能部门。基层行政组织是指城市中的街道办事处和农村中的乡、镇人民政府。

（2）按照权限性质，行政组织可以分为一般权限机关和专门权限机关。一般权限机关指的是管理全国或一定地区内的全面性、综合性行政事务，统一领导各行政部门的工作的行政组织。各级人民政府就是典型的一般权限机关。专门权限机关指的是在全国或一定地区内管理某一项或几项行政事务的行政组织。各级政府的职能部门就是典型的专门权限机关。

（3）根据功能和作用的不同，行政组织可以分为领导机关、职能机关、监督机关、辅助机关、咨询机关和派出机关。领导机关是各级行政组织的中枢部门，对辖区内的重大行政管理问题进行决策并指挥督导决策的实施。职能机关是分管专门行政事务的机构，它服从领导机关的意志，在其管辖范围内负责各部门的事务及其他社会事务。监督机关是指对行政机关及其管理活动进行监督检查的执法

---

① Warren G. Bennis. "Organizational Developments and the Fate of Bureaucracy", *Industrial Management Review*, Spring 1966, pp. 41–55.

性机构，主要任务是促使行政机关及其工作人员依法行政、忠于职守。辅助机关是指为了使行政首长或职能机关顺利开展工作而设立的承担服务性和辅助性工作的机构，分为综合性的和专业性的、政务性的和事务性的等。咨询机关是一种特殊的辅助机关，专门给领导机关出主意、做参谋，主要由权威专家和学者组成，有时也会吸纳一部分退休后的资深政府官员参与。派出机关是指一级政府或政府部门按管辖地区授权委派的代表机构。一般情况下，派出机关没有独立的法律地位，它以派出它的政府或部门的名义行使行政权力，其行为的法律责任也由派出它的政府或部门承担。

（4）根据组织承担的任务性质，可分为常规组织和任务型组织。常规组织承担的是确定的或通过某种技术手段可以实现程序化处理的任务。由于常规组织承担的任务是经常性存在和重复性出现的，所以，组织自身是以政府的常设职能部门的形式出现的。在我国政府中，各类政府工作部门和直属机构基本都属于常规组织。任务型组织承担的是非常规性任务，这些任务具有一次性出现、复杂性较强的特点，有的任务具有突发的性质，所以，承担这类任务的组织具有临时性和灵活性的特点。就其性质而言，它完全是以任务为导向的组织，是根据任务需要而设立起来的，也因任务的消失而解散。在我国政府中，任务型组织在名称上往往是以各种各样的"委""办""领导小组"的名称出现的。

（5）根据行政组织的决策负责体制，可以分为首长制行政组织与委员会制行政组织。首长制行政组织是指行政组织最高决策和管理权力由行政首长个人行使并负责的组织体制。组织内其他参与决策的管理者地位处在行政首长之下，只起咨询建议作用，没有最终决定权与责任。美国政府采用的总统制是典型的首长制。委员会制行政组织是指行政组织的决策权和管理权并非由单一的领导者所拥有，而是由委员会行使。委员会所做决策，通常会按协商达成一致的原则进行。

2. 行政组织的构成要素

行政组织的构成要素包括职能目标、职位、职权、职责以及人员划分等。其中职位是最基本的要素，是行政组织结构的支撑点和联结点。一系列的行政职位经过排列组合形成一个行政工作单位，众多的行政工作单位构成一个工作部门，继而形成一级政府组织，最后构成整个国家的政府系统。总的说来，行政组织是由多种要素构成的，这些要素可以从不同角度进行分类：第一，实体性要素（硬件）和非实体性要素（软件）。前者包括行政机构、行政人员、行政设备和资金等，后者包括职能目标、权责划分、职位分类与配置、运行程序、管理方法、法律规范等。第二，物质要素、结构要素和运营要素。物质方面的构成要素包括人员、经费、物资等；结构方面的构成要素包括职务、部门、权力等；运营方面的构成要素包括领导、决策、控制等。第三,有形要素和无形要素。有形要素主要是组织的物质条件,包括实现预期目标所需实施的工作、实施工作的人员、必备的物质条件和权责结构;无形要素主要是组织的精神条件,包括共同的目标,工作的主动性和积极性,良好的沟通网络和制度,和谐的人际关系。

一般认为,行政组织的构成要素主要包括以下几个方面:

(1) 组织成员。任何组织都是以人为核心的,组织目标的实现和组织任务的完成都离不开组织成员的共同努力。组织成员的素质及其组合方式直接影响着行政组织的效能,因此,组织成员是行政组织的一个重要因素。

(2) 物质因素。物质因素包括行政组织赖以存在的载体,如场地、房屋、办公设备、经费等。其中,行政经费是物质因素的核心。物质因素配置过当,不仅会影响国家对社会公益事业的投入,而且会引发机关崇尚奢华的习性;物质因素配置不足,则可能妨碍机关日常工作,抑制行政组织的发展。

(3) 职能目标。行政组织的目标是管理公共事务和协调公共利益关系,围绕着这一组织目标,政府及其每一部门都必须对其职能范围进行界定,明确组织的工作任务与活动领域。这是因为,职能范围是组织目标的具体化,它决定着组织规模、内部职位设置等方面的内容。

(4) 机构设置。机构设置是承载组织权力的一系列特定的机构,是以机构的形式确立起来的组织内部分工—协作关系。机构设置必须依据行政目标并按照一定法制程序进行。

(5) 职位(岗位)设置。职位(岗位)设置包括一定机构内的职位、职级、职数、职责等,是行政组织的最基本的要素,职位设置保证了组织权力的流动和组织资源的整合与分配。

(6) 权责划分。权责划分所确立的是行政组织中各个部门、层次、成员之间若干从属、并列的关系,能够保证组织角色明晰化。行政组织强调有权必有责,职责与职权密切相关。

(7) 法制规范。行政组织必须建立一整套的法制规范。这些法制规范是以书面文件等形式出现的,对组织构建、组织行为、运行程序等进行严格的规范,对组织成员具有普遍的约束力。

(8) 技术和信息。行政组织构成要素中的技术不仅指组织活动过程中所采用的科学技术,也包括组织决策原则、方式在内的"政治技术"。信息是组织活动不可缺少的因素,信息传递的途径和方式也是组织各部分相互协调的途径和方式,组织过程在一定意义上是一个信息收集、整理、传递、反馈的过程。

3. 行政组织的结构

组织结构是"组织各部门及各层级之间所建立的一种相互关系的模式"①。一般说来，行政职位的组合方式可以分为纵向组合和横向组合，行政职位的纵向组合就形成了行政组织的纵向结构，而横向组合则形成了行政组织的横向结构。

（1）行政组织的纵向结构。为了管理的方便，行政组织从中央到地方设有若干层级，结构呈金字塔形，这种行政组织的上下层级关系构成了行政组织的纵向结构。纵向结构有宏观与微观之分。宏观上的纵向结构是指各级行政组织间的层级关系。如我国的行政组织可分为中央行政组织和地方行政组织两大层次。地方行政组织一般有四个层级，即：省级（包括省、直辖市、自治区）；地级（包括地级市、地区、自治州、盟）；县级（包括县、县级市、自治县、市辖区、旗）；乡级（包括乡、镇、民族乡、苏木）。微观上的纵向结构是指行政组织内部的工作层次关系，如我国的国务院内部按职能分工，设有部、司（局）、处等层级；省级政府内设有厅、处、科等层级。行政组织的纵向结构要求下一级必须服从上一级的领导、指挥、命令与协调，其目标也必须与上级保持一致。行政组织的纵向层次结构保证了行政组织权力的垂直分布，保证了政令和指挥的统一，确保了行政的效率；各级组织目标明确、责任清楚、行动迅速，有助于因地制宜地做出决策；同时，各级首长全面负责本层次内的管理工作，也有利于培养全面的行政管理人员。

（2）行政组织的横向结构。随着社会的发展和科学技术的进步，政府管理的事务越来越多，分工也越来越细，为适应行政管理的专业化和技术化的需要，行政组织的横向分工日益增强。现代社会，任何一个国家的行政组织为完成其行政任务都必须在纵向结构的基础上进一步地进行科学合理的横向分工，以适应各级政府不同职能的需要。这种横向分工构成了行政组织的横向结构，也叫作行政组织的部门化。部门化是指同级行政组织之间平衡分工的构成形式，实质上是对行政职能目标的分解，同时也是一种分权。按照职能分工设计的横向结构，有利于行政人员迅速掌握专门业务；从上到下的归口管理，有利于形成统一的方针政策，便于社会事务的有序管理；各级领导的明确分工，各司其职，有利于发挥行政领导的专业优势。当然，在现代社会，政府职能的广泛性和复杂性不断增加，许多工作需要几个部门共同配合、协调合作才能完成。因此，加强政府的综合协调职能，扩大行政部门间的横向联系也成了行政组织发展的重要内容和主要趋势。

4. 行政组织结构变革的新趋势

自从有组织以来，金字塔式的等级结构一直是人们用来组织自己和管理社会

---

① 张润书著：《行政学》，台北三民书局1976年版，第145页。

的结构形式,以官僚制组织为代表的等级结构是近代以来典型的行政组织结构形式。自20世纪60年代开始,社会开始发生急剧变化,复杂性和不确定性成为我们时代的基本特征,社会越来越呈现出非线性发展的性状。"世界动荡,知识爆炸,组织人口爆炸,社会与经济任务繁重,新价值系统出现;我们起码会发现有一种倾向很显然:严谨的旧的独裁机制已渐渐日薄西山,因为这些机制是为有秩序、变化缓慢及几乎静止的世界设立的。组织的含混性、不确定性和不规范性已经成为正常情况。我们必须确立新的工具和新的组织结构以对付这个不断动荡的世界。"① 在这种历史背景下,行政组织的结构呈现出一些新的特征。

(1) 组织的扁平化。扁平结构是相对于等级结构而言的,是指通过减少中间管理层次和裁减冗员而形成一种扁平型的组织结构。在传统的组织结构中,中间层的主要作用是进行信息的上传下达,把组织中的相关信息加以整合、放大并传递给他人,充当"信息传递员"的角色。信息技术的迅速发展,使得社会各层面的活动量急剧增加,知识流也大大加速。时间的压力要求组织做出快速反应和瞬时决策,以适应形势的发展。而传统的等级制度严重地阻碍了组织的反应和决策速度。现代信息技术特别是网络通信技术为组织结构的扁平化提供了一种可能,那就是使得行政管理更为自动化和简洁化,中间管理层的减少更有利于信息的传递,也有助于增强组织的应变能力。组织结构的扁平化减少了决策与行动之间的延迟,使组织能力更加柔性化,也提高了政府回应社会的能力和效率。

(2) 组织的网络化。奈斯比特(John Naisbitt)用等级制度的打破和网络组织的形成概括了组织发展的未来趋势。网络化(Networking)意味着通过人与人、人群与人群互相联系的沟通途径来实现组织目标。与金字塔式的等级结构相比,网络组织的优点在于:第一,容易获得信息,并可以促进人与人之间的沟通。第二,可以提供一种官僚制组织无法提供的东西——横向联系。网络组织结构恰如"一个编结技术不甚高明的渔网,有许多大小不同的结节或网眼,彼此之间直接或间接相连","未来的机构将以网络组织为模式建立自己的管理系统。这些系统将设计成为能够提供横向及平行,甚至多向重叠的联系。"② 第三,网络组织可以为人们情感需求的满足创造条件。"网络组织使权力从垂直变成平行,个人因而得到极大的自由。网络组织将权力赋予个人,而网中人则会彼此教育。"③

(3) 组织的弹性化。组织需要根据外界环境的变化以及自身的条件而不断地进行结构调整,以往那种僵化的金字塔形的科层组织结构已经难以适应快节奏的

---

① [美] 哈罗德·J·利维特著,张文芝等译:《管理心理学》,中国人民大学出版社1989年版,第382页。
② [美] 约翰·奈斯比特著,梅艳译:《大趋势:改变我们生活的十个新方向》,中国社会科学出版社1984年版,第201~203页。
③ [美] 约翰·奈斯比特著,梅艳译:《大趋势:改变我们生活的十个新方向》,中国社会科学出版社1984年版,第210页。

后工业社会的发展需要，新的组织形式应该具有一定的弹性。弹性的组织结构不仅可以减少政府中常规部门的设置，降低组织运行成本，还可以避免行政组织的僵化，能够较为灵活快速地根据现代动态环境及组织目标的变化而变化，具有很强的适应能力。弹性化的组织结构不仅能够适应时代的变化和更好地满足特殊群体的差异化诉求，而且能够迅速地解决问题、完成特定的公共职能和提高组织的效能。

（4）组织的虚拟化。网络技术的普及使得传统的政府职能可以延伸进家庭或私人生活空间中去，传统行政组织的边界线、组织层次等都将消失，呈现出有形组织向无形组织方向发展的趋势。因而，直接的权力控制将变成间接的制度控制，权力权威将变成制度权威。这在很大程度上是以行政组织结构虚拟化的形式出现的，它是组织间所建立起的声像网络系统联系在组织结构上的体现。[①] 政府可以借助网络来完成许多服务，抛弃行政组织机构的物理实体，从而在电子虚拟空间保留行政组织的架构和功能。当然，并非所有的行政组织都能实现虚拟化，只有那些承担常规性、程序性和同质化程度比较高的公共事务管理的组织才较为容易实现虚拟化。

（5）组织的团队化。组织结构团队化就是从层级制垂直结构转向以"团队"为中心的过程化组织模式。20世纪后期以来，在私人部门中，团队的使用变得越来越频繁，而在公共部门中，团队的功能尚未充分显现出来。但是，行政组织团队化已经具有了趋势性的意义。从理论上看，行政组织的团队化可以让组织成员打破原有部门界限，绕过原来的那些中间管理层次，直接面对公众而去实现组织的总体目标。在行动上，可以造就出一种群体合作的优势，从而赢得组织的高效率。行政组织的团队化将造就一种新型的组织结构，会使行政组织呈现出目标明确、以任务为中心、角色清晰的特征，能够在发挥团队作用的过程中实现"一站式"的行政服务。

我们正处在全球化、后工业化进程中，这是人类历史上又一次伟大的社会变革运动。在这场伟大的社会变革中，需要首先谋求组织模式的变革，通过组织模式的变革去巩固社会变革的成果，也需要通过组织模式的变革去引领社会变革。其中，合作制组织的构想就是指向组织模式变革的积极方案。合作制组织的出现，将意味着人类会通过一种全新的方式开展行动，也意味着人们之间的关系以全新的形态出现，从而使人类组织起来的能力大幅提高。与官僚制组织以及以往任何一种组织模式一样，合作制组织也是一种集体行动模式，行动者的个人目标和利益期待也会不同，甚至会出现对立和冲突。合作制组织在甫一生成时，也首先会在差异、对立甚至冲突中寻找共同行动的基点和路径。但是，合作是合作制

---

① 尹钢、梁丽芝主编：《行政组织学》，北京大学出版社2005年版，第64页。

组织的一种全新的集体行动模式，所依据的组织资源和价值基础不同于以往任何一种形式的组织。合作制组织的整合目标不满足于分工—协作，而是要求实现更高价值的合作。由于合作制组织是适应于在高度复杂性和高度不确定性条件下开展行动的组织模式，所以，它也是唯一能够将人类引领出当前风险社会的组织形式。①

2.3 行政体系中的权力

2.3.1 行政权力的概念

权力是生成和存在于社会等级落差之中的一种社会支配力量。在农业社会，社会本身就是一个等级化的系统，权力作为一种支配力量也是普遍存在于社会的每一个角落的。到了工业社会，根据自由、平等的理念建构起来的社会在政治学的意义上消除了人们之间的等级落差，但是，一切组织都存在着职位和岗位落差，在职位和岗位落差之中依然存在着权力以及权力支配过程。行政组织是典型的官僚制组织，它的科层结构决定了权力支配行为及其过程在行政组织中是普遍存在的，权力既是行政的驱动力，也是行政组织目标实现的保证和基本途径。

丹尼斯·朗（Dennis H. Wrong）认为，权力是某些人对他人产生预期效果的能力。② 罗伯特·达尔（Robert Dahl）认为，权力包含以下四个方面的内容：权力基础、权力手段、权力数量和权力范围。其中，权力基础是权力得以存在的原因，受权力主体所拥有的资源以及权力目标等因素的影响，具有消极被动性质。为了利用权力，就必须采取行动激活权力基础。权力拥有者所采取的行动，就是"权力手段"。"权力范围"是指权力拥有者运用权力手段所能影响的范围以及权力施于对象可能做出反应的范围。权力拥有者迫使他们屈从自己意愿的最终能力就是"权力数量"。③

行政权力是国家政治部门通过一定的程序授予行政机关的一种用于行政管理和公共事务管理的强制性力量。行政权力是行政管理的生命线。静态地看，行政权力是行政组织中职位和岗位关系的体现，它通过职位和岗位上的人而将其转化成一种现实的支配力量。当职位和岗位间的关系以人的形式出现的时候，权力主体与客体的关系也就生成了。一定职位或岗位上的人掌握权力并对相对应的其他

---

① 张康之：《组织模式变革是社会变革的先导》，《江苏行政学院学报》2015 年第 2 期。
② ［美］丹尼斯·朗著，陆震纶、郑明哲译：《权力论》，中国社会科学出版社 2001 年版，第 3 页。
③ Robert Dahl. "The Concept of Power", *Behavioral Science*, Vol. 2, 1957, pp. 201–215.

人进行支配，受支配方就成了权力客体，处于被动的和服从的地位。但是，行政体系是一个运动着的实体，而且行政管理活动都是时时发生在行政体系之中的，所以，对行政权力也需要有着动态的认识。动态地看则会发现，行政体系整体上以及它内部的全部运动都根源于行政权力，行政权力既是一种驱动行政体系运动的推动力量，又是一种受到行政人员、机构等争夺的资源。

在社会治理中，权力的运行应当是理性的，无论是在权治、法治还是德治模式中，权力的执掌和行使都需要得到规则的规范。① 在一定程度上，行政组织无非是一个权力规则体系，它的各个部门及其人员是按照"支配—服从"的规则在权力链条中寻找、确定自己的角色和位置的。在这个角色定位的过程中，各个部门及其人员之间总是围绕着行政权力的获取、分配、维持和行使而相互作用和相互影响。

贝特朗·德·儒旺纳尔（Bertrand de Jouvenel）认为，权力关系有三个不同属性：广延性、综合性和强度。② 正如人们用货币来衡量物品的价值一样，人们也常常用这三个指标来衡量权力的大小。一是广延性，即服从权力的人数的多少。服从的人数多，就说明权力大；反之，权力就小。二是综合性，即权力所有者能够调动权力对象的活动领域，换句话说，就是权力对象的全部活动受到权力控制的比例和范围。在权力对象的生活中，如果他们的一言一行都受到权力的制约和影响，表明权力的综合性强，权力所有者拥有的权力大；反之，如果权力对象的许多行为或生活内容不受权力所有者的控制，则表明权力的综合性弱，权力所有者拥有的权力小。三是权力的强度，即在权力控制领域内，权力所有者对权力对象的控制程度具有强弱上的不同。如价格管制，有的限定价格的上限，有的则直接规定具体价格。如果只规定价格上限，那么厂商就有一定的选择余地；而规定了具体价格，厂商则没有选择的自由。显然，权力的强度越大，权力所有者的权力就越大；反之，权力就越小。

2.3.2　行政权力的类型

对于行政权力，可以根据不同的标准做出不同的分类：

（1）根据行政权力受约束的程度，可以将行政权力分为羁束的行政权力和自由裁量的行政权力。其中，前者是指权力行使的范围、程度和方式均受到法律法规的严格限制；后者是指法律法规只限定了行政权力的边界，对于在什么情况下将行政权力行使到何种程度，则由行政机关和行政人员自己酌情决定。

---

① 张康之：《论社会治理中的权力与规则》，《探索》2015 年第 2 期。
② Bertrand de Jouvenel, "Authority: The Efficient Imperative", in Carl J. Fredrich, ed., *Authority*, Nomos (Cambridge, Mass.: Harvard University Press, 1958), p. 160.

（2）根据行政行为的模式，可以将行政权力分为：第一，行政立法权，是指行政机关享有的依法制定和发布具有普遍约束力的规范性文件的权力。第二，行政许可权，是指行政机关对公民、法人和其他社会组织的某种活动予以许可或不予许可的权力。第三，行政确认权，是指行政机关享有的对于某种事实或资格予以证明的权力。第四，行政检查监督权，是指行政机关享有的对公民、法人和其他社会组织在社会生活中遵守法律、法规和行政命令的情况进行检查、监督的权力。第五，行政制裁权，是指行政机关拥有的对违反法律、法规和行政命令的公民、法人和其他社会组织予以惩罚的权力。第六，行政强制权，是指行政机关对不履行法定义务或行政命令的公民、法人和其他社会组织采取强制措施，迫使其履行法定义务、遵从命令的权力。第七，行政司法权，是指行政机关依法对某些纠纷或争议进行裁决的权力。

（3）根据权力存在和发生作用的基础，可以把行政权力划分为：第一，报酬性权力。这种权力的基础是行政权力的主体对于资源的控制，而这些资源又正是客体所希望得到的东西。行政主体一旦控制了这些资源，也就控制了获取资源的途径，从而拥有了相应的权力。第二，制度性权力。这种权力的基础是行政组织结构所赖以运行的制度规则，包括一些象征性的规范，是一种通过规章制度的方式迫使行政权力的客体按照主体的意愿去行动的权力类型，行政权力客体是因为对制度权力的服从才获得了存在及其行为的合法性。第三，知识性权力。这种权力来源于专业技术和信息等知识性资源占有的优势，是行政体系中的专家权力。

（4）根据权力的层次，可以把行政权力分为中央权力、地方权力和基层权力。中央权力主要服务于对整个国家和社会事务的宏观管理和调控，使国家的政治、经济、文化得到全面发展。地方权力则注重结合本地区实际，发挥承上启下的功能，加速地方经济发展，造福本地人民，并为全国的发展做出本地区的贡献。基层权力的工作重点在于执行，贯彻执行法律、法规以及上级政府制定的政策和下达的各种指令。

（5）按照权力发生作用的性质，可以把行政权力分为直线权力、职能权力和参谋权力。直线权力是上级行政主体对下级行政主体的统辖权；职能权力是因行政管理横向分工而形成的，表现为部门或领导职位上的人对其分管的下级和事务的领导权力；参谋权力是指为领导机关或领导者提供咨询和建议的权力。

（6）根据行政权力用于管理的内容，可以把行政权力划分为政治管理权力、对外行政权力、经济管理权力、文化管理权力和社会管理权力。关于政治管理权力，根据政治—行政二分原则，似乎不被学者认同，但在现实的政府存在与运行过程中，行政组织的政治职能是不言而喻的，行政组织不仅对整个社会进行政治方面的管理，甚至会通过服务的方式而对政治部门的活动加以管理。就行政组织开展政治管理也是得到政治部门的授权而言，与政治—行政二分原则并不冲突。

至于对外行政权力、经济管理权力和文化管理权力，则是我们在日常生活中时时都能感受到的权力。

2.3.3 行政权力的特征

1. 行政权力的政治特征

行政权力与政治权力的关系主要表现在两个方面：其一，行政权力必须以政治权力为依据，是由国家政治机关通过宪法等基本法律而赋予行政机关的权力。其二，行政权力反过来又是国家政治职能以及公共事务管理职能得以实现的根据，几乎国家的一切基本职能都需要通过行政权力和借助于行政权力去加以实施。所以，政治权力与行政权力之间是一种相互依存和相互支持的权力关系。

在农业社会，行政权力来源于最高统治者的授权，带有人格化的特征。在现代社会，行政权力的获得往往是通过法律的途径，是由宪法或其他基本法律做出明确规定的。即使没有在宪法等基本法上做出明确的规定，也必然是由代表国家意志的最高权力机关通过一定的方式和程序授予行政机关的。行政权力是行政组织中的机构、部门和人员执行和贯彻国家意志的必要工具，是政府内部的行政管理和政府对社会进行管理的合法性资源。由于行政权力来源于国家政治机关，所以是国家意志的体现。

国家意志也往往被表述为公共意志，也就是说，公共利益不能简单等于某种社会集团或党派利益，也不是各种不同的社会利益的简单相加，而是国家意志形成过程中各种政治势力利益要求的平衡和综合反映。而且，在现代国家中，公共利益是通过一定的宪法原则体现为国家意志的。行政权力作为执行国家意志的权力在本质上应当是一种具有公共性的权力，公共性是行政权力的合法性基础。同样，行政权力不仅需要以合法性作为基础，也离不开强制的手段。行政权力以国家强制力作为后盾，权力客体如果不服从，权力主体就可以依法使用强制力使之服从。当然，使用强制力本身不是目的，强制力主要是用来建立权威的，是在权威受到挑战或怀疑的时候去为权威提供保证的因素。所以，强制力更多的时候也以武力威胁的形式出现，是借助于武力威胁而强制性地维护权力权威的做法，目的是要使权力客体服从权力主体的意志。

国家的经济体制和政治体制对行政权力具有决定性作用。经济体制和政治体制的变化往往使行政权力的范围、大小、强弱等发生变化。行政权力还取决于国家与社会的融合程度。换言之，取决于作为社会基础的人民群众管理国家的能力大小和他们参与国家管理的程度。这就是说，当国家行政权力的真正主人——广大人民群众日益成熟起来并且越来越多地参与到政府行政管理活动中去的时候，国家行政权力的范围将逐渐缩小，行政权力将越来越被人民群众的社会自治力量所代替。其原因是，随着人民群众的行政管理能力逐步提高以及随着民主的发展，国家已经把许多行政管理权力逐渐交还给了社会。

2. 行政权力的管理特征

在国家的权力体系中，行政权力更多地具有管理的特征，尤其是进入到近代社会，行政权力的管理特征更加突出。现代行政权力的管理特征主要表现在以下几个方面：

（1）公共性。这种公共性主要体现在：第一，行政权力是公共利益实现的工具，是属于一个国家中的全体社会成员的权力，是一种公共权力。第二，行政权力具有超脱性，在行政机关行使行政权力的时候，往往需要超脱于某一个人或社会阶层、利益集团之上，成为凌驾于社会之上的权力。第三，行政权力具有全局性，在其行使的过程中不能局限于特定个人或集团所关注的问题，而应着眼于社会中全局性的事务，或处理那些关系到整个社会秩序的基本问题。

（2）执行性。行政权力属于派生性权力，它必须执行赋予其权力的公民或国家民意代表机关的意志，使政治意志具体化并付诸实施。所以，行政权力是一种执行性权力。行政权力的主体获得以及行使行政权力，其直接依据是国家法律、法规，即国家权力机关的意志，以执行权力机关的意志为目的。行政权力的行使必须在法律的框架内进行，并对政治权力机关负责。当然，行政权力也有决策功能，但这种决策权不同于立法决策权或政治决策权，而是在立法权力的输出功能完成之后发挥作用的，行政决策属于国家立法（政治）权力输出过程中所进行的具有执行意义的决策。

（3）有限性。在现代社会，虽然行政权力广泛地渗入社会生活的各个领域，但这并不意味着行政权力没有边界。实际上，行政权力的范围是受到严格限制的。在社会事务管理上，行政权力被严格限定在公共领域，凡公民个人或私人组织无法承担的事情，政府才有资格去承担，行政权力存在的价值在于只做个人以及私人组织无法做到的事情。政府的基本任务是尊重和保护个人的生命、财产、自由不受侵犯，保障社会成员自我发展。行政权力不仅作用范围是有限的，而且实施行政权力的方式和手段也是有限的，它的实际运用涉及行政活动的行为尺度的适当性，因此需要按照一定的程序进行控制，需要限制掌权者恣意、专断地行使权力，需要排除权力行使过程中的偏见和任性，需要促使参与各方互相配合、相互制约，保证权力行使者在责任的约束下进行活动。

（4）系统性。行政权力既是一种系统性、完整性的权力，也具有唯一性。行政权力的系统性是与行政组织的系统性密切联系在一起的，一个国家的行政系统应当是完整的，是从中央到地方以及分布到每一个角落和每一个地方的完整体系，对于政府应当承担起来的公共事务管理也必须是周延的。同样，在一个国家内，拥有和行使行政权力的组织系统只能是一个。由于行政权力作用方向和方式的特殊性，集中和统一就成为行政权力的固有特点。相应地，行政权力的运行必然具有单向性，即行政权力在上下级之间、主客体之间，具有不可逆性，上下级之间是命令与服从的关系，不存在讨价还价的余地。

（5）动态性。行政权力的动态性可以从宏观和微观两个方面进行考察。从宏观层面看，随着国家历史形态、政治治理理念、行政环境等因素的变化，行政权力与其他公共权力的关系，行政权力的范围、大小等，都在发生着或剧烈或迟缓的变化。从微观层面上看，行政权力会表现出一种自然增长甚至恶性膨胀的趋势，会不断地在运行中得到强化，只有每隔一段时间通过改革等政治运动对行政权力进行调整，才能将其保持在一定的限度内。行政权力的运动是沿着自上而下的放射状态展开的，且每经过一个层级，其放射都要扩大一定的范围，在各层级权力行使者扩大权力的本能冲动下，行政权力具有一种无限延伸的能力。随着社会的发展，行政权力作用的对象日益增加，行政权力也就随之扩大，这样又自然会带来行政权力结构的变化，形成连锁反应。

2.3.4 行政权力的结构

1. 行政权力的纵向结构

行政权力虽然不是一种实体性的存在，却是客观的，是可以进行结构性考察的。也就是说，行政权力是拥有一定结构的，这种结构可以参照行政组织体系来加以把握。当然，如果仔细地区分，行政权力的结构也会呈现出极其复杂的状况，但在宏观上可以从其纵向结构和横向结构两个维度来加以认识。

行政权力的纵向结构在行政学中也称作行政授权体系，是根据行政组织的结构特征而对行政权力进行自上而下分配的方式。如果把行政权力放置在与政治权力的关系中，往往是把行政权力看作政治权力的授权结果。在行政体系自身之中，行政权力则是一个依据一定的程序、通过自上而下的途径层层授权的体系。由于行政授权，行政权力才是以一定的结构形式而存在的权力体系。

行政权力的纵向结构或者说行政授权体系是行政权力的纵向分配方式，是与行政组织的纵向分工联系在一起的。行政权力的这种结构形式服务于行政体系上下一致、各尽所能、按照既定政策实现行政目标和完成行政任务的目的。行政管理以及由行政体系担负的社会管理是一个社会中最为复杂和最为繁重的事务，处理这些事务需要一个庞大的组织体系来进行，特别是现代社会，行政组织越来越朝着巨型化的方向发展。对于这样的行政组织或行政体系，上级与下级之间，领导者与部属之间,都存在着分工与协作的问题。这种上级与下级、领导者与部属之间的分工与协作,恰恰是通过行政授权而得以实现的。

对于管理活动来说,分工与协作是以上级对下级、领导者对部属指派任务为起点的。当上级对下级、领导者对部属指派任务的时候,必然地给予他们完成任务的权力。否则,他们的工作就无法展开。这种因任务而授权的行为,在行政体系的运行中,已经成为一种程序化的活动。行政管理和公共事务的管理都已经被分成不同的类型,行政组织也根据这种分类而分成不同的机构和部门,每一机构和部门都是专门负责处理某一类型的行政管理或公共事务管理的,即使在同一机构和部门内部,不同的行政人员也有着明确的分工。这样一来,行政授权就不再表现为一种活动,而是表现为一种程序,是制度化的授权方式。通过这种行政授权,上级与下级、领导与部属的分工就成了上级机构或领导者专门从事指挥和监督的活动,下级机构或部属则具体地从事某一方面的工作,并定期向上级机构或领导者进行工作汇报,接受上级机构或领导者的监督。

2. 行政权力的横向结构

行政权力的横向结构是行政权力在同级行政机构、部门和行政人员之间制度化分配的方式,是行政权力合理配置的一个重要方面。如果说行政权力的纵向结构是行政授权的问题,那么行政权力的横向结构则是行政权力在机构之间、部门之间以及行政人员之间的分配问题。在现实的行政管理过程中,行政体系的各个机构之间、部门之间以及行政人员之间都存在着追求自身权力更大化的要求,它们都会争取得到有关方面的支持以获得更多、更大的权力。这样一来,就存在着一个如何在各个机构、部门和行政人员之间进行权力配置的问题,以及如何保证权力行使的范围边界明确、衔接无隙,使它们之间既不交叉重叠,又不存在空场。所以,需要重视权力的横向结构的研究,以实现权力横向配置的科学化、合理化。

行政权力的运行过程也就是行政主体分配和行使权力的过程。对于现代公共行政而言,因职能和调整对象的不同而把行政权力分成了不同类别,同一行政机构中的权力往往被分配给不同的职能部门,而同一部门中的权力也需要进行再分配,最终会落实到由具体的个人来加以执掌和行使。行政权力的分类就是行政权力横向结构生成的基础。

认识行政权力横向结构的目的是要进一步提高行政权力的协调性,是要找到进一步整合行政权力的途径,以便行政权力能以一个整体的形式发挥作用。认识和研究行政权力的横向结构,可以防止行政权力功能上的交叉重叠、矛盾冲突和作用边界不衔接等问题。从动态的角度看,行政权力的纵向结构是相对稳定的,是与整个行政体制联系在一起的,而行政权力的横向结构则是处在不断调整和变化之中的。一般说来，当行政体系出现不适应管理实际的要求时，总是首先调整行政权力的横向结构，以此方法来达到行政权力横向分配的合理化。行政权力的内部制约机制也主要是存在于行政权力的横向结构之中的，在权力制约的意义上，来自于行政体系内部的制约机制主要是建立在行政机构、部门和人员之间的。也正是这一原因，西方国家往往把权力制约称作"制衡"，是指同一个层级上的权力之间存在着约束和平衡机制。

2.4 行政权力的存在形态

2.4.1 抽象行政权力

由于行政权力是一个复杂的体系，所以，它的结构也是非常复杂的。行政权力的纵向结构和横向结构只是从形式的方面对行政权力做出的描述，深入一步，就会发现，行政权力是由两种性质和功能上都不尽相同的权力构成的整体，它们分别是抽象行政权力和具体行政权力。也就是说，行政权力在整体上所具有的是一个极其简单的二元结构，抽象行政权力是一种存在形态，而具体行政权力则是另一种存在形态。行政权力的总体性质来源于抽象行政权力与具体行政权力的统一和协调，如果行政权力体系出现不谐和的问题，那必然是由于抽象行政权力与具体行政权力之间的不协调造成的。行政权力作为一个相对独立的权力体系，它是抽象行政权力与具体行政权力的对立统一体，抽象行政权力与具体行政权力的对立统一关系是行政权力结构的实质性内容。

抽象行政权力是指行政体系中的那些法律制度化的权力，它是一种规范的、有着充分的法律制度保证的权力。也可以认为抽象行政权力是一种理念性权力，是行政组织根据自己的存在理念而确立起来的权力。在一定的政治体系中，政治制度的本质决定着这种权力的性质。一般情况下，它是通过法律制度或类似于法律制度的规章制度等形式而对它的性质、存在形式和运行机制做出明确确认的权力。由于它是法律制度或规章制度所确认的权力，所以会作为一种强大的力量反过来为权力主体的存在和发展提供基本保障。在现实中，它是一种稳定地以制度化的方式发挥作用的权力。本来，在行政人员这里，一旦掌握和行使权力，就会因权力而助长其作为人的非理性方面，而抽象行政权力的存在对于抑制掌握和行使权力的个人的非理性方面，发挥了无可替代的作用。

抽象行政权力的主体主要是以整体形式出现的行政组织，因而具有较多的政治性和公共性。首先，抽象行政权力是一种政治权力，它是国家统治权在公共行政领域的体现。同时，抽象行政权力又是一种服务于公共利益的权力。抽象行政权力是通过法律固定下来的，是合法化、合理化、普遍化甚至神圣化的权力，这种权力提供的是基本的社会利益格局和权力主体与权力客体之间基本的权力关系框架，也是基本的组织规范力量。

抽象行政权力包含着一个国家的政治理想的内容，所以，它是一种应然的权力。在组织结构的确立和权力体制的设计中，人们首先要做的就是努力对这种权力加以规范，从而使它表现为一种规范化和制度化的权力。抽象行政权力是以制度形式存在的控制力量，是以程序化的方式发挥作用的。抽象行政权力的作用方向是一个行政组织发挥作用的总方向，也是一个行政组织中自上而下的功能实现的总方向。但是，在现代社会，权力的支配作用不应是单向的，也就是说权力不应完全是自上而下地发挥作用。因为，公众对权力的行使可以实施监督，在权力的运行中，应当广泛吸纳公众的参与，这就意味着公众能够支配权力的执掌者。这一点已经成为现代社会制度文明的标志，也是所有政治文明国家所极力倡导和实施的。在这个总的框架下，下级对上级、部属对领导者有着逆向的权力支配关系。无论权力自上而下的作用方向还是自下而上的作用方向，都是制度化的设置，会以成文的法律规定出现。

在抽象行政权力的实际运行中，有许多因素制约着权力发挥作用的方向。其中，最为根本的还是权力体制和权力主体两个方面。抽象行政权力具有集团性，它是权力主体集团对权力客体集团的权力。也就是说，抽象行政权力实质上是一个社会中或一个组织集团中的制度化的权力，是由法律政策所规定的和由组织结构所确立的权力。权力体制的健全是要实现权力运行指向预期目标的客观性，即保证权力的运行及其功能的发挥具有可控性。为了实现这一点，一般都采取完善法制的途径，即加强立法、完善制度，建立有效的权力制约机制，以保证权力沿着预定的轨道运行。

从现实的权力体系来看，抽象行政权力具有这样几个方面的特征：

第一，就权力主体而言，抽象行政权力的主体是整个行政权力体系所属的整个组织及其部门，是组织及其机构所拥有的权力，而权力主体只有通过法律、政策、规章、制度等手段才能拥有这种权力。

第二，就权力的存在形式而言，抽象行政权力往往公开表明自己的性质，并通过法律制度等所有可以运用的手段来突出强调自己的性质和维护这种性质不受侵蚀。

第三，就权力的作用范围而言，抽象行政权力的作用范围是与整个权力体系的作用范围一致的，整个权力体系在应然的意义上深入到什么地方，抽象行政权力也就在这些地方发挥作用。由于抽象行政权力是以法律、政策、规章、制度的方式来发挥作用的，所以，它的作用方式是规范的，作用力是稳定的和抽象的，作用途径是固定的。

第四，就作用效果而言，抽象行政权力由于是一种理念性的权力，是以一定的思想体系作为自己的理论基础的，是在对一个社会中的文化做出现实考量的前提下建立起来的，特别是它作为一个理性的存在物，具有根据自己的作用对象和环境的需要及时调整和改变自己的能力。所以，它一经建立起来，就具有充分的合理性和合法性，能够得到整个社会的广泛认同。

2.4.2 具体行政权力

具体行政权力是指行政体系中的那些存在于一定的法律制度框架下的由个人或个性化的机构或部门所执掌的并用来处理一切具体事务的权力。具体行政权力在发挥作用的时候可能会有两种结果：一方面，它可以与抽象行政权力的功能和目标相一致，用来为权力所属的行政组织或社会服务，为公共利益服务；另一方面，它也可以成为权力执掌者谋取私利的工具。比如，人们常说的政府的自利性就表现在具体行政权力的行使过程中，而按照抽象行政权力的要求，政府是不会存在自利性问题的。

当行政体系拥有一个集权体制的时候，行政权力在总体上可能更具有具体行政权力的色彩，具有很大的随意性。相反，在法律制度比较健全的社会中，行政权力的规范化程度较高，是可以得到有效制约的，其抽象行政权力的特征较为突出一些。抽象行政权力与具体行政权力之间存在着一个相互转化的关系，存在着不断从抽象行政权力向具体行政权力转化的过程。反过来，具体行政权力也会向抽象行政权力转化。当具体行政权力实际支配力量得到了普遍认同，为制度所接纳和获得理论论证时，就实现了具体行政权力向抽象行政权力的转化，就达致具体行政权力与抽象行政权力的统一。

在行政组织的运行中，抽象行政权力一般要转化为具体行政权力后才能够在行政管理过程中发挥作用。在一定程度上，抽象行政权力具有静态的特征，而具体行政权力的动态特征则比较突出。所以，也可以把具体行政权力看作是抽象行政权力功能实现的途径。但是，在抽象行政权力向具体行政权力转化的过程中，会存在着权力性质发生改变的可能性。也就是说，如果在从抽象行政权力向具体行政权力转化的过程中没有出现权力性质的改变，那么，具体行政权力与抽象行政权力的目标是一致的，所发挥的是正向功能，表现为抽象行政权力功能实现的途径；相反，如果在从抽象行政权力向具体行政权力转化的过程中，出现了性质的改变，那么，具体行政权力所发挥的就是负向功能，表现为抽象行政权力的异化，与抽象行政权力目标和功能实现都是相背离的。

法律制度对于抽象行政权力的存在和运行有着直接的决定意义，而对于具体行政权力的存在和运行所发生的影响往往是间接的，甚至在许多情况下是无效的。具体行政权力是抽象行政权力的现实化，抽象行政权力是具体行政权力的形式，是具体行政权力发挥作用的理性框架。抽象行政权力是理性的和规范的，而具体行政权力则在很大程度上取决于权力执掌者，权力执掌者的感性存在对于权力的运行产生着很大影响。抽象行政权力是一种应然的权力，是根据某种理念而应有的权力。因而，人们在行政组织结构的确立和权力体制的设计中，总是极力要对这种权力加以规范，而且这种权力与行政组织的职位有着一致性，职位的高低也就意味着权力的大小。人们在行政组织结构中所思考的权力就是这种应然的权力，即抽象行政权力，但作为应然的权力只是一种可能的权力，是一种可能发挥作用的权力。具体权力则不同，是一种现实地运行着的权力，这种权力直接地与权力的执掌者和调节对象联系在一起。

一般说来，权力越大，它的控制力也就越大。可是，在具体行政权力和抽象行政权力的区分中可以看到，正是具体行政权力才是一种直观的控制力量。当然，抽象行政权力也是一种控制力量，但抽象行政权力作为一种控制力量只是理论上的设定，是以制度的形式存在的控制力量，以程序化的方式发挥作用。一旦权力为具体的人所执掌，在处理具体问题上发挥着特殊的作用时，它已经成为一种具体行政权力。所以，虽然在行政权力结构确立的过程中要求遵循职权相符的原则，但在行政权力的实际运行中，人们往往看到的是这样一种现象：权力与职位并不总是呈现正相关关系。在某些方面，职位的高低意味着权力的大小；在另一些方面，可能恰恰相反。比如，在处理某一具体事务时，可能一个处长的权力会远远大于部长，一个处长希望要办的一件事，他可以找出无数个理由来说服其上级；如果还是这件事情，部长希望办，而一个处长则不愿意办，他也可以找出无数个理由将其拖而不办。中国人常说的"县官不如现管"就反映了这一情况。正是由于这个原因，我们常常看到，越是处于高职位上的人越在处理具体问题上表现出一种无奈的状况；相反，一些人职位虽然不高，但在行使权力方面，却能够把权力所蕴含着的力量发挥得淋漓尽致。在这种情况下，我们很难严格地说谁的权力更大。其实，这种职位与权力不一致现象的根源，就是由抽象行政权力与具体行政权力的不同所造成的。

与抽象行政权力相比，具体行政权力具有这样几个方面的特征：

第一，具体行政权力的主体是行政组织中的管理层或个人，如果说具体行政权力的主体可以是一个机构或部门的话，那么这个机构或部门也必定是个性化或人格化了的。所以，权力主体主要是个体化的。政府中的行政人员个人在行使权力的时候都是通过把抽象权力转化为具体权力而加以行使的，他们因处在一定的职位上而拥有一定的职权。但是，这个职权在他获得的时候是以抽象行政权力的形式出现的，而在他开始掌握和行使这种权力的时候也就开始将权力具体化了。

因而，他在行使行政权力的时候是能够展示自己的能力和道德素养的，也能够按照一些"潜规则"去办事。

第二，就权力的存在形式而言，具体行政权力极力淡化或隐藏自己的根本性质，极力表现出处理具体事务上的因事而行，以解决问题的效果为直接目标。在很多情况下，也突出反映出执掌这种权力的个人风格，具有人格化的特征。比如，一个行政职位上的权力在理论上说是稳定的，其前任与后任所执掌的是同样一种权力，应当是无差别的，但在现实中，我们几乎时时处处都可以看到，同一职位上的人在不同的时候行使权力的方式以及所展开的功能是有巨大差异的；同一职位，前任可能会无所事事，后任却可能把权力发挥到极致。

第三，就权力的作用范围而言，具体行政权力的作用范围是整个权力体系作用范围的每一个具体的部分或环节，只有一切具体行政权力作用范围的总和才构成了整个权力体系的作用范围。具体行政权力的作用方式是灵活的，会因掌握这种权力的人而异，具体行政权力的作用力的大小也是这样。一定岗位和职位上的人的能力和素质决定了具体权力的行使方式，特别是在领导岗位上的人，其能力和素质对具体权力的行使有着决定性的影响。所谓领导艺术，所指的就是具体权力的行使状况。在一个行政体系中，在既定的体制、制度、组织结构以及物质因素不变的情况下，其职能发挥到何种程度，主要取决于具体权力的行使，行政人员的创造性也主要体现在具体权力的行使上。

第四，就权力作用效果而言，具体行政权力由于是由个性化的人或组织机构、部门来行使的权力，受着权力主体思想文化素质和道德素养的影响，因权力主体的好恶、积极还是消极的人生态度、认真负责还是粗枝大叶的处世精神而变，或者说，这些因素决定着具体行政权力发挥作用的效果。特别是当权力主体滥用权力甚至以权谋私时，他手中所掌握的具体权力就完全异化了，就与整个权力体系发生了矛盾，在实质上也是与抽象行政权力之间发生了矛盾。从一些后发展国家的情况来看，往往是由于具体行政权力行使中出现了问题，才导致了政府的合法性危机，甚至使整个社会陷入失序的状态，也把整个政治体系拖入到合法性危机之中去了。在行政组织运行的现实中，人们所关注的腐败问题、以权谋私行为等，在抽象权力的层面上是找不到问题所在的，没有任何一种权力制度在设计的时候会为腐败和以权谋私行为留下空间，之所以出现了这些问题，其实是发生在具体行政权力行使的过程中的。

2.4.3 行政权力关系

在行政权力的运行中，人们一般将行政组织与行政相对人之间的关系称为外部行政关系，而将行政组织各部门、机构间的关系以及行政组织与其所属公职人员之间的关系称为内部行政关系。传统的行政法学理论以法律关系主体的隶属关系或者行政权力作用范围为标准,将行政法律关系划分为内部行政法律关系和外部行政法律关系。"凡是行政权力的作用范围仅及于持有行政权力的国家机构之本系统范围的行政法律关系就是内部行政法律关系。"① 内部行政法律关系包括上下级行政机关之间、行政机关内部组成机构之间、行政机关与其公职人员之间发生的受行政法调整的关系。② 而外部行政法律关系是行政组织与行政相对人之间的关系。

行政权力关系有两层内容:其一,是行政体系内部组织与个人、行政领导者与被领导者之间的支配和服从关系;其二,是行政机关和人员在行使行政权力的过程中与社会组织和公民之间的支配和服从关系。因而,行政权力关系是一种非对称的"支配—服从"关系。在具体的情景中,组成权力关系的双方在地位上总是不平等的。其中,拥有行政权力的行政机关总是处于支配和控制地位,而另一方则处于被支配和被控制的地位。

行政系统内部的行政权力关系通常由行政组织法、人员编制法、公务员法等法律所规定,具体包括:第一,中央政府和地方政府的权力关系。第二,政府与职能部门之间的权力关系。第三,部门与部门之间的权力关系。比如,职能部门依据各自的权限而对其他部门行使权力;上级政府部门可以对下级政府对应部门的业务工作发布命令、进行监督、控制和奖惩,下级部门有义务服从上级部门的权力。第四,行政组织与公务员之间的权力关系。

外部的行政权力关系主要指的是行政机关在行使行政权力时与行政系统以外的社会单元(如企业组织、事业单位、人民团体、公民个人等)之间产生的权力关系。从性质上看,这些关系可以分为两类:第一,管理权力关系。是指行政机关依法对公民、企业组织、事业单位、人民团体等进行行政管理时所产生的权力关系。行政机关执行的是国家的意志,享有对后者的命令、检查、监督、奖惩、强制执行的权力,后者必须遵从。管理权力关系是行政系统外部权力关系的主要方面。第二,监督权力关系。这是在管理权力关系基础上派生的关系。行政机关依法在对公民、企业组织、事业单位、人民团体等进行行政管理、行使行政权力的同时,也依法接受后者的监督。后者有权对行政权的滥用、错用进行检举、申诉和控告。各国都根据自己的政治和行政体制进行了相关的制度设定。我国的政治、法律和行政体制也为处理这类问题设置了信访、行政复议和行政诉讼等制度。

在行政系统内部和行政系统与外部环境之间,围绕着行政权力的划分、运行和行使产生了多维度的行政权力关系。在传统、经验和环境的影响下,许多关系

---

① 桂祥平:《行政法律关系探微》,《行政法学研究》,2000年第3期。
② 罗豪才:《行政法学》,中国政法大学出版社1996年版,第10页。

的内容、形式被固定下来而成为一种习惯或正式制度。一般情况下，人们将其称作行政体制，其实质所指就是行政权力体制。所以，行政权力体制无非是指行政系统中有关权力关系的习惯和正式制度。从行政权力关系的角度看，行政权力体制就是行政权力关系的系统化的运行机制，首先，它是行政系统内部权力的结构性联系；其次，它是各行政机构、人员在行政权力体系中的地位，以及他们之间互动的方式及其规则；再次，它是在行政机构和人员的互动中产生的，表现为正式的或非正式的制度化行为规则，反过来制约着行政机构和人员的互动行为。

关键概念

行政体系　主观结构　客观结构　价值结构　行政组织　合理—合法权威　官僚制　任务型组织　行政权力　抽象行政权力　具体行政权力　行政权力关系　行政权力体制　行政权力的纵向结构　行政权力的横向结构

复习思考题

1. 简述公共行政体系的结构。
2. 简述行政组织的类型。
3. 简述行政组织的特征和构成要素。
4. 试述行政组织结构变革的新趋势。
5. 试述官僚制组织的特点。
6. 试述行政组织的纵向结构及其功能。
7. 试述行政组织的横向结构及其功能。
8. 试述行政权力的结构。
9. 试述行政权力的政治特征和管理特征。
10. 简述抽象行政权力与具体行政权力的关系。

第3章 行政人员与公务员制度

行政人员是行政组织中最具有能动性的主体，它作为一个独特的职业群体，行使行政权力，履行法定职责，因而，对于他们是有着严格的从业要求的，其职业能力、政治立场、文化信念、道德素养等直接或间接地影响着行政工作的质量。行政人员的职业特殊性必然会反映在对行政人员职业责任和道德责任的特殊要求上。公共行政总体目标的实现和公共行政组织任务的完成，都离不开行政人员的共同努力。在公共行政组织人力资源管理科学化和法制化探索中，形成了公务员制度，为公共行政活动提供了有力的人力资源保障。为了规范行政人员以及作为群体及组织结构的行政主体的行为，不仅要通过外部制度建设，也要通过公共行政中的伦理机制，使行政主体在自律和他律中开展行政活动。公共行政在社会管理中居于主导地位，行政伦理在社会伦理体系中也处于最高层次。

本章重点问题
- 行政人员的职业特殊性
- 行政人员的职业责任
- 公务员制度的基本内容
- 行政伦理与行政道德
- 行政道德的规范作用

3.1 行政人员及其职业责任

3.1.1 行政人员及其社会地位

行政人员具有两重含义：广义上的行政人员是指一定的行政体系中的全部工作人员的总和，包括各级行政部门中的工作人员和因法律法规授权、受行政委托而执行公务的工作人员；狭义上的行政人员是指在政府及其职能部门中承担行政管理工作的人员，是与公务员的概念相重合的。所以，狭义上的行政人员也就是公务员，是指那些能够行使行政权的人员。当然，在不同的国家，公务员的外延是不同的。在我国，不仅政府中的工作人员，而且政治部门、党派团体中的一些工作人员也被确定为公务员。这样一来，行政人员则是指那些在政府部门中工作的公务员，是公务员的一部分。

公共权力体系包括立法权、司法权和行政权，分别由不同的主体来代表国家行使这些权力。行政权的重心是"国家意志的执行"，即通过具体的行政执法来实现政府管理的目标。所以，行政人员也是具体地行使行政权力的主体，无论是担任一定官职的行政人员还是普通的行政人员，都不同程度地被赋予行政权力和责任，并根据国家意志行使权力。因此，行政人员可以定义为，在一定的行政体系中通过掌握并行使行政权力以实现政府的内、外部职能的工作人员。

在不同的时代，行政人员在行政体系中的地位和作用存在较大差异。在农业社会的历史阶段中，行政人员只是统治阶级进行阶级统治的工具，代表着统治阶级的利益。这一时期的社会生产力还很低下，社会事务较为简单，因而，政府的社会管理职能也相对微弱。但是，阶级矛盾非常尖锐，阶级斗争十分激烈，使得政府的统治功能凸显了出来。也就是说，政府的行政是以统治行政为其特征的，作为政府官吏的行政人员，在本质上所代表的是统治阶级的利益，所从事的是阶级统治的活动，服务于统治阶级利益的实现。

在农业社会的历史阶段中，官吏作为实际存在着的一个社会阶层是身份群体与职业群体的统一，在这一点上，他不同于最高的统治者。在这个社会中，皇族、贵族等所代表的是社会的一极，而受奴役、受压迫的农民所代表的则是这个社会的另一极，都是纯粹的身份群体，而官吏却在这种对立的身份群体之间被社会整合为身份群体和职业群体的统一体。官吏因职业而获得身份，或因身份而被加予官职而获得了职业。在中国历史上，由于改朝换代的频繁发生和身份变更的无常，致使人们往往更看重官吏的职业，与官吏职业相联系的身份也更加为人们所艳羡。这就是所谓的"官本位"意识。就权力的来源看，在传统的官吏制度中，官吏所掌握的权力是来源于最高的身份权力的，是自皇帝以降的层层授权。因而，官吏手中掌握的权力无论膨胀到何种程度，都必须建立在对身份权力效忠的前提下。

农业社会历史阶段中的阶级统治所具有的是专制特征，而人民主权理论则揭开了人类历史上的新的一页。作为一项最为基本的民主原则，人民主权本来是由18世纪资产阶级启蒙家们提出的，其基本含义是：主权属于人民，不属于上帝、君主；国家机关的权力来自于人民，受人民监督；政府应当为人民工作，对人民负责，否则人民可以废黜、改组政府，罢免官吏。在这一理论的逻辑中，在公共行政部门中担任公职并行使公共行政权力的行政人员被认为是人民公仆，他手中所掌握的权力直接地就是公共权力，是不允许发生性质上的改变的，也是不能以变异的形式存在的。

在现代社会，行政人员作为国家行政权力的实际行使者，作为国家行政管理事务的实际执行者和国家行政责任的实际承担者，其身份和地位是由法律明文规定的：第一，行政人员由国家依照有关法令特别选用，一经选用即具有行政人员身份。第二，行政人员必须依法开展行政活动，从事行政管理。第三，行政人员对国家负有忠诚的义务，行政人员身份一经确定，就与国家发生特别的权利与义务关系，就必须以国家利益为其一切行政行为的出发点，尽心竭力为国家服务。第四，行政人员在执行公务的过程中所代表的是国家权力，因此，其职权范围以国家权力的管理范围为限度，必须接受国家或其代表的指挥，对其职权范围内的工作，不论其数量和质量如何，均应妥善处置，服无限勤务，即对国家负无定量工作的义务。

行政人员具有双重身份。行政人员身份的双重性源于他进入公职系统之前的"原身"是公民。当他经过法律程序进入公共行政部门后，就形成了新的身份和行政职务关系。这就使他一方面接受了国家的授权，担任了一定的行政公职，享有和履行国家规定的公职权利与义务；另一方面，无论他担任多高的行政职务，其原来的身份，即公民及其法律地位并不因为行政职务关系的形成而丧失，他仍然是一个公民，享受法律规定的公民的基本权利，同时履行法律规定的公民必须履行的基本义务。作为行政人员的身份只是一种职业身份，在很大程度上是应当被理解成角色的，这种身份受到公民身份的制约，从属于公民身份。

与行政人员的双重身份相适应，行政人员也具有双重行为，即作为公民的个人行为与作为行政人员的行政行为。个人行为与行政行为是不同的，个人行为是行政人员群体中的个人以自己的名义从事的活动，它只能代表行为者本人，不具有强制性，行为的效果只属于他自己；行政行为则是他作为行政人员的行为，是以国家行政机关的名义所从事的活动，因而，应体现国家意志，行政行为引起的效果由所属的国家行政机关承受。至于行政执行中的个人过错行为，则由其所在的行政机关承担连带责任。同时，行政人员在从事公务活动时享有行政职权和行政优益权，他可以按单方面的意志构成与被管理的个人或组织的法律关系，在行政行为被依法撤销前，可推定为有效，并继续执行。划分行政人员个人行为与行政行为的标准有：第一，行政人员以所属单位名义做出的，属行政行为；以自己名义做出的，属个人行为。第二，行政人员的行为在他职责范围内做出的，属于行政行为；如果超出了职责范围，必须加以综合认定。第三，行政人员的行为是执行单位的命令和委托，不管单位的命令和委托是否越权，一概属于行政行为。

虽然行政人员的双重身份所反映的是两种法律身份和法律地位，但由于两种法律身份集于行政人员一身，在其活动中就会出现行为的交叉运行，使双重法律身份发生冲突。这就要求按照法律、法规的规定理顺两者的关系,在不同的时空中使行政人员的两种法律身份有序地存在。行政人员的双重法律身份的矛盾主要表现在两个方面:第一,公民所享有的某些权利行政人员则不能全部享有(如在西方国家,公务员制度所确立的"政治中立"原则就对行政人员的政治活动进行了限制);公民无须承担的义务则要求行政人员必须承担(如行政人员必须向上级申报其收入)。因此,行政人员承担着比普通公民更多的义务,同时国家也赋予行政人员比普通公民更多的权利(如行政优益权等)。第二,行政法要求行政人员的身份、行为和效力必须一致,作为行政人员,必须行使与他的行政人员身份相一致的职能,也只有实现了身份与行为的一致,才是有效力的。也就是说,如果行政人员在具体的活动中出现了身份和行为的不一致时,就会出现两种违法现象:其一,当行政人员以公民身份去做出行政行为时,结果是无效的行政行为,为行政失职;其二,当行政人员以公职所赋予的行政权力做出支持他作为公民的行为时,属于滥用职权。

3.1.2 行政人员的职业特殊性

社会生产以及生活的职业化在中世纪后期就开始了,作为一种职业活动的社会治理是职业化进程的成果。与其他职业群体不同,行政人员承担着社会治理的任务,是一个独特的职业群体。这也就决定了必然会对行政人员这一群体提出特殊的要求,即对行政人员的职务行为做出特殊的规制。应当说,关于行政人员的一切特殊规制的根本就在于促使其职业意识的生成,使其从属于特殊的职业道德规范的要求。承认行政人员职业群体的特殊性,目的是在这个特殊的群体中建立起对公共权力公共性的信仰。

与农业社会中的身份制不同,近代社会的行政管理实际上是一种职业行为。我国建立公务员制度后,公务员也逐渐被当作一个特定的职业群体看待。就公务员制度而言,实际上是在法律的意义上确认了行政人员的职业化。但在过去很长一段时间里,我们在理论上并未明确承认公务员是社会中一个相对独立的职业群体,相反,我们强调的是公务员与人民群众的一体性,忽视公务员相对于其他行业社会成员的职业特点。在现实的实践中,理论与实践的这种背离和对立,导致了官僚主义盛行、行政工作效率低下、公务员腐败等现象的产生。当前,以科学的态度看待公务员职业的角色定位以及与此相应的行政伦理建设问题,对于行政管理的科学化,对于依法行政乃至预防职务犯罪等,都有着重要的意义。其实,即使在西方国家,承认行政人员是一个特殊的职业群体也是晚近的事情。近代社会,由于公共领域与私人领域的分离,才使行政人员以一个相对独立的群体呈现在人们面前。但是,在理论上真正把行政人员看作一个独特的职业群体,则是在

"文官制度"确立之后。特别是在公务人员职业化的条件下,人们已经无法再无视行政人员作为一个独特的职业群体的客观实在性了。

行政人员的职业特殊性首先在于这种职业的公共性。行政人员掌握着公共权力,并在公共管理的职业活动中行使这一权力。这种公共权力来自社会又凌驾于社会之上,并且对几乎社会生活的所有方面都具有支配能力。公共权力是与行政人员的职业联系在一起的,正是公共权力赋予了行政人员的职业以特殊性,使行政人员与其他职业的从业者不同。因为,行政人员与公共权力的这种联系为他提供了可能窃取、占有和不当使用这种权力的机会,他甚至有可能运用这种权力去谋取私利。也就是说,公共权力是一种公共力量,而且这种公共力量是在其他任何一类职业活动中都不存在的,其他任何一类职业的从业者也都不可能像行政人员这样依据公共力量去开展活动。正是这一点,凸显了行政人员职业的特殊性。

特定职业的从业者自然而然地组成一个职业群体,行政人员作为掌握着公共权力的职业群体是每日每时都受到整个社会关注的群体,在一切既有的行政体系中,都有着明确的关于行政人员行政行为的规范和行为准则,可以说,社会中几乎再也没有一个职业群体在行为准则和规范方面能够比行政人员这一职业群体所拥有的更为系统和完整了。按理说,行政人员的职业活动应当比任何一项职业活动都更加纯洁和健康,事实却恰恰相反。究其根源,是由于行政人员这一职业群体不像其他职业群体那样拥有来自这个群体的每一个个体的职业意识。我们知道,现代市场经济把各种各样的职业活动都纳入市场之中,从而加于各种职业的从业者强大的竞争压力,迫使他们必须用很强的职业意识来承载这种压力。唯独行政管理是一种不受市场调节的职业,没有竞争的压力。所以,行政人员不可能像其他职业的从业者那样自然而然地生成职业意识。结果是,行政行为必须借助外在的约束才能基本满足公共行政的需要,一旦外在的约束不足时,行政行为就会蜕化为破坏公共利益的行为。因此,为了维护公共行政的公共性不受破坏,为了保证行政行为的健康,为了促进行政人员的职业道德意识的生成,需要强调公共行政领域的特殊性,需要把行政人员作为社会整体中一个相对独立的、特殊的职业群体突出出来。

行政人员的职业特殊性还在于这种职业是服务于公民、服务于全社会的。社会契约论认为,政府的合法性是建立在公民与政府之间的契约基础上的,政府的一切权力来自于公民对政府的委托,政府应保护全体公民的公共利益,维护安定和平的社会秩序。众所周知,政府机关本身并不直接创造社会财富,它们的运转和活动靠纳税人来供养。行政人员理应为公民服务,反映公民的意愿,为公民利益尽心工作。根据制度经济学和公共选择理论,政府管理过程就是基础设施、治安、政策、法律等公共产品的生产过程,而公民则是政府所提供的公共产品的消费者,政府存在的目的就是满足"消费者"的不同需求,以尽可能高效率、高质量的公共产品的生产与服务争取消费者的支持。按照这种理解，政府不仅要为公民服务，而且要提供尽可能好的服务，否则，就难以赢得公众的支持，从而失去存在的基础。政府为公民、为社会所提供的服务必须通过行政人员的工作予以体现，行政人员职业的这种特殊性就在于，行政人员作为公民和社会的服务者必须正确对待手中的权力，这种权力不应成为为自己、为小集团谋取私利的工具，而应成为更好地满足公民需要、更好地服务社会的手段。

行政人员的职业特殊性还在于这一职业的政治性和权威性。在行政机关中担任公职，行使公共权力的行政人员，其专门业务就是"行政"，而公共行政活动在本质上反映和体现着国家意志的要求以及价值追求。所以，处理行政事务的行政行为也必然具有政治性的内容和特征。同时，公共行政是以国家的名义进行的、代表国家并以国家强制力为后盾，一切管理对象都对行政机关及其工作人员的管理行为有服从的义务。这又使行政行为具有了权威性的特征。但是，公共行政活动本身也必须依法进行，做到"有法可依，有法必依，执法必严，违法必究"。

行政人员的职业特殊性必然会反映在对这一职业有着特殊的从业要求上。这种要求体现为法律要求和道德要求两个方面。这两个方面的要求之间又是密切联系、相辅相成的。道德是内心的"法"，属于"自律"的范畴，法律则是属于"他律"的范畴。对于行政人员的行为制约而言，道德主"内"，法律主"外"；对于抑制行政人员的犯罪来说，道德治"本"，法律治"标"；道德"扬善抑恶"，法律"惩恶扬善"。行政人员在处理各种公共事务时，都必须站在政府的立场上，从法律和政策的角度来考虑和处理所面临的各种问题。遵守法律的要求是对公共行政从业人员的最基本的要求。然而，仅仅依靠法律并不能解决所有的问题。关于行政人员的从业要求，除了法律方面的要求外还必须强调道德要求，需要建立起行政人员从业的行政道德标准。在对行政人员道德的要求中，无私是首要的要求。行政人员只有无私才能公正，才能廉洁，才能适应公共行政的职业。否则，他的行为就会有意无意地对公共利益构成破坏。

3.1.3 行政人员的职业责任

"责任"一词主要具有两个方面的基本含义：一是分内应做的事，如"岗位责任""尽职尽责"；二是因没有做好分内应做的事而应当承担的不利后果或强制性义务，如"违约责任""追究责任"等。行政人员的责任是一种职业责任，具有多种表现形式和丰富内涵，既不是孤立的单纯道德意义上的，也不是完全法律意义上的，而是包含着多种善恶价值判断的内容，是涉及国家、政府以及人民利益的责任。行政人员的职业责任就是发挥行政人员的岗位职能、完成行政任务和实现行政目标的责任，也是行政人员遵守行政规则程序、承担职权范围内的社会后果的责任，同时，还是实现和保持行政系统的不同岗位之间的有序合作的责任。从性质上看，行政人员的职业责任包括行政责任、法律责任和道德责任三个方面的内容。

广义的行政责任包括两个方面：其一，是指岗位或职位上的职责，也被称作过程责任，主要指政府及其公务员因其公共权力地位和公职身份而对授权者、法律以及行政法规所承担的责任。其二，是因行为引起了不合乎行政目标的后果而产生的责任，这是后果责任，主要是指行政人员违反行政组织及其管理工作的规定和违反行政法规所规定的职责时所必须承担的责任。

行政人员所承担的职业责任实际上包含三个方面的内容：一是由法律以及具有法律性质的规章条例或组织的规则、政策、职业准则等所规定的责任，这种责任在性质上应当属于法律责任；二是在岗位、职位结构上形成的责任，是由于组织的纵向和横向结构赋予行政人员的责任，这种意义上的责任可以看作是狭义的行政责任；三是行政人员对法律责任和行政责任的认识，是内化到行政人员的自觉行动中的责任，也受到行政人员道德意识的影响，这种责任可以看作是道德责任。我们这里所讲的行政责任就是狭义的行政责任。

在具体的行政管理活动中，行政责任体现为一种职务责任，即对工作负责。行政管理是运用权力进行有效组织的过程，在这个过程中，与权力运用相适应的就是职位、职务和职责的统一。权力与责任相互制约，有权无责和有责无权都不可能有效地履行职务，只有当权力与责任统一时，职务的履行即行政管理才有效果。所以，责任作为对行政管理者行使权力的一种制约措施，本身就是一种管理方法或手段，也是贯穿和体现在其职务行为中的。如果行使行政权力的行政主体没有相应的责任或权责不相对等，那么，行政主体就可能滥用权力，导致管理失效。从行政管理过程看，明确行政责任是进行有效行政管理的重要前提和保障。所以，它是行政管理过程中的一种制度和措施。具体说来，行政人员的职务责任表现为：第一，勇于担当责任，对于自身职责范围内的事务，决不推诿或逃避。第二，认真负责地履行公务，一丝不苟地做好分内的工作，决不敷衍塞责。第三，勤奋工作，尽心尽力多做工作，多出政绩或业绩。第四，不安于现状，不墨守成规，不甘于平庸，积极探索工作的规律，开拓创新。第五，脚踏实地，真抓实干，追求工作的实绩实效。

行政人员在行政组织中有着不同性质的职位。基于此，行政人员的行政责任可以分为行政首长责任和行政岗位责任。

行政首长责任是一种领导责任，在我国表现为行政首长负责制。我国《宪法》第八十六条和第一百零五条对行政首长负责制作了专门的规定。行政首长负责制是一种对行政领导者职务、责任和权力进行充分认定以便进行有效管理的制度，包括规定行政首长的职责、职权行使的依据与方法等内容。它既是一种行政领导体制,又是一种行政责任制。所有的行政责任制度都需要行政首长去领导、组织实施。因此,首长负责制是行政责任制的灵魂。从责任形式上看,行政首长既要承担政府的责任,又要承担职务与职权所带来的责任和义务。从性质上看,行政首长既承担法律责任,又要承担一般行政责任。从行政首长负责制与行政责任制的其他形式看,它是其他形式的行政责任制存在和运转的前提。

行政岗位责任是规定政府机关中所有工作岗位的职、权、责、利关系的行政管理制度,它的核心内容是要求在日常工作中确立起科学而合理的职、权、责、利关系,保证这些关系在行政管理实践中得到贯彻落实。行政岗位责任是行政工作责任的重要内容和主要形式,它与行政组织责任相关,是一个问题的两个方面。行政组织责任是对政府机构而言的,它调整各级人民政府及其内部机构的职、责、权、利关系,其核心是解决各级政府机关上下左右之间的工作关系,因此,它也被称作"行政机关责任"。行政岗位责任则是调整政府机关所有工作岗位的职、责、权、利关系,它揭示的是政府机关中各个职位自身的特殊要求,并意图整合各职位相互之间的工作关系。

在行政组织的权力责任链条中,只要行政人员不处于最高层或最低层,都会有自己的上级和下级。行政人员对其上级负责,贯彻上级的指示,同时,也要为他们的下属的行为负责。下级服从上级,这也是官僚制的本质要求。另外,上级也必须指示自己的下级行事,给他们提供完成工作所需要的资金,为了职责分配和执行监督而适当地授权给下级。反过来,他们也需要对下级如何使用所需要的资金和如何实施所授予的权力负责。给下级授权有一个重要的原则,就是"授权留责",意思是说,行政人员不能因为将特定的权力授予下级而推卸自己的责任。

在行政体系中,行政人员的职业责任主要体现为法律责任。责任行政是现代行政的基本精神。根据"有权必有责、用权受监督"的要求,行政人员在依法行使国家行政权力时必须依法履行其行政职责,并为其违法失职行为承担必要的法律责任。任何人一旦选择了公共行政作为其职业而成为行政人员,就必须对法律负责。公共行政活动是对法律的执行活动,对法律负责意味着行政人员的行为都要在法律的规范范围之内进行。对法律负责,在本质上就是要为公共利益服务而不是为行政人员自身的利益服务,因为法律是公共意志的最高体现。此外,行政人员的职业责任还来自于组织的规则和政策、职业准则等这些正式法律之外的规则。

3.1.4 行政人员的道德责任

行政人员的道德责任是指行政人员在行使公共权力、管理公共事务的过程中负有的道德义务以及违反道德义务所应承担的否定性后果。它包括两个层次的含义：一是社会对行政人员履行行政义务时提出的道德要求的总和；二是指行政人员在行政活动中，自觉意识到社会对自己提出的各种道德要求的正当性、合理性，并视其为自己的内在道德需要，表现为对社会、对行政活动应尽的义务和责任。

责任都具有道德内涵，但并不是所有的责任都能称为道德责任，只有那些具有"应当"之内涵的责任才是道德责任。道德责任应该具备两个条件：一是可以进行善恶评价的责任，这是道德责任的现实基础，也是道德责任的实际内容，任何道德责任的履行都会涉及利益关系的处理，因而都会被予以善恶评判。行政人员的道德责任以回应社会需要、维护公共利益作为善恶评价标准。二是履行这些责任时行为主体具有意志自由。道德责任是行政人员自觉自愿承担的义务。行政责任和法律责任都是外在于行政人员和通过他律机制来发挥作用的，而道德责任则通过行政人员的信仰、意识和信念的强化将外在要求转化为高度的职业道德责任感和自律意识。道德自律所特有的这种转换功能，表明了道德责任在本质上是一种自律性的责任。从这种意义上讲，道德责任是一种积极的责任。

行政人员的道德责任没有特定的表现形式，它广泛地存在行政人员以及全体社会成员的意识之中，依靠社会舆论、传统习惯和内在信念来评价。也就是说，道德责任贯穿于行政责任和法律责任之中，并构成了行政责任和法律责任的基础。而且，行政人员的道德责任并不完全限定于行政管理活动这一特殊领域，而是渗透和贯穿于行政人员社会生活的方方面面的。比如，西方国家的官员因政治丑闻、经济丑闻、生活丑闻和任职前的不道德行为而引咎辞职就说明了这一点。不仅如此，行政人员所有的法律责任或行政责任都会引起道德责任，但道德责任并不必然引起法律责任或行政责任。

行政人员的道德责任是抽象性与具体性的统一，站在不同的视角上可以做出不同的概括。一般说来，行政人员的道德责任至少体现在以下几个范畴之中：

（1）公正。公正既是对行政人员的行为要求，也是对行政组织、行政体系及其制度的要求。作为一项道德责任，公正意味着要求行政人员必须办事公道，不徇私情，平等对待不同身份、民族、性别和不同宗教信仰的行政相对人。目前，公正的要求和约束还主要是表现在法律责任的规定上。当然，在一切社会规则体系中，法律的公正要求都代表了公正的典型形态，但这并不意味着法律公正的要求是公正的唯一形式。众所周知，法律的公正有时是无法面对一些新生事物和一些社会特例的。另外，法律所追求的也主要是形式公正，在实质公正方面，恰恰是法律规定所无法达到的。所以，法律公正还不是完整意义上的公正。在行政管理活动中，还需要行政人员的道德公正对法律公正做出补充，使行政人员的道德公正与法律公正一道构成完整意义上的公正。这不仅要求行政人员意识到自己的责任之所在，成为遵纪守法的模范，还要在法与情、法律公正与道德公正相冲突时，能够正确地分析产生冲突的原因，做出正确的行为选择，特别是通过自己的创新活动来协调这种冲突。

（2）仁爱。仁爱所指的是与他人相与为友的德行，它要求一种超越亲情的普遍的爱。在爱的同时，要求理性地节制自我，以宽容的形式对待他人。仁爱表现为对行政体系及其行政人员的平等和合作的要求。作为行政人员道德责任的"仁爱"根源于行政人员自爱的德行，但又不仅仅是一种德行，而是他的职业本性所决定的职业责任。在公共行政中，仁爱意识来源于行政人员的自觉，是他在将外部行政责任内化为个人的职业责任感以后所表现出的认识自觉和行为自觉。同时，仁爱又是行政人员必须承当的责任，作为行政人员对自身道德责任的自觉，反映了行政管理职业活动的必然要求。对于行政人员来说，做到仁爱是他的责任，他必须认识到这一点，如果他未意识到仁爱，在实践中逃避了仁爱的责任，就有可能在行政管理活动中重物轻人，重效率轻公正，从而背离了公共行政的公共精神。

（3）求实。求实的基本内涵是尊重科学、追求真理、尊重实际。作为行政人员的道德责任，求实要求行政人员尊重事实，做到一切从实际出发，大胆地坚持真理，无畏地修正错误；要求行政人员以科学的态度对待生活和工作，说老实话，办老实事，做老实人。在实际的行政管理过程中，经常会出现欺上瞒下等行为，因此，把求实当作行政人员的责任有充分的现实意义。特别是在民主行政、信息公开、公众参与机制建立和健全的情况下，求实越来越成为公众对行政人员的职业要求。也就是说，求实不仅仅是行政人员的行为作风和态度，而是行为标准，是对行政人员从业的职业要求。遵照求实理念的要求，行政人员就应实事求是地对待管理中的一切问题，创造性地去解决所有社会治理问题，脚踏实地，真抓实干，远离和反对一切虚假浮夸行为；要从实际出发、尊重事物的客观规律、坚持真理和捍卫真理，在权力与真理相矛盾、相冲突的时候，站在真理一边，站在客观事实和实际需要一边，而不是顺从权力违背良心。

（4）宽容。所谓宽容，就是对他人的宽厚容忍。或者说，宽容首先是处理人际关系的一种和平友善的态度，反映了主体对客体人格的充分尊重的心态，而这种态度或心态又必须体现在他的行为之中。当代社会是一个异质的、多元的社会，人与人、群体与群体之间的差异会越来越突出。即使是在行政体系内部，各个群体、组织机构之间也是互动的，这些互动有着不同的形态、速度、特质和结果。在这种情况下，公共行政活动建立在人与人、群体与群体之间的差异的基础上，特别是现代公共行政普遍追求多样性、追求放松规制，与此相应，行政体系必然会受到来自于社会的宽容的要求，行政人员也必然会感受到这种来自于社会的宽容要求的压力。这就要求行政人员必须宽容地对待行政管理过程中所涉及的人与人、群体与群体的差异，并进一步把人的差异转化为合作体系中积极的互补因素。因此，行政人员也必须把宽容作为自己的职业素养。

（5）节制。节制是指人的自我约束和限制，是一种通过人的道德理性而使人的生活、活动和各种各样的行为道德化的德行。在公共行政中，节制是行政人员的责任，它首先要求行政人员遵纪守法，这是行政组织和行政人员开展行政活动的起点。节制还表现为对物欲和权欲等的节制，是对自我的欲望进行审查和清理之后使那些合理的欲望得到满足，同时限制和约束不合理的欲望。作为道德责任的节制赋予行政人员两个方面的支配能力：一是使行政人员获得理性支配他人的能力，实现与他人的有效合作；二是行政人员能够理性地支配自我。实际上，行政人员也只有理性地对待自我、合理地支配自我，才能理性地待人处事，才会在工作中有更好的积极效果。这种节制是经由慎思而实现的自我控制，是对一切"过"与"不及"的调整和矫正。

3.2　公务员制度

3.2.1　行政组织中的人力资源

人力资源是与物质资源相对应的概念，具体是指储存在人体内的、能按一定要求完成工作的体能和智能资源。这些体能和智能由人的感知、气质、性格、兴趣、动机、态度、能力等素质和知识、技能综合而成，它们通过先天遗传和环境教育过程而形成，也包括由人构成团体乃至整个组织时所产生的整体特性和效力，它们构成完成特定工作或活动所需要的基础，决定了完成工作或活动的质量和速度。人力资源包括数量和质量两个方面，人力资源数量是指劳动适龄人口、未成年就业人口和老年就业人口。人力资源质量是指人力资源所具有的体力、智力、知识和技能水平，以及劳动者的劳动态度。与人力资源数量相比，人力资源质量更为重要。人力资源管理，是指运用现代化的科学方法，对与一定物力相结合的人力进行合理的培训、组织和调配，使人力、物力经常保持最佳比例，同时对人的思想、心理和行为进行恰当的诱导、控制和协调，充分发挥人的主观能动性，使人尽其才，事得其人，人事相宜，以实现组织目标。

行政组织中的人力资源管理具有两重含义：其一，是指各个行政机关和部门内部的微观人力资源管理工作，如录用、晋升、考核、工资等，带有一定的技术性和执行性特征。其二，是指国家的宏观人力资源管理活动，主要是指国家人力资源管理部门通过一系列法规、制度和措施对公共行政人员的管理，偏重于组织、计划、指挥等带有设计性、统筹性的人事工作。行政组织的人力资源管理是国家人力资源管理部门为实现行政目标和社会目标，通过各种人力资源管理手段对行政人员所进行的制度化和法治化管理。其主体是国家专门的人力资源管理部门，在我国，主要是指国家人力资源和社会保障部以及各级地方政府中的人力资源和社会保障厅、局等。

行政组织人力资源管理的目的是从属于一定的行政目标和社会目标的，是公共行政组织赖以活动的基本条件。公共行政组织只有重视和加强行政队伍建设，才能保持自身的高效运转，更好地履行其行政管理职能，完成各种组织目标和社会目标。这是因为，行政组织是一种结构严密、规模庞大、人员众多的组织系统，对行政人员的管理需要有一套系统、科学、统一、严格的制度和标准。这些制度是靠法律、法规建立起来的。总体而言，行政组织人力资源管理主要包括以下四个方面内容：

第一，行政人员的录用。主要包括确定各类人员的合理编制和比例结构，确定人员补充、职位空缺、任职条件、选配方法和程序等，对候选人员进行选择、取舍和分配，控制组织成员调入、调出等各项工作。录用是行政组织选拔人员的重要环节，它直接关系到能否事得其人，关系到整个行政人员队伍的素质和结构是否合理，关系到行政组织人力资源管理的其他环节。

第二，行政人员素质和能力的培养。行政组织的环境和职能处于不断变动之中，这会不断地对行政人员的素质和能力提出新的要求。现代组织应是"学习型组织"，而组织中的个人应树立终身学习的理念。行政组织也是这样，行政人员需要通过在职培训、脱产培训、进修、学历教育等多种形式实现素质和能力的提高，激发其工作的积极性、主动性和创造性。

第三，行政人员的保障。根据组织平衡理论，组织只有在对有贡献的成员提供满足需求的条件并确保其贡献与满足相平衡时，才能抵消成员对组织的离心力，从而提高组织效率。行政人员的保障就是关于行政人员的工作、待遇、报酬、福利等方面的保障，行政组织人力资源管理工作需要为行政人员的工作创造良好的组织环境和工作条件，保持其工作安心和稳定。其中，主要包括工资制度、社会福利和退休制度等。

第四，行政人员的使用。行政组织人力资源管理的目的在于合理使用人员，最大限度地提高行政人员的使用效益。合理使用人员对于行政组织的生存和发展具有至关重要的意义，只有做到人尽其才，才能做到物尽其用、财尽其力，才能使组织得到长期的可持续发展。行政人员的使用包括岗位责任制、考核制度、奖惩制度、晋升机制等内容。

3.2.2 公务员制度的形成与发展

"公务员"一词是译自英文的 Civil Servant，中文也有译作"文官"的。美国则称为"政府雇员"（governmental employee）；日本在第二次世界大战前称"文官",战后改称"公务员";法国称为"公务员"(fonctionnaire)。公务员的范围在各国不甚相同。例如,法国和日本几乎将所有公职人员都称为公务员,而英国文官则只限于中央政府系统中的事务官。总的来说,西方国家的公务员是指通过非选举程序(主要是通过竞争性考试)而被任命担任政府公职的国家工作人员。公务员是政治与行政系统中的一个特定的群体,在国家政治生活和社会生活中占据着特殊的地位,发挥着特有的作用。各国为了加强对公务员的有效管理,提高行政效率,逐步形成了一系列相关的规章制度。这些制度对公务员的考试、录用、考核、奖惩、待遇、晋升、调动、退休以及分类管理等均做出了系统的规定,形成了较为完备的公务员制度。

西方主要资本主义国家的公务员制度创立于19世纪末20世纪初。这一时期,资本主义进入了垄断阶段:政府角色由先前的自由放任的"守夜人"转化为积极干预社会经济生活的"管理者"。政府的管理化对其工作人员提出了新的要求,即要求政府建立起现代文官制度来实施对政府工作人员的管理。总的说来,就是建立起这样一种文官管理制度:(1)实行文官常任制,不因选举而引起的政党轮替影响文官的去留,以此保证政府职能得到连续、稳定的执行;(2)实行功绩制,不是根据文官的出身或党派身份而是根据文官的功绩来决定奖励和晋升,以保证有一支精干、高效的文官队伍;(3)对文官实施依法管理,以保证文官自身管理的常规化、有序性和合理性。也就是说,建立起体制完备、机制健全的职业文官管理制度。就公务员制度的建立而言,尽管每个国家建立公务员制度的具体原因不尽相同,但在强化政府职能和保证有一支稳定的文官队伍的要求方面,则是大致相同的。

人们通常把英国看作现代公务员制度的发源地。19世纪中叶,英国政府开始寻求对整个吏制进行改革。1848年11月13日,英国财政部成立了以屈威廉为主任的备忘录起草委员会。该委员会的工作内容之一就是,为了节省经费、确保高效率,对财政部的机构状况、功能配置及其运行机制进行调查。后来,调查的范围广泛涉及公务执行中的几乎所有问题。1853年11月23日调查终结,并由诺斯科特和屈威廉二人执笔撰写了名为《常任文官制度的构成》的报告,即著名的《诺斯科特—屈威廉报告》。这份报告的主要内容有:第一,废除官职恩赐制,实行公开竞争考试制。第二,行政事务分为决策类和执行类,根据不同的事务类型采取不同的考试方法。第三,对决策类文官的考试主要考察其一般知识的基本掌握,而不实行专门技能的考试。这个报告于1854年2月提交国会讨论时被处于多数的保守势力所否决,但克里米亚战争中暴露出了传统吏制的种种弊端,由于英国政府管理的混乱和低效率,给军队造成很大伤亡。鉴于这一教训,英国政府颁布了吏制改革的第一个正式法令即《关于录用王国政府文官的枢密院令》,其主要内容有:第一,设立中央文官事务委员会,负责考试事务。第二,文官事务委员会审查应考者的年龄、身体、品德、能力。第三，文官任命以文官事务委员会发给的证明书为据。

1868年，自由党在选举中获胜，由格莱斯顿组成内阁。在他任内，除外务部和内务部外，各部都实行了公开竞争考试任用制。因此，于1870年7月4日颁布了吏制改革的第二个枢密院令，内容包括：第一，实行文官的考试任用制。第二，文官划分为高低两级。第三，扩大财政部的人事行政管理权。第四，对已持有文官事务委员会颁发的任用证明书及由各部大臣推荐的任命者，不适用考试。第五，列举适用考试制的对象和范围，等等。至此，英国公务员制度基本上得以建立。此后，至第一次世界大战结束，各主要资本主义国家大体完成了公务员制度的建立工作。

在整个20世纪，公务员制度一直处于不断发展完善之中。根据资本主义国家政府职能的变化以及公务员制度自身的演化，可将公务员制度的发展过程划分为三个时期：

第一个时期，从第一次世界大战结束到第二次世界大战结束。这是公务员制度的动荡期。之所以称之为动荡期，是因为1929~1933年世界经济危机的发生、30年代法西斯专制的出现和第二次世界大战的爆发。这一时期的政府职能得到了两次强化：一是经济危机引起国家干预的强化（以罗斯福"新政"为代表）；二是作为战时体制的军事职能得以全面强化。

第二个时期，从第二次世界大战结束到20世纪60年代末。这是公务员制度的稳步发展期。这一时期，在凯恩斯主义理论指导下，政府开始执行范围更加广泛的经济、政治、社会和军事职能。而政府职能的扩张，必然要求有一支稳定、精干的管理队伍的存在。因此，与战后政府职能的扩大及其稳定发展相适应，公务员制度也进入了稳步发展时期。

第三个时期，从20世纪60年代以来至今。这是公务员制度的改革时期。进入20世纪60年代，开始发生新的科学技术革命，这一新的时代也被称为"后工业社会""信息社会"等。为了适应时代变化的要求，政府职能也进一步朝着职业分化和部门专业化方向发展。政府管理过程也越来越强调技术和效率，强调人在管理中的积极性和主动性。因此，传统的公务员制度在体制上显得落伍，特别是那些强调"通才型"的国家，管理者无法适应科技革命的挑战。正是在这样的背景下，迎来了公务员制度的改革时代。

改革首先从英国开始。1966年初，英国工党首相威尔逊任命以苏塞克斯大学名誉副校长富尔顿为首的12人委员会，对英国文官制度进行详尽调查。1968年，该委员会提出了包括158项具体建议的改革报告，即《富尔顿报告》。报告指出，政府部门的官僚主义十分严重，机构重叠，互相扯皮；只受过通才教育的行政官员博而不专；繁复的分类等级影响了人尽其才等等。报告建议精简文官层次，打破行政官员系统的封闭性，建立开放性的统一的分类制度；成立文官事务部，代替财政部行使文官管理权限；鼓励文官之间、文官同其他行业间的交流；重视专家和专业技术人员的作用；改革现行的考任制；成立文官学院。这一改革报告得到工党政府的赞同，并在一定程度上付诸实施。

80 年代，英国内阁首相撒切尔夫人再次对公务员制度进行了大规模改革，其改革内容主要包括三方面：一是裁减冗员，将公务员从 73 万人减至 59 万人；二是扩大政府各部的人事自主权，各部负责事务人员的任用；三是调整公务员的工资，使之尽量与民间企业人员收入保持基本平衡。在美国，卡特政府于 1978 年 10 月提出并由国会通过了《公务员制度改革法》，对联邦公务员制度进行了重大改革。这次改革的核心是推进按工作表现付酬的功绩制，以提高政府工作的质量和效率，改变一流人才大量流向私人企业的状况。

在我国，新中国成立后所实行的干部人事制度是在长期的革命实践中逐步形成和发展起来的。改革开放后，传统的干部人事制度越来越不适应社会和经济发展的要求，迫切需要建立现代公务员制度。1993 年 8 月 19 日《国家公务员暂行条例》的正式颁布就是我国建立现代公务员制度的标志。经历了十多年的实践和不断探索，2005 年 4 月 27 日第十届全国人民代表大会常务委员会第十五次会议通过了《中华人民共和国公务员法》，这意味着我国公务员制度走向成熟。

根据《中华人民共和国公务员法》的规定，我国公务员是指依法履行公职、纳入国家行政编制、由国家财政负担工资福利的工作人员。按照这一规定，中国共产党机关和人大、政协、民主党派机关的工作人员都被纳入公务员的范围。此举有利于保持各类机关干部的整体一致性，有利于统一管理，有利于党政机关之间干部的交流使用。法官、检察官在纳入公务员范围的同时，根据其职务特点，另行设置法官、检察官职务，与法官法、检察官法相衔接。人民团体、群众团体的工作人员，鉴于其性质虽不同于国家机关工作人员，但管理上历来属于干部范畴，也按照现行做法，规定参照公务员法进行管理。

3.2.3　公务员制度的基本内容

虽然世界各国在政治、文化以及社会发展水平等各个方面都不尽相同，但总体看来，公务员制度的基本框架基本上是相同的，只是在具体内容上有着根据自己特定的国情而做出的不同规定，各国公务员制度的具体内容一般都以法律形式做出明确规定。我国《公务员法》共有 18 章 107 条，对我国公务员制度作了基本的规定，构成我国公务员制度的主要内容。概括起来，主要包括以下几个方面。

（1）任职条件。根据《公务员法》第二十一条的规定，公务员应当具备下列条件：具有中华人民共和国国籍；年满十八周岁；拥护中华人民共和国宪法；

具有良好的品行;具有正常履行职责的身体条件;具有符合职位要求的文化程度和工作能力以及法律规定的其他条件。同时《公务员法》还规定,下列人员不得录用为公务员:曾因犯罪受过刑事处罚的;曾被开除公职的;有法律规定不得录用为公务员的其他情形的。

(2) 职位分类。职位分类就是根据职位的工作性质、责任轻重、难易程度和所需资格条件,分为不同的类别和等级,然后用文字的形式固定下来,形成规范性文件,为公务员的考试录用、考核、晋升、培训、奖惩、工资待遇等各项管理提供依据。按照公务员职位的性质、特点和管理需要,我国公务员职位划分为综合管理类、专业技术类和行政执法类等类别。国家根据公务员职位类别设置公务员职务序列。公务员职务分为领导职务和非领导职务。公务员的职务对应相应的级别。公务员的职务与级别是确定公务员工资及其他待遇的依据。

(3) 录用和聘任。公务员的录用是指按照有关法律和法规的规定,遵循一定的标准和法定程序,通过考试、考核或其他方法,吸收符合条件的人员为公务员的一种人事制度。机会均等原则、公开原则和择优原则是公务员录用制度的主导原则。机会均等原则要求对公务员公开择优录用,不受民族、种族、性别、出身、居住地、政治立场、宗教信仰、婚姻状况等影响而一视同仁,并以业绩、品行情况等作为录用公务员的标准。公务员考试必须公开公正。机关根据工作需要,经省级以上公务员主管部门批准,可以对专业性较强的职位和辅助性职位实行聘任制。机关聘任公务员可以参照公务员考试录用的程序进行公开招聘,也可以从符合条件的人员中直接选聘。

(4) 考核与培训。公务员的考核是一种考核和评价制度,是由相应机关按照法定的管理权限,根据公务员法规和国家其他有关规定确定的考核内容、原则、方法、形式和程序,对所属公务员进行考察与评价。培训是一项旨在提高公务员水平和素质的教育活动,它通过有关的培训机构组织具有实际工作经验和科学理论知识的人员教育、引导公务员掌握和提高工作所需的特定知识和技能。公务员通过培训,可以更新和补充新形势和新环境下所需要的知识和技能,可以在科学技术日新月异的情况下较为迅速地掌握现代化的工作技艺和手段,以更加有效地从事公务工作。

(5) 职务任免。公务员职务任免是人事管理的重要环节。依法对公务员的职务及时进行任免,实现公务员职务任免工作的规范化、制度化,对于发挥公务员的才能,保证机关人事相宜、结构合理等方面有着重要作用。公务员的任职是指依法享有任用权的机关通过法定程序、法定手续和根据有关法律的规定、任职条件任用公务员担任某一职务的行为,它包括对经过考试录用已经取得公务员任职资格的人员的任用,也包括在职公务员在部门内部或跨部门的任用。公务员的免职是指依法享有免职权的机关和个人通过法定程序、法定手续和根据有关法律的规定免除公务员所担任的一定职务的行为。公务员的免职包括程序性免职和单纯性免职。前者是指委任或聘任在职公务员担任新职务之前或同时免去其原来所担任的职务。后者是指以免除现任职务为目的的免职，如退休、长期离职学习，或者因机构精简、职位撤销等原因而发生的免职。

（6）职务升降。公务员职务升降制度是对公务员晋升职务或降低职务的规定，是有关公务员职务升降的原则、条件、方式以及实施程序等方面规定的总称。它包括公务员职务晋升和降职两个方面的基本内容，是对公务员职位和级别的纵向调整。晋升是公务员由原来的职位调任到另一职责更重的职位，它意味着公务员在职位结构中地位的上升、职权和责任的增大，同时也伴随着待遇的提高。降职是指公务员所任职务的下降，它一般意味着公务员在职位结构中所处位置的降低，职权和责任范围的缩小以及工资、福利方面待遇的相应降低。公务员的降职体现为公务员职务的下降，但降职并不是一种处分，而是让由于各种原因不胜任职务的公务员改任一种较低职务的管理措施。

（7）权力与义务。公务员的权力是国家法律对公务员在履行职责、执行国家公务的过程中可以要求他人做出一定行为或抑止一定行为的许可和保障，目的是为了使公务员更有效地行使职权，更好地执行国家公务。根据《公务员法》的规定，公务员享有获得履行职责应当具有的工作条件的权利；非因法定事由、非经法定程序不被免职、降职、辞退或者处分；获得工资报酬，享受福利、保险待遇；参加培训的权利；对机关工作和领导人员提出批评和建议的权利等。公务员的义务是国家法律对公务员必须做出一定行为或不得做出一定行为的约束和限制。目的是为了保证公务员能在国家法律规定的范围内准确行使职权，忠实执行国家公务。

（8）奖励与惩戒。公务员的奖励是指按照规定的标准、条件和程序对在公务活动中成绩突出的公务员或公务员集体给予物质、精神嘉奖的人事管理活动。奖励是一种重要的人事激励手段，它通过物质的、权力的和精神的授予，使工作业绩优异者可以与工作一般者区别开来，并得到实际的利益、社会荣誉和地位的奖赏，从而激励包括受奖励人在内的全体组织成员更加努力工作，模范履行义务，创造更大业绩。奖励必须依据法定的条件，避免随意性。惩戒制度是指依法对公务员违法违纪的职务行为进行行政处分的制度。通过对公务员违法违纪职务行为的惩罚，可以使他们引以为戒。严格执行对公务员的惩戒制度是规范行政管理的重要方面。公务员的惩戒制度具有权威性和严肃性，对公务员的处分应当事实清楚、证据确凿、定性准确、处理恰当、程序合法、手续完备。

（9）交流与回避。公务员的交流是基于工作需要、锻炼人才的需要或其他法定的原因依据法定的管理程序和方法改变公务员的隶属关系或工作岗位以激发组织活力并达成人事相宜目的的人事管理活动。通过有计划的交流，可以使公务员在不同的岗位上积累经验和知识、增长阅历和才干、提高素质和能力。通过人才流动机制，可以最大限度地发挥公务员的聪明才智，也为公务员学以致用和适才适用提供了一条途径。我国公务员制度中规定了公务员交流的三种基本形式是：调任、转任和挂职锻炼。在公务员制度中，回避是指为了防止公务员出于某种亲情关系或个人利益不能秉公执行公务甚至徇私枉法、以权谋私的限制性措施，属于对公务员任职和执行公务等做出的事前限制性措施。公务员回避制度既有利于维护公务员的形象和政府的声誉也有助于形成良好的社会风气。

（10）辞职、辞退与退休。公务员的辞职是指公务员按照一定的法定程序主动地提出解除与其所服务的机关工作关系的申请并经过有关部门批准而辞去所担任公职。担任领导职务的公务员，因个人或者其他原因可以自愿提出辞去领导职务。领导成员因工作严重失误、失职造成重大损失或者恶劣社会影响的，或者对重大事故负有领导责任的，应当引咎辞去领导职务，本人不提出辞职的，应当责令其辞去领导职务。公务员的辞退是指依据有关法律按照一定的法定程序和事实由有关机关批准解除公务员与机关工作关系。辞退是机关的主动行为，但不是处分，而是机关输出不适合在本单位工作人员的一种手段。世界各国对辞退公务员的条件有十分明确而严格的规定，如对因公致残而又丧失劳动能力者，身患严重疾病或负伤正在治疗者，在孕期、产期、哺乳期的女性公务员不得辞退。公务员的退休是指当公务员因年老或其他原因（如因公致残等）而不适宜继续工作时由国家发给该公务员一定的退休金并使之退出公务职位。

（11）工资、福利与保险。公务员的工资是指国家以货币形式支付给公务员的劳动报酬。工资制度是有关工资形式、工资标准和工资支付原则、办法的总称。建立科学合理的公务员工资制度，有利于贯彻按劳分配原则，增强竞争激励机制，从而调动广大公务员的工作积极性。公务员福利制度是国家和单位为解决公务员生活方面的共同需要和特殊需要而在工资之外给予经济上帮助和生活上照顾的制度。建立公务员福利制度，有利于改善公务员的工作生活条件、减轻经济负担和促进身心健康，从而有利于稳定公务员队伍，调动他们的工作积极性，提高工作效率。公务员保险制度是指国家对因生育、年老、疾病、伤残和死亡等原因以及对暂时或永久丧失工作能力的公务员给予物质帮助的一种保障制度。建立和实施公务员保险制度对于保障公务员的基本生活、解除他们的后顾之忧、调动他们的工作积极性、促进经济的发展和维护社会的稳定等都具有重要的作用。

（12）申诉与控告。公务员依法享有申诉、控告的权利，这是宪法规定的公民申诉、控告权利的具体化。公务员的申诉权是指公务员对机关做出的涉及本人权益的人事处理决定不服并依法向法定机关提出重新处理意见和要求的行为。公务员申诉的主要目的在于维护和保障本人的合法权益，及时纠正机关违法或不当的人事处理决定。公务员的控告权是指公务员对机关及其领导人的失职、渎职、打击报复、栽赃陷害、以权谋私以及其他侵害自己合法权益的违法乱纪行为而向有关机关提出的指控。公务员的控告是鼓励和保护公务员同不法行为作斗争的有力武器，也是公务员保护自己不受他人非法侵害的有效手段。受理控告的机关对依法提出控告的公务员应当予以保护，不得歧视、刁难。对公务员提出的控告，不得置之不理或者敷衍塞责，更不得将控告材料转给被控告人。对控告人进行打击报复的，上级机关必须追究直接责任者和负责人的责任。

3.3　公共行政中的伦理

3.3.1　行政伦理与行政道德

行政伦理主要涉及的是关于行政管理活动好坏对错的判断过程以及判断理由，关注的是行政主体行为的正当性与合理性，亦即领导、决策和执行等行政管理活动的合法性等问题，既包括行政人员个体在行政管理实践中的道德观念、道德活动与道德规范，也包括作为群体及组织机构的行政主体在行政活动中所应遵循的价值规范。

从主体的角度来看，行政伦理包含两个层次，即行政人员个体层次和行政组织层次。在公务员个体作为行政伦理主体的意义上，行政伦理是公务员的行政道德意识、行政道德活动以及行政道德规范现象的总和；在行政机关群体作为行政伦理主体的意义上，行政伦理是指行政体制、行政领导集团以及党政机关在从事各种行政领导、管理、协调、服务等事务中所遵循的政治道德与行政道德的总和。[①] 从更加完整的意义上讲，行政伦理应该是关于整个政府管理的价值观念体系，即包括行政人员的个人道德、行政管理的职业道德、行政机构的组织伦理及行政过程中的政策伦理等方面。

行政伦理的基本特征有以下几点：

第一，整体性与系统性。行政系统不仅包括人，而且包括行政组织。行政系统是专门行使行政权力和制定公共政策的系统，它每日每时都会做出关系着国家和社会发展的重大决策，会通过一系列行政行为的实施（包括设计、建立和完善、改革和发展行政组织、行政体制）对自己进行变革。行政系统中的行政人员是行政伦理关系中的一个重要因素，必然要贯彻这一系统的伦理思想和道德意

---

① 王伟等著：《中国韩国行政伦理与廉政建设研究》，国家行政学院出版社1998年版，第73页。

志。行政系统中的伦理思想和道德意志必然代表和反映着全社会的公共利益。鉴于行政伦理所要调整的是行政系统与其他社会系统、组织和公民的关系，它的行为对所辖行政区域内的整个社会都会发生影响。当然，行政系统中的行政人员职业伦理也是调整行政人员个人与他人、与国家和社会的关系。但是，行政人员在行政执行中的行为代表了国家和政府的形象，代表国家和政府去执行公务，代表国家和政府与社会组织和社会成员发生关系，所以行政伦理具有整体性的特征。

第二，政治性与社会性。行政伦理的政治性体现在：其一，行政伦理属于政治哲学范畴，政治哲学是关于政治（包括组成部分的行政）的指导理论。其二，行政伦理是统治阶级意识形态的重要组成部分。如果行政是对政治的推广和执行，那么行政伦理则必须是有利于政治统治的，需要贯彻和体现政治原则。行政伦理的社会性体现在：公共行政是对全社会负责的管理活动，公共行政的绝大部分活动是社会公共事务管理。它需要与社会的所有组织、公众、环境、地域发生关系，行政及其行政人员必须是社会的"公正人"。之所以说行政伦理既有政治性又有社会性，就在于行政既带有政治性色彩，又带有社会性色彩，行政管理既要维护统治阶级利益，贯彻统治阶级意志，又要站在管理者的立场上维护全社会的公共利益。

第三，非功利性和非交换性。行政的公共性质决定了行政伦理的非功利性和非交换性。政府中的或以政府为主体的行政管理不同于"营利的""私人的""企业的"行政管理，它属于公共行政的范畴。公共行政中的行政执行主体是公共部门或公共服务机构，而不是私人部门或私人机构。私人行政的目的和性质是为了盈利，而公共行政的目的和性质决定了它应负起社会责任和义务，其工作不能用利润作标准来进行衡量，必须用服务数量、质量、满足社会需要的程度等多种尺度来衡量。公共行政行为不是企业行为或商业行为，公共行政考虑问题在很多情况下必须舍弃功利，从大局出发，从整体出发，从长远出发，从系统出发，处理好局部利益与整体利益、眼前利益和长远利益的关系。

第四，高尚性与广泛性。公共行政在社会管理中居于主导地位，行政伦理在社会伦理体系中也处于最高层次。行政伦理不仅是行政系统中的伦理，也是一个社会中占统治地位的道德规范，行政组织的形象本应是其他社会组织的行动楷模，行政人员也应当是一个社会中较为杰出的人物。他们的行为本应是高尚的，对他们的道德要求也应当比一般社会成员更高更严。行政伦理的广泛性体现在整个行政系统都必须遵循统一的行政价值观，各个行政层级、各个行政部门、各个行政领域、各种不同类别的行政行为以及不同类别的行政人员，都必须共同遵守共同的道德规范。

第五，一定的强制性。一般的道德规范具有非强制性，即依靠社会舆论、人们的内心信念和传统习惯来维护并保证实现，行政伦理在一般意义上也具有这一特征。但是，有些行政道德规范则与法律、纪律等其他行为准则有着在内容上互相渗透、互相补充的关系。现在，实行行政道德的法律约束在世界各国已经成为一种趋势，许多国家着手行政伦理立法，即将行政道德规范以法的形式规定下来，纳入条文之中，这样一来，当行政道德规范发生作用时，既可依靠行政人员的自我道德自觉，也可依靠外在的规范作用。如法定的国家行政人员的职权、职责、义务等既是客观性的法律规范内容，也是行政道德规范的主要内容，既要有执行的自觉意识，也须依靠国家强制履行。

行政伦理与行政道德是既有联系又有区别的两个概念。在一般的意义上，"伦理"与"道德"常常通用，甚至"伦理道德"有时连在一起变成了一个概念。尽管如此，"伦理"和"道德"这两个概念仍不断被用于相异的判断。人们可以说某人或其行为是"不道德的"，但不能说是"不伦理的"。一般认为，道德源于人的内心，属于精神性的原则，表现为个体的"应当"，它具有内在性、主观性、个体性。伦理则属于客观行为关系，表现为现实的群体规范，它具有外在性、客观性、群体性。道德多指对人的行为的判断标准，它按照风俗、习惯和观念直接判定行为是否正当。伦理多指行为判断标准的理由，它通过对风俗习惯和观念的检验和反省来对行为进行判断。

行政伦理与行政道德的内涵是有着很大差别的。行政道德的概念主要涉及行政人员个体实践活动的正确规范及其所反映的价值观，主要是在行政人员的行政管理职业实践中所形成和表现出来的，它包括行政人员的道德传统、道德意识和道德品质以及由此而形成的道德规范和道德风尚等。如前所述，行政伦理既包括行政人员个体在行政管理实践中的道德观念、道德活动与道德规范，也包括作为群体及组织机构的行政主体在行政活动中所应遵循的价值规范。可见，行政伦理的外延要大于行政道德的外延。另一方面，由于行政伦理和行政道德都与人们的意识和价值相关，加之伦理和道德两个概念往往联袂使用，所以，人们在使用行政伦理和行政道德两个概念时也常常相互替代，不甚重视二者之间的细微差别。这也表明，行政伦理与行政道德之间有着密切的联系，有的时候，两个概念的含义是重合的。

3.3.2 行政体系中的伦理关系

所谓伦理关系，是包含着善恶价值和可以做出善恶价值判断的人们之间的利益关系，主要存在于个人与他人、个人与群体之间的利益关系之中。在个人与他人的利益关系中，前者是作为道德主体的个人，后者是作为道德客体的个人，他们都有着多样化的"社会角色"。因而，伦理关系就包含或存在于夫妇、父子、兄弟、姊妹、长幼、朋友、同事、上下级等等关系之中。行政体系中的伦理关系是指行政管理主体在行使国家行政权力、履行国家行政职能的过程中所形成的可以用善恶标准去评价的社会关系。

在现实生活中，行政伦理关系的范围非常广泛，概括起来可以分为两个方面：一是政府系统内部的行政伦理关系；二是政府系统与外部环境之间的行政伦理关系。政府系统内部的行政伦理关系包括：以人为载体的中央与地方、中央与部门、部门与部门之间的伦理关系，在更多的情况下，表现为行政机关与行政人员、行政人员之间的行政伦理关系。政府系统与外部环境之间的行政伦理关系也主要是通过行政人员及其行为表现出来的政府与企业、政府与事业单位、政府与社会团体之间的关系。一般说来，存在于代表着政府的行政人员与公民或公众之间的行政伦理关系，而在政府与政治部门之间，也存在着行政人员相对于政治家等之间的伦理关系。

在行政体系中，最为基本的伦理关系是以行政人员为中心的权利义务关系，当然，它不同于社会成员的权利义务关系，而是与权力密切联系在一起的权利义务关系。行政伦理作为政府以及行政人员开展行政管理活动的价值规范是由众多要素组成的，也包含着多面向的价值维度，但权利义务关系是其中最为根本的关系。伦理道德和法律制度一样，都包含着特定的权利义务关系。不过，伦理道德意义上的权利义务关系并不像法律制度上的权利义务关系那样相互对应，在很多情况下是存在着相分离的情况的。虽然从结果上看，道德主体在履行了一定的道德义务后也应当享有道德权利，可是从动机上看，道德义务具有无偿性和非权利追求或宣示的动机性，道德主体履行道德义务时不应以获取某种权利为前提条件。对于行政人员而言，行政伦理意义上的义务在其所承担的各种道德义务中是处于较高层次的义务。由于公共利益至上的本质规定，在各种道德义务发生冲突的情况下，行政人员往往需要牺牲其他道德义务而保全行政道德义务，比如，"忠孝不能两全"就反映了农业社会历史条件下的一种行政伦理冲突。因此，行政人员必须以义务为本位，切实履行职务和岗位责任，这与公民权利本位不同，却是由公民权利本位所决定的。至于权利，行政人员必须做出一定的牺牲，譬如，行政人员就不能经商办企业。但是，作为某种补偿，行政人员也会得到某些特别权利，如行政优益权，以及公务员的身份保障和工作条件保障等权利。如此，也体现了行政人员权利与义务在总体上的一致性。行政人员必须对这种特殊的权利义务关系有清醒的认识。

行政权力是一种公共权力，行政管理是公共权力的分配与行使过程。为避免在行政管理领域中出现以权谋私或滥用权力，必须有一套行之有效的行政权力约束机制。这种约束机制包括"自律"和"他律"两种基本类型。显而易见，行政伦理探讨行政道德约束机制问题，而行政道德约束机制属于一种自律机制，是内在于行政人员的一种权力约束机制。这种机制体现了行政道德的主要的和基本的功能。行政道德作为一种约束机制，不仅可以加强对行政权力的制约，而且更重要的还在于可以作为一种观念力量出现，能够提高行政权力的合法性。或者说，行政道德在很大程度上影响到公众对于行政权力的认同感和支持程度。行政道德对于行政管理的公正、廉洁和高效起着至关重要的作用。良好的行政道德运行机制有利于树立政府在公众心目中的良好形象，并使政府获取较高的社会支持与服从。

3.3.3 行政道德规范

伦理关系普遍存在于人类社会生活的每一个领域，因而，在人类社会生活的一切领域中也都会有着对人与人之间关系加以规范的道德规范。但是，由于不同的社会生活领域中的生活内容不同，对人们的道德要求不同，人们处理相互间关系的道德规范也就不同。行政道德规范产生于公共生活领域中，是社会对从事行政管理职业活动的行政人员所提出的道德要求，是专门用来规范行政人员及其行政行为的伦理规则和道德标准。

就伦理关系的普遍性而言，行政道德规范是指社会对行政人员所提出的从思想修养到具体行政行为等全部行政管理职业活动中所应遵循的道德要求，既包括对行政人员的思想意识、价值观念等主观因素的一般要求，也包括在行政人员的具体行为中应遵循的活动原则、工作程序、办事规则、言行标准和行政纪律等。这些道德要求表现为基本准则，既是行政人员进行职业行为选择的价值依据，也是对行政人员职业行为进行善恶评价的标准。行政人员无论官职大小、地位高低，都要认真对待、严格遵守。

行政道德规范作为正式的制度安排与法律规范一起共同规范、约束行政管理活动中的各种关系，这种作用是行政道德规范作为治理工具的社会一般作用。行政道德规范的主要治理对象是行政人员，所以，行政道德规范的作用主要体现在对行政人员的行政行为进行规范、引导、调节的过程中。行政道德对行政人员的规范作用具有重要意义。行政伦理是关于行政管理活动的伦理，行政道德规范直接指向行政人员，行政人员作为行政管理活动的主体必须遵守特定的行政道德规范，以这种规范作为他的行政行为的基本准则。

行政道德的规范作用主要表现在：

（1）对行政人员行为有导向作用。行政道德规范对行政人员的行为具有导向功能，处于一定行政环境中的社会成员对行政人员提出的道德要求构成了行政道德规范的内容，这种被形式化的内容既包括人们对行政人员角色的心理期待，又融入了该氛围中的特定价值观和理想信念，倡导特定的行为。以制度化的形式所确立的行政道德规范不仅对行政管理活动具有引导作用，进而对整个社会也具有示范作用，而其最直接的作用是反过来提高行政人员行为的合法性和合理性。行政人员在行政伦理意识支配下，以社会或公众的利益为标准，在不同的价值准则或善恶冲突之间做出的自觉、自主、自控的抉择，必然会反映在对自己行为动机、意图、目的和行为方式、过程、结果的选择上。

（2）对行政人员行为有规范作用。行政道德规范是对行政人员实施治理的正式制度安排，行政人员一旦进入行政管理过程就必须遵守它，并且只有当行政人员的行为符合这些规范体系时，才能真正被社会所接受，进而实现行政效能的最大化。否则，当行政人员的行为违背或超出这些规范体系时，就可能激起公众的否定性的反应，导致行为的受阻或降低对行政人员的信任度，行政人员就会被淘汰出去。行政道德规范对行政人员行为的种种内在规范和约束作用是其他外在的强制性规范所无法替代的，权力角色自身的道德意识和人格追求直接对其自律品质的形成起指导、监督和自我评价作用。

（3）对行政人员行为有调整作用。这是前两种作用的综合表现。在行政管理活动中，行政伦理对于符合行政道德要求的情感、信念和行政行为予以激励和强化；对于不符合行政道德要求的情感、欲望则予以纠正或使其弱化，特别是在出现了认识错误、方式或方法失当的情况下，行政伦理能够纠正行为者某种自私观念和偏颇情感，改变自己的行为方向和方式，以避免产生违背行政责任要求的后果。随着社会环境的变化，行政管理的内容复杂多变，进而，行政人员的行为必须发生相应变化，以适应时代变化的要求。但是，这种变化必须控制在一定幅度和范围内，不能脱离社会对行政人员的基本道德要求，而这就取决于行政道德规范对行政行为的调整。

关键概念

行政人员　职务责任　行政责任　法律责任　道德责任　公务员制度　职位分类　录用　聘任　考核　职务任免　晋升　降职　奖励　惩戒　辞职　辞退　退休　工资　福利　保险　行政伦理　行政道德　伦理关系　行政道德规范

复习思考题

1. 简述行政人员在行政体系中的地位和作用。
2. 简述划分行政人员个人行为与公务行为的标准。
3. 论述行政人员的职业特殊性。
4. 简述行政组织人力资源管理的内容。
5. 简述公务员制度的形成与发展。
6. 简述公务员制度的基本内容。

7. 简述行政伦理的基本特征。
8. 行政伦理与行政道德概念辨析。
9. 简述公共行政体系中的伦理关系。
10. 简述行政道德规范及其作用。

第4章 政府职能

政府职能是政府一切活动的逻辑与现实起点，是公共行政学研究的核心问题。科学地界定政府职能，关系到政府如何在国家和社会中行使行政权力，关系到政府如何在国家和社会中发挥作用。政府职能反映了政府活动的基本方向、根本任务和主要作用，因此，研究公共行政必须把研究政府职能作为一项重要内容。政府职能是一个结构严密的体系，依据不同的标准可以对它内部的结构进行分类。政府职能因社会的发展而会有很大的不同，同时，在不同的国家甚至同一国家的不同地区也会不同，会表现为政府职能具有不同的内容和特点。当前，我国应当确立起引导型政府职能模式，同时也应当将政府职能主要定位在经济调节、市场监管、社会管理和公共服务等方面。

本章重点问题
- 政府职能的含义
- 政府职能的体系
- 市场失灵与政府失灵
- 引导型政府职能模式
- 政府职能的基本内容

4.1 政府职能概述

4.1.1 政府职能的含义

政府职能是指政府在一定时期基于国家和社会发展的需要而承担起来的管理国家和社会公共事务方面的基本职责，表现为政府的外部功能，规定了政府行使权力的范围、程度和方式。政府职能是政府行政管理的职责与功能的统一，首先，政府职能表现为作为国家行政机关的政府所履行的职责，包括政府应该管什么，管到什么程度和怎么管等问题；其次，政府职能又表现为政府在国家和社会中的功用和效能状况，主要是一个政府应该发挥什么样的作用的问题。这两个方面的统一决定了政府的社会功能。一般说来，在近代以来的社会，政府的社会功能是依法确定的和通过法律程序来加以调整的，即法律或者立法机构确定政府的职责、承担这些职责的条件和方式方法、所需的资源保障及获取方式。

1. 政府职能的主要内容

政府职能直接涉及四个方面的内容：

第一，政府职能的主体是政府组织体系，包括政府组织机构、运行机制及其所属各类人员。政府组织体系的结构、运行机制以及各类人员的状况决定了其承担政府职能的状况，分工合理、运转高效和高素质的行政人员是政府承担其职能的有效保障。

第二，政府职能的目标是要实现社会安定繁荣、促进经济社会发展和改善人们的物质生活和精神生活。农业社会的政府所要实现的是统治阶级利益的最大化，而近代以来，随着公共利益意识的产生，政府职能的重心也就转移到了实现公共利益最大化的目标上来了。

第三，政府职能模式可以有自由放任型、干预型和引导型。一般说来，在农业社会中，尚未形成稳定的政府职能模式，从中国历史上看，存在着所谓"文治武功"和"无为而治"的争论。在近代社会早期，政府职能表现为一种自由放任型的模式，到了19世纪后期，开始逐渐地向干预型的政府职能模式转变，而在后工业化的过程中，出现了建构引导型政府职能模式的趋势。

第四，政府职能的实现可以通过行政的途径、法律政策的途径和政治的途径。在现代社会，一般要求把这三个途径统一起来，但在政府职能实现的具体过程中，微观的层面更多地选择行政的途径，同时也要求在依法行政的原则下开展行政活动；在中观的层面，面对规模较大、普遍性较强的问题，一般选择法律和政策的途径；对于关涉到国家重大决策的事项，一般需要通过政治的途径去处理。当然，在不同的历史时期，政府职能实现的路径会有所不同，会表现出较为重视某一途径的情况。

2. 政府职能的特点

任何一个组织的存在都有一定的职能，政府作为一个社会中最大的组织体系，也是以其职能作为它的存在前提的。但是，与其他组织比较而言，政府职能有自身的特点：

其一，政府职能的广泛性。任何一个社会都是由各种各样的组织所构成的，特别是在近代以来社会组织化的过程中，组织就是社会的细胞。但是，各种各样的社会组织或者是属于某个特定领域的组织，或者是从事某种专业活动的组织，其职能都具有专业定向的特点。而政府不同，由于政府凌驾于整个社会之上，是把整个社会作为自己的管理和调整对象的，它需要关注、介入或干预几乎一切社会事务。所以，政府职能也就涵盖了整个社会。政府职能的广泛性是任何一种社会组织都无法相比的。

其二，政府职能价值目标的多样性。社会构成是非常复杂的，一个社会是由不同的阶级、阶层构成的，有着多样性的利益诉求，同时，任何一个社会也都是历史与现实的交汇点，会存在着多样化的观念、思想和文化旨趣。政府既要提供社会秩序、中和多样性的需求、照顾多样化的利益诉求，又需要促进政治、经济、文化发展和社会进步。这就决定了政府必须把效率与公平等问题的解决作为政府工作的目标，必须把多样性的价值目标协调起来，在每一项方针政策中，都要体现出多元价值目标综合实现的追求。相对而言，其他社会组织在价值目标上就要单纯地多了，往往是为了实现某一单一目标或体现出某一单一价值的。

其三，政府职能实现上的强制性。政府组织是以国家权力甚至武力为后盾的，在现代社会，一般都以法律的形式来确立其地位，具有较高的权威性。这一点体现在政府职能实现上就是强制性，会提出令行禁止、政令畅通的要求，除非政府陷入严重的合法性危机或社会陷入全面失序状态，一般而言，对于政府实现其职能的活动，其他社会力量都必须予以响应和配合。政府为了实现其职能，往往可以依法无偿地调动和征用社会资源。其他的社会组织则是无法这样做的，它们在其职能实现过程中，或者基于价值交换，或者基于利益共在，或者基于文化认同和情感互通，基本上是不可能建立在国家权力和法律权威的基础上的。

其四，政府职能的动态性。政府职能是动态的，处于变化之中。其他社会组织都有可能存在着职能萎缩和消失的问题，政府不会，政府可能会出现更迭，而政府职能却不会消失。社会总是在发展进步中的，政府职能也必然会不断地产生变化，无论这种变化是一个自然历史过程还是属于自觉调整的范畴。另一方面，在政府管理国家和社会事务的过程中，在不同时期会有不同的职能重心，会根据社会的稳定和安全，根据促进经济社会发展的要求，把政府职能重心放在不同的方面。从近代以来的政府看，政府职能存在着不断扩张的内在动力，只是由于政府职能扩张引发了政府机构膨胀的后果时，才会通过行政改革的方式去限制政府职能和精简政府机构。

3. 界定政府职能的意义

正确地界定和认识政府职能，对于建立结构合理的行政组织系统，实现政府对社会的有效组织和管理，有着十分重要的意义。

首先，政府职能是行政组织存在与发展的根本依据。行政组织不是任意设立的，其赖以确立的根本依据是政府职能。一方面，只有以政府职能为基础来认识行政机构，才能科学地确定行政机构的地位、作用及规模大小，才能合理地建立一个功能齐全、结构完备、运转协调的行政组织体系。另一方面，由于社会环境的变化，政府职能也会发生变化，行政机构也应进行相应的调整。机构改革能否取得成功，关键在于能否根据政府职能的状况去调整行政组织机构，当政府职能发生了转变，也需要通过行政组织机构的调整去适应它。

其次，政府职能的内容及其实现状况决定了政府的性质。根据人类历史发展的三个阶段——农业社会、工业社会和后工业社会，可以确认，农业社会的政府承担的主要是统治职能，工业社会的政府承担的主要是管理职能，而在走向后工业社会的过程中，政府服务职能的内容正在迅速地增长。由此可见，政府职能的内容决定了政府的性质。近代以来，特别是在利益分化较为充分的条件下，政府职能中包含着在多样利益诉求中去把握普遍性因素的内容，从而也突出了政府职能的公共性，并通过提供公共服务的方式去带动其他政府职能的实现，这也使政府的行政具有了公共性的性质。

第三，界定政府职能是实现政府管理科学化的前提。政府管理活动本身就是政府职能实现的过程，政府自身内部的行政管理是服务于政府职能更好地实现的目的，或者说政府的一切活动都从属于实现政府职能的需要。政府职能是一个复杂的体系，而且职能重心也在不断地发生变化，认识政府职能的构成、界定政府职能的范围以及确认政府职能的重心等等，都是政府管理科学化所提出的要求。虽然政府职能界定更多地表现为一个政治过程，但落实到政府中来的时候，却表现出科学性的特征，使得政府组织结构、分工—协作体系、权力运行机制等方面都表现出目标明确、程序合理、行动高效的特征。

第四，政府职能实现的情况是政府管理效能的表征和检验标尺。政府职能是否得到了充分发挥和完全实现，是衡量一个政府及其社会管理状况的尺度。政府组织的结构状况、分工—协作体系的科学性、程序的合理性以及人员的素质和结构，都会反映在政府职能的实现之中。反过来，政府职能实现的状况也是检验政府这些方面的标准，能够准确地反映出政府这些方面的状况。当政府职能得到了较好的实现，公众的满意度就会提高，政府的合法性也就会得到增强。反之，政府就需要认真地分析原因并通过自身的改革去改善政府职能实现的状况。当然，政府能否承担起其职能，是由多种因素所决定的，政治生态以及社会环境都会对政府承担其职能产生很大影响。对于政府而言，只有时时通过对自身承担职能状况的认识和把握去发现行政改革的内容，才能找到政府职能实现的理想途径。

总之，政府职能及其实现状况是正确认识和把握政府及其行政过程的一个视角，也是对一个政府做出评价的依据。政府是直接地与其所在的社会联系在一起的，应扮演的是对整个社会的管理、促进、引导和服务的角色。因此，政府职能需要在社会发展的动态过程中进行定位,需要根据社会发展的现实和未来走向去前瞻性地确立政府职能的内容,并创造性地探索政府职能实现的路径。在国家的政治生态、法制环境等既定的条件下,政府职能及其实现的状况对社会存在以及社会生活有着决定性的影响,关系到公众对国家政权的认识,也关系到政府形象。在全球化的条件下,政府职能的实现状况直接决定了一国在国际社会中的地位和竞争力。所以,科学地界定政府职能,积极地探索政府职能实现的正确路径,是政府自身建设不变的主题。

4.1.2 政府职能体系

在人类历史的不同时期,政府职能体系的构成是不同的。在农业社会,政府职能体系主要包括两个方面的内容,即政治统治和社会管理。其中,政治统治是核心职能,社会管理则是从属于政治统治的,是出于政治统治的目的而从事社会管理。如果从空间的意义来看的话,政府职能可以概括为对内职能和对外职能,即对内进行阶级统治和开展社会管理,对外侵略扩张或抵御外来侵略。这个空间意义上的政府职能是在国家存在的前提下不变的,是被作为政府的传统职能来认识的,即使现代政府也必须承担这些职能。但是,这种对政府职能体系的形式上的把握对于公共行政学探讨政府职能是没有意义的,因为科学分类的价值在于把握研究对象的变化和发展趋势,并在此基础上去寻求加以建构的方案。所以,关于政府的对内职能和对外职能的划分并不是一种正确地把握政府职能体系的科学方法。

现代意义上的国家和政府形成于近代,是在工业革命的过程中产生了建构国家和政府的要求。当然,在近代早期,国家与政府尚未分化,所以,近代早期的启蒙思想家实际上是在国家职能的意义上来思考这一问题的。但是,他们的思想对于其后国家与政府的分化以及对政府职能的界定是有益的。比如,洛克认为国家职能可以分为"立法、行政和对外联盟"三项职能,孟德斯鸠对洛克的思想加以修订,明确提出了"立法、行政和司法"职能的划分。孟德斯鸠的表述是指在国家的意义上存在着三种权力,即立法权、行政权和司法权,而这三种权力又需要由三个平行的部门来掌握,三个部门之间实现权力制衡。这无疑为后来形成专门掌握行政权的政府奠定了理论基础,也在行政与立法和司法的区分中大致确立了政府职能的轮廓。

在工业社会的发展中,政府得到了不断地强化,并获得了凌驾于整个社会之上的地位,政府职能也得到了不断扩展,从而使政府职能体系成为一个复杂的系统。现在,政府管理遍及政治、经济、文化教育、社会服务等领域,因而,政府具有政治职能、经济职能、文化教育职能、社会(公共)服务、生态管理职能等。由这些职能所构成的政府职能体系几乎涵盖了国家和社会生活的全部内容，即使在微观的社会生活领域中，也至少在间接的意义上可以看到政府职能的作用，是建立在政府职能实现的基础上，需要以政府职能的实现为前提。

(1) 政治职能。政府的政治职能在形式上具有继承性，可以说是在传统的国家治理过程中就已经存在的，但其内容不断地发生变化。本来，政府就是一个政治实体，是国家政治生活中的一个基本构成要素，即使根据政治—行政二分原则，也只是要求政府中的行政过程相对于不同党派的"政治中立"，至于政府的政治性质，则是没有人怀疑的。但是，政府的政治性质是由其行政过程来加以支撑的，是由行政过程来提供保障的，没有高效率的行政，政府自身就会遇到合法性危机的问题。在现代社会，政府的政治职能主要包括巩固国家政权、维护国家主权统一和领土完整、保卫国家不受外部势力干涉、提供基本的社会秩序、保障公民基本权利和政治生活的健康有序、促进政治文明的发展等等。在国际交往和合作日益频繁的条件下，政府还担负着代表国家承担国际义务和维护世界和平的职责，需要积极地在化解国际危机和打击跨国犯罪等活动中发挥作用，防止大规模杀伤性武器的扩散。

(2) 经济职能。政府的经济职能是政府在国家以及社会经济管理活动中所承担的职责和应发挥的作用。应当说，农业社会的政府就已经开始承担了一定的经济职能，比如，一些水利工程的建造和对交易市场的维护等，就是为适应自然经济的要求。但那是极其有限的，而且在本质上是一种辅助统治的手段。在近代早期，根据资产阶级人权原则的要求，政府被确定为一种有限政府，按照早期自由主义的规划，政府尽可能地被排除在经济活动之外，经济活动基本上被要求接受市场机制的调节。随着资本主义垄断的出现，市场失灵的情况也出现了，即市场机制已经无法发挥调节作用了。这时，经济以及社会的运行需要政府的介入，原先根据自由主义精神建立起来的政府已经无法再超然于经济以及社会的运行之外了。这样一来，政府的经济职能被突出到了一个显著的位置上。政府的经济职能主要表现在由政府制定国家经济的中长期经济发展计划，通过政策等宏观调控手段以及转移支付等经济手段和调整产业结构等管理手段去稳定经济秩序、协调经济构成要素和区域经济布局，以求促进经济健康有序地发展，其中也包含着政府所提供的与经济活动相关的信息服务等内容。一般说来，在社会主义国家，由于生产资料公有制占主体地位以及更加注重社会公平，政府的经济职能更为突出。

(3) 文化教育职能。政府的文化教育职能体现在政府对全民的思想道德建设以及教育、科技、文化、卫生、体育、新闻出版、广播影视、文学艺术等方面的管理活动中。一个社会的健全，在很大程度上体现在健康的文化生活、能够促进人的全面发展的教育事业、有创新能力的科学技术活动、不断增进全民体质体育活动和医疗卫生事业等方面。任何一个社会中都包含着繁荣文化生活和促进教育发展的要求，政府也担负着引导和促进其朝着正确方向发展的职责，即政府需要承担起促进一个社会的精神文明建设的责任，特别是现代政府，更加注重承担起这方面的职责。一般说来，政府的文化教育职能的具体内容主要包括：制定教育、科学、文化事业的发展战略和规划，并负责具体实施；颁布教育、科学、文化事业的发展政策、法令和规定；指导、监督、协调各地区各部门对教育、科学、文化事业发展的关系；有秩序地逐步开展教育、科学、文化体制的改革；采取切实措施加强全民的思想道德建设。

（4）社会（公共）服务职能。政府的社会服务职能是指政府为社会提供各种服务以及社会保障。一切政府都拥有一定的社会服务职能，即便是统治型的政府，也需要通过提供一定的社会服务去赢得政治统治的社会认同。近代以来，政府的公共性质不断增强，因而其服务的内容也不断地增长，特别是到了20世纪，政府的社会服务开始转型为公共服务。近些年来，为了突出政府的社会公平和公正方面的职责，公共服务的均等化问题受到高度关注，并成为当前以及今后一段时期政府公共服务的主要目标。公共服务的内容繁杂，涉及政治、经济、文化、环境保护、医疗卫生、城市规划、旅游娱乐、养老保健等各个方面，因而与政府的其他职能之间有着一定程度的交叉。但是，公共服务职能的实现着重于维护社会公平、促进社会和谐和改善人们的社会生活等方面，又使它与政府的其他职能之间有所区别。政府的公共服务职能在物质的意义上主要表现为社会财富的二次分配，在协调和促进社会发展的意义上主要表现为信息服务，在健全社会生活方面主要表现为通过建立政策和法律制度框架去调动社会资源和提供基本保障。

（5）生态管理职能。政府的生态管理职能是一种正在成长中的职能，是指政府所承担起来的保护环境和维系既有的生态结构的职能。随着人类进入工业社会的发达阶段，随着人类征服自然的能力不断提高，出现了环境以及生态危机的问题，威胁到了人类的生存，这就要求政府必须承担起解决环境和生态问题的责任。事实上，由于环境和生态问题是一种非排他性的"公共物品"，是私人部门以及通过市场的途径无法做出根本性解决的问题，只有政府才能承担起保护环境和维系生态的职责。政府的生态管理职能的实现在很大程度上取决于世界各国的合作以及达成共识，但现实是，一些国家为了维护自身的短期利益而在生态环境保护、节能减排、资源开采等方面采取较为消极的态度。这也是一个在如何科学地界定政府生态管理职能的过程中需要解决的问题。

4.1.3 政府职能的实现过程

政府职能的实现需要通过法律的、政策的以及行政的等各种手段。法律是由国家的立法部门制定的，政府需要依法开展活动，而政府自身在法律框架之中往往会更多地运用政策以及行政手段去实现政府职能。因而,政府职能的实现过程基本上是由决策、组织、协调和控制等环节或方式构成的。

(1) 决策。在社会管理的过程中,现代政府直接地通过行政行为去处理微小的、个别的事项的情况越来越少,即使在基层政府中还存在着需要行政人员去面对那些日常的往往涉及具体个人的事务,但就政府整体来看,更多的是通过政策手段去处理那些具有较大规模的、普遍性程度较强的事项。而且,行政人员在其岗位和职位上通过行使权力去处理具体的问题时,也需要在政策所确立的框架下进行,需要得到政策的规范。所以,决策活动是政府职能实现的一个重要环节。实际上,在政府的社会管理过程中,无论是计划、组织、领导还是控制,其基本工作内容说到底都无非是由决策的制定和决策的执行两大部分构成的。所以,政府及其每一个(层级的)部门都会遇到大量的需要做出决策的事项,需要在社会的运行中去发现已经呈现出来的和可能会出现的社会问题,并将其确认为政策问题,然后通过调查研究,根据客观实际做出决策和付诸执行。决策内容包括确定行政目标和任务,并具体设计出实现目标的方案、步骤、方法等。在政府组织体系中,一般说来,愈往高层,战略性决策愈多;愈往基层,执行性决策愈多。战略性决策所应对的大多是依据程序无法处理的和较为复杂的问题,而执行性决策大多是在战略性决策的前提下进行的,所要处理的问题一般说来难度相对较小,而且在既有的法律政策框架下可以找到相应的依据甚至处理方法。决策活动贯穿于政府职能实现的整个过程之中,可能是一个政治过程,也可能是一个管理过程。比如,界定政府职能的决策活动可能是由政治部门做出的,而政府承担起其职能的过程一般是由政府自身的各种各样的决策活动构成的。近代以来,不同的国家在政治结构和政治活动中可能有是民主的还是集权的区别,但就政府结构而言,基本上所采用的是一种集权结构。可是,政府中的决策活动,除非是那些应急性的决策,一般都被鼓励采用民主决策的方式,特别是注重专家参与。

(2) 组织。组织的状况决定了政府职能实现的程度。政府自身就是一个社会中最为庞大的组织系统,它有着繁重的组织工作任务,并通过自身的组织活动去承担政府职能。同时,政府还担负着组织社会的任务,即通过组织社会的方式去实现政府职能。统治型政府在日常的运行中很少有组织社会的活动,只是在诸如赈灾和外敌入侵等情况下才会通过组织社会去应对突然出现的危机。近代以来,政府组织社会的活动经常化了,不仅组织、调动和整合各种各样的社会资源,而且会指导和协助社会组织的活动。特别是到了20世纪,政府对包括企业在内的各种各样的私人组织也给予指导和协助。在某些情况下,或者在某些国家,政府直接组织生产的活动也是经常可以看到的,即使是在那些奉行自由主义原则的国家,其政府在那些基础性产业生产中也仍然发挥着不可替代的作用。20世纪后期以来,在全球化、后工业化背景下,世界各国都面临着产业结构和社会治理结构调整的问题，更加突出了政府的组织功能。总的说来，近代社会是朝着组织化的方向发展的，在近代社会的早期，这种组织化的过程处于自发的阶段，产生于社会中的组织大多是自发地生成的。随着社会组织化进程走向自觉，政府也越来越多地介入组织社会的过程。因而，组织既是政府的一项职能，也是政府职能实现的方式和路径。政府组织自身不仅通过组织活动去承担政府职能，同时还通过组织社会去实现政府职能，而且，以什么样的方式把社会组织起来本身，就是政府职能的一个重要部分。

（3）协调。政府的日常管理活动内容主要是协调活动，这是因为，政府自身就是一个庞大的组织体系，在每一个层级上都是由许多部门构成的，只有通过有效的协调才能使政府以整体的形式出现。在政府内部，协调表现为积极地处理政府各层级之间、政府各部门之间、政府组织与行政人员之间、行政人员之间的关系；在政府外向作用的过程中，协调表现为协调各项行政管理之间的关系，协调行政组织与其他组织以及人民群众之间的关系。通过协调，理顺、沟通各方面的关系，减少、消除不必要的冲突和能量损耗，从而建立起和谐有序的分工—协作体系，达到相互促进的效果，充分地实现政府职能。随着社会的发展，政府的协调工作显得越来越重要。对于统治型政府而言，虽然也有一个内部协调的问题，但由于它与社会之间的统治关系，决定了它不需要协调自身与社会之间的关系，基本上也不需要去协调社会各构成要素之间的关系。相对而言，管理型政府就需要从事更多的协调工作。在从管理型政府向服务型政府过渡的过程中，要求以服务的方式去进行协调，或者说，协调本身就应当构成服务的重要组成部分。在多元社会治理因素迅速涌现的条件下，每一种社会治理因素发挥了什么样的作用，以及如何去实现在社会治理过程中的合作，都需要政府从中协调。

（4）控制。通过控制去实现政府职能是根源于传统的一种政府职能实现方式，统治型政府是依靠权力去对社会实施控制的，管理型政府基本上是通过法律的手段去实现对社会的控制。社会治理发展史表明，政府对社会的控制方式不断地发生变化，直接的社会控制也不断地转化为通过某种媒介的间接控制。服务型政府在总体上是非控制导向的政府，但在一些源于传统的领域中，也会有限地使用控制手段。对于现代政府而言，在社会控制的方式和途径上具有多样性，除了具有政治的、法律政策的和行政的基本途径之外，在具体的控制过程中，会表现出对这三种基本途径的综合运用。即使在运用其中一种途径的时候，也会发展出多种多样的控制方式，会考虑控制的科学性，会充分照顾到社会的可接受程度等。科学的社会控制注重控制目标的确立、控制手段的选择以及对控制过程所出现的偏差的纠正。也就是说，在既定目标不变的条件下，一个完整的控制过程是由控制、信息反馈和对控制的调整三个环节构成的一个循环圈。就控制的形式来看，可以分为前馈控制、现场控制和反馈控制等；就控制的作用对象而言，可以分为政府的内部控制和对社会的控制，其中，政府内部控制的目的是要更有效地实现对社会的控制。

政府职能实现方式是多种多样的，上述几种方式是最为基本的方式。由于社会的发展已经进入一个复杂性和不确定性迅速增长的时代，政府职能实现方式也需要增加灵活性，不仅会表现出上述几种基本的职能实现方式之间的相互渗透、相互交叉和相互作用，而且从总的趋势来看，会逐渐地增强服务的方式。或者说，将在服务导向之下灵活地运用上述政府职能实现方式。

4.1.4 市场失灵与政府失灵

政府职能是一个历史范畴，因政治制度、治理模式的变化而变化。也就是说，对政府职能的界定会受到各种因素的影响，尤其是决定于政府与社会的关系，会因政府与社会的统治关系还是管理关系而定。近代以来，政府职能主要体现在政府对市场的介入程度以及对社会的管理上。从近代以来社会发展的总体情况看，在政府恪守有限政府的原则而较少介入市场的情况下，出现了"市场失灵"的问题，随着政府介入市场较多和较为深入之后，又出现了"政府失灵"的问题。这说明，按照早期自由主义的有限政府原则，放任市场以及社会的自我调控，或者说过分地夸大市场机制的作用，无法保证市场以及社会的健全。同样，当政府按照凯恩斯主义的干预原则而深深地介入市场之中时，全能政府的神话也就破灭了。

1. 市场失灵

从农业社会向工业社会的转变，就经济形态而言，是一个从自然经济向市场经济转变的过程。工业社会的社会化大生产是以市场经济为其实现途径和表现方式的，市场不仅是一切商品的价值实现途径，也是资源配置的基本手段。如果没有一个渗透到整个社会每一角落的市场，也就不可能有所谓的社会化大生产。可是，有了市场经济，也就有了关于政府与市场关系问题的争论。直到20世纪30年代，主流的观点都是以自由主义的面目出现的，认为市场包含着一种自发机制，能够自动地调节市场经济从而使其处于一种均衡状态。相应地，这种主张要求政府做市场经济的守望者，不应干预市场经济的运行。因而，在实践上，政府往往采取一种自由放任的经济政策。这就是人们常说的所谓自由资本主义时期。在这一时期，具有代表性的理论和政策主张有亚当·斯密（Adam Smith）的"看不见的手"和让·巴蒂斯特·萨伊（Jean Baptiste Say）的"萨伊定律"。斯密极为推崇市场机制的作用，相信市场中包含着某种自然力——作为市场机制的"看不见的手"，认为这只"看不见的手"无时无刻不在自动地调节着生产、交换、分配和消费。萨伊认为,供给会自动创造需求,除非政治变动或自然灾害以及政府无知的干预,否则一种产品的供给不足而另一种产品充分过剩的现象决不会长期继续存在。

从19世纪后期起,市场中的垄断问题开始冲击着市场机制,造成周期性的经济危机。到了20世纪30年代,出现了严重的经济大萧条,给政府的自由放任型经济政策以沉重打击,使自由市场经济制度陷于崩溃境地。这充分证明了市场机制自发调节的局限性,即后人所称的"市场失灵"(market failure)。率先发明并使用"市场失灵"这一概念的是美国麻省理工学院巴托(F. M. Bator)教授,他在1958年《经济学季刊》上发表的《市场失灵分析》一文中使用了这个概念。很快地,"市场失灵"一词得到了学者们的广泛使用。市场失灵是指由于市场的内在功能性缺陷和外部条件缺陷引起的市场机制在资源配置的某些领域运作不畅的状况,其结果是导致资源配置无效率或低效率。也就是说,市场机制并不是万能的,市场竞争并不是在任何领域、任何状态下都能够充分展开。在一些领域或场合,市场机制的功能即使能够得到充分发挥,也无法达到符合整个社会要求的正确的资源配置结果。因而,"市场失灵"的概念有效地解释了政府自由放任条件下的垄断所造成的经济危机。总的说来,市场失灵主要表现为收入与财富分配的不公、竞争失败和市场垄断的形成、失业问题迅速恶化、区域经济不协调、公共产品供给不足、公共资源的过度使用等。造成市场失灵的主要原因有市场的外部性、市场垄断、信息不对称以及公共物品的生产等。

(1) 市场的外部性。完全竞争的市场要求所有产品的成本和收益都内在化,即产品的生产者要承担生产这一产品而给社会带来的全部成本,同时这一产品所带来的好处都归这一生产者或该产品的购买者享有。然而,在实际的经济运行中,有些产品或服务具有外部性,会产生外部效应。外部性可分为两种:一种是正外部性,即产品或服务给所有者以外的其他人带来了利益和好处,但所有者却没有得到应有的报酬补偿;另一种是负外部性,即产品或服务给所有者以外的其他人带来了损害,但受损者没有得到应有的损失补偿。在存在外部效应的情况下,成本和收益不对称,而个人进行决策的时候只是将其实际承担的成本和得到的收益进行比较。在无须对外部成本进行补偿的情况下,个人实际承担的成本会小于其活动的总成本,因而会过量从事产生外部成本的活动,由其决定的产出规模会大于社会需要的最优规模。相反,在外部收益得不到补偿的情况下,个人的选择是较少地从事该类活动,由其决定的产出规模会小于社会需要的最优规模。显然,这都不是资源的有效配置。

(2) 市场垄断。市场有效配置资源的前提是充分的自由竞争,但在现实的经济生活中,竞争是不完全的,市场存在着垄断问题。这是由市场自身的悖论所造成的。因为,市场的理想状态是自由竞争状态,只有在竞争不受任何约束和干扰的情况下，市场机制才能有效地发挥作用。可是，在竞争的过程中，是不可能保证市场主体始终处于一种均势状态，必然会有一些经济主体获得了竞争优势，即获得资本、资源、市场占有等方面的优势，特别是那些对于规模经济敏感的市场主体，由于有效地驾驭了社会化大生产的规律而使自己在市场中处于优势地位。结果，一些市场主体也许就会因为起初极其微弱的优势而在竞争中迅速地实现资本的积聚和集中，从而导致垄断状态和抑制竞争。所以，市场竞争本身具有走向垄断的趋势，尤其是在规模经济意义显著的行业，这种趋势更为明显。垄断反过来又抑制竞争，抑制市场机制的调节作用，妨碍经济效率的提高。事实上，到了19世纪后期，在经济活动的一切领域和生产的一切行业之中都出现了垄断，不仅使市场无法有效地配置资源，而且使经济运行变得低效，也使生产与消费之间出现了结构性失衡。

（3）信息不对称。充分的市场竞争必须建立在"信息是完全的"这样一个假设之下，也就是说，买者能够清楚地知道市场上各种商品的价格和质量，雇主清楚地知道被雇佣者的行为特征，等等。可是，在现实中，信息一般是不完全、不对称的。信息不对称造成了市场交易各方所拥有的信息不对等，买卖双方所掌握的商品或服务的价格、质量等信息不相同，即一方比另一方占有较多的相关信息，处于信息优势地位，而另一方则处于信息劣势地位。信息的不对称会破坏市场机制的"优胜劣汰"功能，以致出现"优汰劣胜"的资源配置。在社会化大生产程度较低、经济规模较小、生产与消费的相关度不强的情况下，信息不对称的破坏力也相应地较小，而在社会以及经济的发展达到一定程度的时候，信息不对称的恶果会迅速地显现出来，市场机制的调节作用也就随之丧失了。

（4）公共物品的生产。公共物品是私人不愿意生产或无法生产抑或无法全部生产的，必须由政府来加以提供。即使企业和个人愿意提供一些公共物品，在规模以及数量上也是微乎其微的，至多只能作为对政府所提供的公共物品的补充。事实上，企业和个人即使从事公共物品的生产也会出于营利的目的，而公共物品的生产恰恰是非营利性的。所以，公共物品不能像私人物品那样在市场上被自发而有效地生产出来，也不能像私人物品那样由市场进行定价和配置资源等。因此，公共物品一般只能由政府进行提供和加以配置，即使由私人部门来生产也需要政府的介入和干预。在近代社会早期，松散的个人生活和自给自足的自然经济特征还没有完全褪去，人们对公共物品的需求在数量上和质量上都还没有充分显现出来。随着工业化、城市化水平的提高，对公共物品的需求也迅速增长，而市场却无法在公共物品的生产和供给方面发挥作用。

可见，市场失灵是市场经济发展的必然结果，也是近代以来的这个社会历史阶段中必然要出现的问题。所以，市场失灵问题的出现打破了近代早期自由主义推崇市场机制的神话，证明了市场机制并不能够自发地充分调节经济生活以及社会生活，从而要求政府介入经济和社会生活，干预经济活动。

2. 政府失灵

1929~1933年的经济大萧条，使人们开始怀疑市场机制对于经济生活的调节作用，也宣布了政府的自由放任和"市场机制自发调节"时代的结束。此时，西方主要的市场经济国家都不得不放弃"自由放任"的经济思想和政策主张，通过采取政府干预的政策措施以克服危机和实现经济复苏。凯恩斯主义恰好满足了西方治理经济危机的实践需求，特别是在第二次世界大战之后，成了西方主要资本主义国家复苏经济所宗奉的信条。事实上，西方国家根据凯恩斯主义理论而开展的政府干预经济活动取得了巨大成功，使经济得以迅速恢复和繁荣。然而，在1973年的"石油危机"之后，几乎所有西方发达国家无一例外地再次出现了经济停滞，高失业和高通货膨胀相互交织、同时并存，即进入了所谓的"滞胀"时期。于是，凯恩斯主义受到了来自各个方面的批评，其主流地位也受到质疑，政府"自由放任"的主张开始出现复兴的势头。也就是说，这次经济"滞胀"意味着政府在市场经济条件下纠正市场失灵的能力是有限的，正如市场机制不是万能的一样，政府也不是万能的。对于政府纠正市场失灵时所表现出来的这一有限性，学者们称作"政府失灵"（government failure）。

一般认为，"政府失灵"这一概念是由美国学者查尔斯·沃尔夫（Charles Wolf）教授最先提出的，他在1979年的一篇论文里将政府失灵分为官僚主义供给和政策实施问题两类。后来，以詹姆斯·M·布坎南（James M. Buchanan）为首的公共选择学派对民主社会的政治结构进行了全面分析，揭示了"政府失灵"的原因。目前，西方关于政府失灵的研究主要是由公共选择和政策分析学者做出的，另外一些发展经济学家在研究欠发达国家的经济发展问题时也论及了这一问题。总的说来，"政府失灵"这一概念所指的是，在市场经济条件下，政府由于自身的局限性和外部约束的乏力而在干预经济运行和社会生活过程中产生了与其目的相背离的结果。也就是说，个人对公共物品的需求得不到很好的满足，政府以及整个公共部门在提供公共物品时趋向于浪费和滥用资源，致使公共支出规模过大或者效率降低，政府的活动并不像应该的那样"有效"。政府失灵具体表现在公共政策失误、公共物品供给的低效率、政府的权能扩张和规模膨胀、政府官员甚至部门的寻租活动等。

（1）公共政策失误。政府干预经济生活的基本手段是制定和实施公共政策，并以此来弥补市场缺陷、克服市场失灵。但是，由于公共政策的决策者是政府，其决策对象是公共物品，而且主要是通过一定的政治过程来实现的，具有相当程度的不确定性，存在着诸多困难、障碍和制约因素。在布坎南等人看来，导致公共政策失误的主要原因有：第一，公共利益的模糊性。公共决策中实际上并不存在根据公共利益进行选择的过程,所存在的只是各种特殊利益之间的缔约过程。即使现实社会中存在着某种意义上的公共利益,现有的公共决策体制也会因其自身缺陷以及决策方式的不完美性而使得这种公共利益难以达成。第二,信息的不完全性。在决策信息获取的问题上,不管是选民还是政治家,所获得的信息都不可能是完全的,因而大部分公共政策是在信息不完全的情况下做出的,公共政策失误也就不可能避免。第三,选民的自利性。由于公共政策效果的复杂性和不确定性,选民通常更注重眼前利益,而在选民追求自身利益最大化的情况下,势必会导致公共政策无法代表大多数人的最大利益,产生公共政策失误。第四,政策执行上的障碍。公共政策执行也是一个复杂的过程,会受到多种因素的影响,任何一个影响公共政策执行的因素或各因素之间的配合出现了问题,都会表现为公共政策的失误。

(2) 公共物品供给的低效率。由于公共物品的复杂性会产生关于公共物品的认识障碍,而且,由于政府自身的官僚制本性决定了它在提供公共物品时难以达到应有的高效。具体地说:第一,公共物品评价的困难。公共物品本身具有非竞争性和非排他性,因而衡量公共物品的价值非常困难。同时,政府机构在提供公共物品时所追求的是社会效益,而社会效益的衡量更缺乏准确的标准和可靠的评估方法。第二,竞争机制的缺乏。政府是提供公共物品的唯一机构(或主导机构),没有相应的竞争对手,这可能导致政府因过多的投资而生产出多于社会需求的公共物品,从而造成浪费。第三,激励机制的缺乏。政府与企业不同,缺乏降低成本的激励机制,政府机构及其工作人员都没有动力降低成本,他们的目标不是利润最大化而是规模最大化,政府以此去增强其合法性,而政府官员则以此去增加自己的升迁机会和扩大自己的势力范围。第四,监督机制的缺陷。从理论上说,政府及其官员的行为必须受到广泛的监督,而现有的监督机制都是不健全的,很多监督流于形式,尤其是由于监督信息的不对称而使监督者难以实现有效的监督。

(3) 政府的权能扩张和规模膨胀。政府的权能扩张和规模膨胀有着内生动力,尤其第二次世界大战后,这种现象变得更为严重。由于政府的权能扩张,必然会对微观经济活动和社会生活加以干预,而这些干预往往是不必要的,事实上也会从根本上破坏那些需要市场机制发挥作用的领域,会对社会生活中的自治因素造成冲击。由于政府规模的膨胀,会产生机构林立、部门冲突、职能交叉和行政成本增长等问题,表现为政府效率低下,这些都是与政府目标相背离的。政府权能扩张可能是出于更好地提供公共物品的需要,却在实际上造成了模糊公共物品边界和失去公共物品重心的结果;政府规模膨胀可能是因为适应职能分工的要求而做出的,却在实际上造成了职能交叉重叠的问题。一般说来,政府的权能扩张和规模膨胀会首先表现为政府效率的迅速下降和财政支出的迅速增长。对于这一现象,布坎南等人认为,是由于政府中存在着利益集团或者说政府自身就是一个利益集团的结果。因为，政府作为公共物品的提供者、收入和财富的再分配者却受到了政府中利益集团的支配，或者说，由于政府自身的自利性而使政府不能够有效地提供公共物品。

（4）政府中的寻租活动。所谓政府中的"寻租"活动是指一种非生产性的追求经济利益的活动，或者说是指那种维护既得经济利益或对既得利益进行再分配的非生产性活动。在关于政府失灵问题的研究中，一般把"寻租"看作是政府干预的副产品。当政府干预市场时，就会经常性地形成集中的经济利益和扩散的经济费用，政府干预带来了可以以"租金"形式出现的经济利益。按照公共选择学派的看法，寻租活动是政府干预的必然产物，在有政府干预的地方就可能产生寻租现象。作为一种非生产性活动，寻租的特点是利用各种合法或非法的手段以获取拥有租金的特权，而这种活动并不增加任何新的社会财富，只不过改变了生产要素的产权关系，它使资源配置扭曲甚至使资源的配置无效。另一方面，寻租活动也会导致不同的政府部门之间争权夺利，影响政府的声誉和增加廉政的成本，并最终造成社会资源的浪费，因而会导致政府失灵。

4.2　政府职能模式

4.2.1　保护型政府职能模式

"模式"是一个弹性非常大的概念，小到一种管理方式，大到一种政府类型，都可以冠之以"模式"。一般说来，"模式"一词是对现实事件的内在机制和事件之间关系的直观的、简洁的描述，具有构造、解释、启发、预测等功能，可以向人们提供某一事件的整体形象和明确信息。在经济发展的意义上，政府职能模式是指政府与市场的关系模式，是政府如何在市场调节的基础上对经济的运行加以调控的方式、方法的总和，集中反映在政府所确立的经济体制和政府参与的经济运行机制之中。

整个近代社会的经济运行都包含着政府不同程度的参与，以自由主义命名的经济体制只不过意味着政府参与程度较低，而不是指政府完全不参与。也正是由于政府参与的深浅和程度不同，造成了不同类型的政府职能模式，而且是与市场经济发展的不同阶段联系在一起的。也就是说，在社会历史发展的不同阶段，不同类型的政府职能模式会不断地更替和转变。在近代社会，随着资本主义的发展，出现了两种主要类型的政府职能模式，20世纪70~80年代以来，随着亚洲新兴工业化国家的崛起，又出现了一种新型的政府职能模式。我们依次把这些类型的政府职能模式称作"保护型政府职能模式"、"干预型政府职能模式"和"引导型政府职能模式"。

保护型政府职能模式是自由资本主义时期的产物，是西方各主要的市场经济国家在经济发展过程中逐渐形成的一种政府职能模式，它主张政府尽量少干预或不干预市场经济的运行，任由市场机制去调节经济活动，让市场自己在运行中实现资源的合理配置。也就是说，保护型政府职能模式的产生，源于西方各主要的市场经济国家对"自由竞争"原则的信奉，源于政治学家和经济学家们对"市场力量的自由运动可以造就经济的均衡状态"的广泛认同。在这种政府职能模式中，政府担当的是"保护人"或"守夜人"的角色。一方面，政府是不可缺少的因素，没有政府的存在也就没有市场的安全；另一方面，政府的作用只应停留在市场的表层，而不是深入市场运行的深层。就性质而言，这一类型的政府活动内容基本上是政治的，如果说也包含着管理内容的话，则是微乎其微的。它对外以维护领土完整为底线，如果有可能的话就进行扩张，即通过政治手段来保持和提升本国经济的竞争力。它对内则维护私人财产不受侵犯，保护市场机制免受破坏，并尽可能在整体上满足经济活动的基本条件。

保护型政府职能模式的思想基础是资产阶级个人主义和自由主义理论。早期的资产阶级思想家认为政府属于政治的领域，市场是私人活动的范围和个人的领域。在市场中，个人的自由、财产、安全等是他的基本权利。根据资产阶级"天赋人权"理论，个人权利是至上的和不容侵犯的，政府的责任在于保护个人的权利。应当说，早期的资产阶级思想家有着足够充分的理性判断力，他们对政府权能的扩张本性有着清醒的认识。因为，"天赋人权"的理论要求个人权利不受来自任何一方的侵犯，政府是个人权利的保护者，但它是否会演变成个人权利的侵害者呢？从政府权能扩张的本性来看，这一点是必然的。所以，早期的资产阶级思想家大都主张严格限制政府职能的范围，即严格地把政府限制在公共领域中，发挥维持公共秩序的作用。换言之，就是要防止政府直接进入市场和侵入"私人"领域，只要政府能忠于职守，守望在市场之外，就能有效地起到"保护人"的作用。实际上，这是一种对政府职能范围的有限性界定。

关于人权的问题是非常复杂的，因而对政府的保护型职能进行认识和界定也是非常困难的。因此，自洛克开始，思想家们往往站在财产权的基点上去思考政府职能的问题。根据洛克的意见，个人的自由并不是空洞的和难以捉摸的，它是通过财产表现出来的，或者说，财产是个人自由的延伸。因而，理解个人的自由，应当看个人在积聚私有财产方面享有多大的自由度和个人自由选择的界限有多宽。当然，私有财产的范围越宽越好，积累私有财产的活动及私有财产本身越少受到干扰越好。但是，怎样才能使积累私有财产的活动和私有财产自身这种财产权不受或少受干扰呢？这就需要诉诸政府，要求政府起到维护财产安全的功能，提供财产自由发展的空间，发挥促进高效积聚的作用。正是这一点，要求政府远离一切与保护个人财产权无关的领域。所以，政府职能是有限的，仅仅限于发挥保护的作用。

私有财产的积聚和占有即财产权的实现只能在市场中进行。所以，关于政府职能的政治学思考必然会得出经济学的结论，这反映在亚当·斯密对市场的描述和对政府与市场之间关系的规定上。斯密极为推崇市场机制的作用，相信市场中包含着某种自然力，他将其称作"看不见的手"，认为这只"看不见的手"无时无刻不在自动调节着生产、交换、分配和消费等。既然市场自身具有这种自我调节能力，那么任何外力的侵入就都是多余的了。所以，斯密也与启蒙思想家一样，要求政府在维护市场秩序、社会正义和私有财产权方面发挥作用，并从事一些公共工程等具有公益性质的基础性的经济活动。

在整个自由资本主义时期，西方各国的政府基本上采用了这一职能模式，一致认同"管得最少的政府是最好的政府"，并自动地担当起忠于市场经济的"守夜人"的职守。即使政府试图促进经济的发展时，也往往采用政治手段为经济发展开辟道路。比如，拓展经济发展的海外市场，维护已经形成的政治经济秩序等。也就是说，政府往往并不直接介入经济活动中来。这种状况也就是人们常常提到的所谓政治经济的"二元化"，即政治是与经济分立的，政府是以"政治人"的身份来从事社会管理和保护经济的发展，而不是以"经济人"的身份去参与经济活动。因此，整个近代社会的经济运行都包含着政府程度不同的参与，以自由主义命名的经济体制只不过意味着政府参与程序较低，而不是指政府完全不参与。因为，没有政府参与的经济就没有秩序，而没有秩序也就谈不上自由了。近代社会的经济发展正是在秩序中而使得经济主体获得了自由，因而政府的参与是不言而喻的。

保守型政府职能模式终结于1929~1933年的经济大萧条。这是西方资本主义世界有史以来最为严重的经济危机，出现了"市场失灵"的问题。也就是说，这场经济危机表明，市场机制在解决宏观经济的平衡、调整和优化产业机构、解决外部效应、防止垄断、解决收入分配不公平等方面很难有所作为，从而宣告了"自由放任""自动均衡"信念的破产，代之以凯恩斯主义的"有效需求"理论。美国是凯恩斯主义的积极实践者，罗斯福"新政"也的确取得了很大的成功。第二次世界大战结束后，凯恩斯主义成了西方经济学的主流学派，干预型政府职能模式也成了西方主要国家的首选模式。

4.2.2 干预型政府职能模式

干预型政府职能模式产生于垄断资本主义时期，是由以凯恩斯主义为代表的宏观经济学做出的政治设计，它主张政府通过财政政策和货币政策等手段来调控市场经济的运行，实现对整个经济生活的全面干预，以弥补市场自身力量的不足和达到经济持续、稳步增长的目标。在20世纪30年代到70年代初的这一段时期内，欧美各发达国家普遍选择了这种类型的政府职能模式。

干预型政府职能模式的出现主要基于两方面原因：其一，自由资本主义的结束和垄断市场的出现，它使市场失去了自我调节的能力，以至于经济危机的范围越来越广、周期越来越短、规模越来越大，这就迫使政府不得不由原来的维护市场经济环境的秩序转而维护市场本身的秩序，因而开始了干预市场的活动；其二，资产阶级开始走出早期空想的"国度"，更加现实地对待其阶级的理想，如果说人权和自由等在整个自由资本主义时期是一个"无限原则"的话，那么进入20世纪，则蜕变为一种"有限原则"，从而使人们根据这种"有限原则"接受政府对市场的干预。

干预型政府职能模式的产生过程大致是这样的：早在19世纪后期和20世纪初期，西方一些主要发达国家政府就开始建立起了一系列反托拉斯立法，着手政府干预经济的试验。与此同时，也相应地出现了一些理论，主张政府在市场中发挥"拾遗补阙"的功能。也就是说，在自发市场可以做得到的情况下，政府就不要管；市场做不到的事情，政府则应当去管。这是一种市场调节为主、政府干预为辅的原则。但是，这种做法的过渡性质是显而易见的，在20世纪初连续的经济危机中，政府加强干预已势在必行，凯恩斯主义也应运而生。

1936年，凯恩斯出版了《就业、利息和货币通论》一书，为政府干预市场提供了全面的理论基础。在凯恩斯看来，仅仅依靠市场机制的自发调节作用不足以使有效需求提高到充分就业的水平，但市场机制的这种"能力不足"的情况是可以由政府来加以弥补的，即通过扩大政府支出、减税和货币扩张等措施加以弥补。名义上是弥补，而在实际上，当政府采取这些措施时，已经是深深地介入到市场之中，对市场进行干预了。凯恩斯认为，当政府采取这些措施对市场加以干预时，在达到充分就业之前，始终能够刺激产量和就业量的增加，而且不会带来通货膨胀。

与亚当·斯密的理论相对应，凯恩斯主义的"政府干预论"被人们形容为"看得见的手"。事实上，凯恩斯主义的理论主张在资源配置的实践中取得了异乎寻常的成功，通过"罗斯福新政"，美国率先将这种理论付诸实施并最先摆脱了经济危机。"罗斯福新政"拉开了整个西方国家政府干预的序幕。第二次世界大战后，各发达资本主义国家都采用各种手段实施宏观调控，在财政、税收、金融、外贸等大领域中利用利率、汇率、税率等方面的经济政策来调节需求，调节就业，在宏观上动用扩张或紧缩政策抑制经济危机，推动经济发展。这种政府干预的最明显特征是"国有化"和"经济计划化"。而且，这种干预使西方发达国家再也没有出现过 20 世纪 30 年代那种经济大萧条，并创造了 50~60 年代经济迅速发展的奇迹。

政府干预的变形物是"绝对干预"模式，在自由主义者眼中，这是一条"通往奴役之路"。在法西斯国家中，政府对经济生活的干预走向了绝对化，市场垄断演变成国家垄断，从而彻底破坏了市场经济，这实际上已经超出了"政府干预"的范畴。"绝对干预"是政府权能扩张的恶性膨胀，一旦这种干预方式在一国巩固下来，它就不满于国界的束缚，而是要求冲破国界继续扩张。因此，"绝对干预"成了一种对资本主义世界自身构成威胁的力量。所以，资本主义世界也需要切除这一"毒瘤"。

从干预型政府职能模式的发展来看，由于这种模式是建立在"市场失灵"的前提下的，所以，当市场在政府的干预下获得新的规范，产生了新的自我调节能力之后，就会要求减少政府干预，就会"重申自由主义"，甚至让政府退出市场，停止干预。也就是说，干预型政府职能模式在是否需要干预的问题上完全取决于市场，政府应当扮演的是"招之即来、挥之即去"的角色。但是，20 世纪 60 年代末 70 年代初，特别是 1973 年发生了"石油危机"事件之后，所有西方发达国家无一例外地出现了经济发展的停滞和膨胀。这种"滞胀"意味着"政府失灵"，意味着在市场经济条件下政府对于纠正市场失灵的能力有限，从而直接促使人们对现代市场经济条件下的干预型政府职能模式及其理论基础凯恩斯主义进行了批判性反思。

以现代货币主义学派、公共选择学派、新制度学派、合理预期学派为代表的新自由主义反对凯恩斯主义的干预论，通过分析政府干预行为的局限性和政府失灵的成因及表现，提出了限制甚至取消政府干预而让市场机制充分发挥作用的主张。这一思潮流行起来之后，迅速在实践中得以体现，其中以"新公共管理运动"最为典型化。"新公共管理运动"以英国撒切尔夫人的"私有化运动"和美国的"里根革命"为起点，其目标是要重新调整政府与社会、政府与市场的关系，减少政府职能，充分利用市场和社会力量提供公共服务，弥补政府财政和服务能力的不足，以求使政府管少管好。实际上，它并不代表一种新的政府职能模式，而是对保护型政府职能模式和干预型政府职能模式不断进行随机选择的结果。虽然在表现上是两种政府职能模式的混合，而在实质上则是要求在某一个较短的时期内要么采用保护型政府职能模式，要么采用干预型政府职能模式。但是，如何在保护型政府职能模式和干预型政府职能模式之间做出选择，或者，如何把两者结合起来，却是一个十分困难的问题。所以，20 世纪后期以来，西方国家政府经常性地陷入方向不明的盲动主义状态。

4.2.3　引导型政府职能模式的出现

引导型政府职能模式是在亚洲新兴工业化国家和地区追赶西方发达国家和实现经济腾飞过程中出现的一种新型的政府职能模式,这一职能模式既能保证社会的相对独立性的自主性,又能较好地发挥政府作为社会总体利益代表者而对社会经济生活的协调。引导型政府职能模式的基本特征是政府与社会处在一种既独立、相互制约又相互合作和彼此依赖的有机统一的关系中。应当指出,引导型政府职能模式还仅仅是一种实践形态,虽然亚洲新兴工业化国家和地区在实践中创建了这一模式,却没有得到理论上的总结。也正是由于这一点,无论引导型政府职能模式在全球化、后工业化的历史条件下具有什么样的优势,都尚未得到广泛认同。正如任何一种成功的实践经验在得不到理论确认的时候都会被人们抛弃一样,许多亚洲新兴工业化国家在完成了经济腾飞的使命之后,便受到西方发达国家话语霸权的支配而纷纷放弃了自己的这一政府职能模式,因而出现了各种各样的社会乱象。

引导型政府职能模式的出现体现了亚洲新兴工业化国家和地区政治家们的智慧。这些国家和地区在开始致力于解决工业化、市场化的问题时,西方国家早期的自由资本主义历史阶段已经被封存到了历史之中,已经不可能从西方国家市场经济发展的历史中找到自己政府职能定位的基点了。因为,当这些国家和地区处于市场化初期时,西方国家已经进入发达阶段。这决定了它们在与西方发达国家的竞争中处于强弱极度悬殊的状态中,如果放任市场经济自然发展,势必在国际化的竞争环境中受到发达国家的排挤和钳制。另一方面,新兴工业化国家和地区必须在很短的时期内追赶发达国家在过去几百年的时间里所走过的路程,因而必须在对市场经济发展规律做出充分认识的基础上充分运用这一规律去促进经济的发展。所以,政府职能必须充分体现出其主动性和能动性,政府需要站在经济以及社会发展的前列加以引导。

亚洲新兴工业化国家大致是在20世纪70年代起步的,这个时候,以凯恩斯主义为理论基础的干预型政府职能模式开始显现出了各种各样的缺陷,已经处于政府改革的酝酿过程之中。而且,在理论上,新自由主义已经开始活跃起来,对凯恩斯主义的批判正处于方兴未艾之时。在这种情况下,西方发达国家的干预型政府职能模式所取得的成功让亚洲新兴工业化国家和地区的政治家们无比艳羡,而其暴露出来的缺陷也让这些政治家们清醒地认识到不能简单地加以模仿。所以,才走出了一条独立的道路,即建构起了引导型政府职能模式。当然,亚洲国家独有的传统文化在引导型政府职能模式的建构中也发挥了重要作用,但更为根本的还是,这些国家既定的经济基础、时代背景和政治环境等,决定了它们必须建构起引导型政府职能模式。

第一，第二次世界大战之后，在亚洲国家和地区追赶发达国家的过程中，遇到的首要问题是缺乏资本的问题，在西方国家已经进入发达状态的情况下，也由于追赶发达国家的进程不像早期西方国家那样经历一个较长期的资本原始积累过程，所以，只能通过对外开放去寻求外资的支持，这就需要构建良好的投资环境，而这种环境必须由政府来提供。

第二，经济的发展是以良好的秩序为前提的，因而政府必须建立和维持稳定的政治秩序和经济秩序。

第三，当外国资本大量涌入时，为了不使本国或本地区成为外国资本"一统天下"而出现不可意想的后果，必须设立本国或本地区的"国有"资本。

第四，随着外资的涌入和市场的开放，境外商品也大量涌入，政府必须充当本国或本地区资本和商品的保护伞。

第五，为了使民族工业在国际市场上的竞争能力迅速提高，必须给予扶持。

因此，新兴工业化国家和地区的政府既要对经济的发展提供保护又要加以适当的干预，而这种保护和干预无论在形式上还是在内容上都与发达国家曾经运用过的保护和干预不同，是一种全新意义上的保护和干预。这种保护和干预有机地结合在一起，就表现为一种新型的政府职能模式——"引导型政府职能模式"。所以，在亚洲新兴工业化国家和地区，都程度不同地存在制定宏观社会经济发展计划的情况，而且经常性地通过产业计划乃至行业计划对企业加以指导，从而促进经济以及社会的快速发展。

由于市场经济发展所处的时代不同了，新兴工业化国家和地区的政府在推行市场化过程中面临着创新使命。西方国家早期市场经济的发展在国内所提出的是维护市场秩序和保护产权的要求，而在外部则提出了开拓海外市场以及寻求原材料的供给，政府在满足这些需要的过程中所运用的是殖民化的手段。新兴工业化国家和地区的市场经济发展条件不同，其经济活动无论是在一国内部还是在走出国界的情况下，市场主体都必须通过竞争的方式进行，政府粗放式的放任市场机制发挥作用的条件已经不存在了，必须提供引导式的服务。也就是说，经济活动必须以竞争的方式开展，而竞争的环境变得复杂化了，政府如果采用干预的方式，必然会束缚经济主体的手脚，破坏竞争环境；政府如果限于保护职能的话，又会让经济主体在复杂的竞争环境中无所适从或陷入盲动状态。正是为了应对这些问题，亚洲新兴工业化国家探索出一条新路，即建构起了引导型政府职能模式。

在全球化、后工业化进程中，"地球村"是一个非常流行的词语。但是，"地球村"只是全球化进程呈现给我们的一个历史表象。[①] 就其本质而言，近代

[①] 张康之、张桐：《"地球村"能否抹平世界的中心—边缘结构——评麦克卢汉的"地球村"》，《北京行政学院学报》2015年第3期。

以来所形成的国际关系格局体现为一种"中心—边缘"结构,西方发达国家处于世界的中心位置,在经济、文化、政治等各个领域都占据着优势地位。亚洲新兴工业化国家则处于一种较为边缘的位置上,在经济、文化甚至政治的交往过程中,处于一种不利地位,容易被置于依附地位。特别是在经济活动中,单一的市场主体在国际竞争的环境中的劣势是显而易见的。这种情况也突出了政府的引导职能。从20世纪后期以来的情况看,在亚洲新兴国家受到西方话语霸权的影响而放弃了自己的引导型政府职能模式时,出现了1997年的亚洲金融危机。相反,中国率先从2008年的世界金融危机之中走出来的事实也证明,坚持引导型政府职能模式是中国政府的一个正确选择。当然,中国也同样面对着西方国家话语霸权的压力,最为关键的是中国社会很少意识到中国政府在改革开放过程中所实现的政府职能模式创新,并没有在理论上对它加以认识和提升,更缺乏自觉地完善这一政府职能模式的理论探讨。随着全球化、后工业化步伐的加快,随着经济发展和社会运行节律的加快,随着国家间的交往和竞争日趋激烈,坚持并完善引导型政府职能模式将是中国崛起的一项重要保证。

总的说来,对于准备追赶发达国家的发展中国家来说,建构引导型政府职能模式是最佳选择,它拥有着存在的历史合理性。在政治发展史上,建立引导型政府职能模式是一种全新的创造,是一个在探索中发展完善的过程。但是,这种模式的优点也可能恰恰是它的弱点,因为它在重视政府的引导作用的同时也可能会出现引导方向错误的问题。如果出现了方向性错误,其消极作用也会得到放大。中国在改革开放的过程中选择了引导型政府职能模式,而且中国政府在重大决策的过程中注重科学化、民主化,使引导型政府职能模式发挥了理想的效果。但是,当前中国社会的话语环境是不尽人意的,在与政府相关的研究中,学者们往往是按照西方国家所提供的话语指向去思考问题,看不到中国政府已经实现了政府职能模式创新,使中国政府在实践上的创新成果长期得不到理论支持,其最终结果可能是扼杀了这一创新成果,更不用说自觉地、主动地去完善引导型政府职能模式了。所以,我们只有摆脱"大政府""小政府""有限政府""无限政府"等概念的束缚,才能坚持在引导型政府职能模式的建构中走向持续创新的道路,才能真正建立起有中国特色的社会主义引导型政府职能模式,并不断地使之科学化。

4.2.4 引导型政府职能模式的特征

作为一种全新的政府职能模式,引导型政府职能模式既不同于保护型政府职能模式也不同于干预型政府职能模式。或者说,应当把引导型政府职能模式看作是保护型政府职能模式与干预型政府职能模式的综合统一。也许引导型政府职能模式是由于亚洲新兴工业化国家的政治以及政府领导人在一开始并没有受到某种西方理论的思想束缚而根据实践需要做出的创造，但随着亚洲新兴工业化国家和地区政治以及政府领导人的更替，受过西方理论教育的一代人将走上领导位置，如果这一代人在所谓科学信仰的名义下更注重从既有的理论出发，而不是注重从实际出发，就有可能很快放弃前一代领导人所创造的这种政府职能模式。

另一方面，引导型政府职能模式与保护型政府职能模式和干预型政府职能模式又具有相同之处。在对引导型政府职能模式与保护型政府职能模式的比较中可以发现，它们都表现出了对市场规律的信奉，都相信市场中存在着客观的经济规律。但与保护型政府职能模式放任市场规律发挥作用不同，引导型政府职能模式在相信这种规律存在的基础上要求认识和把握这种规律，并利用这种规律对经济以及社会发展提供引导。所以，保护型政府职能模式所表现出的是消极的和保守的特征，而引导型政府职能模式则表现出积极性和主动引导的特征。

对引导型政府职能模式与干预型政府职能模式进行比较则可以发现，两者都主动地介入到市场的运行中去对经济活动加以干预，而且都以采取宏观调控手段的形式出现。但是，西方干预型政府职能模式往往表现为在经济生活中已经出现了问题时才选择干预或不干预的方式来处理这些问题。事实上，对于干预型政府职能模式来说，很少关注经济运行的规律问题，只停留在经济现象的层面上寻求应对之策。因而，在政策上所追求的也主要是短期效应。政府的这种做法在科学研究上的表现就是对"实证性"方法的推崇，政府领导层更多地满足于一项对策性建议在解决当前具体问题上的可操作性。虽然引导型政府职能模式在运行中也表现出干预的特征，但这种干预基本上是建立在关于经济和社会发展的中长期趋势认识基础上的，会表现出要求战略性决策优先于战术性操作的特征。

所以，引导型政府职能模式是不能归结为保守型和干预型的。对此，人们能够强烈地感受到。比如，在分析中国政府改革开放以来的行为时，一些学者也时常感到困惑，那就是在一些领域和一些方面，中国政府甚至比近代早期的自由主义政府更加放任；在另一些领域和另一些方面，中国政府所选择的干预手段也是极强的。他们往往无法理解这种现象。其实，这是因为中国政府所采用的是引导型政府职能模式，也证明了引导型政府职能模式与保守型政府职能模式和干预型政府职能模式都不同。

在主体归属上，引导型政府职能模式应当属于服务型政府的职能范畴。或者说，引导型政府职能模式的建构应当作为服务型政府建设的一项重要内容。我们说引导型政府职能模式是亚洲新兴工业化国家和地区在实践中做出的探索，然而，随着这些国家和地区在经济、社会发展上与西方发达国家的距离日益缩短，出现了放弃这一政府职能模式的倾向。其原因就在于，这些国家和地区进行引导型政府职能模式的建构并没有得到服务型政府建设的支持。这些国家和地区根本就没有提出服务型政府建设的问题,所以,这些亚洲新兴工业化国家和地区虽然在实践上探索出了引导型政府职能模式,但那只是历史发展中的一种偶然性的行为选择,缺乏相关的系统支持,一旦政府权威下降和西方话语走强,就抛弃了引导型政府职能模式。在某种意义上,1997年出现的亚洲金融危机就是因为抛弃了引导型政府职能模式的结果,也标志着这些国家和地区的政府从根本上告别了此前的那段历史,不再像追赶发达国家那个时期一样发挥引导功能了。在中国,当引导型政府职能模式在经济、社会的发展过程中发挥了应有功能并走向成熟的时候,提出了服务型政府建设的问题,从而使引导型政府职能模式获得了强有力的系统支持。当然,需要指出,这一贡献属于中国的实践工作者,而在学术界,则存在着一种把服务型政府纳入西方话语框架中去的倾向,如果长期这样的话,中国实践工作者所做出的这一贡献必将湮灭在西方话语霸权之中。

中国经济、社会发展30多年的成就是与引导型政府职能模式的建立联系在一起的,是在改革实践中所探索出来的一条正确道路。一方面,这种职能模式是在扬弃计划经济条件下的全能型政府职能模式的过程中形成的,在计划经济条件下所形成的政治、社会以及文化环境都决定了中国政府不可能放任市场经济自由发展;另一方面,在中国开始发展市场经济的时候,市场经济的自然生成条件都已经消失了,特别是全球化浪潮已经涌动,中国的市场经济建设也只有走一条政府驱动的道路。所以,在抛弃计划经济体制的同时也重视计划的作用,把计划的制订、执行与经济运行规律联系在一起,并不断地根据中国实际进行探索,从而逐步建立起了引导型政府职能模式。正是由于中国的引导型政府职能模式是在特殊的国情下产生的,或者说是根据中国市场经济发展的现实要求而建立起来的,因而表现出比其他亚洲新兴国家和地区更强的生命力,而且在2008年的全球性金融危机状态下显现出了其优势。现在,许多国家的政治家以及学者们都在谈论所谓"中国经验",其实,奥秘就在于中国所拥有的是一种引导型政府职能模式。

引导型政府职能模式是具有全球价值的,是可以推广的。这是因为,人类已经开始了后工业化历程,在工业社会的历史阶段中曾经发挥过巨大作用的保护型政府职能模式和干预型政府职能模式都失去了历史价值,取而代之的必然是引导型政府职能模式。虽然亚洲一些新兴工业化国家和地区在实现了经济腾飞之后放弃了引导型政府职能模式,这只是历史发展中的暂时倒退,是由于工业社会的理论和观念排斥引导型政府职能模式的结果。可以相信,随着后工业化进程的深入,工业社会的理论和观念将会日益显现出合理性的丧失,西方资产阶级的话语霸权也将消失。特别是在中国能够继续坚持运用引导型政府职能模式去成功地引导经济、社会的发展时,就一定会产生积极完善这一政府职能模式的理论探索,就会把引导型政府职能模式从"必然王国"引向"自由王国",就会得到世界各国的普遍承认和接受。那时,世界各国都会在借鉴和学习中国的引导型政府职能模式中受益，全球经济、社会的发展都会因引导型政府职能模式的全面确立而进入新航道。

4.3 当前我国政府的职能定位

4.3.1 经济调节职能

政府的经济调节职能是指，政府运用经济、法律和必要的行政手段，通过健全宏观调控体系，引导和调控经济运行，调整和优化经济结构，发展对外经济贸易和区域经济合作，实现国民经济持续、快速、协调、健康发展。经济调节的主要途径是运用经济手段和法律手段，同时通过制定规划和政策、发布信息以及规范市场准入等方式去引导和调控经济的运行，而不是以行政审批管理为主，更不是政府直接干预企业生产经营活动。

经济调节职能是政府实现市场监管、社会管理和公共服务职能的前提。政府严格市场监管、加强社会管理和注重公共服务，必须拥有相对充足的资源，而政府财政资源的汲取量又受到社会经济发展的制约。如果社会经济发展出现滑坡，政府财政资源的汲取必然受到负面影响。这时，纵然有强化市场监管、公共服务和社会管理职能的良好愿望，政府也会心有余而力不足。所以，政府的市场监管、社会管理和公共服务职能的有效履行以经济职能的有效履行为前提。

政府经济调节的重点和难点是宏观调控体系的建设和健全。健全宏观调控体系需要从四方面着手：(1) 加快金融体制改革，推进利率市场化，不断完善人民币汇率形成机制，建立健全货币市场、资本市场、保险市场有机结合和协调发展的机制，防范系统性风险；(2) 稳步推进财税体制改革，继续完善税收体制，统一各类企业税收制度，改进个人所得税，逐步实行综合与分类相结合的个人所得税制度，扩大资源税的征收范围，创造条件去逐步统一城乡税制；(3) 积极推进投资体制改革，进一步确立企业的投资主体地位，健全并规范核准制和备案制，合理界定政府投资职能，规范政府投资行为，建立严格有效的投资责任追究制度和社会监督机制；(4) 健全以经济手段、法律手段为主的国家计划和财政政策、货币政策等相互配合的宏观调控体系，进一步增强国家经济调节的科学性、预见性和有效性。

政府经济调节活动的范围非常广泛，几乎囊括了宏观、中观和微观三个经济层面，但集中体现在政府对经济的宏观管理方面。宏观经济管理就是政府对整个国民经济进行的全局性的和综合性的管理。政府对整个国民经济的发展进行总量控制，进行宏观调控，是国民经济有序健康发展的必要途径。对国民经济的调控，只能由政府进行，其他任何组织都不能代替政府。宏观经济管理的目标是为了达到经济总量的基本平衡，即保持社会总供给与总需求的基本平衡，保持生产结构与需求结构相适应，并努力做到价值平衡与实物平衡相统一，以促进国民经济持续、稳定、健康地发展。

宏观经济管理主要是通过宏观调控来实现的。在宏观调控中，政府进行经济调节的政策主要包括财政政策、货币政策、产业政策和区域政策。此外，政府在必要时可运用一切非常规手段，譬如价格和工资管制、外汇与外贸管制、特别的税收措施、商品的配给措施以及对某些经济活动的特殊管理等。概括起来，宏观经济管理主要包括两方面内容：

第一，从宏观经济管理的对象来看，宏观经济管理包括对人力、财力、物力的管理。宏观经济管理中经常提到的资源配置实质上是人力、财力、物力资源在不同经济部门间的组合。宏观经济管理要从宏观上促进这些资源的合理配置，具体包括：(1) 人力管理，就是要对劳动力的供求总量及劳动力流向，以及相关的人口增长、劳动力素质的提高、劳动力配置机制的合理化等方面进行管理，使人口再生产与物质资料再生产相适应，使劳动者能在各自的岗位上发挥最好的作用。(2) 财力管理，就是要对全社会的资金进行综合管理。全社会的资金包括财政、银行掌管的资金，也包括企业自有和个人所有的资金以及外来资金。资金运动反映了社会再生产的价值运动，是宏观经济管理的重要内容之一。对财力的管理，主要是从财力与物力统一平衡的角度，搞好资金总量平衡，合理聚集与分配资金，提高资金使用效益。(3) 物力管理，就是要对全社会的生产资料和消费资料在生产、流通、分配、消费各环节上进行综合管理，也就是对社会再生产的实物运动进行管理。这与财力管理紧密相关，财力管理与物力管理实质上是从价值运动和实物运动的角度对同一社会再生产过程进行管理。对物力的管理，关键在于搞好生产资料和消费资料供求总量平衡、结构协调，合理组织生产资料和消费资料的流通，使有限的物力资源发挥更好的效益。

第二，从宏观经济管理的层次来看，主要是对宏观经济运行中的经济关系进行管理。具体包括：制定社会经济发展战略和中长期国民经济和社会发展规划，把握中长期国民经济发展的方向、速度以及社会总供给与总需求的基本平衡，产业结构的基本合理；对近期国民经济运行中的供给和需求关系进行协调，以保持国民经济系统的相对稳定；对全社会统一市场的形成和发展进行有效管理，并建立相应的宏观调控体系，以健全资源配置的合理机制。可见，宏观经济管理是要解决宏观经济运行中的重大问题，这些重大问题对中观和微观经济活动都有重要的指导和制约作用。

总体上而言，经济调节职能是借助经济杠杆来实现的。所谓经济杠杆，是有关经济利益关系的经济范畴与一定的具体政策规定相结合，形成按一定方向调节社会生产、推动经济发展的工具。经济杠杆有很多，如价格、税收、信贷、财政、汇率、工资等，其中最主要的是价格、税收、信贷。价格杠杆通过调整和控制价格水平以及各种商品比价、差价的变化，来影响交换双方的经济利益和市场供求状况，从而实现其对经济活动的调节作用。税收杠杆的宏观调节作用是通过国家的税收政策来实现的。国家在参与国民收入分配的过程中，通过法律形式，设置不同的税种和税目，规定不同的税率、减免税和纳税环节等，造成对各种经济活动有利或不利的条件，体现国家对各种经济活动的鼓励或限制，从而达到调节商品生产者、经营者的经济活动，以及调节国民经济运行的目的。信贷杠杆的宏观调节作用是通过银行业务中的贷款投向、贷款额度、偿还期和利率来实现的。各种经济杠杆组成了一个调节系统，具有多方面的功能，但每一个作为子系统的经济杠杆都有着自己的主要活动领域或作用范围，都有各自不同的特点和职能。在宏观调控过程中，政府对经济的管理主要反映在对经济杠杆的综合运用，让政府作为与市场机制能够共同发挥作用，从而使政府对经济的管理具有引导型政府职能模式的特征。

4.3.2 市场监管职能

市场监管职能主要体现在政府依法对市场主体及其行为进行监督和管理的活动中，健全的市场监管体系包括完善行政执法、行业自律、舆论监督、群众参与等内容，是以一个完整的市场监管体系的形式出现的。比如，市场监管会体现在这样一些具体的行动中：依法打击制假售假、商业欺诈等违法行为，建立健全社会信用体系，实行信用监督和失信惩戒制度，维护公平竞争的市场秩序，形成统一、开放、竞争、有序的现代市场体系，等等。市场监管的范围非常广泛，而且会随着市场的变化而发生变化。在现阶段，市场监管的重心被集中于食品安全监管、商品质量监管、服务消费监管、保护注册商标专用权、广告监管执法、打击传销规范直销、反垄断与反不正当竞争、查处取缔无照经营等等问题上。人们往往根据政府市场监管的行为特征、依据、内容和目标而对其进行分类，人为存在着经济性管制、规范市场执法和建立市场信用体制等三个方面或三种类型。

1. 政府经济性管制

政府经济性管制具有政府干预的特征，它是因为市场失灵而政府不得不介入进行管制的状况。一般说来，政府的经济性管制是凭借法律赋予它的权限而通过行政许可等手段进行管制的方式，主要包括根据不同产业在市场中的活动特点制定有针对性的管制规则并把这些规则付诸实施。所以，政府经济性管制表现为政府根据产业行为特点而进行纵向制约，具有纠正市场失灵的功能。政府经济性管制的主要领域有：

（1）对自然垄断行业的进入管制。自然垄断行业具有以下几个特点：一是规模经济非常明显，平均成本和边际成本总是随着产量增加而降低，规模越大，生产成本就越低，因此一般要求独家垄断或寡头垄断，以至于一个地区内的生产者被限定为一家或少数几家企业，否则将导致规模不经济，造成成本上升和社会资源浪费。二是有大量的沉淀成本，资金一旦投入就很难收回，也难以改为其他用途，如果多个企业之间竞争，其结果很可能是一损俱损。三是这些行业中的多数是公众所需要的基本服务，应当保证其所提供的服务具有稳定性、质量具有可靠性和可信赖性等。因此，自然垄断行业需要政府通过许可等行政手段对企业进入市场进行管制，即限制新企业进入，从而保证行业内已有企业的垄断地位，使生产成本最低化和服务输出最大化，以减少因盲目进入和退出所造成的沉淀成本损失。当然，在自然垄断中，准入企业可能会利用其垄断地位而肆意抬高价格，从而损害社会福利。这就要求政府在实行准入管制的同时，还必须对垄断企业进行定价管制或收益率管制等，以防止垄断企业利用其垄断地位谋取垄断利润，使消费者可以用较低的价格购买到更多产品。

（2）对信息不对称行业的准入管制。要通过市场竞争机制达到资源的优化配置，就需要保证具有完善和对称的信息，即买方与卖方对所交易的商品都有完全的了解，而且双方所掌握的信息完全相同。如果这样，则任何商品和服务的质量都很容易判别，而且都可以反映在价格上。但是，在现实中，由于商品与服务（特别是金融、保险、证券等）的复杂性，消费者要了解商品、服务以及企业财务状况相当困难，需要花费很大的代价；提供商品或服务的卖方却掌握相对充足的信息，很有可能通过欺骗手段损害买方利益而增加自身利益。在这种情况下，政府应对此类信息严重不对称的行业（如金融、保险、证券等）的市场进入实行管制，通过许可、审批等手段对进入者的条件进行必要审查，防止条件不合格企业利用信息不对称进行欺诈和损害消费者的正当权益。

2. 规范市场执法

市场执法主要是指政府的市场监管部门依法对市场进行监督和管理的活动。在我国，市场监管的核心主体是工商行政管理机关。工商行政管理机关所代表的市场监管部门进行的市场监管活动实际上是在履行法律所赋予的职责，是一种行政执法活动。虽然现行工商行政管理法律、法规和市场监管立法有待完善，但这些法律、法规已经规定了一系列基本的执法手段和执法依据，形成了一个较为完整的市场监管法律、法规体系。因此，市场监管部门要强化市场监管职能和市场执法力度，就必须遵循市场经济规律，立足现行法律制度，规范使用法律职权。

市场执法的主要内容有：

（1）严格市场准入。合格的市场主体是市场经济运行的重要基础，建立现代企业制度是当前经济体制改革的重点。市场监管部门严格、高效地把好市场准入关，就是根据《中华人民共和国民法通则》《公司法》《合伙企业法》《企业法人登记管理条例》《合伙企业登记管理办法》《私营企业管理暂行办法》《城乡个体工商户管理暂行条例》等法律、法规的规定，加强登记管理，依法严格审查企业资质，努力造就合格的市场主体。

（2）加强对市场主体行为的监督管理。市场的活力来自于市场主体之间的有序竞争。垄断、不正当竞争以及其他各种侵权行为都会扰乱市场秩序，妨碍市场的正常运转，使市场机制无法发挥调节作用。对市场主体行为的监督管理是市场监管部门的一项基本职责，反映了市场经济的内在要求，所以，政府监管部门需要依据《反不正当竞争法》《消费者权益保护法》《商标法》《广告法》等法律、法规对市场主体的行为进行监督管理，努力消除各种限制和破坏竞争的行为，严厉打击假冒伪劣、走私贩私活动，惩治非法传销等各种市场欺诈行为，以求有效地保护市场的公平交易和正当竞争，保证市场机制的良性运转。

（3）强化市场执法。法律在实践中具有行为模式上的引导和示范功能，通过市场执法惩罚违法行为，能够起到规范市场行为的作用。强化市场执法包含三个内容：一是严格规范。关于市场主体的法规往往会详细地规定和描绘标准公司的模式，有的则为市场交易活动划定规矩，引导各类市场主体把自身行为纳入轨道。市场监管部门开展执法活动，首要任务就是要将这些模式和准则用于对照市场主体，去规范具体的市场主体及其行为，从而促使市场主体守法和行为合法的目的。二是切实保护消费者和经营者的合法权益。这需要政府市场监管部门拥有平等的观念，既要保护经营者的权利，又要保护消费者的权益；既要保护公有制企业的权利，又要保护私营企业、混合所有制企业的权利。三是依法查处。这是对前两者的保障，是对法律责任制度的贯彻落实，是行政执法的重要组成部分。众多的工商行政管理和市场监管法律、法规都规定了违法者应当承担的法律责任，同时也赋予了工商行政管理机关等市场监管部门对违法行为的查处权。

3. 建立市场信用机制

市场经济也可以看成信用经济。西方发达国家的实践证明，法律和信用是维持市场有序运行的两个基本方面，法律致力于交易双方权利和义务的规范，信用机制则在法律难以规定或没有规定的方面发挥作用。因此，在市场经济中，规避风险、严守信用、确保经济交往中各种契约的如期履行，是整个经济体系正常运行的基本前提。在市场中，市场主体为了在市场中获取最大利益，就必须注意规范自己的市场行为，不断提升自己的信用水平，以获取最多的交易机会。市场信用机制呼唤市场监管的支持，同时也可以确保市场监管的健康运行。运用市场监管的手段建立和完善市场信用机制，可以更好地解决失序和信用失范等问题，达至规范市场经济秩序的目的。严格的市场监管可以促进市场信用机制的确立和完善。市场监管部门在建立市场信用机制方面的方式方法主要有：

（1）严格市场主体的准入和退出。市场主体的经营资格是其内在条件的综合体现，是其具备经营条件的充分证明。按照规定和程序取得经营资格，是市场主体进行正当经营活动的首要前提。大量事实表明，市场秩序中的信用失范问题都与市场主体未按规定取得经营资格有关。因此，严格审核市场主体的各项条件并按规定核准其经营资格是市场监管的一项重要职责，也是促进信用机制建立的重要条件。同时，对那些已取得经营资格但在市场经济活动中严重缺乏信用的市场主体，也需要给以警戒甚至惩罚。另外，在每年的企业年检中，应当把企业的信用状况好坏作为年检中的一个重要指标加以审核，对一些信用极差的企业应不予通过年检，将其强制性地清退出市场。

（2）加大对失信行为的惩罚力度。一般而言，失信的严重程度取决于失信者经济收益和惩罚成本的大小对比关系。因此，建立信用机制的一个重要措施就是要使从事欺诈交易者为其失信行为支付高昂的成本。第一，加大处罚力度。一旦发现交易中的失信行为，就要以非常严厉的手段予以制裁和惩罚。由于提高了失信行为的支付成本，失信行为的经济收益与其所支付的成本相比就会显得很小，失信行为也就失去了经济利益上驱动。第二，建立惩罚机制。设置"惩罚机制"是杜绝大多数商业欺诈行为和不良投机行为的有效手段，能够使遵守市场规则的企业得到保护，使有坑蒙拐骗等失信行为的不法商户被自然淘汰出市场领域。第三，注重及时查处。及时查处失信行为，一方面，可以立即制止失信行为，使之不能继续产生危害；另一方面，对未来可能产生的失信行为具有警示和预防的作用。

（3）充分利用信用记录。信息的不对称是导致目前社会失信问题的重要原因之一。建立良好的信用制度和市场秩序，要求有一个很好的信用信息传输渠道，所以，要让那些欺诈行为信息尽快在市场传输，而且传输得越快，市场秩序的规范就越有成效。从实际情况看，市场监管部门掌握着大量的企业信息，应该充分发挥这个优势，利用已有的信息资源条件，在各部门中率先建立起企业资信档案，监督、记录并公示市场交易行为，以求为现代社会信用机制的建立提供信息基础，同时，也可以为市场主体的"退出"机制和"惩罚"机制提供信息基础。

4.3.3　社会管理职能

社会管理职能体现在政府通过制定和完善社会政策、法规并依法管理社会组织和规范社会事务的活动中，目的是要化解社会矛盾、调节收入分配、维护社会秩序、实现社会稳定、促进社会公正。社会管理职能的内容主要包括社会事务管理、公共安全管理和生态与社会发展管理三方面。

1. 社会事务管理

社会事务有广义和狭义之分，广义的社会事务涵盖了涉及社会民生的民政、社会保障和人口管理等内容，狭义的社会事务是我国民政部门所主管的各项事务。人们通常是在广义上来使用社会事务的概念的。

（1）民政管理。民政管理是政府的民政部门以服务便民为准则而进行的为公民提供非商品性服务、解决公民的各种困难和谋求福利的活动。民政管理的主要内容包括社会组织管理、社会福利和慈善管理、基层政权和社区建设管理、行政区划和地名管理、优抚安置管理、救灾救助管理、社会事务和社会工作管理等方面。民政管理要求依法保护、保障人民群众基本生活和工作。从性质上看，属于对社会事务进行管理的保障性活动，目的是要为经济发展创造稳定的社会环境。我国民政管理工作具有政治性、社会性、群众性和多元性等特点，是涉及面最为广泛的行政管理工作，对调整社会关系、处理社会矛盾、解决社会问题都具有十分重要的意义。当前民政管理的主要任务是：建立配套机制以积极引导我国基层社会组织的发展，建立健全我国社会福利制度，通过整合社会资源以保障社会救助与救灾工作的顺利开展，做好优抚安置工作等。

（2）社会保障管理。社会保障主要体现为通过立法对国民收入进行分配和再分配的活动，以求通过建立起一种社会保障制度，对社会成员特别是生活有特殊困难的人们的基本生活权利给予保障。社会保障制度的本质是维护社会公平，进而促进社会稳定发展。社会保障管理是政府相关部门组织和实施有关社会保障方面的法律和政策的活动。因而，社会保障管理的主体一般是指政府相关职能机构，而兴办社会保障的主体则可以多元化，可以是政府机构，也可以是社会组织。社会保障管理的主要内容包括：第一，制定社会保障法律与法规，对属于社会保障方面的事项以及实施途径和方法做出详细的和全面的规定。第二，社会保障资金的管理包括有关筹集社会保障资金的管理、支付社会保障资金的管理、社会保障基金的管理等内容。第三，社会保障对象的管理，即确定社会保障对象的标准和范围，以及提供社会保障服务的具体内容。

（3）人口管理。人口管理是政府从经济、社会和人口状况的实际出发而对人口数量、质量进行管理的活动，其中包括依法对流动人口或者外来人口进行管理的内容，目的是要促进人口发展与经济、社会的发展相协调，并保障人民享有更高的生活质量。人口管理包括：第一，户籍管理。公安机关是政府户籍管理机构，实施着对居民户籍的迁入或迁出进行审批、登记以及对新出生人口户籍的登记和死亡人口户籍的撤销等管理工作。第二，居民身份证管理。居民身份证制度是为了便利公民进行社会活动、维护社会秩序、保障公民的合法权益的一种管理制度，其基本内容分为领取、登记、效力和期限、换领和补领、交回和收缴或收回、查验和扣留。第三，计划生育管理。计划生育管理是指政府为贯彻计划生育这一基本国策而进行的有关优生、优育的宣传、教育、服务以及人口规划与控制等一系列管理措施的总和。第四，流动人口管理。具体内容包括：加强城市流动人口的暂住登记和发证工作，准确了解流动人口情况；依靠社会力量，加强对流动人口的治安管理；根据流动人口的务工情况，制定相应的社会保障制度。

2. 公共安全管理

公共安全的意思是社会公众享有安全和谐的生活和工作环境以及良好的社会秩序。公共安全管理是为了提供公众的生命财产、身心健康、民主权利和自我发展的保障以及最大限度地避免各种灾难的活动。现代条件下的公共安全具有更强的不确定性、复杂性、未知性和扩散性。一般而言，公共安全管理主要包括社会安全管理、安全生产管理和公共卫生安全管理。

（1）社会安全管理。在我国，社会安全管理涉及社会治安管理和社会安全事件处置两个方面的内容，主要由各级公安部门协调其他部门承担和负责。社会安全管理要求注重加强社会治安综合治理，以求保障人民群众生命财产安全；通过建立健全各种突发事件应急机制，以求提高政府应对公共危机的能力。社会治安管理主要是针对扰乱社会公共秩序、妨害公共安全、侵犯人身权利与财产权利以及妨害社会管理等违法行为而进行的维护社会治安秩序、保障公共安全、保护人民合法权益的管理活动。社会安全事件处置则着眼于提前预防和应急处理群体性事件、恐怖袭击以及严重的骚乱事件等。

（2）安全生产管理。安全生产是保证生产过程在符合物质条件和工作秩序下防止发生人身伤亡和财产损失等生产事故、消除或控制危险有害因素、保障人身安全与健康、促使设备和设施免受损坏以及环境免遭破坏的管理活动。安全生产管理是针对生产过程中的安全问题而进行的管理活动，主要包括通过决策、计划、组织和控制等活动有效地使用资源和充分地发挥人们的智慧，实现生产过程中人与机械设备、物料、环境的和谐，达到安全生产的目标。总之，安全生产管理的目标在于减少和控制危害、事故，避免由于事故造成的人身伤害、财产损失、环境污染以及其他损失。

（3）公共卫生安全管理。公共卫生安全问题主要源于突发性公共卫生事件。一般说来，突发公共卫生事件是指突然发生并造成或者可能造成社会公众身心健康严重损害的重大传染病、群体性不明原因疾病等，也包括重大食物中毒以及其他严重影响公众健康的事件。公共卫生安全管理需要根据公共卫生事件的性质、危害程度、涉及范围等进行。我国公共卫生安全管理所实行的是"统一领导、分级负责"的制度，要求各级人民政府负责对突发公共卫生事件应急处理的统一领导和指挥，各有关部门在各自的职责范围内做好突发公共卫生安全事件应急处理的有关工作。

3. 生态与社会发展管理

在工业文明走向其发展的顶峰时，生态问题也越来越成为一个关涉到人类生存状况的大问题，因而，生态管理也开始成为政府不可推卸的责任。生态与社会发展是政府职能体系中的两项并不重合的内容，但它们又密切地联系在一起，根据中国政府的引导型政府职能模式及其可持续发展理念，这两个方面的管理又是不可分开的。我国现行的生态管理职能体系体现为由政府环境保护部门主导和多部门分工管理的结构。具体说来，参与生态管理的政府部门由发展改革、国土资源、水利、农业、林业等部门构成。因而，生态管理涉及国土资源管理、能源管理、环境保护、城乡建设与发展事务等许多方面。

（1）国土资源管理。国土资源管理是运用法律、经济、行政等手段对影响国土资源的各种行为进行调整的政府行为。国土资源是人类赖以生存与发展的基础，我国人口多、人均资源少，社会主义现代化建设对资源的需求又很高。因而，实行严格的国土资源管理，使国土资源的开发利用走节约、集约型的新路子，是各级政府特别是国土资源管理部门的重要任务。国土资源管理主要包括国土资源产权管理、国土资源配置管理、国土资源规划管理等内容，具体通过土地资源、矿产资源、海洋、测绘等事务来实施管理。

（2）能源管理。能源是指能够直接取得或者加工和转换成为机械能、热能、电能、化学能等各种能量的自然资源，它是促进社会经济的发展、提高人民生活水平和支持人类社会文明的物质基础。能源管理对我国的经济社会发展和国家的长治久安具有战略意义。我国能源管理的基本方针是"节约优先、立足国内、多元发展、依靠科技、保护环境、互利合作"。在这一方针指导下，政府对加强和完善我国能源管理提出了六条政策：全面推进能源节约、提高能源供给能力、加快推进能源技术进步、促进能源与环境协调发展、深化能源体制改革以及加强能源领域的国际合作。

（3）环境保护管理。环境保护管理是指政府通过全面规划、采取各种有效手段限制影响环境质量的活动，目的是要实现经济、社会、环境的协调发展。随着全球性的环境状况不断恶化，各国政府都采取了积极的政策和措施去加强环境保护管理。环境保护管理的主要措施有：制定和完善各项法律法规，加强制度化管理体系建设，规定环境质量标准，并综合运用经济、法律、行政等手段进行管理。

(4) 城乡建设与发展事务管理。城乡建设与发展事务管理主要体现在政府对城乡建设进行总体规划、对影响城乡发展的各项事务进行监督管理并促进城乡统筹协调发展的管理活动。城乡建设与发展事务管理直接关系到生态文明建设事业，其管理效果直接体现为城乡人们生活水平和质量的稳步提高，是经济社会可持续性发展的重要途径之一。城乡建设与发展事务管理的主要内容包括城乡规划管理、市政公用事业与城市建设管理、村镇规划建设管理、历史文化与风景名胜资源保护与管理等。

4.3.4 公共服务职能

公共服务是指政府通过完善公共服务政策和健全公共服务体系为社会公众生活以及参与社会经济、政治、文化活动和提供公共产品、公共服务的活动。政府提供公共产品和公共服务的主要内容有：加强城乡公共设施建设，开辟社会就业途径，提供社会保障服务，发展教育、科技、文化、卫生、体育等公共事业，发布公共信息，等等。在现代社会中，政府公共服务职能范围是动态的、发展变化的，而且政府公共服务职能也得到越来越多的重视。公共服务职能的重点在于促进教育、卫生、文化等社会事业健康发展，目的是要建立健全公平公正、惠及全民、水平适度、可持续发展的公共服务体系。在当前和今后一个很长的时期内，推进基本公共服务均等化都是中国政府公共服务职能的基本内容。

1. 加强政府公共服务职能的意义

(1) 有利于缓解社会突出矛盾，促进社会和谐。当前，我国存在两对突出矛盾：一是居民日益增长的公共服务需求与公共服务总体供给不足、质量低下之间的矛盾；二是市场经济体制逐步建立完善对政府职能的新要求与政府职能转变缓慢之间的矛盾。公共服务是维护社会公平的基础，通常发挥着社会矛盾的"缓冲器"作用。因此，强化政府公共服务职能，加快改善我国公共服务状况，有利于缓解我国当前经济社会中所面临的突出矛盾，顺利推进和谐社会建设。

(2) 有利于健全公共服务供给机制，提高公共资源整体配置效率。目前，政府在履行公共服务职责中，尚未建立起可持续的财政支持体制、规范的政府分工和问责机制、地区间和城乡间资源的公平配置制度，这严重影响了公共服务的数量和质量，并制约了公共服务基本功能的有效发挥。所以，强化各级政府和政府各部门的责任，有利于健全我国公共服务供给的各种体制和机制，有利于提高全社会资源配置的效率和改善国民整体福利。

(3) 有利于提高政府管理能力和国家竞争力。在经济全球化日趋深入的背景下，政府不再是传统意义上国际竞争的后台支持者，而是直接走上了国际竞争的前沿。政府作为资源配置的重要主体之一，其竞争力已经成为决定国家竞争力的重要因素，而国家竞争力又直接取决于政府在资源配置中的管理能力和效率。因此，加快完善我国政府管理体制、充分发挥公共服务职能、不断提升政府管理效能和竞争力，已经成为我国提升国家竞争力的一项战略选择。

2. 公共服务的基本内容

（1）发展教育、科技、文化、卫生、体育等公共事业。

教育管理是国家行政机关对国家教育事业实施的管理。教育管理的主要内容是：贯彻执行党和国家有关教育工作的方针政策和法律法规；制定、发布规章、决定和命令；制定和执行教育事业的规划、计划；制定教学基本文件，指导和检查学校教学，组织教材建设，提高师资质量；组织领导高等学校学生和研究生的招考和调配工作，推动和指导高等学校的科学研究和学校交流；根据国家计划培养研究生，负责来华留学生、出国留学生的管理和教育方面的外事工作；根据财政计划，分配各级各类学校的教育经费，检查监督其使用情况。科技管理是国家行政机关对国家科学技术工作的管理。

科技管理的主要内容是：贯彻执行党中央有关科技工作的方针、政策和国务院制定发布的行政法规、决议和命令；制定和发布科学技术方面的规章制度；规划和落实国家科技发展计划和攻关项目计划，管理科技人员、培养科技人才；对国内外科学技术发展趋势和方向，以及科技发展对社会经济发展的影响进行预测；分配与管理国家科技经费；组织力量对重大科技项目、成果及技术引进进行论证和质量检查；组织力量对重点项目协调攻关并督促检查；组织协调重大自然科学基础研究，研究科学技术体制改革和管理工作；领导和组织科学技术的普及、交流、宣传工作；组织开展对外科学技术交流活动等等。

文化管理是国家行政机关对广播、电影电视、文学艺术、出版、群众文化、文物等各项文化事业的管理。文化管理的主要内容包括：贯彻实施党和国家关于文化工作的方针、政策和法律；制定和执行国家发展文化事业的规划、计划；领导和管理电影的生产、发行和放映工作，管理电视、广播、新闻事业；领导管理出版社、书店的书刊出版和发行工作；领导国家文物的管理保护工作，组织领导图书馆、博物馆、展览馆、文化馆、群众艺术馆以及各种形式的群众性文化活动；领导艺术表演团体的工作；组织开展对外文化交流；培养和管理文化工作干部和人才，组织文化设施建设。

卫生管理是国家行政机关对生活环境的保护，对医药、医疗保健、爱国卫生等方面事务的管理。卫生管理的主要内容有：贯彻执行党和国家有关卫生工作的方针、政策和法律；制定和执行发展卫生事业的规划、计划；管理药品的生产、检验、鉴定和供应工作，对医药卫生实行严格的检查和监督；设置和领导各级各类医院、卫生防疫、妇幼保健等卫生专业机构；领导和开展卫生宣传，组织和推动医学科学研究，培养卫生工作人员等。

体育管理是国家行政机关对体育设施、体育工作者、体育运动和群众性体育活动的管理。体育管理的主要内容有：贯彻执行党中央有关体育工作的方针、政策和国务院制定、发布的行政法规，制定和发布体育运动方面的行政命令、指示和规章；制定体育事业的规划、计划，并组织实施；组织领导各种运动竞赛，指导体育团体及群众性体育活动；管理体育运动队伍建设和训练；管理体育工作者和运动员、各项体育运动规则、成绩；组织领导体育科研和体育场地、设施的规划建设；组织管理体育宣传和外事体育活动。

(2) 健全公共服务体系。

公共服务是满足社会公共需求、供全体公民共同消费和平等享用的公共产品和公共服务，其基本内容涵盖了基础教育、基本医疗卫生、就业服务、基本社会保障、保障性住房、基础科技和公共文化、基础设施等方面。一般而言，公共服务具有普惠性、公平性和动态性。广义的公共服务体系是指政府根据国情和经济社会发展现状，对公共服务进行总体建设的有机系统。狭义的公共服务体系是特指政府对某一具体的公共服务进行建设的有机系统。近些年来，我国公共服务体系建设的步伐明显加快，取得了显著成效，在推进基本公共服务均等化以及提高农村公共服务水平方面，都取得了明显进步，政府具有强烈的民生意识，并通过调整财政支出结构而加大了对公共服务的投入。但是，我国公共服务体系建设还处于起步阶段，公众的满意度还未得到根本提升，从而为政府进一步改善公共服务质量打开了很大空间。在未来相当长一段时期内，政府都需要通过健全公共服务体系去满足公众对政府公共服务的需求。

关键概念

政府职能　政治职能　经济职能　文化教育职能　社会服务职能　生态管理职能　市场失灵　政府失灵　政府职能模式　保护型政府职能模式　干预型政府职能模式　引导型政府职能模式　宏观经济管理　公共服务

复习思考题

1. 简述政府职能的含义和特点。
2. 论述政府职能体系的内容。
3. 简述市场失灵的含义与表现。
4. 简述政府失灵的含义与表现。
5. 论述保护型政府职能模式的含义。

6. 论述干预型政府职能模式的含义。
7. 论述引导型政府职能模式的含义与特征。
8. 简述经济调节职能的含义与内容。
9. 简述市场监管职能的含义及内容。
10. 简述社会管理职能的含义及内容。
11. 简述公共服务职能的含义及内容。

第 5 章　公共行政的运行机制

行政体系是一个庞大的管理和服务体系，为了保证这一体系的良好运行，需要有一套良好的运行机制。公共行政系统化的运行机制是推动、协调和控制行政体系得以良好运行的前提，是提高公共产品供给效能和公共服务水平的重要保证。完整的公共行政运行机制是由一系列相互联系的关节点所构成的一个动态系统，其中，行政领导、行政协调、行政沟通和行政监督是几个最为重要的关节点。

本章重点问题
- 行政领导
- 行政协调
- 行政沟通
- 行政监督

5.1　公共行政中的领导

5.1.1　行政领导

"领导"这一概念具有两重含义，作为动词的领导是指组织中的每一个层级上的核心岗位或关键岗位上的人的活动，而作为名词的领导则是指这些岗位上的人。在管理学的一般叙述中，往往把前者称为领导活动，把后者称为领导者，以示其区分。在公共行政学中，对于作为动词的领导往往直接称之为"行政领导"，而作为名词的"行政领导"则称为"行政领导者"。在现实生活中，人们直呼领导或谈论领导时，是需要在具体的语境中来加以把握的，有的时候是指领导活动，有的时候则是指领导者。其实，所谓"领导"，就是指在各种组织中承担主管职能的个人或集体有效地影响环境和下属以求共同实现组织目标的行为，这种行为是在既定的环境条件下依据一定的原则和特定的行为规范去行使职权的过程，也包括选择和应用科学的方法和手段等内容。

国家行政组织中的行政领导是一种基于特殊权力而做出的领导行为和活动过程，是随着国家的出现而出现的，特别是在现代国家产生以后，随着行政体系的生成，行政领导是行政体系有效运转不可缺少的推动力。所以，行政领导是指行政体系中经选举或任命而享有法定权威的个人或集体运用各种方法和手段、依法行使行政权力以有效地影响行政环境和行政人员并共同实现公共行政目标的行为过程。也就是说，行政领导是在行政体系中所进行的行使行政权力的活动，既有别于政治领导、企业领导又有别于其他社会组织中的领导活动。行政领导过程是一个行政领导者、被领导者和行政环境三者相互作用的过程。

作为一种特殊的领导行为，行政领导是行政领导权力的行使过程，行政领导权力是行政领导的合法性基础，是行政领导者为了实现行政组织目标而在实施行政领导过程中对被领导者所施加的影响力、约束力或控制力。行政领导权力可分为两种不同性质的权力，即强制性权力和非强制性权力。其中，强制性权力是基于公共行政组织正式领导职位的权力，属于法定权力。行政领导者用合法的行政权力指挥、管理和支配下属，而下属则被要求服从，否则就是违纪。当然，从严格的意义上讲，在现代行政体系中，强制性的权力必须有法律、法令或规章制度的依据。如做出警告、记过、停职、开除等行为的强制性权力就必须有法的依据。非强制性权力则是指非职位的行政领导权力，这一权力来自行政领导者或领导集体的威信、感召力和影响力，来源于下属内心的认可，有些研究者也将其称为"软权力"。非强制性权力包括专家权、代表权等。专家权来源于领导者的知识和技术，领导者通过知识、智慧来使下属信服，从而影响下属的行为。代表权是指行政领导者的领导活动由于实现了公共利益和代表了公共群体而获得了权威，并因为这种权威而产生了非强制性的影响力。

在行政体系中，行政领导的功能或作用可以概括为以下几个方面：

第一，行政领导是实现政治领导的重要环节。在很大程度上，行政体系是一个执行体系。古德诺认为，行政是国家意志的执行。根据这一看法，行政领导是政治领导意图的实现过程。作为国家生活的两个最基本层面，政治领导是政党和国家权力机关的活动，主要是解决上层建筑领域里的矛盾和问题，它通过路线、方针和政策规定国家和社会的发展方向。执行性的行政领导则以推行政务为主要工作内容，它依据国家的法律，运用政治体系赋予的权力来领导、组织和管理国家事务、社会公共事务和行政机关内部事务。

第二，行政领导是引导行政体系发展的重要因素。行政体系是一个庞大的体系，面对复杂的社会现实和多样性的社会需求，在解决复杂的社会现实问题和服务公民多样性的需求方面，需要发挥行政领导者个体和集体的领导作用，不仅要行使行政权力，而且要运用智慧、感召力和影响力，引导行政体系中的行政人员不断解决现实生活中的新问题和新需求，提供有效的公共产品和公共服务，实现政治意志，维护公共利益。

第三，行政领导是协调行政体系有效运行的重要保证。行政体系由许多组织、机构、部门和行政人员组成。在官僚制组织体系中，由于部门性和专业性，各部门之间的利益、职能等各方面都存在着很大的差异，行政组织及其人员之间的冲突与矛盾时有发生，只有通过行政领导进行高效、统一的行政协调，使全体行政人员通力合作，才能统一行政体系的意志，控制行政人员的各种活动，保证整个行政体系和行政活动的有效性和统一性。

第四，行政领导是激发行政人员提高行政效率的重要动力。在任何组织中，激励都是提高效率的重要力量。据有关资料统计，如果不实施激励，组织成员的工作热情只能发挥20%～30%；如果实施有效的激励，其工作热情能够提高到80%～90%。为了激发行政体系中行政人员的工作热情，提高行政人员的工作效率，行政领导必须采取有效的激励措施。因此，在各种行政过程中，促进行政人员形成公共精神，激发行政人员服务公民的热情，提高行政体系的工作效率，都需要通过行政领导去实现。

第五，行政领导对提高行政体系的整体效能具有决定性作用。从行政体系的整体效能来看，效率的高低也有赖于有效的行政领导。在行政过程中，如果做到决策科学，指挥有方，执行得力，善于协调，控制有力，公共行政的整体效率就高，公共政策就能够得到顺利执行。从一定意义上讲，行政领导是行政体系有效运行的关键。因此，正确认识行政领导的作用，建立完善科学的行政领导制度，掌握和运用科学的行政领导方法，优化行政领导者的素质结构，对行政体系的效能具有决定性的影响。

第六，行政领导是实现行政体系的服务价值的重要推动力。从另一个意义上讲，领导就是服务，行政领导要服务于行政组织，服务于行政人员，服务于公共产品和公共服务的享有者——公民。最为关键的是，在公共服务的过程中，行政领导活动要通过价值引导的方式去培育和发展公共行政精神，有目的地提高行政人员的道德判断力，以求最大限度地维护和实现公共利益。

5.1.2　行政领导者

在日常生活中，我们一般并不严格区分行政领导和行政领导者两个概念，甚至很多行政学的教材也并不严格地把这两个概念加以区分。这也充分地说明了行政领导者在现代社会生活和公共生活中的重要地位和核心作用。也就是说，行政领导者是与其领导活动密切联系在一起的，领导者正是通过领导活动去证实自己的存在和价值的。但是，行政领导者毕竟是这样的个体或者集体：他（它）依照法律规定，通过选举或任命等程序而产生，在公共行政组织中担任正式的负有一定责任的职务，具有相应的职权和职责。同时，行政领导者的领导活动也主要是通过决策、指挥、协调和监督等活动去保证行政体系的有效运行和发展的，不管行政领导是以个体的形式还是以集体的形式出现。

行政领导者是指处在行政组织核心职位上或核心部门的人或集体，在更多的情况下是指处于行政组织核心职位上的人。所以，行政领导者总是与一定的职位联系在一起的，职位意味着行政领导者具有从事和开展行政领导活动的可能性，一旦离开了其职位，也就不得从事和开展行政领导活动。这与政治领导是有一定的差别的。一般说来，政治领导者也是指处在政治体系的核心职位上的人，但由于政治体系中更多地存在着韦伯所说的卡里斯玛现象，一些政治人物虽然不处在一定的政治职位上，即不担任某种职务，但也具有一定的政治权威，因而具有对政治领导活动的影响力。行政领导者则必须在行政组织的核心职位上才能从事和开展行政领导活动。反过来说，处于一定行政职位上的人作为行政领导者也必须从事和开展行政领导活动并承担相应的行政责任，如果没有履行相应的责任，就可能会被认定为行政"不作为"，甚至可能会被认为是一种失职或者渎职行为。行政领导者与其职位的结合和统一就是行政职务。行政领导职位具有法定性，是依据职能和职权的需要而依法设置的，至于由谁承担起行政领导职务，则是通过组织程序或选举程序来决定的。

任命是通过组织程序把某人选定到某一行政领导职位上的方式，通过选举程序把某人选定到某个行政领导职位上的方式为选任。在现实中，即使是选任某人也往往给予一个任命的形式，即通过这种象征性的形式去表达行政权威的存在。就这个形式及其过程而言，都是依法进行的，属于法律要求的权威证明活动。由于行政组织是典型的官僚制组织，其科层结构决定了行政领导职位具有等级性，也就是说，职位有高低，不同的职位被赋予不同的工作条件和工作范围。但是，这并不证明行政领导职位是因人而设立的，相反，在现代行政体系中，行政领导职位的设置是以"事"为中心的，是适应行政管理活动的需要而设立的。所以，每一个行政领导职位都必须有相应的职权和职责，而且要求这种职权和职责必须是明确的，能够便于监督和考核。

行政领导活动是凭借权力的力量去开展组织、指挥、协调和控制活动的，因而行政领导者必然会被赋予与其职位相对应的职权。在现代行政体系中，这种职权是依照法定程序授予行政领导者的，为法律所确认并受法律保护，是行政领导者承担行政任务和履行行政职责必不可少的条件。也就是说，一方面，行政领导者的职权是一项法定的权力，是依照法律授予的，也可以依照法律程序收回；另一方面，职权只能在法律范围内行使，同时要从属于行政组织目标，即服务于公共利益。同样，行政领导者的职权与职位是联系在一起，行政领导者职权的大小与职务高低、职责轻重都应当是一致的。行政领导者的职权范围大致包括：人事权，比如任免下属、奖惩下属和授权给下属等；财权，即对行政组织的财政予以支配；组织权，比如决策权、代表权、提案权、审查权等。

有权就必须有责，这是行政体系的基本要求。行政领导者的职责是行政领导者基于领导职权应负有的责任，是对国家委托的行政任务应负的责任。简单地说，行政领导者的职责可以分为政治责任、法律责任和工作责任。政治责任主要表现为行政领导者担负的行政工作应当产生和可能产生的社会影响，达到预期的影响效果就意味着其承担起了过程责任，相反，没有达到预期影响效果，则意味着应当承担相应的后果责任。法律责任是指行政领导者基于法律所赋予的职责而应该担负的责任，这往往是具有刚性特征的责任，可能是由法律法规所明文规定的，也可能是由相应的职位说明书所阐述的。如果对行政领导职责进行监督、考核和评估的话，主要是放在这种法律责任方面的。工作责任也可以看作是行政领导者的岗位责任，其衡量标准一般是放在对"勤政""廉政"方面的考察上。无论怎样，行政领导者的职责都在于提高行政体系的效率，维护社会公平，促进社会公正，以求公共利益得到最大程度的实现。

总之，行政领导者的职位、职权、职责是三位一体的，三者互相联系，互相制约，不可偏废。行政领导职权和行政领导职责应当是统一的，如果有职无权，则无法尽职尽责；如果有权无职，则无法行使其权；如果有权无责，则易滥用权力，不能尽职尽责。所以，在行政领导过程中，应注重职、权、责的一致。当然，对一个行政领导者来说，责任是第一位的，一个合格的行政领导者首先应考虑的是对工作负责，而不是计较职权的大小。

行政领导者有两种存在形态，一是指个体形式的行政领导者，二是指集体形式的行政领导者。在现代社会，行政领导越来越多地以集体的形式出现，它们一般是依照国家有关法律、法规和按照一定程序成立并有一定任期的领导集体，也称为领导班子。实践证明，集体领导是行政领导的一种重要的方式。公共行政领导集体通过行政领导者集体的智慧讨论公共行政中的重大问题，是公共行政中民主集中制、首长负责制和集体领导制相结合的体现。公共行政领导集体因层级和职权范围的不同，具有不同的组织形式、人员构成和名称。比如，在我国的行政组织中，依照宪法和法律的规定实行首长负责制。在中央、地方各级人民政府的国家行政机关中，有不同部门、不同层级的行政领导集体。

对于一个领导集体而言，一般会有着明确的关于人员构成结构的规定或要求，其内容主要是指行政领导集体中成员的年龄、经验、专业知识能够具有相互支持和相互补充的作用，即具有构成上的合理性。行政领导集体在公共行政活动中发挥了非常重要的作用，是行政组织、决策和协调的核心，能否建立起一个坚强、精干的行政领导集体,能否充分发挥行政领导集体中所有成员的作用,是一个关系全局的根本性问题。行政领导集体的科学化、合理化素质结构对于提高行政体系的效率极其重要,所以,在配备行政领导集体时,必须从实际出发,充分考虑行政领导工作的特点,认真配备行政领导集体的成员。行政领导集体的构成结构主要体现在以下几个方面:

第一,年龄结构。年龄结构是指行政领导集体中成员的年龄组成状态。行政领导集体合理的年龄结构不单纯是指行政领导成员的个体年龄,而是要求整个领导队伍有合理的年龄构成。合理的年龄结构不仅使行政领导集体处于不断发展的动态平衡中,有利于新老交替,同时也与行政领导集体的整体形象、经验、阅历和创新状态密切相关。

第二,气质结构。为增强行政领导集体的凝聚力,减少内耗,在一个合理的行政领导集体中,领导成员的性格气质应当是和谐的、协调的。行政领导集体应该考虑不同行政领导者气质之间的协调性。特别是在一个优秀的行政领导集体中,应该通过一个主导型的行政领导来聚合整个领导集体的力量,充分发挥集体的团队力量、智慧和团体的创造性。

第三,专业结构。专业结构指行政领导集体中成员的专业组成状况。由于公共行政是一个实践性的、多专业性的领域,行政活动具有实践性、专业性和综合性,特别是公共决策,往往涉及多个学科或跨学科的知识,为了使公共行政组织的决策合理、科学、高效,就要求领导集体成员专业知识结构合理。

第四,能力结构。行政领导集体的能力结构主要是指成员的特长。由于公共服务和公共产品是多样化的,从而需要行政领导集体面对不同的专业环境,同社会中各种各样的人和事物发生联系,解决和处理各种各样的问题。因此,一个优秀的行政领导集体需要由不同能力的人组成,形成高效的行政领导能力结构。

5.1.3 行政领导者的产生

在不同的国家中,行政领导者的产生方式是不同的。但是,在现代法制的条件下,行政领导者的产生一般都是行政体系按照法律的程序将合适的人选拔到行政组织中的某一个职位上来,并赋予其相应的职权和职责。行政领导者的产生是行政领导的职、权、责统一的呈现过程。在现代国家中,行政领导者较为常见的产生方式有选任制、委任制、考任制和聘任制四种。

第一,选任制:是被领导者或被领导者的代表通过选举产生行政领导者的方式。选任制是民主理念在行政体系中的体现,通过选任制产生的行政领导者能够体现民情,代表和反映民意,选举的结果具有较大的权威性和公正性。在方式上,选任制可以分为直接选举、间接选举、等额选举、差额选举等。

第二，委任制：也称任命制，是依法由行政机关的首长或主管部门经过考察了解，直接任命行政领导者的方式。委任制是有着悠久历史的一种选拔行政领导者的方式，在西方国家一般适用于政务类公务员，我国行政领导者的产生多数采用委任制。在各国实行委任制的过程中，任命行政领导者往往有许多资格和手续方面的限制。总的说来，委任制的优点是：权力集中、责任明确，指挥统一、不受牵制，行动迅速、简便易行；缺点是受上级领导主观意志影响较大，有可能产生任人唯亲、压制民主或拉帮结派等现象。

第三，考任制：是指由专门的机构根据统一的标准而通过公开考试的方式选拔和任命行政领导者的方式。特别是在现代行政体系中，公共行政组织越来越需要具有不同知识和技能并通晓行政管理的人才，考任制作为遴选行政领导者的一种方式越来越受到重视。因为，通过统一的考试和考核，可以从社会中选拔出大批可以胜任的行政领导者。

第四，聘任制：是指根据工作需要和职务要求而通过签订合同的方式选用外部人员，让其在一定任期内担任行政领导职务。聘任制主要适用专业技术职务和基层行政领导职务。聘任制的核心环节是用人协议。一般来说，聘任都有一定的期限，有的甚至是临时性的。聘任制的优点是有利于扩招人才，促进人才合理流动，有助于建立竞争机制。聘任制也有缺点：一方面，由于聘任制一般是从外部选拔行政领导者，应注意防止产生"外来的和尚会念经"的错误用人观念，在引进外来人才的同时，也要重视组织内部人才的使用；另一方面，在实际聘任过程中，要注意防止短期用人行为可能引发的短视效用。

无论是通过什么样的方式选拔领导者，都会对领导者的素质给予很大的关注。其中，在身体、智力、道德、文化、专业和经验等方面都应具有相应的素质要求。身体方面，所选拔的行政领导者应该身体健康、精力旺盛、反应敏捷；智力方面，应该具有良好的理解能力、学习能力和判断能力；道德方面，应该忠诚、坚强、有毅力、勇于负责。此外，还必须有相应的文化素质、相应技术领域的知识，能够善于从实践中获得管理经验。只有做到这些，才能保证行政领导者在实现政治领导意图、引导行政体系发展方向、协调行政体系有效运行、激发行政人员提高行政效率、实现行政体系的服务价值等方面发挥重要作用。当然，不同层次和不同领域中的行政领导应当具备不同的胜任其领导类型的素质，其中，以下几个方面的基本素质是行政领导者必须具备的：

（1）政治思想素质。行政领导者的政治素质与其活动方向密切相关。尽管不同历史时期和不同国家对行政领导者的政治素质的要求不尽相同，但都要求行政领导者忠于国家的政治体系，忠于行政体系，忠于人民，这是一种最基本的素质。在我国，行政领导者必须在政治上完全与党中央保持一致，忠实地履行全心全意为人民服务的宗旨，同时还要有高度的社会责任感。

(2) 道德人格素质。弗雷德里克森认为，"公共行政的范围是执行公共政策，有效地组织与管理公共机构，不带任何偏私地支持公共机构，为了全体公民的价值而维护政体的价值。"① 同时，任何行政人员都是具有行政人格的个体，对于行政领导者而言，要使人信服，必须具有一定的道德人格素质。最为重要的是，行政领导者要有实事求是、坚持真理的精神；要有维护公共利益、实现社会公正的精神；要有关爱、宽容、奉献的精神；要有严于律己、宽以待人的精神。同时，行政领导者还要有勇于改革和创新的精神。

(3) 文化知识素质。行政领导工作具有科学性和艺术性，要求行政领导者既要具备本领域的专业知识，又要有相关领域的知识，还必须具有专业的管理知识。具体来说，行政领导者应具备农业、工业或经济等专业领域的知识；比较系统的哲学和社会科学知识；行政管理学方面的知识等。显然，行政领导者只有具有较高的文化知识素质，才能了解社会，有效地协调各种社会关系，有效地处理各种现实问题，从容面对复杂局面和突发危机事件。

(4) 领导能力素质。能力素质是行政领导素质的重要方面，其中，统筹全局的能力是行政领导者对复杂的社会问题进行科学分析、综合、概括和判断的能力。具有了这一能力，就能够综观全局并领导公共组织实现行政目标；科学决策能力是行政领导者面对复杂问题时周密考虑、权衡利弊、迅速形成科学解决公共问题的方案并迅速做出正确抉择的能力；组织协调能力是行政领导者要充分运用本部门的力量和把各种不同的人才组合起来形成一个合作团队的能力；行政沟通能力是行政领导者正确、明晰地表达自己的意见和正确地理解下属或者其他人的想法、感受、态度的能力，这一能力保证了其所领导的组织或部门能够实现顺畅的信息沟通。

(5) 身心素质。在身体方面，成功的行政领导者必须具有独特的气质、性格和意志，还要表现出充沛的精力和生命活力，给人以健康活泼的信赖感，奋发向上的乐观情绪，朝气蓬勃的感染力。在心理和心态方面，行政领导者要有高度的积极性、挑战性和工作热情，有敢做敢为的气魄。特别是在解决复杂性和不确定性的公共问题时，行政领导者要有一种合作的心态，要善于同各种组织与个人进行合作以解决公共问题。

5.1.4 行政领导方式

行政领导方式亦称行政领导风格，主要反映在行政领导者所采取的形式、程序和方法方面，是一种能够对行政领导活动效能产生决定性影响的因素。在行政

---

① [美]乔治·弗雷德里克森著，张成福等译：《公共行政的精神》，中国人民大学出版社2003年版，第199页。

体系中，影响行政领导方式的主要因素有行政环境、行政领导体制、行政组织结构、行政领导者的素质和行政任务等。由于影响行政领导方式因素的多样化，行政领导方式也可以做出不同的分类。

（1）根据行政领导者的权力控制程度，行政领导方式可以分为集权式、分权式、均权式等方式。集权式亦称"独裁式"，其主要特点是一切权力集中于行政领导者手里，事无巨细，事必躬亲，被领导者没有权力；行政领导者对被领导者不信任；压抑了被领导者的工作积极性。尽管这一领导方式有很多缺点，但对于任务简单、内容带有例行性或重复性、所要完成任务的步骤和方法能事先做出明确安排等工作，是适宜于采用的。分权式亦称为参与式，其主要特点是决策过程吸收下属参加，决策执行采取授权方式进行；领导者只看效果不过问细节；被领导者有较大的自主权；有利于被领导者积极性和创造性的发挥。这种行政领导方式一般适用于任务复杂、内容具有创新性、事先又难以对工作步骤和方法做出明确安排的工作。均权式的主要特点是行政领导方式既不过分集权，也不过分分权，重要的权力由行政领导者掌握，一些事务性权力归下属；行政领导者与下属职责权限划分明确，分层管理，分级负责。这一领导方式既可以调动下属的积极性，又可以使重大问题的处理权得到有效的控制。

（2）依据行政领导工作的侧重点，行政领导方式可分为以人为中心的行政领导方式、以事为中心的行政领导方式、人事并重的行政领导方式三种。以人为中心的行政领导方式的优点是：强调以人为本，尊重下属的人格；注重运用激励措施去鼓舞士气；注意听取下属的工作报告和建议，以善意的态度为下属提供指示；与下属的关系较为平等、融洽，保持下属的身心健康和愉快；注意改善下属各方面待遇和主动为下属解决实际问题。其缺点是：忽视必要的管理制度和监督制裁措施。以事为中心的行政领导方式的优点是：强调工作任务，重视工作效率；以工作数量和质量评价下属的优劣；以工作成果作为评价组织成败的指标。其缺点是：重组织、监督和纪律，但往往对组织成员关心不够；与下属缺少情感交流，忽视了他们心理需求的满足。人事并重的行政领导方式的优点是行政领导者人事并重。在事的方面：领导者重视工作任务的完成，对工作严格要求，赏罚分明，并积极改善工作条件，使下属保质保量地完成工作。在人的方面：领导者积极加强与被领导者的情感交流，充分发挥其主观能动性，使其有饱满的工作热情和主动负责的精神。

（3）依据行政领导的指挥模式，可将行政领导方式分为强制方式、说服方式、激励方式、示范方式。强制方式是指行政领导者行使行政领导权力往往通过向被领导者发布强制性的执行命令、决定、指示，同时以相应的纪律、制度和惩处措施作后盾，促使某一行政任务得以执行。这一方式的要求是：强制命令者的权力必须有法律依据或经行政组织的正式授权。这种行政领导方式效率较高，但下属的主动性和积极性不易发挥。说服方式亦称疏导教育方式,是指行政领导者在领导过程中运用启发、商讨、建议等说服教育方式而使被领导者接受并贯彻自己的意图。其优点是:可以使被领导者认清工作的意义和目标,自觉地完成工作任务;可以沟通领导者和被领导者之间的感情,从而改善人际关系,提高组织的凝聚力和组织的工作动力。激励方式是指行政领导者运用物质激励或精神激励的手段激发被领导者的积极性以实现领导意图、完成工作任务。激励方式既可以针对组织所有成员,比如为他们提供良好的工作条件、合理的工作报酬等,也可以针对特定的被领导者,如对于工作成绩突出、做出较大贡献的下属以更高的报酬和荣誉,以使他们再接再厉并为其他下属树立良好榜样。示范方式是指行政领导者通过"身教"或树立典型以供组织成员效仿和学习,从而促进工作任务有效完成。

这些分类主要是理论上的分类,在实际的行政活动过程中,行政领导者必须根据不同的工作性质、工作内容、工作环境、工作机构和领导对象,有针对性地灵活运用不同的行政领导方式,或者采用综合性的行政领导方式,以应付复杂局面,从而有效地实现行政目标。

5.2 公共行政中的协调

5.2.1 行政协调的含义

作为行政体系运行的一个重要方面,行政协调是协调的一种特殊类型,它是发生在行政体系中的这样一种行为:行政协调主体通过各种机制去整合行政系统内各机构、人员和行政运行各环节之间的关系,整合公共行政组织体系与行政环境之间的关系,以促进行政体系内外的合作,从而充分发挥行政体系的功能,提高行政绩效,实现公共行政目标。行政协调由四个要素构成:一是行政协调的主体,指进行协调活动的行政领导;二是行政协调的客体,主要包括行政活动、行政环境、行政人员等作为协调对象的因素;三是行政协调的机制,包括行政协调过程中采用的各种各样的方式和方法;四是行政协调的目标,包括促进行政体系的有效合作,提高行政行为的效能和促进政目标的实现等。

行政协调在行政运行过程的作用具体体现为:

第一,行政协调是形成良好行政生态、达成行政目标的重要环节。行政管理是一项综合性活动,特别是现代公共行政系统,为应对动荡多变的行政环境,建立了分工细致、门类繁多的专业部门,而且这些部门同时承担着多种社会职能,需要协调社会发展中的诸种关系。在这种条件下承担政府职能，就需要建立良好的行政协调机制，以求行政体系与行政环境之间实现良好的交流与互动，形成良好的行政生态，完成行政目标。

第二，行政协调是行政组织及其部门和各个层级有效运转的重要环节。随着政府职能的扩大，行政权力及其活动大量介入国家事务和社会事务，行政职能也从传统的维持秩序、国防、公共工程、税收等消极职能扩展到建设国家、管理经济、促进社会福利、保护环境等积极职能。因此，行政协调涉及公共行政的方方面面，贯穿于公共行政的全过程，是引导组织之间和人员之间建立起相互协作、主动配合的良好关系并有效地利用各种资源以实现预期目标的活动。如果没有有效的行政协调，就不可能整合行政体系中各层次、各部门和各级行政人员的力量，不可能实现整个行政系统的有效运转和协同一致，也就不可能有效地实现政府职能。

第三，行政协调是促进行政体系价值统一的重要环节。行政体系不仅是在通过行政协调形成良好行政生态和促使行政组织有效、协调运转的过程中提高行政行为的效率和效能的，而且能够避免行政体系中的价值不统一，从而使整个行政体系在维护和实现公共利益的过程中消除行政体系中的价值冲突。行政协调可以使行政体系拥有并实现一种公正、公平的行政价值观，提高行政人员的职业伦理，促进行政体系中的价值统一。

5.2.2 行政协调的目标和机制

行政目标是行政组织的构成要素之一，它是行政组织预计在一定时间和空间内所要取得的最后成果。如果将行政组织目标视为一个整体，那么行政体系是有自己的整体目标的。具体说来，行政体系的整体目标是通过管理社会事务、提供公共服务、维护公共利益和促进社会发展。但是，行政体系中存在着目标差异，因而需要通过行政协调去解决目标差异的问题。总的说来，行政协调首先要解决行政体系的总体目标、局部目标和个人目标的关系。在行政协调过程中，协调是否有效，在很大程度上取决于行政协调目标的有效性、行政协调机制的有效性。

1. 行政协调的目标

行政协调的目标可以概括为以下几个方面：

第一，协调行政体系和行政环境之间的关系。行政体系是一个复杂系统，与这个系统密切相关的是行政体系的外部环境，即行政环境。特定的行政环境构成了特定行政体系的行政生态。行政体系是在满足外部环境的社会需求的过程中实现自身的目标并获得不断发展的。在特定的行政生态下，行政体系与行政环境之间通过彼此的交流和互动来影响彼此的行为。因此，行政体系要通过特定的组织或人员来协调行政组织和行政环境的关系。比如，行政体系在确定组织目标时，要考虑外部环境因素对行政体系的要求和影响，同时，要直接或间接地协调公民、法人和其他社会组织的关系，要协调行政决策之间或与其他政府活动的关系，加强行政反馈，扩大行政参与，使得行政体系更好地回应社会需求。

第二，促使行政体系中整体目标与局部目标的统一。在任何一个行政系统中，有效的行政行为都有赖于行政组织把整体目标排列在行政体系的不同环节和不同层次上，需要在上级与下级之间以各种方式整合行政行为，从而建立起一个目标体系。这样做可以使行政体系明确各个部门和层级的具体任务、责任范围和时间要求等。当然，由于行政体系中的各级政府及其部门都需要根据自己的职责去设定相应的目标，从而出现了行政体系的整体目标与局部目标的区别。尽管局部目标受制于、服从于和服务于整体目标，但也会受制于自身的地域性、专业性和职权范围。这样一来，局部目标就有可能出现与整体目标之间的不协调。因此，行政协调需要妥善处理和整合整体目标和局部目标。从行政组织结构的角度来分析，整体目标与局部目标的矛盾就是上级政府与下级政府以及各个部门之间的矛盾，行政协调就是要处理好上下级政府之间的关系，处理好同一级政府不同部门之间的关系，保证组织结构和权责体系合理化，减少和避免权责不清、机构重叠、人浮于事、相互推诿、相互扯皮等现象。

第三，协调组织目标和组织成员个人目标之间的关系。同一行政体系不同层级的行政组织及其部门都是由行政人员所构成的，行政人员要通过达成一定的个人目标来获取特定利益，如经济收入、兴趣爱好、荣誉和成就感等。也就是说，在行政组织中，行政人员都有一定的个人目标。尽管个人目标需要在行政体系整体目标的指引下建立和形成，但行政组织的目标和行政人员的个人目标之间又存在一定的差异。个人目标与组织目标的关系历来是管理的重心。因此，行政协调必须把组织目标与个人目标有效地统一起来，这也是行政协调的重要目标之一。因此，在确定组织目标时，担负行政协调工作的组织或者行政领导者要从行政人员的思想观念、价值观念及个人目标出发，最大限度地引导行政人员保持个人目标与组织目标的一致。相反，如果出现组织目标和个人目标的不一致，就要通过有效的行政协调方式，采取有效的和切合实际的措施来加以整合。

第四，协调行政体系中的价值冲突，以实现行政组织的和谐。行政体系以实现公共利益为目标，而行政人员作为个体，由于思想观念、所受教育和个人世界观的不同，会产生不同的行政观。因此，在同一行政体系中，行政人员的价值观与行政体系的价值观之间可能存在差异，在不同时间、不同场合中或针对不同的对象，可能会表现出价值观的冲突。因此，行政协调要把统一行政组织与组织成员个人的行政价值作为重要的协调目标之一，要把行政体系的总价值，也就是要把实现和维护社会的公平、公正，实现公共利益作为公共价值，并让这些价值观作用于整个行政体系，成为指导行政人员的行政行为的价值准则。

第五，协调公共政策与规章制度间的冲突。在现代行政体系中，公共政策与规章制度是实现行政协调的重要条件，也是行政组织开展各种活动的依据和标准。在行政实践中，公共政策与规章制度可能会出现不协调的问题。比如，行政组织在某方面的公共政策和规章制度出现空缺的情况下可以自行制定政策，由于缺乏统一的指导，部门间的政策与规章制度就可能产生不协调，进而在落实政策与规章制度过程中出现"撞车"的问题，从而严重影响到公共政策和规章制度的权威性。此外，在行政体系中，往往存在着旧的政策和规章滞留的问题，这也会导致新旧政策或规章制度之间的冲突。因此，行政协调要完善公共政策与规章制度体系，消除政出多门、政令不一、政策前后矛盾以及由此引发的发展不平衡、不协调问题。

2. 行政协调机制

行政协调机制是行政协调主体针对不同的协调目标所选择的协调途径和方式的统一。在社会发展和行政发展过程中，出现过不同类型的在当时历史条件下具有主导作用的行政协调机制。比如，在农业社会的统治行政中，以"命令—服从"为特征的行政协调机制占有主导地位；在工业社会中，以"规制—协作"为特征的行政协调机制占主导地位；在服务行政中，将建立起以"信任—合作"为特征的行政协调机制。当然，在同一行政体系中也可能出现多种协调方式，但总会有一种主导性的协调机制决定着行政体系的性质。

"命令—服从"的行政协调机制是统治行政中的一种主要的协调机制，它通过"命令—服从"的方式整合行政行为，从而达成行政目标的统一。这种协调机制在行政协调的过程中是以命令和服从关系的形式出现的。透过农业社会的统治体系可以看到，农业社会的统治行政通过命令—服从方式整合行政行为，以求获得稳定的统治秩序。这种协调思维模式贯穿在统治行政的思想、习惯和判断中，是统治行政中的主导性的协调机制。当然，这种协调机制在管理行政和服务行政中还会存在，并发挥一定的作用。"规制—协作"的行政协调机制是现代行政体系采用的一种主要协调机制，通过这种协调机制，行政体系运用法律、规章和制度来整合行政行为，促进行政体系的内外协作，从而达成统一的行政目标。在现代行政体系中，行政行为的整合是通过规制进行的，目的是促进官僚制组织内外协作。所以，行政协调过程表现为通过规则来促使不同的部门及其行政人员进行协作。"信任—合作"的行政协调机制应当是服务行政中的一种协调机制，是在公共管理过程中通过建立起普遍的信任关系来促使行政体系内的行政组织和行政人员的合作，或者促进公共管理组织之间的合作。

可以看到，在现代的行政体系中，特别是在官僚制组织中，"规制—协作"的行政协调机制是一种基本的行政协调机制，其他的协调机制，比如"命令—服从"的行政协调机制、"信任—合作"的行政协调机制则是一种辅助性的协调机制。当然，无论在哪种行政模式中，行政协调机制的运用总是具有综合特性，在不同的行政协调目标的指引下，行政协调主体需要综合性地采用多种协调机制去进行协调才能取得良好的协调效果。

概括起来，行政协调主要包括两个方面的协调。第一，内部协调与外部协调。内部协调是指行政体系内的协调，主要包括行政体系内部横向的行政组织之间的协调，也包括行政组织纵向的层级之间的协调，还包括内部行政人员之间的协调。外部协调是指行政体系与外部环境之间的协调，主要目标是要促使行政体系与行政环境的和谐统一。第二，对人的协调与对事的协调。对人的协调在行政体系内就是对行政人员的协调，也包括对行政体系以外的其他人员的协调。对事的协调则主要是指协调行政事务之间的关系，协调的目标是形成行政事务之间的合理匹配。至于行政协调的方式则可以概括为会议协调和非会议协调两种方式。会议协调是指通过座谈会、讨论会、沟通会、汇报会等正式的会议方式，根据特定的协调主题去解决行政运行中出现的各种问题。非会议协调的方式是指除正式会议以外的其他协调方式，比如通过个别谈话、文件公函等方式来协调行政事务。

5.2.3　行政沟通

行政沟通是行政协调的重要方法与途径，有效的行政协调是良好的行政沟通的结果。

1. 行政沟通及其类型

有效的行政行为与健全的行政体系是与社会的各个层面都密切相关的，如果出现了行政体系运行不协调的问题，其关键原因就在于行政组织之间、行政人员之间缺乏对某一公共事务的价值和意义的共识。而达成共识的最重要途径就是有效的行政沟通。所谓行政沟通，是指行政体系与行政环境之间以及系统内部各部门、层级和人员之间通过一定的渠道交流和传递信息的过程。有效的行政沟通能够使行政体系内外有序地传递、理解信息，从而做到相互支持、协同合作。也就是说，有效的行政沟通可以及时消除行政体系内外不协调的思想和认识，达成公共事务的共识。行政沟通包括信息的发出者、接收者、沟通渠道、信息和信息的传递情景等五个因素。所谓信息，是指反映在行政体系中的，与行政领导、公共事务、公共决策及其执行相关联的消息、数据、资料等信息的总称。信息是行政领导和行政决策的基础，信息的一致性可以促进行政体系行动的一致性，是提高行政效率的关键因素。信息在行政领导、公共决策和政策执行过程中起着很重要作用。

在某种意义上，整个行政体系运行的每一个环节上都存在着行政沟通，时时处处都离不开沟通，没有行政沟通也就没有行政过程。而且，行政沟通的形式是多样的和灵活的，会因行政管理的需要而有所不同，也会因为行政人员的偏好而有所不同。但是，行政沟通大致可以概括为这样几种类型：

第一，正式沟通和非正式沟通。这是从沟通途径来分类的。正式沟通是通过正式的组织程序并沿着正式的信息传递渠道而进行的信息发布、交流与传递过程。比如，行政机关通过各种正式召开的会议发布信息；通过规定的信息发布渠道传递和发布各种命令、指示、通告、布告、通知；通过特定的组织程序由特定的机关颁布各种法令、规章、规则、章程等。这些都属于正式沟通的范畴。此外，正式沟通还包括下级通过正式渠道向上级请示、汇报、建议等。正式沟通是行政沟通的主要形式，沟通渠道正式，所传播的信息严肃，且具有约束力，沟通效果也相对较好。但是，与非正式沟通相比，正式沟通程序显得呆板、环节多、沟通速度比较慢。非正式沟通是通过非正式组织程序和非正式沟通渠道所进行的沟通。这种沟通方式在行政管理活动中大量存在，其表现形式主要有两种：一种形式是行政人员并非通过正式的组织关系，而只是通过某些个人行为，在机关和个人之间进行信息交流。比如，行政人员通过私人之间的交往、各种社交渠道、闲谈等方式传递信息；另一种形式是在社会或者在行政体系内传播的各种"小道消息"、谣言或者传闻等。非正式沟通形式灵活，可以弥补正式沟通的缺陷。但非正式沟通很难保证信息的严肃性和权威性，有时候甚至可能造成社会混乱、干扰正式沟通。

第二，下行沟通、上行沟通和平行沟通。这是从信息的传播方向来分类的。所谓下行沟通，是指行政体系内的上级行政组织与行政领导者按照管辖或隶属关系和特定的沟通程序、渠道，由上向下传递信息。具体地说，是上级向下级及其行政人员传达关于行政目标、任务和执行方案等信息的方式。如上级把已经制定好的规章制度、任务指标、政策和措施等传达给下级的有关人员。上行沟通是下级行政组织或行政人员按隶属关系自下而上地向上级机关或决策机关汇报的过程。比如，向上级汇报、请示工作，提出建议、批评，反映情况，等等。平行沟通，也称横向沟通，是同级行政机构或同级行政人员之间的沟通。横向沟通主要采用协商的方式沟通。比如，可以通过协商会议或者互访等形式来进行。

第三，双向沟通和单向沟通。这是从行政沟通有无双向反馈来分类的。双向沟通是指发送信息者与接收信息者之间不断变换主体地位，对某一行政事务或者需要协调的问题进行互动和反馈，直到双方共同理解并达成共识。这一沟通方式通常以座谈会、打电话、谈心等交流方式出现。单向沟通是指发送信息者和接收信息者的主体地位不改变，一方只发送信息而另一方只接收信息，是一种不存在互动和反馈的信息交流活动。如行政领导作报告、下级向上级汇报，是典型的单向沟通方式。

2. 行政沟通的障碍及其消除

行政沟通要取得良好的效果，就需要弄清各种障碍。这就要求分析造成行政沟通障碍的各种因素以及障碍的性质和程度，找出消除行政沟通障碍的方法。

第一，沟通主体的障碍。沟通主体的障碍产生于很多方面和环节中，比如信息发出者表达不清、不愿意沟通，存在沟通惰性；沟通的时间过于紧迫，不能清晰有效地发出信息；或者不能找到沟通信息的关键点等。对于行政体系而言，来自沟通主体的最大障碍是由于缺乏信任而造成的"信任分裂"。也就是说，行政体系与公民之间，或者行政体系内部各部门之间存在的信任分裂是沟通主体间进行沟通的根本性障碍。沟通主体的信任分裂来自于公民对行政体系的不信任，也来自于行政体系对公民的不信任，还来自于行政体系内部组织与其人员之间的不信任。信任分裂导致了信息和沟通渠道都缺乏权威性，沟通双方彼此之间甚至会产生拒绝接收信息的状况。

第二，沟通渠道的障碍。沟通渠道的障碍主要源于行政体系的组织结构不合理、传递层次过多，自上往下或自下往上进行沟通时发生信息流失、堵截、疏漏甚至歪曲等等。此外，行政沟通主体选择的行政沟通路径没有权威性、沟通媒介之间相互冲突也会造成沟通障碍。信息混乱以及信息泛滥等也是产生沟通障碍的原因。唐斯对官僚制组织正式信息沟通的不完善进行过很好的分析。他认为，官僚制的组织结构影响正式信息沟通，因为正式信息从一个官僚部门的低级官员传递到相同等级的另一个部门，需要花费的时间太长，而且相关的官员有可能对该信息所反映出来的问题不予重视，或者他们暂时不想向上司暴露自己的想法等等。①

为了消除行政沟通的障碍，行政体系必须从以下几个方面做出努力。首先，树立和维持行政体系的良好信任关系。这是行政沟通发生作用的前提。也就是说，在行政体系中，一方面要建立和维持体系内部的信任关系，同时也要树立行政体系的良好形象，建立起行政体系与其他外部机构之间的信任关系，最为关键的是要赢得社会及其公众的信任，只有这样，才能保证沟通渠道、信息和沟通主体的权威性。其次，要运用多样化的沟通渠道，把不同的沟通客体联系起来。沟

---

① [美] 安东尼·唐斯著，郭小聪等译：《官僚制内幕》，中国人民大学出版社2006年版，第124页。

通渠道的单一性会影响沟通的效果，特别是在现代信息技术发达的条件下，行政人员或专业沟通人员必须充分利用各种信息技术，了解人们处理信息的方式，特别是要考虑各种媒体的互补性优势，创造性地运用多样化的沟通技术。最后，要提高行政沟通在行政过程中的地位。基于行政沟通的行政协调作用，行政体系、公民都要充分重视行政沟通的作用。行政体系还需要根据政府职能转变的要求完善行政沟通体制，合理设置机构，坚持信息明确的原则，力求做到沟通形式的标准化。比如文字规范、措施严谨、表述准确、中心突出、目的明确等等，都是需要给予充分重视的沟通技术。

5.3 行政监督

5.3.1 行政监督概述

1. 行政监督的含义

"监督"的本意是察看并督促。行政体系作为行政权力的拥有和行使者，为了保证行政体系的合法性，维护公共利益的有效性，必须对行政行为进行监督，行政监督是公共行政运行的一个重要方面。

行政监督有广义和狭义之分。狭义的行政监督是指行政体系内部的监督。广义的行政监督则是指政党、国家权力机关、行政机关、司法机关、公民、法人和其他组织所进行的监察和督导，主要关注的是行政机关及其行政人员是否依法行政，是否完成了行政目标，是否维护了公共利益。可以说，广义的行政监督包括行政体系自身的监督和其他监督主体构成的外部监督。概括起来，行政监督具有以下几个方面的特性：

第一，行政监督行为的合法性。行政监督的合法性是行政监督的特有属性。首先，对于行政监督主体而言，所有的行政监督主体都是依法建立的，所具有的行政监督权力也是依法授予的，有效的行政监督必须以强有力的法律制度为后盾，同时，行政监督职能必须在法律授予的范围内行使，否则就是不合法的监督；其次，行政监督活动是依照法定程序和法定方式进行的，行政监督活动不能有随意性；最后，对于行政监督客体而言，在监督过程中要做到法律面前一律平等，无论是对行政机关的监督还是对行政人员的监督，在法律上都是平等的，没有具有特权的监督客体。

第二，行政监督对象的确定性。行政监督的对象是行使国家行政权力的各级国家行政机关及其行政人员，在我国，是指各级国家行政机关及其行政人员以及由其任命的国家企事业单位的领导人员；此外，依法拥有行政权力的有关组织及其工作人员也属于行政监督的对象。若从内部监督来看，行政机关及其行政人员在不同的任务要求下，既可以成为监督对象又可以成为监督主体。

第三，行政监督主体的多样性。行政监督主体的多样性是由行政权力作用对象的多样性所决定的，因为政府的行政管理所涉及的几乎是社会生活的一切方面，行政权力对整个社会的几乎所有人群都具有决定性的影响，所以，从理论上说，一切受到行政权力支配的对象都有权对行政人员及其行政管理过程进行监督。正是由于这个原因，现代政治体系把各种政治力量和社会力量都看作为行政监督的主体。在行政体系内，行政监察部门、审计部门、上级行政机关等都是行政监督的主体；在行政体系外，执政党、民主党派、立法机关、司法机关、社会团体、新闻媒介、公民、法人和其他组织等都是外部行政监督主体。

第四，行政监督内容的广泛性。公共行政事务的广泛性决定了行政监督内容的广泛性，行政监督的内容包括行政行为的合法性、行政效率以及行政人员的道德状况等。比如，有关行政监督机关可以依法对行政机关所制定的行政法规、行政命令、指示和规章、决议和规划，以及各种具体行政行为是否符合宪法、法律以及党和国家现行方针、政策的规定进行监督；也可以依法对行政机关的管理活动是否遵守了行政管理的基本原则进行监督；还可以依法对行政人员是否合理行使自由裁量权、遵纪守法、恪守行政道德等进行监督。近些年来，在效能监察的名义下对政府各类行政活动是否具有行政效率进行监督也成为一个新的趋势。

2. 行政监督的类型

为了对行政监督活动进行准确的把握，人们往往根据不同的标准和从不同的角度出发对其进行分类，大致说来，行政监督可以分为以下三类：

第一，事前监督、事中监督和事后监督。这是按照实施监督的时间进行分类的。事前监督是行政监督主体在一项行政活动开展之前就介入监督。事中监督是行政主体在行政活动开展的过程中的监督，目的是要促进和维护行政活动的顺利开展，保证行政活动的公益性和效率。事后监督是行政主体在行政活动结束以后对行政活动是否达到了预期目标而进行的检查，目的是要发现或找出行政目标没有达到目标的原因以及相关机构和人员的责任。比如，行政监督主体在行政决策做出以前对做出决策的行政机关和行政人员进行事前监督，可以在政策执行过程中对行政主体是否严格执行公共政策进行事中监督，也可以在公共政策执行完毕之后对政策效果进行事后监督。

第二，外部监督和内部监督。这是按照监督体系进行分类的。外部监督是指行政体系以外的法定监督主体对行政机关和行政人员所进行的监督。比如，政党、国家权力机关、司法机关、公民、法人和其他组织等都是存在于政府外部的监督主体，它们所进行的监督也就被看作是外部监督。内部监督是由存在于行政体系内部的监督主体所进行的监督，包括行政体系内部专门的监督机构、审计机构所进行的行政监督，也包括上下级行政机关和行政领导之间的相互监督。

第三，一般监督和专门监督。这是按照监督范围进行分类的。一般监督是指监督主体对行政体系内的某一行政组织或人员的全部行政活动所实行的监督。专门监督是指监督主体对行政体系内的某种行政业务所进行的监督。一般监督涉及监督对象的一切活动，专门监督只涉及被监督对象某一方面或几方面的业务。比如，人事监督、审计监督等都属于专门监督的范畴。

3. 行政监督的作用

行政权力所涉及和能够支配的范围非常广泛，行政行为与管理社会公共事务、维护公共利益密切相关，为了防止行政权力滥用，避免以权谋私行为的发生，必须对掌握和行使行政权力的行政机关和行政人员实施有效的监督。行政监督的主要作用如下：

第一，行政监督是行政体系顺利运行的重要环节。行政行为的运行过程实质上就是行政权力发挥作用的过程，行政监督的实质是对行政权力的运行进行监督，目的是要预防和惩罚行政权力被滥用的行为。近代以来，根据人民主权的原则，一切执掌行政权力的主体都应该接受监督。公共行政的实践也证明，没有行政监督，行政体系是不完整的，行政行为就可能无法顺利完成公共目标。

第二，行政监督是促使行政体系依法行政的外在约束力。现代公共行政是要保证国家的意志、法律和政策得以顺利贯彻执行，只有当行政过程做到了依法行政，才能实现公共行政的目标，如果行政部门及其人员没有严格地依法行政，就会破坏国家的法制原则，也会使政府形象受损。行政监督是基于行政部门及其行政人员不能够自觉地做到依法行政的假设而进行的，认为只有通过严格、有效的行政监督，才能防止行政人员滥用职权、避免越权、侵权和以权谋私等行为。

第三，行政监督是公共利益得以实现的保证。公共行政的根本目的是为了维护和实现公共利益，而公共利益的实现则取决于行政组织和行政人员能否依法办事，能否根据政府部门以及法律为政府确立的职能而向社会提供优质的公共产品和公共服务。行政监督虽然并不能为社会提供公共产品和公共服务，却是保证政府提供优质的公共产品和公共服务的外在力量，通过监督，发现并制裁行政违法行为，纠正行政失误，赔偿不合法行政行为所造成的损害，也就使公共利益得到了较好的实现。

第四，行政监督是公众参与行政过程的重要途径。行政监督可以调动各种政治力量、政党以及各种各样的社会力量参与到公共行政的运行过程中来。本来，公共行政的内涵就是指这种行政是属于整个社会以及一切社会成员的，而不是仅仅属于政府及其官员的，一切社会成员都拥有参与行政过程的权利。但是，在行政实践中，让一切人都参与行政管理活动又是不可能的，所以，通过行政监督参与行政就是一个可以选择的途径。

总的说来，有效地发挥行政监督的作用是民主政治在公共行政领域的重要体现，及时有效地实施行政监督，不仅可以规范行政权力的运作，保障公民的权益，预防官员的腐败，还能够使公共利益得到维护和实现，能够促进社会的合作和和谐。同时，有效的行政监督也是提升行政体系合法性的重要途径，对于行政体系和政治体系都具有非常重要的政治意义和现实意义。

5.3.2 行政监督体系

行政监督是一种古老的国家权力监督制度，早在古希腊和罗马时代就分别产生了由"公民大会""五百人议事会""公民陪审法庭""元老院""执政官""公民大会"构成的行政监督体系。在监督方式上也产生过监督公职人员的审查、审计等行政监督方式。现代行政监督制度是随着资产阶级民主制的扩大而得以产生与发展的，在几百年的发展历程中形成了多样化的行政监督体系。

行政监督在一定程度上可以说是建立在性恶论的基础上的，基于人性恶的理论，行政权力只有在建立起有效的监督体系以后，只有在将公共权力纳入法治化的监督机制之中，才能有效地防止行政人员滥用行政权力。在近代西方，产生了分权制衡的理论，它在根本上是一种反专制的权力理论，同时也是现代公共行政监督制度的重要理论基础。根据这种理论，防止权力滥用的途径就是使每个人和每个机构掌握的权力都有一定的界限，在终极意义上，也就形成了三权分立的方案，即把立法权、司法权和行政权分别交由不同的人和不同的机构来行使。与三权分立和相互制衡理论密切联系在一起的是人民主权论，它主要解决的是权力归属的问题，在逻辑上证明一切权力来自于人民，必须接受人民以及人民的代表的监督。也就是说，人民是国家主权的拥有者，国家是人民的国家，因此，人民拥有监督政府的权力，人民的监督也是防止政府蜕变的可靠途径。在实践上看，现代社会是法治社会，现代行政是法治行政。法治代表某种有价值的生活和行为方式。法治行政要求公共行政领域依法办事，公共行政领域的依法行政不仅要求普通的社会成员严格遵守法律和按照法律的要求办事，同时，国家行政机关及其工作人员也必须依照有关法律、法规的规定行使行政权力，接受法律的约束。依法办事是法治的要求和标志，依法行政也是公共行政领域法治的要求和标志。

就行政监督而言，在监督主体中，有立法机关、行政机关、司法机关、政党和公民、媒体和社会力量等多元监督主体。在不同国家中，由于政治环境、政治体制和行政生态的不同，不同的行政监督主体以不同的方式行使行政监督权。同时，不同的监督主体以及他们的监督权限、监督内容和监督方式又是相互作用的，共同构成了行政监督体系。在现代国家中，行政监督体系一般是由政党、立法机关、司法机关、行政机关和社会力量等监督主体以及与之相对应的监督权限、监督内容和监督方式相互作用而构成的。

（1）政党的监督。政党对行政机关及其行政人员的监督是由一个国家的政治制度以及政党的特点和政党本身在政治生活和社会生活中的地位所决定的。在监督方式上，政党监督主要通过政治活动和政策制定来实现。在大多数西方国家中，政党制度是与普选制和议会制联系在一起的两党制或多党制。在这类政党制度中，在野党对执政党的监督是最普遍的形式。一方面，各个在野党为了选举获胜而采用自我宣扬以及弹劾、调查等方式监督执政党领导的政府。另一方面，在野党通过舆论工具、党派支持，甚至通过揭露执政党的丑闻来监督执政党的决策行为，通常也表现为在野党通过直接反对或者攻击内阁、政府的某些政策或者行为来进行监督。一般而言，在西方国家中，在野党的行政监督有法律的支持。例如，英国的法律规定，在野党在议会中每周必须有 2 小时，每年必须有 20 天以上的时间对内阁质询或对各种主题进行辩论。在我国，中国共产党作为执政党，对国家行政机关所实施的监督是通过政治、思想和组织的领导来实现的；中国共产党领导下的各民主党派，通过政治协商、参政议政等方式进行行政监督。

（2）立法机关的监督。立法机关的行政监督是国家立法机关依法对行政机关的监督。根据立法机关的监督权力大小不同，立法机关的行政监督可以分为两种模式：一是立法权至上的监督模式。在这一监督模式中，立法机关是国家政治活动的最高权力机关，它的监督具有最高的权威性。我国人民代表大会的行政监督属于此一模式。二是权力制衡的监督模式。在这一监督模式中，立法、行政、司法机关互相牵制、彼此制衡。立法机关对行政机关的监督也相互牵制、彼此制衡。一般说来，立法机关行政监督的内容主要涉及：监督政府对宪法的实施状况；监督政府对各级立法机关制定的法律、法规的贯彻执行状况；监督国家行政机关所制定的行政法规、规章、决定和命令等行政制度的合宪性或合法性；按权限监督甚至罢免行政领导人；按权限审批政府的预算、决算、社会发展计划的执行情况；处理国家机关之间的权限争端等。

（3）行政机关的监督。为了更有效地加强行政监督，许多国家在行政机关内部设立了各种检查约束机制。行政机关的监督属于行政体系的内部监督，其中，行政监察制度是一种行政机关的内部监督制度。所谓行政监察制度指的是在公共行政系统内部所设立的专门行使监察权的行政机关，依法对行政机关及其行政人员的行政活动进行监督的活动。许多国家都建立了行政监察制度，如美国的监察长制度、日本的行政监察局制度。在我国，国务院的监察部和县级以上的各级人民政府的监察机关及其向所属部门派出的监察机构,共同构成了我国的行政监察体系。此外,行政机关的内部监督除行政监察外,还有审计监督。审计监督是一种专门的技术性很强的监督方式,主要是依法审核和稽查行政机关的财务收支活动和财经法规的遵守情况,维护国家财政经济秩序。在监督内容上,行政机关的监督包括监察国家行政机关遵守和执行法律法规的情况、受理对行政机关及其有关人员的检举和控告、受理行政人员的申诉以及对国家行政机关及其行政人员的财务支出和财务活动情况进行审计等。

(4) 司法机关的监督。司法机关的监督是司法机关通过司法手段和司法程序对国家行政机关及其行政人员所进行的监督活动。狭义的司法机关的监督主体是指法院,广义的司法机关的监督主体还包括检察机关。一般说来,大陆法系国家没有设立独立的检察机关,检察机关附属在法院系统内或由司法行政部门领导;英美法系国家则设有相对独立的检察机关。在我国,司法机关包括法院和检察院。法院代表国家审查或审判行政机关及其行政人员的行政行为或个人行为的合法性,追究并制裁其违法、侵权、失职、贪污受贿等行为;而检察院代表国家对涉嫌犯罪的行政人员提起公诉。在一些国家的司法机关的行政监督中,法院还负责审查行政法规或行政措施是否符合宪法和法律,并追究和制裁违宪或违法行政行为。

(5) 社会力量的监督。现代社会中,国家和社会是分立的。在行政监督中,国家和社会是两种不同的力量。社会力量的监督是人民主权原则的体现,是指依法享有监督权的公民、法人和其他社会团体对国家行政机关及行政人员所实施的监督。在社会力量的监督中,由于存在多样化的监督主体、监督内容和监督方式,其本身便形成了一个重要的外部行政监督系统。在公共行政的发展过程中,由于行政职能的不断扩大,同公民的利益关系日益紧密,社会力量的行政监督也愈显突出。在我国,社会力量的监督是行政监督的重要方面。一方面,宪法赋予了公民行政监督的权利。如我国宪法规定,"中华人民共和国公民对于任何国家机关和国家工作人员的违法失职行为,有向有关国家机关提出申诉、控告和检举的权利。"另一方面,在行政法方面,《行政诉讼法》《国家赔偿法》等法律都规定了公民有权对行政机关及其工作人员进行监督。各级社会组织、法人也享有行政监督的权利。此外,在中西方的大多数国家中,媒体都是一种重要的社会监督力量。而且,随着互联网在信息沟通过程中发挥着越来越重要的作用,网络监督作为一种重要的社会监督力量也在行政监督中发挥关键性的作用,是一种新兴的行政监督力量,也是一种新的行政监督渠道。

5.3.3 行政监督方式

行政监督方式是指行政监督主体在监督过程中所采用的手段和方式。按照法律的规定或者惯例，不同的监督主体可以采用不同的行政监督方式。在行政监督过程中，采用何种监督方式，对实现行政监督目标十分重要。同时，由于行政监督主体的多元性，行政监督方式也是多种多样的。其中，最为常见的行政监督方式有：

（1）质询。质询是立法机关对政府的工作提出疑问并要求相应的行政机关做出答复的监督方式。在现代行政监督体系中，因各国制度的差异，立法机关有无质询权主要以宪法赋予的权限而定。凡宪法规定行政机关要对立法机关负责的，立法机关就有质询权。在立法机关享有质询权的国家中，立法机关议员个人或集体可以就行政机关的政策和行政人员所管理的事务提出口头或书面询问，要求有关人员即席或书面答复，被质询者对如实答复负有法律上的责任。总的说来，质询是因为立法机关在对被质询机关的工作不清楚、不理解、不满意时做出的，是一种按照有关法律的规定提出质问并要求被质询机关做出澄清、解释的行政监督方式。所以，质询是一种带有批评性意涵的监督方式。在程序上，一些国家要求质询必须符合法律规定的联名人数并以书面的方式按严格规定的程序提出。比如在英国，《平民院议事规则》第十八条规定：质询应当以书面形式提交给议事办公室，在质询通知上应当注明要求口头答复还是书面答复，议长在接到质询案后，应当转送有关的政府机关，由其在一定时间内给予答复，要求书面答复的，有关的大臣应当在指定的日期向该议员提供答复；要求口头答复的，议会可以要求有关大臣在指定的时间到议会口头答复质询。

（2）弹劾。弹劾（impeachment）是现代西方宪政体系中行政监督的一项重要内容。它起源于14世纪的英国，起初是一种制约王权的方式，后来被许多国家仿效。弹劾指的是立法机关对总统或其他政府高级官员和司法官员的违法、失职及犯罪行为进行控告，迫使其承担责任或罢免其职务甚至对其做出制裁，这是一种比较严格的行政监督方式。导致弹劾的原因一般有两种情况：一是对违法乱纪行为提起弹劾案，这主要是指总统或者其他政府高级官员违反宪法、法律、法令等；二是对失职行为提起弹劾。这一弹劾范围非常广泛，凡法律所规定的事项，或虽法律没有明确规定但职务上却应尽之项，如未执行或执行失当，均属于失职行为。在美国，国会拥有对政府的弹劾权。国会可以对犯有严重失职行为和犯罪行为的总统、政府部长以及其他联邦文职官员进行弹劾。弹劾由众议院提出，参议院审判，如参议院以三分之二多数通过弹劾案时，弹劾有效。如被弹劾者是总统，则由最高法院首席大法官主持审判。在美国历史上，只有南北战争时期的约翰逊总统、卷入"水门事件"的尼克松总统和克林顿总统引发过国会的弹劾程序，但最终都未定罪。

（3）不信任表决。不信任表决是立法机关对政府实施行政监督的极端形式。在西方国家，这一监督方式在重大的政治生活中比较常见。不信任表决一般有两种情形。其一，当政府出现重大失职和立法机关对政府不支持时，往往对政府举行不信任表决，表决一旦以多数票通过，本届政府必须辞职。另外，当立法机关对政府的某项重大决策有不同意见或提出否决时，即表示立法机关对政府不信任，内阁或者集体辞职或者请求国家元首解散立法机关，重新大选。如新选出的立法机关仍不同意其政策时，内阁就必须辞职。例如，根据英国的宪法习惯，所有内阁大臣对议会负有连带责任，内阁必须取得议会的信任和支持，丧失下议院信任的内阁必须全体辞职，或者提请英王解散下议院重新举行大选。瑞典也是一个用不信任表决监督政府的国家，按照其法律的规定，必须有十分之一的议员联名提出对政府成员不信任的动议时议会才能接受此动议。不信任案必须有全体议员过半数通过才有效。不信任表决一旦通过，议长应当立即宣布免除首相或大臣的职务。

（4）申诉与控告。申诉是指行政监督主体认为行政机关及其行政人员在行政过程中侵犯了其合法权益或不服行政机关给予的行政处分决定而向有关机关提出重新处理的意见和要求的行为；控告则是指行政监督主体认为行政机关及其行政人员在行使行政权力过程中存在违法乱纪行为而依法向有关机关提出指控并要求对其依法惩处的行为。申诉与控告的主体可以是公民个人、社会团体、政党、检察机关，也可以是行政机关及其行政人员等。受理申诉与控告的部门包括监察部门和司法机关等。例如，《中华人民共和国行政监察法》规定，行政监察机关有受理控告、申诉和检举的职权。尽管申诉和控告都属于权利救济的重要方式，但申诉与控告有着重要区别，两者在目的、范围和客体等方面有明显不同。需要说明的是，申诉有法定的复核、申诉和再申诉程序，有层级限制，而控告没有严格的层级限制。

（5）报告与汇报。听取并审议政府工作报告是立法机关实施行政监督的重要方式。在我国，人民代表大会是我国的权力机关，国家行政机关是权力机关的执行机关。根据我国法律的规定，听取并审议政府工作报告，了解并掌握政府的工作情况和工作方向，肯定成绩，解决问题，督促政府各部门改进工作方式、方法和策略，提高行政效率，是我国人民代表大会的重要职责。汇报是行政机关内部监督的重要方式，指下级行政机关或行政人员自觉地通过多种方式定期向上级汇报自己的工作情况。如通过年终鉴定、述职报告等形式，下级总结、分析自己的工作成绩，或者上级肯定下级的工作成绩和工作思路；或者通过汇报的方式，下级主动发现问题，查找工作失误并及时纠正，也可能是上级在听取汇报的过程中发现下级工作中存在的问题，并责令下级及时纠正。

（6）预算与审计。预算一般是通过监督财政的预算及其执行情况而实施行政监督的方式。一方面，立法机关通过审议和批准由国家行政机关编制的预算案、赋税案、公债案以及其他有关公民负担的财政案来对行政机关的财政状况进行监督。只有立法机关通过了国家行政机关的预算案、赋税案和公债案等财政案，行政机关才能征税和支出。另一方面，在行政机关内部，一项工作执行前要向上级或专门财政部门提交预算方案，执行结束后要提出决算报告，预算方案要通过审议才能执行，决算报告要通过审计才能合法。审计是国家审计机关依法对各级政府和部门的财政收支、国家财政金融机构和企事业组织的财务收支以及经济活动进行审计、稽查和独立评价的专门行政监督活动。审计机关是对行政机关的经济活动进行监督的重要主体，其目的是确保行政执行的廉洁高效。审计机关做出的审计结论具有法律上的权威性，被审计机关必须遵照执行。

（7）工作考核。工作考核是指工作任务完成以后，上级行政机关对下级行政机关和行政人员实施行政监督的方式。工作考核是一种自上而下的监督方式，工作考核的目的是要通过检查去促进被检查单位或个人改进工作和提高行政效率；同时，通过奖惩，使工作绩效与利益直接挂钩，以提高行政人员的工作积极性和主动性。工作考核应是有始有终的，通过工作检查，上级机关或者行政领导对下级行政机关或者下属的工作计划与工作的实际成果进行对比，做出评定，排出优劣差别等。在此基础上，对工作成果较好的机关或者个人予以表扬或奖励，对工作效果差的给予批评或惩戒。

（8）信息公开。现代政府被要求政务公开是从属于行政监督的目的。在行政监督方式的发展中，信息公开是一种较新的行政监督方式。所谓信息公开，是指行政机构通过法定形式和程序主动将信息向社会公众或依申请向特定个人或组织公开的制度。信息公开是政治参与和行政监督的大前提，实行信息公开，对于增加行政行为的透明度，促进依法行政，加强行政监督效果，维护行政体系高效、廉洁的良好形象，保障公民知情权等，都具有重要意义。为了促使行政机构信息公开，2008 年，我国国务院制定并实施了《政府信息公开条例》。

关键概念

行政领导　行政领导者　行政领导权力　强制性权力　非强制性权力　公共行政领导集体　行政领导方式　行政协调　行政协调机制　行政沟通　行政监督　行政监督体系　行政监督方式

复习思考题

1. 简述领导、行政领导与行政领导者的含义。
2. 论述行政领导者的职位、职权和职责的关系。
3. 简述行政领导者产生的方式。
4. 简述行政领导方式的类型。
5. 简述行政协调的含义和目标。

6. 简述行政协调机制。
7. 论述行政协调的作用。
8. 简述影响行政沟通效果的因素。
9. 论述行政监督体系。
10. 简述行政监督方式。

第6章 公共行政的过程

事物都处在不停的运动变化中，公共行政也具有变化发展的属性。现代公共行政的动态性更加突出。随着科技的突飞猛进和社会生活日新月异的发展，不仅公共行政的主体和客体复杂多变，而且外部环境也在迅速变化。这些发展变化都反映到了行政决策、行政执行和机关管理等公共行政的全过程中。公共行政的过程充分体现了法治精神，同时它又是不懈地追求科学化的过程，无论是在决策的环节还是在执行的环节，都要讲究科学，都要遵循实事求是和一切从实际出发的原则。特别是面对当代复杂多变的社会，行政管理活动在何种意义上能够实现行政目标，必须注重决策与执行的科学性。行政体系的机关管理是服务于行政职能实现的，行政职能总是表现在对国家与社会事务的管理上。但是，如果没有行政体系自身的内部管理，其外部职能也就不可能得到高效的实现，所以完整的行政过程包括行政体系自身的内部管理。

本章重点问题
- 行政决策的含义与类型
- 行政决策的程序与原则
- 行政执行的含义与特征
- 行政执行的过程
- 机关管理

6.1 行政决策

6.1.1 行政决策概述

1. 行政决策的含义与特点

通俗地讲，"决策"也就是"做出决定"，而且这种决定的做出往往意味着要通过"在多种方案中做出一种选择"来实现。因此,决策就是人们为实现目标而做出选择决定的过程。决策活动是人类社会活动中普遍存在的一种行为过程,不仅普遍存在于社会生活的各个领域,而且存在于人的每一项活动中。作为决策的一种类型,行政决策是指国家行政机关及其工作人员为履行政府职能而依据既定政策和法律设计并选择解决问题的方案的活动。行政决策的主要特点有:

第一,行政决策主体的确定性。从决策的主体来看,行政决策主体是具有法定行政权的国家行政机关或在国家行政机关中占据合法职位的政府官员,也就是说,行政决策的主体是掌握和行使行政权的组织和个人。除经上级国家机关、法律等的授权外,一般来说,行政机关和政府官员以外的任何其他机构和社会组织、个人不拥有行政决策权。

第二,行政决策内容的广泛性。从行政决策的内容来看,行政决策是一种公共决策。行政决策的内容十分广泛,涉及一个地区或一个国家范围内整个社会的公共事务,国防政策、福利政策、财政税收政策、农业政策等都属于行政决策的范畴。从功能上看,行政决策对社会公共事务和地方公共事务有着十分重要的影响。

第三,行政决策目的的公共性。行政决策是以国家的名义和代表政府所进行的决策活动,体现了国家和人民的意志和利益。也就是说,从行政决策的目的来看,行政决策在任何时候都不是以营利为目的的,而是以社会公共事务和人民的利益为决策对象和出发点的,任何行政决策都必须体现国家意志和公共利益,履行管理社会公共事务的职能,贯彻政策法律,提供公共服务。

第四,行政决策约束力的强制性。行政决策代表着国家意志和利益,是以国家权力为后盾的,直接地表现为行政权力的行使,比其他的组织决策更具有权威性。因此,行政决策方案一经决定,就具有普遍的约束力和强制力,不仅对行政决策机关内部的全体成员,而且对其管辖范围内的各级行政机关及一切企事业单位、社会团体和个人都具有约束力和强制力。

对于现代公共行政而言,几乎所有的行政管理活动都必定是通过一定形式的行政决策来实现的。因此,行政决策在公共行政中占有核心地位,发挥着重要作用。主要体现在:其一,行政决策是行政管理过程的首要环节,也是各项行政管理职能的基础。行政决策是行政执行的前提和依据,行政管理中遇到的各种问题都必然依赖于科学的行政决策来加以解决。同时,行政管理的其他各个环节也都是围绕着行政决策进行的。其二,行政决策是行政领导者的基本职责。在行政管理过程中,行政领导者处于行政管理的核心地位,承担着诸多职责,而在这些职责中,行政决策是最为重要的。行政决策能力作为行政领导者的一项基本能力,其综合体现就是行政领导者的基本素质,也是行政领导水平高低的标志。其三,重大的行政决策直接关系到政府工作的成败和国家、社会的发展。任何国家的政府、任何层次的政府，其职能的正常发挥都必须借助于和通过科学的行政决策活动进行。根据客观实际科学地分析行政目标去正确地开展行政决策则是科学的行政管理的关键一步。重大行政决策的正确与否，是政府工作成败和国家民族兴衰的重要影响因素。

2. 行政决策的类型

行政决策在决策主体、决策对象、决策条件、决策方式等方面有着多种多样的变化，因而行政决策的类型也是多种多样的。归纳起来，主要有下列几种类型：

（1）国家行政决策、地方行政决策与基层行政决策。这是根据行政决策主体在行政系统中所处的不同层次来划分的。国家行政决策，又称宏观决策，是指国家最高行政机关为解决全国性的、对国家具有战略意义的以及其他适宜于中央政府统一处理的公共事务问题而制定并选择决策方案的活动。地方行政决策，又称中观决策，是指省、市、县等各级地方政府执行各自的职能、处理本地区公共事务问题而制定并选择决策方案的活动。基层行政决策，也称微观决策，是指乡镇一级行政组织为履行自身职能、处理本地区管辖范围内的公共事务问题而制定并选择决策方案的活动。这三种类型的决策具有统一性，国家行政决策具有法律上的最高地位，地方行政决策和基层行政决策不能违背。

（2）个体决策和集体决策。这是根据行政决策主体人数不同而做出的划分。个体决策是指由个人单独做出的决策。个体决策迅速果断，对突发性紧急事件的处理比较合适。集体决策是指由两个以上的人以讨论、协商等方式做出的决策。集体决策具有集思广益的特性，可以避免个体决策容易出现的片面性，有利于提高决策质量，但花费时间一般较长，决策效率也显得比较低。集体决策和个体决策在决策的时间、速度、质量、责任性、认可程序、心理压力等方面各有利弊。在实际过程中，采取哪种决策类型更好，取决于问题的类型、信息掌握的程度、决策成员的个人经验和技能以及知识差别等因素。

（3）常规性决策和非常规性决策。这是根据行政决策问题类型不同所做出的划分。常规性决策是指按既定程序和方法处理常规性或重复性问题时的决策，也称为例行决策、程序性决策、重复性决策。常规决策往往存在于日常工作的范围内，所遇到的问题往往是重复出现的和比较易于处理的，一般说来已经形成了一套固定有效的步骤和方法。非常规性决策，也称非程序性决策，是指解决首次出现或偶然出现的非重复性问题的决策，一般没有现成的经验和既定的解决方法可循，只能通过创造性思维活动去做出解决问题的决策。也就是说，非常规决策处理的问题不是例行性事务，而是具有偶然性、随机性的事件，做出这种决策没有现成的规范和原则可以遵循，也没有既定的程序和方法可以参照。因此，它要求决策者具有较强的革新与创新能力。

(4) 确定型决策、风险型决策与不确定型决策。这是按行政决策问题所处的客观条件和后果的确定程度而做出的划分。确定型决策是在要解决的问题相对简单、决策面临的客观条件相对确定、各种方案的可能结果相对明确和肯定等条件下所进行的决策活动。风险型决策又称随机型决策或统计型决策，是指在有理想的决策目标和两个以上可供选择的决策方案的条件下所进行的决策活动。在这一决策活动中，决策条件中包含不可控制的因素，某一决策结果的出现有一定的统计概率，却不完全可靠，因而决策要承担一定的风险。风险型决策的特点是：后果具有风险性，但可以估算出发生的概率。不确定型决策是指在决策条件因素不确定并且完全不能控制、决策后果也难以预测和估算的条件下所进行的决策活动。不确定型决策的特点是后果具有风险性，而且未来出现哪一种决策结果的概率是无法预测的，因而决策难度更大、风险也更大。不确定型决策往往是面对紧迫的、重大的公共事务问题时的决策活动。

(5) 经验决策和科学决策。这是根据决策者基本决策思路的不同来划分的。经验决策是指决策者根据个人或集体的经验知识、胆识和直觉来认识和判断决策对象、决策环境而进行的决策活动。经验决策的正确程度取决于决策主体的思想水平、工作能力以及生活经验等个人因素。传统社会的行政决策基本上都属于这一类型。在现代社会，经验决策的主要目的是为了应付在客观上要求迅速做出决策的社会问题。科学决策是在科学理论的指导下采用现代科学技术手段和方法进行的决策活动，它需要遵循科学的原则和程序来认识和判断决策对象、环境、目标，然后做出行动方案的选择。

(6) 定性决策与定量决策。这是根据行政决策方法的不同而做出的划分。定性决策是指利用政治原理、法律判断、政策分析等各种定性方法进行的决策。定量决策是指运用运筹学、数量统计、系统分析、计算机技术等各种量化方法进行的决策。在行政管理过程中，定性决策多用于制定政策、法规、条例、规定等决策过程，而定量决策多用于制订计划、规划、行动方案等决策过程。

此外，依据决策目标的数量不同，还可以分为单目标决策和多目标决策；依据决策进程不同，也可以分为一次性决策、渐进性决策和追踪决策；依据行政决策涉及问题的规模和影响的不同，又可以分为战略决策和战术决策等等。

3. 行政决策的理论模型

20世纪40年代，赫伯特·西蒙系统研究了现代管理学意义上的"决策"一词，并构建了现代行政决策理论体系。随后，许多学者加入到行政决策的研究队伍，并将行政决策理论广泛引入公共行政的各个领域，从而形成了新的行政决策理论。其中，比较有影响的行政决策理论包括：有限理性决策过程模型、渐进决策模型以及混合扫描决策模型。注重对模型的构造和分析是西方决策（过程）理论研究的一大特色。

（1）有限理性决策过程模型。该理论是由美国行政学家赫伯特·西蒙在其代表作《行政行为：组织中决策过程的研究》中所提出的。这一理论对行政决策理论的贡献在于：用有限理性来代替纯粹理性；从动态角度研究公共行政尤其是决策过程。理性决策模型，又称科学决策模型，就其思想渊源而言，可以追溯到古典经济学理论，认为人们的行为受纯粹理性支配，在决策时所遵循的是利益最大化和最优原则。西蒙认为，在现实中，纯粹理性是不可能的，所有决策都是在有限理性基础上的决策。因为决策者在管理实践活动中做出决策必然要受到"知识的不完备性、对方案实施效果预见的困难、决策备选方案选择范围的有限性、择定行动方案的时效局限"等方面的限制，而无法做出符合完全理性标准的决策。有限理性决策遵循的是"满意原则"，认为符合要求或令人满意是它的决策标准。西蒙将"过程"概念引入决策研究之中，认为过去的学者忽略了决策过程的完整性，忽略了对抉择之前复杂性的了解、调查和分析，忽略了抉择之后的评估过程，实际上，决策活动实际上是一个包含多个环节的完整过程。西蒙认为，一个理性的决策过程应包括四个主要阶段：找出决策的理由；找到可能的行动方案；在各个行动方案之间进行抉择；对已进行的抉择进行评价。

（2）渐进决策模型。提出渐进决策模型的是美国著名政治学家和政策科学家查尔斯·林德布洛姆（Charles Lindblom），他对西蒙等人的理性决策模型做出了挑战性的批评后，提出了渐进决策模型。林德布洛姆认为，政策的制定既是一个科学过程又是一个社会互动过程。由于多重主体的参与和相互制衡，使得以改变未来为目的的行政决策成了根据经验对现行政策做出局部、边际性调适的过程。渐进决策强调了解以往类似问题的处理办法，保留以往政策的延续性，它不要求完全重新评价既定政策或过多地分析与评估新的备选方案，而只是着重那些与现存的政策有着渐进差异的政策方案。工作重心放在了分析、评价与现有政策稍有不同或在有限方法上不同的政策，而不是涉及所有逻辑上可能的方案，从而使得决策过程简化。决策主要依靠以往的经验来指导，不坚持问题的解决必须"正确"或"合乎道德"，而只是要求实用、可行，能够在各利益集团之间达成一致的结果就行。政策方案选择的标准是既有助于解决问题，又不对现有程序以及现状造成急剧的改变。

（3）混合扫描决策模型。混合扫描决策模型是社会学家阿米泰·埃奇奥尼（Amitai Etzioni）1967年在《公共行政评论》的一篇论文中提出的。这篇论文的题目是《混合扫描："第三种"决策方法》，它点明了提出这种决策方法的背景和思路。作为"第三条道路"，它试图把理性决策和渐进决策两种模型结合起来，既可利用它们各自的优点，又可克服它们各自的缺点。埃奇奥尼认为，一种特定的决策可能会包含两种方法。混合扫描决策模型首先运用渐进决策模型来分析一般性的政策要素，然后在此基础上运用理性决策模型，重点分析决策者认为是最重要的特殊要素，这样既可以避免忽略基本的政策目标，又可以保证对最重要的问题作深入的科学研究。混合扫描决策模型实际上提出了收集和分析政策信息的特殊程序和决定资源分配的策略，它既考虑到决策者的能力，又顾及了环境的变化，因而是一种从实际出发的决策模型。

6.1.2 行政决策的程序和原则

1. 行政决策的程序

行政决策的程序是指行政决策过程中的逻辑顺序和基本步骤。行政决策是一种动态的管理过程，而不仅仅是从几个备选方案中挑选一个最佳方案的所谓"拍板"行动。行政决策的过程相当灵活，常常因行政决策的种类、行政决策的条件以及行政决策主体的经验和素质的不同而不同，没有一个固定的模式。行政决策的大量实践告诉我们，科学的行政决策程序大体上要经过四个阶段。

第一个阶段，确认问题，明晰决策目标。行政决策总是针对特定的问题进行的，所以，确认问题是行政决策活动的起点。成功的行政决策应当首先能够确认出正确的决策问题，相反，行政决策过程中最致命的错误就是确认和解决了一个错误的问题。行政决策问题是被行政决策主体所认知并有必要采取行动加以解决的社会问题，是社会所普遍关注的问题或对社会产生广泛影响的问题。社会问题被确认为行政决策问题，实际上是人们对客观事实和社会问题的认识从感性上升到理性的过程。这一过程可大致包括问题察觉、问题描述、问题分析和问题界定四个阶段。其中，前两个阶段是感性认识阶段，后两个阶段构成了理性认识阶段。问题察觉就是指某个社会现象或问题被发觉并被关注的过程。问题描述是指在问题察觉后，力图运用特定的操作性语言对问题进行客观、真实、详细、明确的表述过程。问题分析就是对前一阶段描述的问题和相关资料进行去伪存真、去粗取精、由表及里、由此及彼的分析，是对描述的情况所进行的分析和诊断，目的是要抓住问题的本质和关键，进而判定其能否成为决策问题。问题界定是指通过问题分析之后，对能够成为行政决策问题的那些问题所做的认定，需要弄清问题的性质、类型、范围、程度、特征、影响和问题的内部层次、结构等，然后依据已有的经验和知识，运用科学的方法和手段，对问题产生原因进行估量、核查和证实。

确认了行政决策问题并对其产生的原因进行剖析，就为行政决策目标的明晰以及确定提供了前提。行政决策的目标是指在一定环境条件下解决社会问题所要预期达到的结果和目的。行政决策目标是行政决策实施的出发点和行政决策评估的基本依据。在整个行政决策过程中,明晰目标是十分关键的一步。目标正确,决策就有了正确的方向;目标错了,则不可避免地出现方向性错误。行政决策目标的明晰必须针对要解决的社会问题,在存在多个行政决策目标的情况下,则需要考虑目标实现的约束条件,区分主次,突出重点,抓住主要矛盾和关键环节,从资源分配上确保重点行政决策目标的实现。行政决策目标是行政执行的重要依据,这就要求行政决策目标应尽可能明确,只有这样才能避免因各行政执行主体因主观因素而出现执行标准不统一的问题。

第二个阶段,集思广益,设计决策方案。设计决策方案要以事实和科学理论为依据,为此,必须进行广泛的调查研究,同时运用适当的方法和寻求实现目标的途径与办法。行政决策方案的重要意义是不言而喻的。希望从若干个可行性方案中比较、鉴别并选出最优方案付诸实施,首先要有可供选择的行政决策方案。方案设计正是为了这种比较、鉴别作准备。只有做了这种准备,才会有选择最优方案的活动。所以,设计决策方案的工作质量对最后决策的质量有着重大影响。

根据其内容和作用的不同,可将行政决策方案分为积极方案、应变方案和临时方案三类。积极方案属于从正面保证行政决策目标实现的方案,内容涉及各种积极措施。应变方案是在情况发生意外变化时的应急方案,内容包括应急措施和预防措施。这类方案常常和积极方案一道共同保证目标的实现。临时方案则是对引起差距的原因尚未查清但又急于处理问题而做的决策,内容是一些临时性措施,以暂时抑制问题的发展为目的,具有从侧面保证决策目标实现的作用。对于简单的行政决策问题,可以直接设想出几个备选方案,而对于复杂的行政决策问题则需要在设计方案上下一番功夫,一般可分为轮廓设想和精心设计两个步骤。轮廓设想是从不同角度、多种途径出发,尽量大胆提出多种多样的方案设想。这一步骤的主要要求是方案要尽可能多样化并具备整体上的完备性,各个方案之间要尽可能是相互排斥的。为此,方案设计者要打破常规,独辟蹊径,用全新的思维方式和技术来实现决策方案的创新。精心设计是对轮廓设想所产生的备选方案进行初步筛选,淘汰那些明显不可行的设想,留下一些较为可行的方案,并对其进行精心设计。这一步骤要求细致、冷静、求实,认真推敲,除了淘汰不合适的方案,留下的若干备选方案不仅在途径、措施等方面互不重复,有的时候,还需要同时选取几个方案中的某些可以互相补充的部分,从而形成一个综合的方案。

第三个阶段,评估选优,抉择决策方案。抉择决策方案是指行政决策主体对所有可行性决策方案进行综合评估,权衡利弊得失,选择一个或者综合出一个最优方案的活动。抉择决策方案之所以是整个行政决策过程的关键一步,是因为多个备选方案尽管都是可行的、正确的,却还是有优劣之分。有的方案实现决策目标时间短、代价小、副作用少、效率高；有的方案则相反。择定决策方案经批准就成为指导行动的方针，方案付诸实施就会对社会产生一定影响，所以抉择决策方案应慎之又慎。

对于一些简单的、确定型的行政决策，各个决策方案的优劣一目了然，抉择也就较为容易。但现代行政决策所遇到的问题往往是复杂的和不确定的，行政决策目标也有多个，在实现行政决策目标的方式、途径上也就会不同。仅凭行政决策者个人的知识和经验去评价和判断备选方案是行不通的，必须依靠有关专家们的力量，集思广益，从必要性、可能性、经济性、协调性等多方面作可行性研究和论证，最后由行政决策者根据专家们提供的意见，遵循行政决策的原则来择定决策方案。行政决策是针对社会问题的决策，决策者必须充分考虑社会各阶层的利益要求和愿望，预测他们对政策可能的反应和承受力。此外，决策者还必须在政府系统内部做充分的解释和沟通工作。只有这些条件具备了，择定的决策方案才能得到贯彻执行。在决策方案择定过程中，还要考虑到行政决策权力体制对方案抉择的科学性和有效性的影响。

第四个阶段，局部试点，修正完善方案。在实践中，行政决策往往不是一次性地完成的，行政决策阶段和采取行动阶段在时间上也不完全是截然分开的。行政决策对所采取的具体行动具有指导作用，可以用来控制具体行动的方向、次序和进程，具体行动的进展情况和效果则可以检查、判断既定的行政决策方案的有效性和可靠性。如果在具体行动期间发现了某些不利情况，则可以进行二次决策或多次决策，从而对原有的决策方案进行修改和完善。甚至也存在着这样一种可能，那就是推翻既定方案、对原有的备选方案重新进行评估、选择或重新收集信息、拟定决策备选方案。

为了减少采取具体行动时可能出现大的偏差所带来十分不利的社会影响和决策后果，对于一些重大的、不确定性因素多的、目标不易量化的问题，虽然已经择定了决策方案，还不应马上普遍实施，而应通过局部试点验证，及时了解试点情况并对决策进行必要的修正和完善，这就是反馈。反馈是决策过程中不可缺少的环节，反馈的实质是要对过去的决策进行实践性评价和检验。一项决策，无论在实施之前经过了多么严谨的论证，都不能保证完全正确。只有不断地进行反馈，才能验证决策的正确与否，也才能及时修正决策方向或弥补决策遗漏，从而避免重大决策失误。比如，我国建立经济特区的决策方案就是通过局部试点验证后才扩大实施范围的。修正完善决策方案的做法也体现了行政决策动态过程的阶段性和连续性。

2. 行政决策的影响因素

总体上看，对行政决策程序和过程的描述是比较抽象的，在实际做出决策的时候，往往会受到各种因素的影响。因而，如果要把握实际的行政决策过程，就应对这些影响行政决策的因素进行分析和研究。一般而言，影响行政决策的因素主要来自决策者与决策对象、决策环境、决策策略等方面。

（1）决策者与决策对象。决策者对行政决策的影响是通过其个人素质发生作用的。决策者个人素质的不同对决策质量和决策行为有不同的影响，而且直接反映在政策水平、法律观念、对问题和决策方案的判断力、承受外界压力、对信息的敏感性等等方面。行政决策的对象是各种社会公共事务和社会问题，它们的重要性、紧迫性和特殊性对行政决策的议事日程安排、决策方案的拟订和选择都有着重要影响。在行政领域中，每天都存在着大量的、各种各样的问题，它们的影响面、严重性、时间要求、复杂性、解决难度、引起社会和领导人关注的程度和适当的处理方法等等各不相同，因此对行政决策者的判断和决策方案的拟订、选择有着不同的影响。

（2）决策环境。决策环境一般可以分为法律环境、决策体制、外界压力以及信息来源等。现行的政策和法律是各级行政机关进行行政决策的主要依据。无论是贯彻上级规定的执行性决策，还是行使自主权的行政性决策，有无正当的政策和法律依据都是行政决策者必须考虑的重要问题。决策体制是由行政领导体制决定的行政决策形式。个人负责制下的决策形式主要是个体决策，而集体负责制下的决策形式主要是群体决策。外界压力是指各种社会集团、政治团体、社会舆论、新闻媒介等独立于行政决策过程之外但对其有重要影响的因素。信息是行政决策的基础，信息是否准确、及时、全面，直接影响到对问题判断的准确性和决策的质量与效果。但是，信息需要收集，行政决策者需要有一定的来源使其能够得到所需要的信息。

（3）决策策略。决策策略通常包括决策手段和决策时机等内容。行政决策的手段和方法对决策质量和决策结果有着重要影响。随着行政决策对象日益复杂化，仅仅利用经验的、手工的、直观的或简单的决策方法往往满足不了决策的目标要求。近些年来，诸如系统分析、网络技术等各种先进的决策手段和方法不断得到广泛运用，有助于及时、准确、全面收集和处理信息，对决策问题进行科学地定量、定性和可行性分析，客观地判断和选择决策备选方案，可以有效排除或抑制外界压力、个人素质等因素对决策过程的消极影响。决策时机主要指行政决策的时间安排及当时的决策条件。实践表明，在不同的时间和不同的情况下，人们对同一问题或同一决策方案的看法、判断可能会有所不同或发生变化。决策时机是可以有计划地选择和安排的，行政决策者可以根据决策条件是否成熟的判断决定是否安排及在何时安排决策议事日程，这种人为的因素将会增强决策时机对决策过程和决策结果的影响。

除了以上那些影响行政决策过程的主要因素之外，在实际的决策过程中，还会有其他多种多样的因素存在。这些因素的存在和影响说明了行政决策过程的复杂性，有意识地利用这些因素的积极作用，克服它们的消极作用，是有效控制决策进程、提高决策质量的重要途径。在互联网时代，一些重要的、紧迫社会问题往往是首先在网络上引起广泛的关注，成为全社会关注的热点。在这样一个高度复杂性和高度不确定性的网络社会中，政策问题建构权的分配发生了根本性的变化，不再由某个中心掌握，而是呈现出散点分布的状况。而且，这种散点分布不会长期地限于网络所构成的虚拟世界中，会影响到现实世界，促进现实世界的政策问题建构权的"去中心化"。

3. 行政决策的原则

行政决策的原则是从行政决策实践中总结出来的，是对行政决策活动规律的概括，是行政决策制定和实施过程中必须遵循的基本准则。遵循了这些原则，行政决策就能够科学地反映客观实际，较好地解决现实问题；如果行政决策主体违背了客观规律，主观臆断，一意孤行，就会出现相反的局面。具体说来，行政决策中应坚持以下原则：

（1）信息原则。信息是决策的基础，科学的行政决策必然离不开全面、准确和及时的信息。信息越是全面、准确和及时，行政决策思维就越具有广度和深度。古今中外不乏因为错误的信息所导致的行政决策失利的事例。要想做到信息全面、准确和及时，行政决策主体就必须建立健全信息系统，广泛搜集，深入调查，并对信息进行系统的比较分析，去伪存真，去粗取精，归纳整理，科学论证，沟通迅速。

（2）系统原则。运用系统分析的理论和方法进行决策活动，这是现代行政决策的客观要求。行政决策中必须贯彻系统原则，要正确处理整体与局部、局部与局部、整体与层次、内部与外部、长远与当前等诸多关系，使行政决策达到整体优化的要求。比如，我国社会治安综合治理就是一项系统工程，要把握系统原则，只有社会各方面齐抓共管、统筹兼顾，才能形成良好的社会治安环境。

（3）预测原则。正确的预测是成功的关键。行政决策是规划确定未来行政目标的活动，必然包含预测。预测不是臆测，它是建立在对客观规律正确把握的基础之上的。现代社会的发展日新月异，世界各国政治、经济相互影响，这使得社会各方面的不确定因素大为增加。为此，行政决策必须采取科学方法，依据可靠信息，对决策问题的未来发展、环境的变化及决策方案实施的结果，加以正确预测，并准备预防对策，以防患于未然。中国近年来的生态环境恶化，就是由于在经济发展中缺乏科学的预测导致的。

（4）择优原则。决策总是在几个方案中进行选择。如果只有一个方案，没有可供选择的，自然也就谈不上择优，就难以做出好的决策。初拟的方案要越多越好，经过筛选后至少留下两个方案，但要注意这两个方案应有一定的区别度，不能出现两个方案形异而实同的情况。对若干个备选方案，运用数学、逻辑、社会科学等方法综合评价，比较鉴别，权衡利弊，本着择优原则，最后选出效益最好、可靠性最大、弊端最少的方案来。

（5）可行原则。对行政决策目标和方案应进行充分的可行性分析。超乎现实主客观可能条件，片面追求高指标、高速度的决策，其结果必然事与愿违，劳民伤财，非但不能解决问题，反而增加了矛盾。行政决策必须讲求社会效益和经济效益，从这些方面进行可行性论证。

行政决策本身就是一项创造性的活动，公共行政的对象日新月异，社会中每天都会有新的事情发生，每天都会出现新的问题，面对新情况、新问题，往往是无先例可供参考，无常规可供遵循，从而要求决策活动包含着创新的内容。同样，人类政治的发展已经把我们引入一个民主理念深入人心的时代。事实上，科学决策是与民主决策联系在一起的，决策的民主化可以广开言路、集思广益，让公众行使参与国家社会事务管理的民主权利，造就一个由决策主体、专家和人民群众三方面有机结合的决策过程。特别是在一些关涉国家以及社会发展的重大决策问题时，民主决策尤显意义重大。

6.1.3　政策分析

一项行政决策的做出，并不意味着它在一开始就达到了尽善尽美的境界。一方面，是因为决策者、决策对象、决策环境和决策过程中的各种因素会影响到决策的质量；另一方面，是因为时间的流动会使一项科学性程度很高的决策如果得不到及时改进和完善也会落后于时代发展的要求。所以，对行政决策进行科学分析和评估是行政决策过程中的一个重要环节。

公共行政中的政策是行政决策过程的结果，是政府颁布施行的行动准则，也是公共政策的重要表现形式之一。公共政策的功能在于使有关团体与个人按照公共政策制定者指定的方向行动，从而达到预定的社会目标和行政目标。然而，由于公共政策要解决的社会问题是十分复杂的，这使得公共政策所能够发挥的功能既有正向的也有负向的；既有易于发现的显功能也有难以察觉的潜功能；既有意料之中的也有始料未及的。因而，公共政策的实际效果与预期效果往往存在着差异。要实现科学的行政决策，就必须运用各种分析方法和技术来帮助决策者制定政策，这就是所谓的政策分析。

政策分析主要涉及对政策问题、政策目标、政策方案、政策资源、政策效果、政策标准、政策主体、政策客体、政策环境和政策模型等要素的分析。政策问题的发现和确定，政策目标是否科学合理以及它的实现过程和社会影响，政策方案的设计和最终选定，政策资源如何配置以及使用什么样的政策资源，政策效果的评估，政策标准的确立，政策主体的界定，政策客体的反应，政策环境的测定，政策模型的建立，等等。所有这些都是政策分析的具体对象，通过有针对性地对这些对象的分析，就可以大致实现行政决策的科学化。

政策分析的目的是帮助决策者制定和改进政策，它在广泛搜集信息和资料的基础上帮助决策者阐释目标，寻找备选方案，预测方案的效果，建立模型并对方案做出评估，进而为决策者选出最佳行动方案。政策分析的必要性可以从决策失误以及决策机构的低效得到说明。决策失误有两种，一种是难以避免的决策失误，另一种是可以避免的决策失误。可以避免的决策失误是指决策者所必需的信息、资料等是完备的，但由于缺乏科学的政策分析而造成决策失误。难以避免的决策失误是指决策所必需的信息、资料等不充分，或者决策问题十分复杂，不确定性因素过多等，从而导致了决策失误。对于这类失误，可以运用政策分析将损失控制在最小限度。

政策制定的科学化要求政策分析方法的科学化，政策分析方法的科学化依赖于政策科学理论研究的逐渐深入。政策科学或政策分析是一个跨学科、综合性的研究领域，随着理论研究和政策实践的逐渐深入，在西方的政策科学的发展中形成了几种较有影响的学科途径，即经济学、政治学、社会心理学等研究途径，使得政策分析方法越来越丰富和越来越科学，并逐渐形成特定的理论体系，为人类认识行政决策系统的政策过程和辅助政府选择政策方案发挥了积极的作用。

6.2 行 政 执 行

6.2.1 行政执行概述

关于行政执行的概念具有广义和狭义两种理解。广义上讲，所有的行政机关都是执行机关，它们执行国家法律法规和政策方针，并依法对国家各项事务进行管理，向权力机关负责并接受权力机关的监督和控制。狭义上讲，行政执行就是具有行政权的行政机关和社会组织，依据决策机关制定的政策和上级部门的指令而采取的以实现预期行政目标和社会目标的活动。这是行政机关最经常的活动内容，也是行政人员的基本职责和任务。具体而言，可以从四方面对行政执行进行理解：首先，行政执行的主体是行政机关及行政人员，他们的日常大部分时间和精力都在执行政策。在延伸的意义上，行政执行主体还应当包括由行政机关授权的社会组织。其次，行政执行是一种具有目标导向的活动，一切行政行为都是对决策机关所做出决策的贯彻、落实，以实现决策目标。再次，行政执行是一种务实性的、付诸实际的行动，它需要通过一定的具体步骤或实际行动来落实政策。最后，行政执行是一种行政法律行为，只有具有特定行政权的行政机关或行政人员才能实施一定的行政行为。

行政执行活动具有以下特征：

第一，现实性。行政决策活动本质上是对未来行政活动做出的一种反应，它指出了解决问题的目标和大致的方向，具有一定的理想成分。行政执行则是要把这一理想变成现实的活动，行政执行的现实性也正是体现在它是对政策、指令的具体实施，要求对决策的整体目标加以分解，使内容具体化，通过实践使决策目标变成现实。

第二，灵活性。行政管理活动是错综复杂和不断变化的，面对环境等条件的变化以及在行政执行中遇到的新问题，执行者要因时制宜、因地制宜，灵活变通地使决策目标得以实现。灵活性是指根据实际情况合理地变通执行，从而保证行政决策在各种不同的情况下都能得到有效的执行。

第三，强制性。行政执行以国家强制力为后盾，要求执行对象必须服从执行者所发出的执行指令、遵守执行有关制度和规定，否则，执行机关和执行人员就有权对其实行职权范围内的强制措施或处罚行为。

第四，综合性。行政执行是一项复杂的活动过程，往往需要把人、财、物、环境等因素加以系统与综合，需要各个执行机关和社会各部门协调配合，需要综合使用各种管理手段，如行政手段、法律手段、经济手段以及思想教育手段等，才能完成行政执行的任务。

影响和制约行政执行的因素大致可以归结为行政人员因素、执行对象因素、行政环境因素和行政资源因素。行政执行的任务能否有效完成、决策目标能否最终实现，在一定程度上取决于行政执行人员的素质、执行队伍的结构。诸如行政执行人员的政策水平、知识水平、工作能力，行政执行人员的事业心与责任感，都是影响和决定行政执行活动能否顺利进行的重要因素。执行对象也就是决策的受益者或受损者，执行活动会直接决定着他们的利益实现状况并影响和改变着他们的生活，因此，执行对象对决策的态度以及赞同与反对的力量对比，会直接影响到决策的执行程度以及执行的成败。行政执行的环境因素即包括国内外政治、经济、军事、科学技术等环境和条件的变化，也包括政策、法规和指令的合法化程度以及决策是否科学、完善，决策标准是否统一等因素，这些条件都会影响到政策的相应调整甚至改变，也会影响行政执行的效果。行政执行活动是对社会生活进行干预和管理的活动，这种活动本身需要一定的人力、物力、财力、技术等资源作保证。这些资源往往是受到国家经济、政治、科学、文化、技术等发展水平的影响和制约的，同时，也取决于执行人员对有限资源的认识和充分利用程度。

行政管理活动由一系列的环节构成，每个环节都有其重要作用。其中，行政执行在行政管理中具有十分重要的地位，它是整个公共行政学研究的一条主线。行政管理的目标，管理的任务归根结底是通过行政执行来完成的。因此，行政执行的效果如何，直接关系到行政管理活动的质量和效果。同时，行政机构设置是否合理，人员配备是否恰当，决策内容是否正确，也要通过行政执行的结果加以检验。可见，公共行政学研究的各种问题都与行政执行有关，例如行政组织、行政体制、人事行政、财务行政等，这些内容是在行政执行过程的基础上结合为一个有机的公共行政整体的。研究行政执行问题对于公共行政的学科建设有着十分重要的意义。

6.2.2　行政执行的过程

行政执行的过程是把行政决策方案付诸实施的过程，为了有效地做好执行工作，必须制定行政执行的工作程序，并做到各个环节之间的有效协调。行政执行工作的基本过程由行政执行的准备阶段、实施阶段和总结阶段组成。

（1）行政执行的准备阶段。准备阶段是行政执行的第一个阶段，准备阶段的工作是多方面的，要求对不同决策的实施有不同的准备。一般而言，行政执行的准备阶段包括：

其一，制订执行计划活动。这实际上是行政执行过程中的决策，即在接到决策中心的指令后，担负执行任务的部门和单位需要学习和研究已经形成的政策，准确领会其实质，明确分析其目标，按照本地的实际情况制订出既符合决策要求又符合本地实际的执行计划。执行计划一般包括情况分析、指导思想、工作任务、工作要求、工作方法、步骤与措施等，涉及目标、人、财、物、机构、程序、时间、地点等要素。在制订执行计划的过程中要注意充分发扬民主，广泛听取意见，必要时可提出多个执行计划，经科学论证后选出最佳的执行计划，以保证实现预定目标。执行计划的制订要量力而行，即根据现有所能提供的人、财、物的数量条件，采取相应的行动。执行计划的制订还要尽可能全面地兼顾计划的各个构成部分及其相互关系，并按照它们之间的必然联系进行统一筹划，切忌顾此失彼。制订执行计划还要分清主次，抓住关键环节。为防止突发事件对计划执行的影响，执行计划的制订也要留有余地，富有弹性，以防患于未然。

其二，一般准备活动。具体包括思想准备、物质准备和人员准备三项内容。思想准备就是通过各种方式使执行者和执行对象都能够了解政策和法令的内容、意义，从而在思想上达成共识并变为自觉的行动。执行部门在采取行动之前，必须先检查这项政策和命令是不是符合法律和有关法规的规定，是不是符合法定程序。只有政策、法令和规定合法化，执行者和执行对象才能在思想上接受，也才能够减少政策执行中的阻力。物质准备包括经费准备和物资准备两个方面。任何决策付诸实施都需要一定的经费作为保证，行政执行部门在接到决策指令后要根据当时当地的具体情况提出准确的预算。人员准备是指根据执行决策的具体内容和重要程度确定行政执行的具体承担机构并配备负责人和具体工作人员，确定职责、职权。

（2）行政执行的实施阶段。实施阶段是决策目标的实现过程，是行政执行的主体阶段。实施阶段的工作内容主要包括：

其一，建立强有力的指挥中心。行政执行是执行者运用行政手段向既定目标推进的过程，这个过程具有一定的强制性。它必须以服从命令、顾全大局为原则。一个强有力的指挥中心，对行政决策的执行来说是至关重要的。它能正确理解和贯彻执行上级方针政策，对所领导的行政执行工作的意义有深刻的理解，对所辖部门和人员的情况了如指掌，对方案的实施步骤严格掌握，而且在预想不到的情况发生之时能迅速做出正确的决断。指挥中心要实现有效指挥，还必须坚持统一指挥的原则，不能政出多门，多头指挥，否则下级就会无所适从。另外，指挥也必须依照组织层级进行，不应越级指挥。行政执行中的越级指挥，只能降低指挥效果，打击、挫伤下级部门的积极性和负责精神。

其二，建立健全各项工作制度。行政执行的任何一个方面、一个环节的工作衔接不好都会使整个执行活动被动，要避免出现这种被动局面，就必须依靠科学的管理，依靠配套的工作制度作保证。因此，各级领导者应该明确规定自己直属下级的岗位责任，让每个执行部门和执行人员都明确自己"做什么"、"怎么做"、"做到什么程度"和"出了问题怎么办"等问题，以避免职责不清、相互推诿等问题的产生。另外，通过严格考核，并以考核结果作为奖惩依据，有功则奖，有过则罚，奖惩分明。惟其如此，才能令行禁止，提高行政执行的效能，实现行政决策的目标。在此过程中，要善于做好协调工作。协调活动的目的在于化解矛盾、解决分歧，使组织之间、人员之间达到行动上的和谐一致。还应加强行政执行中的监控。

（3）行政执行的总结阶段。行政执行完成后，要认真进行检查总结，目的是肯定成绩、找出不足、积累经验，这是提高认识、自我完善的必不可少的环节。总结工作的内容主要包括：第一，对执行情况的检查。主要检查决策目标的实现程度和执行方案的执行效果。对决策目标检查的重点是看其社会效益和经济效益。第二，对执行情况的评定。依据一定的要求和标准，在对执行目标的情况做出检查的基础上对执行部门和执行人员的工作做出评价并给予奖惩。评定要以事实为根据，而不是以领导人的意志为依据，也不能先入为主和存有偏见。第三，对经验教训的总结。执行中会有成功的经验也会有失败的教训，为此，要从理论的高度认真分析决策目标实现或未能完成、未能圆满完成的原因，得到肯定的答案后，要及时分别向执行指挥者或决策指挥者反馈信息，使他们能从宏观上权衡利弊，正确总结经验教训，不断改进工作。

6.2.3 行政执行的评估

行政执行的评估是指对行政执行活动的进展情况和效果进行评价和总结，包括行政执行过程评估和行政执行效果评估两个方面。行政执行过程评估是在贯彻执行某项政策或某种计划方案的过程中所进行的检查、核实各项工作的布置、落实、推进和完成情况，其基本内容包括政策或计划方案是否及时、准确地得到传达和理解，各种具体实施方案或措施是否符合政策或计划要求，预定的阶段性目标实现情况是否与布置、落实、推进和完成总目标的计划相符，是否遇到某些工作困难或未预料到的问题，各级行政机关的工作是否得力，整体进展情况是否顺利，能否比较圆满地完成预定计划、达到预定目标等等。行政执行效果评估是在某项政策或计划方案已实行了一定时期或已部分完成时对政策效果或计划效果进行的检查和评价，其基本内容包括分析研究某项政策或计划方案实施后在政治、经济、文化等方面所产生的直接影响或间接影响，以及引起的舆论反应，并重新审查预定目标或计划是否充分、合理、全面等等。一般意义上所说的行政执行评估主要是指行政执行效果评估。

行政执行过程评估主要由各级行政机关组织进行，而行政执行效果评估的范围则较为广泛，各级立法机关、各种党派、社会团体、新闻媒介或专门的评估机构都可以组织进行。行政执行评估有利于及时发现行政执行活动中出现的问题，以便采取适当的措施或补救方案，控制行政执行的进展过程，从而达到预期的社会效果。同时也可以为校正原定目标和计划的不足提供依据。行政执行评估是一项十分重要而且难度非常大的工作。行政执行评估所面临的困难，不仅与评估本身的某些特性有关，还与某些人或组织的影响有关。为消除行政执行评估中存在的种种障碍，切实发挥行政执行评估的作用，就需要对行政执行评估的必要性和重要性有充分的认识，端正指导思想，确定合理的评估标准，采取适当的评估方法，尽可能促进行政执行评估的制度化，将行政执行评估作为一项制度列入有关政府部门的实际工作计划，甚至建立独立的行政执行评估机构。

6.3 机关管理

6.3.1 机关管理概述

1. 机关管理的含义

"机关"一词往往用来泛指国家、政党或团体为实现其职能而设立的某些固定机构,这些机构在组织体系中起核心枢纽的作用。在行政学中,对机关的理解,存在着广义和狭义之分。广义的机关,既包括政府的综合办事机构,还包括各专业部门和其他直属部门。例如,我国的中央政府机关不仅包括国务院办公厅,还包括国务院所属的各部、委员会以及各直属局、署、室。狭义的机关,主要是指一级政府为处理综合性事务而设置的办事机构,如各级政府的办公厅(室)等。所以,这里所说的机关管理是指对行政机关内部综合性的日常事务、规章制度、工作秩序所进行的管理。

根据机关活动的功能和性质,可以分为职能活动和事务活动两大类。职能活动也即业务工作,主要是对国家和社会公共事务的管理。每一个机关都有其特定的职能以及为实现这些职能而开展的职能活动。事务活动是相对职能活动而言的,是指那些为机关职能的实现以及为职能活动的有效开展奠定基础、提供服务、创造条件的条件性、辅助性、技术性的活动。如文件工作、会务活动、档案信息工作、处理来信来访、组织保障和制度规范保障活动、后勤服务保障等活动。机关管理主要是对事务活动的管理,但也不是全部的事务活动都属于机关管理的范畴,机关管理只涉及一部分办公事务和后勤事务。像机构设置、行政人员的配备与协调等方面的管理则属于编制与人力资源管理的范畴。机关管理的主要任务可以概括为以下几个方面:

第一,参与政务。领导者的重要职责是总揽全局、科学决策,但领导者要处理好政务,需要有得力的助手。因为,无论多么精干的领导者,在知识、能力、时间、精力方面也是有限的。办公厅(室)作为行政机关、行政领导的综合管理机构,是各级行政机关贯彻、执行法律、政策的重要部门。办公厅(室)应协助领导者进行决策和指挥,具体地说,就是在领导决策过程中去获取准确的、经过调查研究而得来的各种信息、资料并进行综合,及时向领导者反映,发挥领导者耳目的作用,或者加强政策研究,深刻理解上级和领导者的意图,进行行政机关工作文件、报告的起草工作,参与分析、研究、判断和拟订方案供领导者选择、决断。在执行决策过程中，办公厅（室）要利用自身的枢纽地位，收集反馈信息，根据情况的变化及时提出调整、补充性意见，为领导者灵活指挥和及时控制工作进程提供依据。在决策贯彻落实后，组织好工作总结，为领导者提供总结经验和完善的具体措施。

第二，处理事务。机关管理需要处理大量的、例行的综合性日常事务以及种种临时性、突击性的事务，诸如公文处理、公务接待、会务组织、来信来访、督促检查、物资管理、外事活动、生活后勤等方面的事务。要根据领导者的授权，推动本单位全面工作的正常开展。要协调各方面的关系，处理解决工作中的矛盾，及时地把领导者的指示、意见传达下去，将下面的情况、要求收集反映上来。总之，要处理好承上启下、联系内外、沟通四方、协调关系等方面的事务，保证整个机关工作得以正常、有序地运转。为此，必须创造良好的工作环境，完善严格的工作制度，建设畅通的信息系统；必须做好综合管理工作，使各职能部门从思想到行动保持一致，互相支持，彼此配合，为实现共同目标而努力。

第三，搞好服务。机关管理要为本单位的领导者服务，为本单位的专业部门和职能部门服务，为本单位全体工作人员服务。这种服务具有广泛的群众性，要与机关所有人员发生关系。它是保证机关正常、高效运转的最为基本的辅助性工作。服务好坏是衡量机关管理活动的一个最主要、最基本的标志。为此，要创造良好的办公处所和适宜的工作环境，选配适用的、现代化的设备器具，做好安全保密和保卫工作，提供必要的生活服务，办好各种福利事业，搞好机关的财务收支和监督，处理好公务接待和信访工作，组织好机关人员的学习和培训工作，树立良好的机关工作作风和精神面貌，不断提高服务质量和工作效率。

2. 机关管理的特性

作为行政管理的一个重要组成部分，机关管理具有行政管理的一般属性，同时，它也具有一般行政管理活动所不具备的特殊属性。正确认识这些特性，对我们在管理实践中顺应客观规律，以取得更好的管理效果无疑具有重要意义。具体来说，机关管理具有三个方面的特性：

第一，事务性。如前所述，机关管理就是对机关内部一部分事务的管理，因此，它需要研究这些事务自身的规律性，优化这些事务；需要对这些渗透甚至融合在行政职能活动中的事务进行具体的甚至精细的安排、干预；需要经常对有关事务作例行的、程序性的处置。机关管理的事务性要求我们在管理实践中重视对事务、事务活动规律性的研究，同时根据实际情况和需要，更加充分地发挥制度化、程序化管理方法的作用。

第二，复杂性。机关管理的复杂性一是指其管理对象广泛，管理活动内容庞杂；二是指其居于机关工作活动的中枢地位，需要综合处理多种关系，综合解决多种问题。机关管理的对象是机关内部的一部分办公事务、后勤事务活动,由于这些事务、事务活动要为机关的所有职能活动服务,每一项事务活动都构成一项相对独立的工作,事务的构成要素又涉及人、财、物、信息、时间等诸多方面,且事务活动往往与职能活动渗透交融,这就必然使得相应的管理活动变得复杂起来。面对复杂的管理任务,机关管理要简化事务,提高效率。可行的办法就是将各部门中存在的相同的机关管理事务尽量归并到一处进行集中处理,以使机关事务的处理更加合理、高效。相同事务集中管理也有助于降低成本,精简机构,提高机关行政管理效率。

第三,技术性。随着行政管理的专业化,机关管理内容的技术化、科学化水平也不断提升,处理机关管理事务对从事各种管理活动的人掌握特定的技术知识和方法技巧的要求越来越高。机关管理的对象是机关内部的事务活动,这些活动大都具有一定的技术色彩,有些活动本身就有很高的技术含量,是综合运用多种技术的产物,有些活动本身甚至就可以构成一项独特的技术,如办公自动化等。同时,机关管理是一种微观管理,需要得到精细具体且操作性强的管理技术方法体系的支持,如工作简化、质量控制、管理图表绘制等管理技术在机关管理中有着很高的利用价值。

3. 机关管理的工作原则

机关管理的工作任务和特性决定了其必须遵循特定的原则。机关管理的原则主要包括:

第一,制度化原则。机关是处理综合性事务的场所,只有建立良好的制度,才能规范工作人员的行为,保证办公场所的秩序。

第二,科学化原则。一方面,需要通过采用现代科学技术手段实现机关管理方法和技术的科学化以及机关后勤服务工作的社会化,提高机关工作效率;另一方面,在现代管理科学理论的指导下,机关工作人员需要转变观念,提高素质,确保各种管理行为的有效性。

第三,分工协作原则。机关管理工作内容广泛、头绪繁多,而且互相影响、互相制约,只有坚持分工协作原则,统筹兼顾、全面安排,才能使全体工作人员各司其职、各负其责,相互支持、相互配合,最大限度地利用人、财、物等资源,使机关管理工作切实形成有机整体,调动一切积极因素,提高机关管理效率。

第四,安全保密原则。机关在行政组织系统中的特殊位置决定了机关工作人员经常涉及有关政治、经济、政策等方面的机密,机关工作人员必须增强安全保密和组织纪律观念,严守机密。另外,要通过建立安全保密制度,加强文件管理和会议管理。

第五，勤俭节约原则。机关管理工作既要追求社会效益，又要追求经济效益。勤俭节约原则要求机关全体工作人员在日常工作中明确树立厉行节约、反对浪费的思想，并把这一思想落实到各项工作中，合理配置和使用财物资源，使有限的资源发挥更大的作用，及时制止各种浪费资源的行为。

6.3.2 机关日常工作制度

机关日常工作制度包括机关办公制度、岗位责任制度、会议管理制度、接待制度、信访制度、印章管理制度、保密制度等。

（1）机关办公制度。机关办公制度是机关人员在日常工作中必须严格遵守的各种行为准则，它包括办公时间、考勤制度和办公秩序等。办公时间是指政府对上下班和日常工作时间的规定，各机关不得更改。对于上下班时间，政府可依据机关工作特点和季节转换而适当调整，机关人员必须严格遵守，不得迟到早退。为增强机关工作人员的时间观念和维护办公秩序，各机关均应建立相应的考勤制度，对工作人员的工作时间进行监督管理。办公秩序是指在办公时间内不得从事非职务活动；不得随意进出走动，更不允许在签到之后擅离岗位；休假须有正当或充分理由，经本人提出申请并获主管人员批准。对扰乱办公秩序的行为，机关负责人员要及时登记处理，作为人事考核的依据。

（2）岗位责任制度。岗位责任制度是机关内部明确权责关系、实施目标管理和严格人事考核的一项重要制度。实施机关岗位责任制要求每个机关工作人员的职务权力、岗位责任都必须有明确具体的规定，各项工作都应有明确具体的目标和要求，包括目标的内容，实施目标的时间、方法、措施，承担目标应赋予的权力及应履行的责任等。目标和要求要尽可能量化，以便于监督、考核。同时，要有一套完备的奖惩措施，依据履行岗位责任情况及时合理落实奖惩。

（3）会议管理制度。会议是人类群体有组织的会晤、议事行为或过程，是一种有组织、有目的的活动。会议作为一种社会历史现象，人类很早就运用它解决各种重大问题。随着社会进步所带来的会议在政治、经济和文化等方面作用的日益增强，会议数量和规模也日益膨胀。但是，在实际工作中，由于一些领导者的领导水平不高，掌握的工作方式有限，以至于把开会与工作完全等同起来，导致会议泛滥。这使得研究会议的发展规律、提高会议效率的课题越来越受到重视，会议管理已经成为行政管理的一项重要的关注点。机关会议管理的核心是提高会议效率，包括控制会议数量和提高会议质量。加强会议管理必须建立和完善会议制度，其主要内容有：严格会议审批制度；严格会议经费管理制度；严格控制会议规模和规格；精简会议文件、简报；革除繁文缛节，端正会风，讲求实效等。

（4）接待制度。对上级、下级、同级及其他单位来访人员的接待是机关日常工作的重要内容之一。做好接待工作可以及时合理地处理有关单位提出的问题，节约时间，提高工作效率；可以增进与上下左右各方面的相互了解、相互信任，为开展工作创造良好的外部环境；可以更及时、更准确地了解情况，掌握信息，有效指导各项工作。接待工作亦需要制度规范，包括针对不同的接待对象及来访目的而确定适宜的接待人员和接待规格，明确接待人员的权限范围和行为准则，规定接待工作的经费支出标准等。

（5）信访制度。信访是社会成员以制发信件、上访等形式向社会组织管理者反映个人或集体意愿的一种社会政治交往活动。信访工作则是指社会组织管理者受理这些来信来访的行为或过程。做好信访工作对发扬民主、密切政府与群众的关系、纠正各种不正之风、打击违法乱纪行为、克服官僚主义作风等，都具有重要作用。为了维护信访工作的严肃性，使信访工作正常进行、高效运转，不仅需要以国家法律、法规、规章作为工作活动的准绳和依据，而且需要机关自身依法制定明确的办事规程和行动准则作为补充。

（6）印章管理制度。机关的印章代表了该机关的正式署名，具有法律效力。印章管理是一种极严肃的管理活动，必须遵循印章管理制度，包括印章的刻制、颁发、保管、使用和缴销等制度。机关印章一般由上级机关刻制、颁发，机关内机构的印章由该机关统一刻制。刻制印章必须遵守印章刻制制度，严格履行审批手续。机关印章要指定专人保管、使用，因机构变更而启用新印章，或因印章损坏而换用新印章，应向有关单位说明情况，以免影响工作。废止的旧印章应按制度要求交回上级领导机关或销毁。

（7）保密制度。机关保密制度包括文电保密制度、会议保密制度、印信保密制度、通信保密制度、高层领导活动保密制度等内容。机关是国家机密高度集中的场所，机关管理人员应增强保密意识，遵守保密制度，维护国家安全，促进社会稳定。为此，首先要建立健全各项保密制度，加强对机密文件、图纸、资料、照片、档案、信函的管理工作，防止在日常工作中泄露国家机密；其次要坚持原则，以国家利益为重，保证知密而不失密。

6.3.3 机关管理的主要内容

机关管理的内容极其复杂琐碎，几乎是无所不包。概其主要，包括以下几方面内容：

（1）机关文件管理。机关文件亦称"公文"，它具有如下特点：公文的法定作者是特定的行政机关；公文一经形成并作用于公务活动中，对解决各种公共事务具有应用价值；公文的文体、结构、格式大都由国家有关机构以法律、法规或规章的形式加以规范；公文必须严格按照法定的程序生成；公文具有特定的强制力，它对各有关方面的强制影响受到国家法律法规的严格约束和保护，在公文自身"合法"的前提下，拒绝这种影响的组织和个人都应承担相应的法律责任。

机关文件管理是对各种公文的创制、处置和管理。这一管理包括了公文从形成、运转、办理、传递、存储到转换为档案或销毁的一个完整周期，是以特定的方法和原则对公文进行制作加工、保管整理并使其完善和获得功效的行为或过程。机关文件管理的基本要求是：保密、准确、迅速。创制公文的主要环节是，行政机关对有关的信息材料进行系统的收集、加工、整理并创造出适用的信息，然后将其记录下来，拟成文稿，经完善并确认其正式效用后，再经印制形成正式公文。传递公文是根据一定的规则以多种通信方式将创制完毕的公文递送给收受机关。办理公文是根据法定的职责权限，收受来自各有关方面的文件，经过分办、批办、拟办、承办、传阅等工作环节，对公文进行阅读、加工，从中提取有用信息，解决公文针对的工作问题。处置办毕公文是根据一定的标准分别对已办理完毕的不同公文的归宿做出安排，包括立卷归档、清退、销毁、暂存。管理公文则是指为使上述四项任务能有效完成而对公文所实施的科学、系统的保管处理措施，包括公文的收发、传送、登记、清理分类、用印、签注、建立检索体系、提供查阅；还包括对公文运转过程的组织与监控，以及对公文机密与安全的维护等。

（2）机关档案管理。机关档案是行政活动的历史记录，是由机关文书按照一定程序保存起来的文书资料。只有处理完毕和经过筛选具有一定查考和利用价值的那部分文书及资料才能成为档案。档案的形式多种多样，最为主要和常见的是文字档案，包括文件材料、电报、手稿、书信、会议记录和各种书面形式的资料；也包括音像制品、照片、图片、技术图纸等。档案在机关管理中具有重要作用，档案所记录的机关历史可以作为机关研究处理问题的依据，是具有真凭实据的历史记载。档案作为宝贵的第一手资料，对于人们了解该机关及其行政管理历史，总结经验教训，都具有重要参考价值。档案还能够保持行政的连续性和稳定性，从而提高机关工作的效率和质量。

机关档案管理要求按照科学的原则和方法使机关档案保持完好，为机关工作提供服务，为国家积累档案史料，基本内容包括收集、整理、鉴定、编目、装订、保管、提供各种服务和统计等。机关档案管理的上述工作依时间先后次序组成档案管理的完整流程；从横向内容关系上讲，它们又是档案管理工作相互联系的有机整体，缺一不可。其中，提供利用一环是其他档案管理工作的出发点和归宿。社会的进步为档案管理的现代化提供了极大可能，利用计算机检索档案不仅提高了查找速度，也提高了查全率和查准率；微缩技术与复印机的使用不仅提高了快速复制服务，而且保护了档案原件，方便了保管。

（3）机关后勤事务管理。机关后勤事务管理又称为机关总务工作，其基本任务就是合理组织安排财力、物力资源，为机关工作提供必要的和充分的物质保障和生活服务。机关后勤事务管理涉及的范围十分广泛，一般说来，较大的机关单位的后勤事务管理大致有机关物资管理、机关财务管理、生活服务工作和接待服务工作等。机关后勤事务管理的内容还包括安全保卫工作、绿化美化工作等内容，涉及面非常广，从公用设施到职工福利，从职工的衣、食、住、行到生、老、病、死等无一不包。其工种涉及基建、交通、采暖、医药、托幼、木瓦、水电、饮食等。因此，后勤事务管理工作的难度很大，综合性和服务性很强，如果没有较高素质的工作人员，是很难搞好机关后勤事务管理工作的。机关后勤服务社会化可以达成精简机构、节约经费的目的，但一些不便社会化的机关后勤服务还是应由统一组建的机关事务管理机构统一管理。

(4) 机关环境管理。机关环境管理包括机关自然环境管理和机关空间环境管理。前者主要包括人的五官所感知的光线、颜色、温度、空气和声音等自然环境因素，后者主要是指办公室的设计和布置与机关内部各部门之间的工作流程和配合等空间环境因素。机关自然环境管理需要根据管理工效学的基本原理将反映光线、颜色、温度、空气和声音等环境条件状态的诸项指标调节到有利于工作人员身心健康并能激发其工作积极性、主动性和有利于办公机具正常有效运行的水平，目的是提高工作的质量与效率。机关自然环境管理大体上可分为机关视觉环境管理、机关听觉环境管理和机关微气候环境管理三个方面。机关空间环境管理分为外部空间环境管理和内部空间环境管理。机关外部空间管理是指机关在选择地点时应考虑的一些因素，机关的内部空间管理是指为了有效地利用空间、缩短工作流程、便于信息的传递交流而对办公处所的面积和分布所作的筹划和调节。

关键概念

行政决策　常规性决策　非常规性决策　确定型决策　风险型决策　不确定型决策　有限理性决策过程模型　渐进决策模型　混合扫描决策模型　公共政策　政策分析　政策科学　行政执行　行政执行评估　机关管理　机关日常工作制度

复习思考题

1. 简述行政决策的含义。
2. 论述行政决策的类型。
3. 论述行政决策的程序。
4. 简述政策分析的含义。
5. 简述行政执行的含义。
6. 论述行政执行的过程。
7. 论述行政执行评估的内容。

8. 简述机关管理的含义。
9. 论述机关管理的任务。
10. 简述机关管理的原则。
11. 简述机关日常工作制度的内容。
12. 论述机关管理的主要内容。

第 7 章 公共行政的保障

公共行政意味着一个复杂的管理系统，行政体系的有效运转需要得到健全的保障体系的支持。公共财政是公共行政的物质基础，为公共行政职能的实现提供了资金保障，其根本目的是为了提高国家财政收入和财政支出的管理效率，实现对财政资源的有效利用，以满足国家政治、经济、文化、教育、国防和社会保障等各方面的需要。依法行政是现代法治国家的必然要求，也是公共行政的法律和制度保障。行政管理是极其复杂和重要的社会活动，行政事务涉及社会的方方面面，这就要求公共行政活动必须在遵从客观规律的基础上使用一系列科学的方法。只有这样，才能保证公共行政活动的有效性。

本章重点问题
- 公共财政的含义与职能
- 公共预算与公共决算
- 国家税收与税收制度
- 行政法律制度与行政法律行为
- 公共行政的方法与技术

7.1 公共财政、预算与税收

7.1.1 公共财政概述

1. 公共财政的含义

公共财政（public finance）所指的是以国家为主体的资金收支事务及其所反映的分配关系。财政是国家行使职能的物质依托，也反映了社会经济关系，即在国家履行其政治统治与社会管理职能时，必然要依靠财政所提供的物质保证。财政是随着国家的产生而产生并随着国家的发展而发展的,国家总是以社会管理者面目出现的,其财政状况反映和表现了国家的社会目的。近代以来,在政府的统治职能和管理职能此消彼长的过程中,政府的管理过程越来越多地呈现出公共性,使得政府的公共服务职能日益彰显,使得财政也具有了公共性的特征,并被称为公共财政。

公共财政是国家的各级财政管理部门为了管理社会公共事务和提供公共服务的目的而依照国家有关法律法规、遵循经济及财政管理规律而对收入和支出过程进行管理的活动。我们经常会遇到"国家财政"和"公共财政"这两个概念,应当说,这两个概念都是与政府联系在一起的,都反映为政府的财政体制、行为过程。但是,这两个概念又有所区别,因为,公共财政应当视为国家财政的一种特定的历史形态,是在现代国家统治职能衰落和管理职能兴起过程中产生的一种财政历史类型。所以,公共财政更多地表现为政府在市场经济的条件下提供公共服务的分配行为,是与市场经济相适应的一种财政类型。公共财政具有以下主要特点:

第一,公共财政的分配主体是作为社会经济管理者的政府。作为分配主体,政府所进行的主要是财政分配活动。当然,政府也从事着生产资料等方面的分配,但在市场经济的条件下,政府的分配活动主要体现在财政方面。

第二,公共财政的分配目的是为了满足公共需要。公共财政是针对作为市场活动主体的企业和个人等私人财务活动而言的,是出于公共服务的目的而开展的财政活动,政府提供公共服务和满足公共需要所需的财力就是公共财政的基本目的。

第三,公共财政具有强制性。公共财政收入和支出都是以政治权力为后盾的,在市场条件下,私人部门以及个人所考虑的是自身利益,他们把对公共利益的关注交给了政府,所以,政府在维护和促进公共利益的实现过程中,需要通过强制性的手段去获取财政资源。

2. 公共财政的职能

在现代社会,市场是配置资源的重要途径,它通过自身的规律自发调节着商品的生产和流通,以满足人们的各种需求。但在市场机制下,收入或财富分配的不公和宏观经济的某些失衡也不可避免,这都属于市场机制本身固有的缺陷。这些缺陷会造成资源配置的低效率、收入分配的不公平和宏观经济的不稳定,即"市场失灵"。市场机制在很多领域的失灵使得政府干预成为必然,为了弥补或纠正市场失灵,要求政府从多方面介入社会经济运行。政府可通过法律手段、货币手段、财政手段等来干预市场。通过公共财政来纠正市场失灵就是非常重要的手段,筹集资金、资源配置、收入分配和宏观调控则是公共财政手段的四大基本职能：

第一，筹集资金。为维持和巩固国家机器的存在并发挥其在社会政治和经济生活中的控制、支配和调节作用，政府凭借公共权力在社会产品集中分配过程中无偿占有一定的社会资金，就是公共财政的筹集资金职能。国家政权机构，包括行政组织，并不创造物质财富，只能从社会分配中强制性集中一部分社会产品维持其自身的存在。公共财政强化了国家政权机构的特殊地位，而且，筹集资金的职能也会在对国家政权的强化中而得到不断强化。

第二，资源配置。通过公共财政的手段，政府可以对现有的人力、物力、财力等社会经济资源进行合理分配，实现资源结构合理化，使资源得到有效的使用，从而获得最大的经济和社会效益。财政作为资源配置的重要手段，主要是通过调节积累和消费的比例关系、调节资源在产业部门之间的配合即产业结构、调节社会资源在政府部门和非政府部门（企业和个人）之间的配置方式实现资源有效配置的。

第三，收入分配。公共财政的收入分配职能体现为通过调节国家、企业和个人之间的分配关系而促进收入的公平合理分配。公平分配包括经济公平和社会公平两个层次。经济公平是市场经济的内在要求，强调投入和产出相对称，它可以由平等竞争条件下的等价交换来实现。社会公平往往是无法通过市场机制实现的，因而，为了解决社会上的贫富差距扩大化的问题，政府需要通过公共财政来执行收入分配的职能。一般说来，为了改善收入分配不平等的状况，政府可采取的财政措施包括按照支付能力原则设计的税收制度和按照受益原则设计的转移支付制度等，即政府可以通过征税强制性地把财富从那些应该减少收入的人手中收集起来，再通过各种补贴或失业救济金等方式以货币或实物形式把这些财富转移给那些应该增加收入的人们。

第四，宏观调控。宏观调控是指国家通过财政政策等手段对经济加以调节和控制，目的是要实现社会经济稳定和可持续发展。经济稳定一般包括充分就业、物价稳定和国际收支平衡三个方面。经济稳定和经济发展的目标集中体现为社会总需求和社会总供给的平衡，这是公共财政对社会经济进行宏观调控的根本任务。政府需要在一定的财政管理体制下，利用各种财政政策和财政手段，通过有目的、有计划集中性的收支活动，调节、控制、影响无数微观经济主体分散进行的经济活动，在力求保证财政收支、信贷收支、外汇收支和物资供求之间综合平衡的基础上保持社会总供求的大体平衡，以实现社会经济稳定、持续发展。

3. 公共财政的内容

公共财政主要涉及财政收入和财政支出两方面的内容。

财政收入是指政府为履行公共职能和满足财政支出的需要而依据一定的原则

和方式集中起来的所有货币资金或以货币形式表现的社会产品。财政收入表现为政府从社会所获取的可支配资源,这些资源是各级政府履行其相应的职能的物质基础,是公共财政分配中的一个重要环节,反映了政府与有关方面的分配关系。不同国家在不同时期会选择不同的财政收入形式,而且各种形式在财政收入总量中所占的比重也会有所不同。目前我国财政收入主要有以下形式:(1)税收收入。税收是国家按照法定的标准凭借政治权力参与社会总产品的分配而取得的收入。由于税收具有强制性、无偿性和固定性的特征,可以提供稳定的财政收入,因而是世界上绝大多数国家财政收入的主要形式。(2)公债收入。公债收入是指政府以信用方式筹集的收入,包括政府在国内外发行的各种债券以及政府向外国政府、国际金融组织和商业银行的直接借款等。政府举债的目的一方面是筹集资金,另一方面则是通过举债时间、举债规模、偿债时间及偿债规模等的选择而达到调节经济的目的。(3)企业收入。企业收入主要指国家以生产资料所有者身份从国有企业取得的利润收入。(4)其他收入。其他收入占财政收入的比重不大,但所包括的项目和覆盖的领域却很广,主要有能源交通重点建设基金和预算调节基金收入、事业收入、规费收入、公产收入、罚没收入、国有资源管理收入等。

财政支出也称为公共支出或政府支出,是指政府为履行其职能,将筹集与集中的资金进行有计划的社会再分配过程。财政支出是国家实现其政治、经济、文化和社会职能的财力保证,是政府发展经济,提高人民生活水平和维护社会稳定的必要条件。财政支出反映了政府的政策选择,是国家政治决策的表现,它通过影响社会总供求均衡、生产、物价水平、就业等而达到宏观调控的目的,是政府引导经济发展方向的重要手段。同时,财政支出还是政府为社会提供公共物品、满足全社会公共需要的切实保障。

7.1.2 公共预算与决算

1. 公共预算的含义

公共预算又称政府预算、国家预算、财政预算等,是政府根据其施政方针和社会需要所编制的、经立法机关批准的预算年度内的政府财政收支计划。公共预算作为调整财政收入和财政支出的重要手段,具体规定了预算年度(一般是一个财政年度)内国家财政收支的指标及其平衡状况,实际包括公共收入预算和公共支出预算两部分。公共预算反映政府活动的范围、方向和政策,是政府有计划地集中和分配资金,调节社会经济生活的主要财政手段和财政机制,在公共财政中占据重要地位。同时,公共预算也是重要的立法文件,它必须由政府提交国家立法机构审批后方能生效和执行,体现了国家立法机构和全体公民对公共行政活动的制约和监督。

公共预算制度是近代建立的，一开始是出于遏制政府以及国家其他机构对社会资源的不合理剥夺、占有和支配的目的而建立起来的，在随后的发展中逐渐与政治民主制度结合到了一起，反映了民主政治中监督政府以及其他国家机构的要求。然而，在现代民主政治和社会治理管理特征日益强化的过程中，公共预算的政治色彩反而逐渐淡化了，而是主要表现为社会治理活动的财政保证和对经济社会运行的调节、控制等，成为一种管理手段。一般而言，公共预算的作用主要体现在三个方面：（1）财政保证作用。公共预算是国家实现其职能、有计划地筹集和分配由政府集中掌握的一部分财政资金的重要工具。政府要实现其基本职能，必须有一定的财力作为保证。通过公共预算的编制和执行，政府在有效地行使其职能方面就有了基本的财力保证。（2）调节控制作用。公共预算可以根据社会供求情况而采取相应的政策措施安排预算支出结构去实现投资分配结构的调节，进而实现对整个国民经济结构的调整。（3）监督促进作用。通过公共预算的编制和执行，政府可以及时掌握国民经济的运行状况、发展趋势和存在的问题，以便采取相应的对策促进国民经济持续、健康、稳定发展。

公共预算是与国家政权结构和行政区划紧密联系在一起的。鉴于中央政府和地方政府的划分，公共预算也相应地由中央预算和地方预算组成。世界各国的通常做法是实行多级预算，即有一级政府就有一级财政收支活动的主体，也就有一级财政预算。每级政府的总预算不仅包括本级的财政收支和特别预算，还包括下级政府的总预算，从而构成一个完整的公共预算体系。

一般说来，在公共预算体系中，与中央政府主要担负保证国家内政、外交、国防、援外、关系国计民生的重点建设和宏观经济调控等职能相适应，中央预算主要担负国家重点建设和文教建设，中央行政及国防等方面的资金需要，同时还要调剂地方预算的余缺，以求支援经济不发达地区特别是少数民族地区经济发展等方面的开支。所以，中央预算成为国家履行其职责的基本财力保证，在公共预算中占主导地位。当然，地方预算在公共预算体系中的地位也不容忽视，这是因为地方政府担负着国家在各地的政治、经济任务，地方预算必须有计划地为地方经济建设、文教建设、地方行政等供应资金。此外，支援农业的各项开支、少数民族地区建设等，也基本上是由地方预算安排。因此，地方预算在公共预算中也占有重要地位。

2. 公共预算的编制、审批和执行

公共预算编制工作是整个预算工作程序的开始，它包括拟定、审查、汇总和批准预算收入、预算支出的全过程。公共预算编制工作是由国家主管财政的行政机关负责进行的。公共预算的基本要求是当年预算收支平衡。公共预算的编制必须遵循公开、明确、可靠、限定、统一、完全和不相属等原则。

各国的预算编制收支起讫的有效期限基本上以一年（365天）为限，即所谓预算年度。大多数国家的预算年度采用历年制，即从当年1月1日起至12月31日止，如我国、法国、瑞士等都是采用这一预算年度法。也有一些国家采用跨年制，如英国、日本等国家的预算年度从当年4月1日起至次年3月31日止，意大利从当年7月1日起至次年6月30日止，美国从当年10月1日起至次年9月30日止，等等。公共预算编制工作要求必须在预算年度开始前完成。我国的公共预算编制过程一般是在预算年度开始前的几个月内进行公共预算编制的准备工作，对公共预算控制指标进行测算并编制出公共预算草案，最后由人民代表大会进行审查和批准。

公共预算的执行是整个预算管理工作的中心环节。公共预算经国家立法机关批准通过后即具有强制执行的法律效力，预算执行就是一个把预算由计划变为具体实施方案的过程，是预算年度内国家实现预算收支的重要工作。公共预算的执行是一项经常性、艰巨性、复杂性的工作。我国公共预算执行，按国家行政管理系统实行分级管理，由国家行政领导机关和各职能部门组成执行机构。国务院全面负责公共预算的组织执行，地方各级人民政府负责本地总预算的组织执行。公共预算的具体执行部门是各级财政部门，参与预算执行的还有许多专职机关，如税务机关、海关、银行等，它们都是执行公共预算的重要收入机关和支出机关。

预算执行的任务主要有：（1）组织预算收入的执行。预算收入的来源可分为税收和非税收入，根据有关规定分别由财政部门、税务部门、海关等公共预算执行机关负责执行。（2）组织预算支出的执行，由财政部门、上级主管部门、银行和国家金库通过国家规定的办法向用款单位进行预算资金分配。（3）组织预算收支的调整。在预算执行过程中因情况变化而需要增加支出或减少收入时所进行的适当调整。（4）组织预算执行的监督。在整个公共预算的执行过程中不断地进行监督检查。

3. 公共决算

公共决算是公共预算执行的总结和终结，它可以比喻为公共预算执行过程的另一端，反映了预算执行过程的终点和结果。公共决算是年度公共预算收支的最终结果，也是国家政治、经济等活动在财政上的集中反映。公共预算执行情况如何，是否完成收支任务，收支是否平衡，只有通过决算才能准确地反映出来。因此，公共决算体现了国家各项事业发展的速度和取得的成果，是研究和修订国家财政经济政策的基本依据，是系统整理和积累财政统计资料的重要措施。

公共决算的编制是一项事业性和政策性很强的工作。在我国，决算草案由各级政府、各部门、各单位在每一预算年度终了时按照国务院规定的时间编制。国务院财政部门编制中央决算草案，报国务院审定后由国务院提请全国人民代表大会常务委员会审查和批准。县级以上地方各级政府财政部门编制本级决算草案，报本级政府审定后由本级政府提请本级人民代表大会常务委员会审查和批准。乡、民族乡、镇政府编制决算草案并提请本级人民代表大会审查和批准。各级政府决算经批准后，财政部门应当向本级各部门批复决算。地方各级政府应当将经批准的决算，报上一级政府备案。

7.1.3 国家税收

1. 国家税收的含义

税收在历史上又称赋税、租税或捐税，它是国家为了实现其职能，按照法律的规定，向经济单位和个人无偿征收的实物或货币，是国家凭借政治权力，参与国民收入分配和再分配，以取得财政收入的一种基本形式。税收是与公共财政运行和公共预算执行过程密不可分的重要一环，是国家参与并调节国民收入分配、执行公共预算、积累社会资金的重要手段。税收作为国家经济活动中的重要环节体现了作为征税者的国家与作为纳税者的企业、个人之间的一种特殊的经济关系。这种经济关系表现为：其一，是征纳关系，即国家依法征税，企业和个人依法纳税；其二，是分配关系，即国家凭借其政治权力强制地无偿占有企业和个人创造的一部分剩余产品，并按国家所代表的阶级或集团的利益进行全社会意义上的分配。总的说来，税收是国家凭借其政治权力参与国民收入分配与再分配的过程，也是国家取得财政收入的重要手段。与其他财政收入形式相比，税收具有以下基本特征：

（1）强制性。税收的强制性是指征税凭借国家的政治权力参与社会产品的分配，即依据法律预先规定的种类及其标准强制进行征收。或者说，税收法律作为国家法律的重要组成部分，与其他法律一样具有强制性和普遍适用性，任何单位和个人都必须依法履行纳税义务，否则就要受到法律的制裁。

（2）无偿性。税收的无偿性是指国家征税以后，纳税人缴纳的实物或货币随之转变为国家所有，既不必付给纳税人任何形式的报酬或代价，也不需要偿还纳税人。当然，税收的无偿性是相对的。相对于某个具体的纳税人来说，纳税后没有获得报酬或偿还，在这个意义上，税收不具有偿还性或返还性，但从财政活动的整体来看，税收是对公共产品或公共服务的价值补偿。这又反映出其有偿性，也就是"取之于民，用之于民"。

（3）固定性。税收的固定性是指政府在实施课税之前，已经以法律的形式事先规定了纳税人、课税对象与税率，征纳双方必须共同遵守。税收的固定性表现在以下两个方面：一是国家和纳税人在分配关系上的固定，即税收通过法律形式固定了纳税环节、征税范围、课税对象和征收比例等。在一定的时期内，经济组织和个人该不该纳税、纳什么税、纳多少税、应在什么时间纳税等，也就固定了下来。二是指纳税人只要取得了税法所规定的应税收入，或发生了应税行为、拥有了应税财产等，都必须按照法律的规定纳税。国家对纳税人也只能按照税法规定的标准征税，不能随意提高或降低征收标准。当然，税收的固定性也不是绝对的，随着社会经济条件的变化，税收的征收对象是不断变化的，征收比例也是可以调整的。

2. 税收的分类

（1）按照税收的征收办法或税额的确定方法，税收可分为定率税与配赋税。定率税是指国家按照税法中征税对象既定的税率按期依法征收的税额。配赋税是指国家预先对某种税规定应征税总额后依照一定的标准向纳税人或征税对象进行分摊，确定每一纳税人或每一征税对象的应纳税额。

（2）按税收的计税依据划分，税收可分为从价税与从量税。以课税对象的数量、面积、容积、体积等实物量为标准计征的税种称为从量税。如资源税、车船税等都属于从量税，其税额随课税对象数量的变化而变化。以课税对象价格与金额为标准计征的税种称为从价税。如增值税、营业税等都属于从价税，其税额随课税对象价格的变化而变化。

（3）按照税负是否转嫁来划分，税收可划分为直接税和间接税。直接税是指不可以转嫁税收负担的税，其纳税人同时也是负税人，如所得税和财产税就属于直接税。由于这类税收在政府与负税人之间没有第三者介入，实际上是政府直接对负税人的课征，故称为直接税。间接税是指可以转嫁税收负担的税，其纳税人可能不是负税人。消费税、营业税、关税等一般表现为间接税，这类税收在政府与负税人之间介入了纳税人。实际上，政府是间接对负税人课税，所以称为间接税。

（4）按照税收管理权限，可将税收分为中央税、地方税、中央与地方共享税三类。中央税是指由一国中央政府征收管理且收入归中央政府支配的税种，在我国也简称为"国税"。地方税是指由地方政府征收管理且收入归地方政府支配的税种，在我国也简称为"地税"。共享税是指由中央统一立法但收入由中央与地方按照一定的比例共享支配的税种。税种划分的原则一般是把需要由全国统一管理、税源集中、收入较大的税种划归中央，而把一些与地方经济联系比较紧密、税源比较分散的税种划归地方，把那些与经济发展直接相关，又有利于调动地方组织积极性的主要税种划为共享税。

3. 税收制度

税收制度也简称为"税制",它是规范国家与纳税人之间税收分配关系的各种法律、法规、条例、实施细则和征收管理制度的总和,是国家税收政策的具体化。税收制度是税收征纳的依据,从纳税人的角度讲,它是纳税人履行纳税义务的行为规范;从国家的角度讲,纳税人要依法纳税,国家也要依法征税,这种征纳关系必须通过法律的形式加以明确规定,以利双方在征纳工作中共同遵守,这就形成了税收制度。税收制度的核心内容是税法,它是国家整个法律制度的重要组成部分。

按照税制结构的单一性与复杂性来划分,税收可分为单一税制与复合税制。单一税制是指由一个税类或少数几个税种所组成的国家税收制度。由于单一税制缺乏弹性,很难发挥其财政保障和调节控制功能,因而还没有哪个国家真正实行过。复合税制是指由若干税类的多个税种构成的国家税收制度。复合税制具有灵活性强、弹性大等特点,通常以某一种或两种税种作为主体税种,由多个税种相互配合而共同组成一个完整的税收体系。不过,无论是在哪种税制结构下,税制都是由征税人、纳税人、征税对象、税种和税目、税率、计税依据、纳税环节、纳税期限、减免税、法律责任等要素构成的。

税收制度在社会经济活动中具有十分重要的作用:第一,税收制度是国家财政收入即预算收入的重要保证。由于税收的强制性、无偿性和固定性等特点,税收制度是国家财政收入即预算收入较稳定的来源。第二,税收制度是国家向纳税人征税的法律依据。税收制度以各种税收法规、条例等形式对纳税人(由谁纳税)、课税对象(对什么征税)、课税标准和税率(征收多少)等等做了具体规定,不仅有助于提高纳税意识,而且可以强有力地约束纳税行为。第三,税收制度是调整分配关系的手段。国家通过商品课税、所得课税、财产课税等征税形式去调整国家和不同所有制纳税人之间的分配关系。第四,税收制度是国家经济政策的重要体现,在不同时期和不同的经济条件下,国家为了实现一定的经济目标和社会目标,必然会制定相应的经济政策,如财政政策、货币政策、投资政策、税收政策等,税收制度就是其中的一个重要方面。同时,在社会主义市场经济条件下,税收作为国家对国民经济进行宏观管理的重要经济杠杆,其调节作用的发挥也必须建立在相应的税收制度的基础之上。第五,税收制度是维护国家权益的重要保障。在国家经济贸易活动中,涉外税收制度在维护本国经济利益,保护本国经济发展,参与国家经济利益分配并从中取得一定税收收入方面,有十分重要的作用。

7.1.4 转移支付

1. 转移支付的含义

转移支付是最直观的收入分配制度，它通过将某一部分社会成员的收入转移到其他社会成员的手中来进行收入再分配。转移支付的具体内容主要包括社会保障支出、财政补贴和政府间转移支付。从财政支出的分类来看，转移支付属于转移性支出。

作为再分配的一个重要手段，一方面，转移支付的数量变动势必对社会供求、货币、储蓄、投资乃至经济总量产生一定的影响。另一方面，这种影响又往往具有间接性的特点。因为受益者在接受了政府的财政转移资金后并不一定会转化或全部转化为当期的现实需求，其中隐含了一个储蓄倾向的问题，有多少转化为储蓄或后续需求进而对当期和后期社会供求数量与结构产生多大影响，这很难直接地反映出来。所以，转移支付对经济和社会发展的影响是间接的，且存在一定的时滞。正因为如此，转移支付只能间接地、部分地计入当期的社会总需求。

此外，财政的转移支付容易产生某些社会负效应。由于转移支付是在对高收入者课征累进所得税然后再转移给低收入者的过程中实现的，过多的转移支付无疑会使高收入者感到税负过重，从而影响其创造财富和增加收入的积极性；同时，又容易对转移支付受益者的工作愿望和积极性产生不利影响。因此，政府在进行收入再分配时，必须妥善地处理公平与效率的问题，既不能因为过于强调公平而牺牲社会和经济发展的效率，也不能因为过于强调社会和经济发展的效率而损害社会公平，否则将对整个社会的经济发展造成极大的消极影响。

2. 社会保障支出

社会保障是指国家依据一定的法律规定，通过国民收入再分配而在社会成员因失业、年老、疾病、伤残、丧失劳动能力以及遇到其他事故而面临生活困难时向其提供必不可少的基本生活保障和社会服务。从广义上看，现代经济条件下的社会保障大体包括四个方面的内容：社会保险、社会救助、社会福利和社会优抚。

社会保险是根据国家有关法律规定，由劳动者、单位或社区、政府多方共同出资，帮助劳动者及其亲属在遭遇工伤、死亡、疾病、年老、失业、生育等风险时，防止收入中断、减少或丧失，以保障其基本生活需求，它包括养老保险、失业保险、医疗保险、工伤保险、生育保险等。社会保险是国家通过立法而在全社会强制推行的，它与自愿投保的商业保险不同，不以营利为目的，具有普遍性、强制性、互济性及补偿性等特征。

社会救助又称社会救济,是国家和社会向无收入、无生活来源、无家庭依靠、失去工作能力者等生活在"贫困线"或最低生活标准以下的个人和家庭以及遭受严重自然灾害者、不幸事故的遇难者家属所无偿提供的满足其最低生活需要的财力或物力资助。社会救助是最低层次的社会保障,其资金主要来源于政府的一般性税收以及社会团体和个人的捐赠、国际组织和国外的援助等。

社会福利是国家或社会在法律和政策范围内向全体公民普遍提供旨在提高生活质量的资金帮助和优质服务的社会性制度,主要反映在居民住宅、公共卫生、环境保护、基础教育等领域,表现为国家及各种社会团体兴建的多种福利设施,提供的社会服务,以及创办的各种社会福利事业等。与社会救助和社会保险相比,社会福利有"高层次社会保障措施"的美称。原因就在于,它的社会覆盖面广,待遇标准均等,更注重促进社会成员生活福利的普遍增进与改善,具有促进社会成员随经济发展而安居乐业,并不断提高生活质量的功能。其资金来源除了社区服务中对个人所收的少量费用外,绝大部分是由政府和社会提供的。

社会优抚是国家对法定的优抚对象,如现役军人及其家属、退伍军人及烈属等,为保证其一定生活水平而提供的资助和服务,其经费全部来自政府预算拨款。

3. 财政补贴

财政补贴是指一国政府根据一定时期政治经济形势及制定的方针政策,为了有计划地调节社会供求和社会经济生活,通过资金再分配所给予生产者、经营者和消费者的一种财政性补助。从不同角度考察,财政补贴有不同的分类方法。按补贴环节划分,财政补贴可以分为生产环节补贴、流通环节补贴、消费环节补贴。生产、流通环节的补贴消费者往往看不见、摸不着,因此也称为暗补;消费环节的补贴公众可以直接感受得到,也称为明补。按补贴的主体可分为中央财政支付的价格补贴和地方财政负担的价格补贴;按补贴资金的接受主体来区分,可分为企业补贴和居民补贴;按补贴对经济活动的影响可分为对生产的补贴和对消费的补贴;按补贴是否与具体的购买活动相联系来划分,可分为实物补贴与现金补贴。

根据预算对财政补贴的分类,目前我国财政补贴内容有价格补贴、财政贴息、企业亏损补贴。价格补贴主要包括国家为稳定城乡人民的生活,由财政向企业或居民支付的、与人民生活必需品以及与农业生产资料的市场价格政策有关的补贴。这类补贴包括农副产品价格补贴、农业生产资料价格补贴、日用工业品价格补贴、工矿产品价格补贴,其中最主要的内容是农副产品价格补贴,一般采取商业企业的价差补贴和城镇居民的副食品价格补贴等做法。财政贴息是指国家财政对使用某些规定用途的银行贷款的企业，对其支付的贷款利息提供补贴，其性质等于财政代替企业向银行支付利息，是政府用有限的资金带动更多的社会投资和银行贷款以发展社会经济、贯彻政府政策意图的一项重要措施，其目的在于促进企业联合、发展优质名牌产品、支持沿海城市和重点城市引进先进技术和设备、发展节能机电产品等。

4. 政府间转移支付

政府间转移支付主要是指各级政府之间为解决财政失衡而转移资金的活动，是政府财政资金的无偿转移。发生政府间转移支付的原因主要有：(1) 财政的纵向不平衡。财政的纵向不平衡是指上级政府与下级政府的财政收支之间的不平衡。假定全国的财政收支是平衡的，但不等于中央财政与地方财政也平衡，有可能中央财政发生赤字，地方财政发生盈余；反过来则是中央财政发生盈余，地方财政发生赤字。为使这种情况得以解决，就要通过转移支付来求得中央财政与地方财政大致平衡。(2) 财政的横向不平衡。在一国内，各地区的经济发展状况往往是不一致的，差别甚至会很大，例如我国，沿海地区与内陆地区的经济基础、人民生活水平存在很大的差距。中央政府要求逐步缩小各地区之间的贫富差距，防止差距扩大对整个国民经济的发展带来负面影响。这样，中央政府就会要求富裕地区拿出一部分资金来支援落后地区。(3) 公共产品的外溢性。在公共产品的供给问题上，本应提供公共产品的地区可能会因成本过大而不愿意提供，或者，受到外溢性益处地区的企业和个人没有为此付出必要的成本，结果，公共产品的提供就会缺乏。相反，如果对本地区有利而对邻近地区不一定有利的公共产品（比如，某一地区开发深井水，造成邻近地区的地层下降），受益地区的政府可能会以其低成本过量提供公共产品。上述情况由于都不能在本地区解决，势必要求由中央政府出面对具有外溢性公共产品的提供进行适当的转移支付，纠正公共产品提供上的成本与效益不对称的问题。

上级政府对下级政府的转移支付方式有：(1) 无条件的一般性补助。这种补助形式是上级政府对补助的款项不加用途限制，接受补助的下级政府可以自由支配补助款项。下级政府可以根据自己的偏好决定补助金的用途，以达到效用的最大化。(2) 有条件的专项补助。这种补助形式是指下级政府所得到的上级政府的补助款项必须按照上级政府的要求用于专门的用途（即购买公共产品或从事公共产品项目）。(3) 有条件的配套资金补助。有条件的配套资金补助可分为两种：一种是无限额的配套资金补助。上级政府做出允诺，只要下级政府拿出一定资金从事某个项目，上级政府就给予补助一定比例的资金。还有一种是有限额的配套资金补助，即在按比例进行配套资金补助的情况下确立一个最大限额，而不是无限地按比例配套。

7.1.5 政府采购

1. 政府采购的含义

政府采购是指政府机构出于履行职责需要而以购买、租赁、委托或雇佣等方式获取货物、工程或服务的活动。作为一种采购方式,政府采购具有法定的程序和规范的方式,是世界各国目前最为重要的购买性支出管理手段。政府采购不同于私人部门的采购活动,它是市场经济条件下政府责任的一种体现,同时也是政府实施政策、调节宏观经济运行的一种手段。

政府采购的特点主要体现在这样几个方面:第一,采购资金的公共性。政府采购所需资金来自财政,而财政资金大部分来自税收,小部分来自政府提供公共服务收取的使用费和规费以及政府凭借信用原则发行公债取得的收入。第二,采购目标的非营利性。政府采购活动不以营利为目标,而是为各政府部门的日常活动提供所需的物品和服务,目的是服务于向公众提供公共产品的需要。第三,采购行为的规范性。政府采购必须严格依法进行,要使用特定的采购方式,要遵循法定的采购程序,因而具有高度的规范性。第四,采购主体的特定性。政府采购主体是依靠财政资金运营的各级国家机关、事业单位和团体组织。第五,采购活动的政策性。政府采购活动必须遵守相关政策的要求,体现政府的政策意图,不能按采购人员的个人偏好行事。第六,采购范围广、规模大、影响力大。政府采购对象从总体上看只有货物、服务和工程三类,实际上,它所涵盖的具体内容范围之大难以描述。同时,政府采购的规模也非常庞大,从而对整个国民经济都会产生一定的影响。

2. 政府采购的原则和方式

为了规范政府采购行为,提高政府采购资金的使用效益,保证政府采购目标的实现,政府采购应当遵循公开透明原则、公平竞争原则、公正原则和诚实信用原则。

(1) 公开透明原则。政府采购的公开透明原则是指有关采购的法律、政策、程序、活动都要公开,以便每个有兴趣的或已参与的供应商都能获得同等的信息。透明度高的采购法和采购程序可以提高政府采购活动的可预测性,有助于投标商准确估算风险、收益并做出理性的选择,提出最有竞争力的价格。公开采购信息和采购过程,有助于加强监督,防止暗箱操作,避免采购机构及其上级主管做出随意的或不正当的行为和决定,从而增强潜在的投标商参与竞投的信心,维护社会公众的利益。

（2）公平竞争原则。政府采购的公平竞争原则是指在竞争的前提下公平地开展政府采购活动。一方面，要邀请更多的供应商参与，即鼓励供应商之间的充分竞争，通过促进供应商、承包商或服务提供者之间最大程度的竞争，以达到一种合理价格，有助于政府采购目标的实现；另一方面，为了保证竞争的充分与有效，政府必须提供公平的竞争环境，只有这样，才能真正形成一种对买方有利的市场环境，促使卖方提供物美价廉的商品和服务，从而提高财政资金的使用效益，实现政府采购目标。

（3）公正原则。政府采购的公正原则是指采购人和供应商之间在政府采购活动中应处于平等地位。一方面，要求政府采购按照事先约定的条件和程序对所有参与的供应商一视同仁，不得有歧视性条件和行为，尤其是在评标活动中，要严格按照统一的评标标准进行评标，不得存在主观倾向；另一方面，要求任何单位或个人都不得干涉采购活动的正常进行。从世界各国的情况看，为了保证公正原则的实现，政府采购法都明确提出了评标委员会的人员组成及比例要求，要求相关人员回避。此外，还规定了供应商的合法权益保护等。

（4）诚实信用原则。政府采购的诚实信用原则是指在政府采购活动中当事人应本着诚实、守信的态度履行各自的权利和义务。诚实信用原则是市场经济的内在要求，它一方面要求采购人和供应商之间讲究信用，不得散布虚假信息，不得欺诈、串通、隐瞒；另一方面，还要求双方兑现承诺，不得伪造、变造、隐匿、销毁依法需要保存的文件，不得规避法律法规，不得损害第三方的合法权益。

按采购方式的公开程度可以将政府采购的方式分为两大类：招标性采购和非招标性采购。招标性采购是指通过招标的方式邀请所有的或一定范围的潜在的供应商参加投标，采购主体通过某种事先确定并公布的标准从所有投标供应商中评选出中标供应商，并与之签订合同。按投标人的范围不同，招标性采购又可以分为：公开招标、邀请性招标。公开招标应作为政府采购的主要方式；邀请性招标则是指不通过预先刊登公告程序，直接邀请一家或两家以上的供应商参加投标。非招标性采购是指除招标采购方式以外的采购方式。非招标性采购方法很多，主要包括议价采购、直接采购、定点采购和询价采购等。非招标性采购可以分为单一来源采购和竞争性谈判采购。单一来源采购是指采购主体在适当的条件下仅向单一供应商征求建议或报价的采购。单一来源采购是一种没有竞争的采购，使用条件比较严格。竞争性谈判采购是指采购主体通过与多家供应商进行谈判，最后从中确定中标供应商的一种采购方式。

3. 政府采购的基本程序

政府采购的基本程序是指政府采购所要遵循的步骤。从各国的经验看，政府采购制度所规定的采购程序一般分为以下几个主要阶段：

（1）确定采购需求。确定采购需求是整个采购过程中的一个非常关键的环节。采购需求由各采购主体提出，报财政部门审核，只有被财政部门列入年度采购计划的采购需求才能执行。财政部门在审查各采购主体的采购需求时，既要考虑采购预算的限额，同时还要考虑采购要求的合理性，包括采购项目的整体布局、社会效益等，从源头上控制盲目采购、重复采购等问题。在确定采购需求的同时，还要充分预测采购风险，要注意做好广泛深入的市场调查和市场分析工作，针对采购过程可能出现的一些意外情况，事前要做好防范措施。

（2）选择采购方式。政府采购过程中，必须根据采购的性质、数量、时间要求等因素，以有利于实现公开、有效竞争和物有所值的目标为取向，选择恰当的采购方式。采购主体不得在执行过程中自行改变采购方式，如果确有必要改变采购方式，必须报有关部门批准，同时通知供应商。

（3）签订采购合同。采购合同只能给予有资格向政府供货的供应商。供应商在签订采购合同时，须按标准交纳一定数额的履约保证金，以保证其能够按合同的约定履行义务。

（4）履行采购合同。合同签订后，采购进入了合同执行阶段，在此期间，采购主体和供应商都不得单方面修改合同条款，否则即属于违约，违约方必须按合同规定向对方赔偿损失。在合同执行的过程中或执行完毕时，采购主体对合同执行的阶段性结果或最终结果要进行检验和评估。合同验收一般要由专业人员所组成的验收小组来进行，验收结束后，验收小组要做验收记录，并分别在验收证明书和结算验收证明书上签字。财政部门按验收证明书、结算验收证明书及采购合同的有关规定，与供应商进行资金结算。如果合同执行情况基本符合要求，在财政部门办理结算后，采购主体应将事先收取的履约保证金退还给供应商。

（5）效益评估。采购主体及有关管理、监督部门对已完成采购项目的运行情况及效果进行评估，检验项目运行效果是否达到了预期目的。通过效益评估，还可以判定采购主体的决策、管理能力及供应商的履约能力，以供其后审批政府采购项目的有关部门参考。

7.2 依法行政

7.2.1 依法行政概述

依法行政作为一种重要的政治思想和法律原则起源于英国。在工业化进程中，英国新兴的资产阶级出于反对君主专制的需要提出了依法行政的思想，其基本内容是要对以国王为首的政府及其行为实施严格的限制，以防止专制。也就是说，在整个人类历史发展进程中，行政先于法而存在的事实说明，行政的随意性必然意味着没有民主，而用法来约束和规范行政的随意性则是社会治理文明化的标志。如今，以法的理性来约束行政的随意性已成为近代民主国家的共识，而依法行政也相应地成为公共行政的基本原则和社会控制的主导方式。

  作为一种行政管理模式，依法行政是法治原则在行政管理领域的具体体现，是依法治国的重要环节，又是依法治国的重点和难点。一方面，行政机关作为法律的主要执行者和实施者，其依法行政的状况直接影响着依法治国的状况。另一方面，在依法治国的工作中，相对于让老百姓遵守法律而言，依法"治官"、限制行政权的滥用更是重中之重。由于权力天生具有自我扩张的本性，从而使规范行政主体及其行政行为成为依法治国的艰巨任务。同时，依法治国又是依法行政的前提和基础，依法行政的推进有赖于依法治国所营造的崇尚法制的大环境以及全社会所形成的监督政府和促成政府守法、执法的合力。再就是，作为依法治国的重要组成部分，依法行政的推进也离不开其他组织及其人员的配合，离不开全体公民良好的法律素质。

  依法行政（也被称为"行政合法性"原则）是指公共行政权力主体在行使行政权力时应当得到法律授权，依据法律并严格遵照法律的规定和程序实施行政行为。虽然不同时期或不同国家的法律实质和内容都具有很大的差异性，但作为一种行政管理模式，接受法的规范和约束一直是被作为依法行政的精髓来认识的。也就是说，依法行政的原则要求行政机关及其行政人员在管理国家和社会公共事务的过程中所行使的权力必须有法定依据，必须受到法律的约束，受到法律所规定的各种权力主体的监督。具体地说，依法行政可以从以下几个方面来加以理解：

  第一，行政主体和行政权限法定。行政机关必须按照宪法和行政机关组织法的规定设立，未经宪法和行政机关组织法的规定而设立的行政机关不是合法的行政主体，也不享有行政职权。即便合法的行政主体，其一切行政权的行使亦应受宪法和法律的拘束，不得违反宪法和法律。行政主体对某类行政事务的管辖权力及管辖权限必须有法律法规的明确授予和明确界定，即行政职责法定和行政权限法定。前者解决行政机关管什么的问题，后者解决行政机关管到什么程度的问题。对于行政主体而言，无论是超越职责还是超越权限，都构成越权违法。

  第二，行政程序法定。行政程序法定是正当程序保障和程序正义原则的体现，行政程序是指行政机关在行使行政职权的过程中所遵循的一系列前后衔接的步骤、顺序、时间、方式和制度等的总称。行政程序法定是指将那些符合公民利益的行政程序上升为法律，以法律的形式固定下来，以避免行政权力的滥用和行政侵权行为的发生。行政机关所实施的行政管理应当遵守法定时限，积极履行法定职责，提高办事效率。

第三，行政公开。行政机关在实施行政管理的过程中，除国家秘密、依法受保护的商业秘密以及个人隐私以外，一切关系到公民、法人和其他组织切身利益的事项都应让社会公众得到相应的信息，知晓并参与到其中去。因而，政府必须依照有关法律、法规的规定实施信息公开。对公开的政府信息，公众有权查阅，行政机关则应为公众查阅信息提供便利。行政公开的目的是为了提高政府工作透明度，做到主动接受群众监督。同时，也让行政相对人的知情权和参与权得到实现。所以，信息公开制度是促进依法行政的重要保障。

第四，行政公正。行政权力的行使需要秉承公平、公正的原则，要平等地对待行政相对人，不偏私，不歧视。特别是在行政自由裁量权的行使过程中，必须遵从法的精神，符合法律目的，在法律、法规没有明确规定的方面，行政自由裁量行为要根据宪法、法律和法规的精神展开，必须符合公益目的和通常事理。

第五，责任行政。责任行政是指国家行政机关必须对自己所实施的行政活动承担责任，整个行政活动应处于一种负责任的状态。在法律法规中，应对行政主体不履行法定职责和义务的行为所导致的法律责任做出明确、具体的规定，不允许行政主体只实施行政活动而不承担法律责任。行政责任以法律规范规定的职责为基础，其内容和承担方式也以法律规范的规定为根据，并通过一定的法律途径，如行政复议、行政诉讼等来实现。

7.2.2　行政法律制度

依法行政不仅是现代国家所普遍遵循的一项法治原则，也是各国致力于确立的一整套行政法律制度。或者说，现代行政管理的最重要特征就是法制化。行政管理法制化就是，运用法律对政府行政管理中的各项活动、各个环节进行调整和规范，将行政管理的一系列技术、方法、协调手段、行为方式以及步骤和程序法律化、制度化，为行政管理提供法律依据和法律保障。行政法律制度作为行政管理的基本依据，是以国家法律的强制力和严肃性去保障行政管理活动有章可循、有效运转的。

行政法律制度是调整行政关系的法律制度总和，它所调整的对象是行政机关在行使行政职权活动中所发生的各种社会关系。这种社会关系又被称为行政关系，具体包括行政管理关系、行政协作关系、行政监督关系。在行政法律制度所调整的行政关系中，当事人一方必须是行政机关或经其委托或授权的机关、组织、个人。行政法律制度的具体表现形式主要有：其一，法律。这里所说的法律是指由国家最高权力机关及其常设机关制定或批准的有关国家行政管理的规范性法律文件。其二，行政法规。行政法规是指由国家最高行政机关制定和发布的有关国家行政管理的规范性法律文件。其三，地方性法规、民族自治地方自治条例等，主要是由省一级和较大的市以及民族自治地方的权力机关制定和发布的有关本地区行政管理活动的规范性法律文件。其四，规章。规章是指由国家最高行政机关中的各个职能部门以及地方政府制定和发布的有关行政管理活动的规范性法律文件。其五，法律解释。由上述行政法律规范的制定、发布机关或其授权的机关所作的对法律、法规、规章的解释。

依据行政法律制度的内容不同，行政法律制度可以分为：

（1）有关行政主体的法律制度。这是为了规范行政权力的授予而对行政机关的职能、组织与编制以及公务员的权利义务做出明确规定的法律制度。我国宪法规定，行政机关行使的权力是由权力机关通过法律授予的，行政机关要对其负责，受其监督。因而，行政机关必须遵循职权法定原则，不能行使没有法律规定的职权。权力的载体是组织，为了避免权力行使的随意性，行政机关的层级、职能范围、编制、职数，行政机关的成立、变更与撤销以及公务员的权利义务都有明确的法律规定。

（2）有关行政行为的法律制度。这是为了规范行政权力的使用而对行政机关行使和运用行政权力管理公共事务做出的法律规定。根据抽象行政行为与具体行政行为的不同，其相应的法律制度也可以区分为行政立法制度与具体的行政行为制度。其中，具体的行政行为制度又包括行政许可制度、行政合同制度、行政指导制度、行政处罚制度、行政征收制度、行政强制制度、行政处罚制度以及行政裁决、裁判制度等等。

（3）有关行政程序的法律制度。这是对行政机关行使和运用行政权力管理公共事务等行为的步骤、方式、时限和顺序所做出的法律规定。行政程序制度为行政机关正确做出行政决定和实施行政决定、提高行政效率提供了基本保障。行政程序制度又可以区分为行政立法程序、具体行政行为程序以及行政司法审查程序等。在行政实践中，较常用的程序制度包括信息公开制度、职能分离制度以及听证制度等。行政程序制度的出现，使行政法律制度更加完善，它与实体法律制度一起构成了行政法律制度的有机整体。

（4）有关行政违法和责任追究的法律制度。这是对行政机关不履行、不当履行或错误履行等行政行为进行责任认定和责任追究的法律制度。在行政实践中，比较典型的就是国家赔偿制度，即对国家机关和国家机关工作人员因违法行使职权侵犯公民、法人和其他组织的合法权益造成损害的，国家应予以赔偿。同时，在赔偿义务机关赔偿损失后，对有故意或重大过失的组织和责任人员，国家可以向其追偿，由其承担部分或全部赔偿费用。

（5）有关行政监督与救济的法律制度。这是为了保证行政活动正常进行、预防与发现行政违法行为并对行政违法行为或行政不当行为实施纠正措施和司法救济的法律制度。行政监督与救济的法律制度是规范和约束行政机关行政行为的一个间接手段，其实施直接关系到依法行政能否得到实现。这方面的制度主要包括行政监察制度、审计制度、行政复议制度、行政诉讼制度等。

7.2.3　行政法律行为

行政法律行为是指行政主体在行政管理活动中基于行政权力实施的能够产生法律效果的行为。这里的行政主体既包括国家行政机关，也包括经法律和行政机关授权的其他组织。行政法律行为必须是行政主体行使行政权力且能够产生法律效果的行为，也就是说，这种行为能够引起行政法意义上的权利义务关系的产生、变更或消灭。

行政法律行为具有法律行为的一般特征，是行政法学理论中的一个基本论题，是联结主体制度与其他制度的纽带，是客观性权利义务向主观性权利义务转化的现实路径，直接决定着依法行政的实现。行政法律行为是产生于政府行政管理职能实现过程中的行为，在依法行政的条件下，行政管理职能一般通过行政法律行为的形式实现，能够把抽象的行政法律规范转化为具体、特定的权利义务关系。因此，行政法律行为在行政管理中具有重要作用，具体表现在：

第一，规范社会活动，维持社会秩序。政府及其行政人员通过其行政法律行为设定被管理者（行政法中称为行政相对人）的权利、义务，确认法律事实，变更行政相对人的法律地位等，可以把国家意志鼓励什么、限制什么及时表达出来，对社会起到引导作用，从而达到规范社会行为的目的。另一方面，对行政相对人的合法行为予以保护和维持，对违反行政法律规范的行政相对人予以制裁和处罚，可以保证行政法律规范的正确实施，维持正常的社会秩序，促进国家行政管理职能的顺利完成。

第二，裁决利益纷争，缓和社会矛盾。随着社会经济的迅速发展，社会经济关系更加多元化、复杂化，而多元利益主体之间的矛盾和冲突必然会呈现出加剧的趋势，传统上由法院来裁判平等主体间民事争议的做法越来越无法满足现实的要求。对于这些矛盾和冲突，如果置之不理，任其发展下去，势必危及社会的安定和人民的生活。因此，政府及其行政人员必须以公正的态度并采取必要的措施加以适当的管制，使矛盾与冲突趋于缓和。政府干预社会主要体现在对经济生活的干预，从而要求政府及其行政人员必须依法实现对社会经济生活的干预，应当表现为行政法律行为。此外，由于民事争议的专业性与技术性的加强，政府的权威性与中立性也决定了行政机关在处理与裁决利益纷争中应当发挥积极作用，政府在裁决利益纷争时，应有法律做出明确规定，而依法进行的行政裁决行为则具有法律效力，在上级行政机关或者权力机关未予以撤销之前，当事人必须服从。

第三，提升行政绩效，促进社会发展。行政法律行为遵守法定程序、适用法定形式、具备法定内容可以保障行政管理不出差错或少出差错，从而提高行政管理的工作质量。同时，行政法律行为还能够保证各行政部门间工作的连贯与衔接，确保行政管理活动得以顺畅延续，减少不必要的重复，从而提高行政管理工作的效率。此外，行政法律行为对于提高行政人员的素质，促进行政机关及其行政人员自身的进步与完善并最终促进全社会的进步与发展，也具有积极意义。

7.3 公共行政的方法与技术

7.3.1 公共行政的方法

行政管理必须在遵从客观规律的基础上使用一系列科学的方法，只有这样，才能保证公共行政活动的有效性。公共行政的方法是行政组织及其行政人员为贯彻管理思想和执行管理功能和提高管理功效、实现管理目标而采取的必不可少的措施、方式、手段、技巧等的总称。或者，可以简单地把行政方法看作是政府在管理社会经济过程中所采用的手段。

行政方法的选择及运用具有客观必然性。一方面，行政方法的产生、发展以及具体运用都是由社会管理活动的客观需要所决定的，因而行政方法必定要受到行政活动规律的支配，与客观规律具有内在统一性。另一方面，行政方法作为行政原则的实现手段，应接受行政原则的规范和指导，受到行政原则的制约。再者，行政方法的选择和运用必须适应行政对象的性质及要求，必须有助于行政目标的实现。此外，行政方法还受到行政过程中其他一些主客观条件的制约（如技术条件等等）。所以，行政方法及其运用必须综合考虑各种主客观条件的限制及影响，行政管理活动应尽可能选择并运用合适、准确的行政方法，促成行政目的最大可能地实现。

关于行政方法的作用，大致可以概括为三个方面：

（1）行政方法是使行政管理思想变为现实的桥梁。任何行政管理思想、理念或原则，只有在获得了实现它的具体方法时才能产生实际效用，如果没有具体的公共行政方法予以贯彻，就只能是纸上谈兵。

（2）行政方法是执行行政职能的重要手段与途径。从行政管理的过程看，行政具有计划、组织、指挥、协调、控制等多项职能，其中的每一项职能的实现都离不开一定的方法。例如，为实现行政计划职能，在拟订计划时必须运用调查研究的方法、群众路线的方法、科学的决策方法等，目的是要保证计划切实符合客观规律的要求。因而,行政方法是行政职能不可缺少的实现途径。

(3) 行政方法是实现行政目标的途径。行政目标和行政方法相辅相成,缺一不可。没有目标或目标不正确,即使有最先进的方法也毫无意义,但正确的目标如果没有与它相适应的实现方法也是无从达成的。所以,行政方法往往决定了行政目标能否实现以及实现程度。

7.3.2 行政方法的现代化

为了适应纷繁复杂的社会需求,各领域都呈现出科学化、技术化的趋势。随着社会复杂性的增加,如何对政府职能进行合理界定并通过行政管理方式、方法的改进去提高行政效率,就成为公共行政亟待解决的问题,而公共行政的科学化、技术化趋势正是对这一要求的回应。

在前资本主义时期,由于国家机构尚未实现充分的分化,作为一门独立学科的行政学也未出现,所谓的行政方法只是些零散的感性经验总结,而行政管理也更多地依靠强权政治和高压命令。直到19世纪,在对于政府事务的研究上,人们所关注的焦点还局限于政治哲学、宪法调整和法律制定等事项。后来,随着国家机构的不断分化和政府职能的迅速增长,行政方法经历了一个由简单到复杂、由零散到系统的发展演变过程。可以认为,正是基于资本主义的社会化大生产的需要才产生了现代政府,并使行政管理相应地呈现出科学化、技术化的趋势。与之相伴随,行政方法的系统性特征也逐渐显现了出来。在20世纪初的科学管理运动中,行政管理的研究者们将科学管理的原理、方法和技术应用于公共部门,对公共行政学的形成及其科学化产生了重要影响。此后,随着公共行政学成为一门独立的学科,行政方法的研究也得以进行,并不断地朝着现代化的方向前进。

在当代,行政方法应力求科学化,即必须采用那些贯穿着科学知识、科学技术、科学规律的行政方法,这对于建设一个"廉洁、勤政、务实、高效"的政府是极为重要的。之所以行政方法必须以科学知识为基础,是因为行政管理的对象庞杂,职能职责范围广泛,社会影响巨大,要进行有效的管理,就必须综合运用多学科的理论知识。不仅会涉及人文社会科学类(如哲学、政治学、法学、经济学、社会学、管理学、行为科学等)的知识,还包括自然科学知识类(如信息论、系统论、控制论、耗散结构理论、模型论等)的知识。

行政方法必须持续更新并扩充其中的科学技术含量。当代社会是一个信息社会,计算机技术的应用与发展、信息高速公路的建设等已深刻地影响并改变着社会生活的各个领域,自然也包括行政管理的领域。目前,计算机在管理中的应用已从制订生产计划,进行财务、物资、劳动、人事、资金管理阶段发展到公共政策分析、经济发展分析和预测、重大项目可行性评价等方面,而且在国民经济综合平衡和执行时的反馈系统方面也已经变得非常成熟，从而大大提高了管理效率。对于政府的行政管理而言，要适应信息社会的要求，有效地利用信息技术服务于政府职能的实现，使行政管理适应大型的、复杂的、动荡不定的社会，就必须不断增强行政方法中的科学技术含量。

一切从实际出发的原则要求，需要注意行政方法及其运用上的适用性问题，应注意到一定的行政方法所对应的是一定的行政对象，如果不顾时间、条件、地点和对象的要求而滥用，即使再好的行政方法也不可能收到好的效果。因此，必须充分考虑不同情况，针对行政对象的具体特点而选择不同的行政方法。当然，也要看到行政方法普适性的一面，特别是要注意到一些私人部门中的管理方法也可以经过改造而被引入到行政管理过程中来，成为行政方法。比如，新公共管理运动就曾积极倡导在行政管理过程中引入企业等私人部门管理方法，而且在实践中也确实取得了一定程度的成功。

公共行政的科学化、技术化趋势根源于人类科学技术的进步，是科学进步在行政管理领域的体现。现代公共行政方法主要具有以下特征：

第一，整体性。在当代社会科学和自然科学以及技术科学发展的影响和作用下，形成了完整的行政方法体系，包括基本方法、行政程序和行政技术三个层次，各种方法在使用过程中相互补充，表现出相辅相成的整体性特征。

第二，技术性。政府为了适应现代管理的需要，不断吸收、采用现代化的技术设备和技术方法，行政方法中的技术含量越来越高。目前，运用现代化、自动化、智能化、数字化的办公设备已成为提高行政效率的重要途径。

第三，定量化。现代数学的发展，特别是计算机的广泛应用，促进了行政方法技术从定性分析向定量与定性分析相结合的转变，特别是在定量分析方法的应用方面取得了很大进步。如统计调查法就已经成为一种较为常用的行政方法，它通过统计数字去描述社会状况，从而推断出相关社会现象之间的关系变化及发展趋势。近些年来，量化分析方法的应用范围越来越广，已经在目标管理、绩效考核、民主决策、信息处理等行政管理的各个方面和各个环节中得到广泛应用。

第四，综合性。现代行政方法十分注重发挥行政人员在公共行政活动中的主导作用，由于行政人员来源和专业的多样化，由于他们在严密的分工—协作体系中实现了充分的互动，不同的知识背景产生了协同化和综合性的作用，能够将多学科的知识融汇运用于公共行政，从而达到提高行政效率的目的。

第五，系统性。随着公共行政的发展，行政方法不再局限于经验性知识的简单堆砌，而是发展成一个能综合反映行政管理活动主观条件、客观规律及其要求的系统化的知识体系。多元化的行政方法构成了一个系统的整体，而每一种具体的方法一经提出就会得到系统的理论建构，从而形成完整的方法体系。行政方法的系统化使公共行政实现了高效化、经济化、简捷化、科学化，从而极大地提高了公共行政的效率和质量，使公共行政以一种全新的面貌展现于世人面前。

7.3.3 常用的行政方法

行政管理中常用的方法与技术可以区分为经典行政方法和新兴行政方法两类。经典行政方法即狭义的行政方法，包括行政指令方法、法律方法、经济方法和心理行为方法等。随着科学技术的发展而形成的新兴的行政方法技术性含量很高，而且已经成为能够应对现代社会的复杂性、多变性的基本方法，比如，系统方法、网络规划技术、ABC重点管理法、目标管理法、全面质量管理法等都已经成为普遍使用的行政方法。

1. 经典行政方法

（1）行政指令方法。行政指令方法是行政主体凭借行政组织的权威运用命令、指示、规定、条例及规章制度等措施进行行政管理活动的方法。这一传统的行政方法要求，在行政组织的层级管理中，上级对下级所下达的命令、指示等一定要符合本部门的工作实际和管理活动规律；同时也要求上级领导者必须具备较好的领导素质，即具备较高的理论政策水平和较强的组织管理能力，否则就会降低管理质量，影响管理的功效和目标的实现。在运用行政指令方法进行管理时，起主要作用的是权威，这是因为行政指令方法的有效性、所发指令的接受率以及上下级之间的沟通等，都取决于管理者的权威。一般说来，管理者的权威越高，所发指令的接受率就越高，上下级沟通状态就越正常。行政指令方法的作用特征主要体现在通过行政命令等对管理对象实施指挥和控制，上级下达的指令下级必须服从，因而具有强制性。另外，运用行政指令方法进行管理，上级根据管理工作的需要而有权对下级的人、财、物和技术等进行调动和使用，这种调动和使用不存在等价交换的问题，而是无偿的。再者，行政指令的内容和发布的对象都是具体的，一定的行政指令只在特定时间和针对特定对象有效，即因事、因时、因地、因人而异。

（2）经济方法。经济方法是根据客观经济规律和物质利益原则而利用各种经济杠杆调节不同经济利益主体之间的关系的行政方法，目的是要达到较高的经济效益和社会效益。经常使用的经济方法包括价格、信贷、税收、利息、利润、奖金、罚款、经济合同以及经济责任制度等等。经济方法不像行政指令方法那样表现为直接干预，而是把经济责任与物质利益结合起来，把劳动集体及个人的物质利益与工作成果结合起来，在某种意义上，"有偿交换，互相计价"是其主要特点，也就是说，有关各方在获取自己经济利益等权益上是平等的。正确运用经济方法可以较为充分地调动社会积极性，同时，在使用这一方法时也要注意根据不同领域的具体情况去对经济方法加以调整，以增强其针对性，让它能够在不同的领域中根据管理的特殊性而发挥作用。

（3）法律方法。法律方法是国家行政机构依据法律、法规、法令而实施管理的方法。法律方法所依靠的不仅仅指国家正式颁布的法律，同时也包括国家各类管理机构制定和实施的各种具有法律性质与法律效力的其他规范性文件。这种管理方法尤其适宜于社会治安、交通、食品、卫生、环境保护等领域的管理。在社会法制化的条件下，这一方法的效果是非常显著的。法律方法具有强制性、确定性与普遍性等特性。也就是说，其一，法律一经公布实施，各部门、单位和全体公民都必须严格遵守，否则就要受到法律的制裁。其二，法的使用和解释应保持一致，不同层次的法律规定不得互相冲突。其三，法律方法的使用范围十分广泛，它涉及宏观的、中观的、微观的等不同层次的内容，涵盖政治、经济、科学、教育、文化等性质不同的领域，尤其适合于解决那些有共性的问题。

（4）心理行为方法。心理行为方法是指管理者通过对人的心理诱导和行为激励等实现管理目标的方法。现代管理的人本原理可以看作心理行为方法的理论根据，它的特点是通过行政主体的循循善诱及谆谆教导而使人们自觉地、主动地、积极地去开展行动。心理行为方法具体包括思想教育方法、行为激励方法和参与管理方法等。思想教育方法也就是平常所说的思想政治工作，它是通过对人们进行确定的、有目的的、系统的感化与劝导而使受教育者在身心上养成教育者所希望的思想和品质。行为激励方法属于行为科学的方法，它是通过有目的地把人们的行为动机激发起来，从而产生某种特定的行为反应。参与管理方法则是让下级行政主体或行政客体参加到管理和决策过程来，从而提高人们的积极性和管理效率。

2. 新兴的行政方法

在现代科学日新月异的条件下，新兴的行政方法也纷涌呈现，可以说，每日每时都会有新的行政方法被提出，甚至走向应用的过程。当前，较为成熟且影响很大的新兴方法主要有：

（1）系统方法。系统方法是一种根据客观事物所具有的系统性特征而从事物的整体出发去认识、分析和处理问题的方法。20世纪40年代，美籍奥地利学者贝塔朗菲（Ludwig von Bertalanffy）创立了一般系统论，这是系统方法的理论渊源。系统工程学是建立在系统论基础之上的用于解决复杂问题的技术。行政管理中的系统方法是20世纪70年代初从系统工程学中移植过来的。系统方法具有整体性、综合性、最优化、模型化和动态性等特征，总的要求就是用系统的观点和发展变化的观点全面综合分析和处理问题。也就是说，系统方法在行政管理中的运用可以实现从单一因素的处理发展为多种因素的综合处理；从静态的处理发展为动态的处理;从纵向处理发展为横向、纵向相结合处理。因而,这一方法有助于确定行政系统内部各部分、各环节的关系,有助于明确行政系统与外部环境的关系,从而建立起行政管理的正常运行秩序。

(2) 网络规划技术。网络规划技术是一种技术性很强的行政方法,它主要是运用有向网络图去全面反映整个工作的流程、计划内各项工作之间的相互关系和进度,再通过时间参数的计算去找出关键路线与机动时间,以求对计划进行优化。网络规划技术源于19世纪末美国学者甘特(Henry Laurence Gantt)发明的一种图表——甘特图,也称条形图,后来发展为横条图形计算法,这还是一种比较简单的安排工序和时间的图表。后来,随着科学技术的发展而不断得到改进,形成了现代网络技术。在行政管理中,应用网络规划技术有利于控制行政管理的流程,有助于评价行政管理的工作成效。通过网络图,可以清楚地反映整个计划任务的全貌、各项工作之间的关系、关键线路,有利于指挥控制,从而保证行政任务的完成。利用网络图,还可以发现各项子工作在时间上的潜力,对其做出安排和调整,就能够达到充分利用人力、物力、财力的目标。同时,也可以将复杂的行政工作分解为具体项目,然后加以分别控制、局部优化并最终达到总体优化。当客观情况发生变化而需要变更部分工作时,还可利用网络图及时进行必要的调整。

(3) ABC重点管理法。ABC重点管理法又称"帕累托分析法",是一种定量的科学管理技术,它主要运用数理统计方法对种类繁多、错综复杂的事务或问题进行分析排队,并根据一定的数量标准划分类别,以抓住事物的主要矛盾。ABC重点管理法的原型是19世纪意大利经济学家帕累托(Vilfredo Pareto)所创的库存理论。20世纪50年代,先由美国通用电气公司开发采用,并很快得以流行,行政管理也引用了此项技术。ABC重点管理方法强调用数据来进行分类分析,运用此法可以对种类繁多、错综复杂的行政事务进行分析排队,根据一定的数量标准划分类别,从而保证把主要精力集中于重点问题上,并同时兼顾其他问题,以求行政管理工作的有序进行。

(4) 目标管理法。目标管理法是彼得·德鲁克(Peter F. Drucker)在其名著《管理的实践》中最先提出的一种管理方法,在1950年以后被广泛运用于企业和政府部门,它实质上是一种结果管理,克服了西方从泰勒以来过于严密的、机械的过程式管理的弊端。目标管理法强调自我管理与控制,有利于激发个人的自觉性和主动性。就目标管理法的形式来看,它所注重的是分权与参与式管理,主张以目标作为整个管理活动的方向和评价标准,通过在组织内形成上下一致的目标体系去消除组织内耗,从而表现为让组织成员自己决定、自己行动、自己纠正偏差,而管理者则把管理的重点放在结果上而不是过程上。

(5) 全面质量管理法。全面质量的概念最早是由美国通用汽车公司质量管理专家朱兰（Joseph M. Juran）、费根鲍姆（Armand Vallin Feigenbaum）等在1961年提出的，主张最终产品和劳务的质量取决于市场调查、设计、试制、生产、销售等工作质量的保证和提高。质量管理中的"质量"是一个包括产品质量、劳务质量和工作质量的"全面质量"。20世纪60年代初，美国一些企业根据行为科学的理论，在企业的质量管理中开展了依靠职工"自我控制"的"无缺陷运动"，日本在工业企业中则创造了质量管理小组活动的管理方法，从而使全面质量管理迅速发展起来。全面质量管理注重顾客需要，强调团队工作的重要性，它以各种科学方法改进组织管理与服务"全过程"，因而是一种全面提升组织产品质量、服务质量与工作质量的管理理念、制度和方法。在政府的传统的行政管理理念被公共服务理念所取代的条件下，全面质量管理法也被引入政府中来，通过测评政府服务质量的途径而促进其行政管理水平的全面提升。

关键概念

公共财政　公共预算　国家税收　税收制度　财政收入　财政支出　依法行政　责任行政　行政法律制度　行政法律行为　行政方法

复习思考题

1. 简述公共财政的含义和职能。
2. 简述公共预算的形式。
3. 简述税收的含义与特征。
4. 简述政府采购的含义和特点。
5. 简述转移支付的含义。
6. 简述行政法律制度的表现形式。
7. 论述行政法律行为在行政管理中的作用。
8. 简述行政方法的特点。
9. 论述传统行政方法的主要类型。
10. 论述现代行政方法的主要类型。

第 8 章 政府绩效管理

20 世纪 70 年代以来，随着"新公共管理运动"的影响日益深入，在公共行政领域，绩效管理受到了广泛的推崇，并逐渐成为政府管理过程中一项十分重要的管理技术和方法。政府绩效管理的目的是要提高政府实施社会管理和提供公共服务的能力，以便为社会提供高品质的公共物品和高效率的公共服务。政府绩效评估是绩效管理的基础和核心环节，政府绩效评估在很大程度上决定了政府绩效管理的效果。政府自身的特殊性决定了绩效评估需要更注重评估的公平性，评估主体的多样化则要求评估内容必须具有全面性、可操作性和动态性。当前绩效管理实践中的主要问题是存在着绩效评估结果的主观性、绩效管理信息系统不健全、评估指标体系有待完善等问题。解决这些问题，需要公共部门完善与绩效管理相关的配套制度建设，即强化管理规范和优化法治环境，从而全面促进绩效管理的有效运行。

本章重点问题
- 政府绩效的内涵
- 政府绩效的影响因素
- 政府绩效评估的功能
- 政府绩效评估中的问题
- 政府绩效评估方法
- 政府绩效管理的改进方向

8.1 政府绩效概述

8.1.1 效率与绩效

在公共行政学发展的历程中，有一个从效率向绩效转变的主题更替过程。直到20世纪80年代，公共行政学都是围绕着效率的主题进行研究，对行政管理理论和实践的发展都起到了积极的推动作用。随着新公共管理运动的出现，开始了从效率主题向绩效主题的转变，公共行政学的研究开始围绕着绩效问题去进行行政管理方式方法的探索。效率与绩效代表了两种不同的行政管理理念，它们之间有着明显的不同。

"效率"概念最初源自物理学，原意是指输出的能量与输入的能量之间的比率或比值。后来，这个概念被引入到对社会生活的观察之中，被工商业的研究和经济学相继采用，旨在将经济活动的劳动效果同消耗的劳动量进行比较，以考察某项经济活动的有效性。"绩效"一词一般解释为成绩、成效，含有成绩和效益的意思，它最早用于社会经济管理方面，后来在人力资源管理方面得到了广泛应用。该词用在经济管理活动方面时是指社会经济管理活动的结果及成效。现在，在一般管理学的意义上，人们将其界定为包含经济、效率和效益三重意义的概念。总的说来，效率是一个片面强调投入—产出的单一性概念，绩效则是一个包含多重含义的综合性范畴。

对投入—产出比率的强调，决定了效率概念关注的只是组织的内部机制。所以，往往是通过不断强化组织内部的专业分工、职能划分、权力等级以及规则和非人格化机制的控制来实现自我的。我们看到，在效率追求的旗帜下，早期组织理论关注的是组织的内部机制。当然，组织内部机制同样也是绩效关注的内容，但它更加强调的则是组织内部机制与外部环境的相互统一。例如，绩效中的效益概念是指组织的目标是否实现以及实现的程度。组织目标的实现是与组织产出对外部环境的影响紧密联系的，进一步地说，绩效更为关注组织能否通过满足外界环境的需要换回更多的输入和支持。与传统的效率标准不同，绩效是以是否满足外界环境的要求为最终标准的。

效率反映的投入与产出之间的比例关系是一个单纯的数量指标，在具体的管理过程中，往往只注意到如何以最小的投入去获得一定的产出，或者如何在投入一定的情况下使产出最大，而对于产出的品质和质量却无法提出更多的要求。现实中，这种做法常常会导致滥竽充数问题的出现。相反，对于效益的关注，使得绩效必须将数量和质量的关系有机地统一起来，并且把质量放在了更为重要的位置上。在绩效的主题下，对于一个组织而言，质量就是它的生命线。无论是对于私人部门的组织还是政府而言，都是如此。从西方政府绩效管理的发展历程来看，质量管理始终是其中一项至关重要的内容。

效率所反映的是工业社会以来工具理性的思维模式，在以手段的最优化作为理性的最高要求的同时，对价值理性采取了一种漠视甚至是排斥的态度，其结果是导致了管理领域中片面的"效率中心主义"盛行。历史上，曾经多次出现不计后果、片面追求效率所引发的重大管理事故。绩效是一个包含更多价值理性因素的范畴，强调的是工具理性与价值理性的融合。在西方，私人部门中的企业所表现出的对伦理因素的注重就是一个典型的例子，他们不仅喊出了"顾客就是上帝"的响亮口号，而且在组织内部的管理过程中，也更加注重在尊重员工的基础上通过促进员工个人的自我发展和自我实现去实现组织目标。

效率的实现依赖于组织内部的刚性机制，绩效则更看重人际间的沟通与合作。效率理念占主导地位的年代也是官僚制组织盛行的时代，这是因为效率必须依托于官僚制组织的刚性控制才能够实现。在绩效管理中，人们更加注重的是态度、作风、沟通和协调。作为绩效管理重要组成部分的全面质量管理，本质上就是一种强调全员参与、充分沟通、团队精神的管理方法，能够起到充分调动每一个参与者的积极性和创造性的作用。

"效率"理念的兴起是与社会物质资源的普遍匮乏、思想领域的工具理性主义和组织理论中的封闭系统观盛行紧密相关的。当社会的发展使得上述情况得到根本的改观时，效率主题被绩效主题所取代也就是顺理成章的了。20世纪70年代，"绩效管理"的概念得以提出，80年代后期，随着对人力资源管理理论和实践研究的重视，绩效管理逐渐成为被广泛认可的管理技术和方法。随着绩效理念被引入到公共行政领域，拉开了政府绩效管理的序幕，并随着"新公共管理运动"影响的扩大而成为行政管理研究的重要课题之一。

8.1.2 政府绩效的概念

把绩效用于对政府行为效果的衡量反映出来的是行政管理绩效，在广义上，包含了政府在社会管理活动中的业绩、效果和效率，是基本政府能力的体现。所以，政府绩效包含两部分：其一是政府内部的行政管理绩效；其二是政府在社会管理活动中的绩效。这两部分的总和被称为政府绩效。在西方，政府绩效也被称为"公共生产力""国家生产力""公共组织绩效""政府业绩""政府作为"等，其字面意义是指政府所取得的成绩和所获得的效益的意思，但其内涵却非常丰富，既包括政府"产出"的绩效，即政府提供公共服务和进行社会管理的绩效表现；也包括政府"过程"的绩效，即政府在行使职能过程中的绩效表现。政府绩效还可分为组织绩效和个人绩效。组织绩效包括一级政府的整体绩效、政府职能部门的绩效和单位团队的绩效。总的说来，政府绩效是指政府在实施社会管理、提供公共服务和公共物品活动中的结果、效益、效能的综合体现，是政府在履行职能、促进公共利益实现过程中体现出的管理能力。

政府绩效是以政府职能的履行为基础的，根据现阶段对政府职能的界定，政府绩效可以分为四个方面：第一，政治绩效。这是政府在均衡社会利益的合理分配，促进政治权利的不断发展，保障政治生活的平等化、民主化和有序化等方面所体现出来的能力。在市场经济条件下，政治绩效最经常地表现为制度安排和制度创新。市场经济的游戏规则或社会秩序的供应是一种政府制度安排，这是政府核心能力之一，政府制度安排的能力越强，政治绩效就越容易实现。第二，经济绩效。这是指政府在推进国民经济健康、有序、协调和持续发展方面的表现。国民经济的发展不仅仅表现为量的扩张，更主要的是要在结构合理的前提下有质的提升，并且在保证各方面协调有序的条件下实现可持续发展。良好的政府绩效表现为政府能够提供推进经济与社会协调发展的宏观经济政策，促成并不断维护经济发展的良好局面。第三，社会绩效。社会绩效所表明的是政府能够在经济发展基础上促进社会的全面进步，维护社会的稳定与发展。其中安全与犯罪、公平与正义、福利与贫困、稳定与动乱等指标是重要的参数。第四，文化绩效。文化绩效所反映的是政府在文化发展中的作为，以及在此基础上社会文化自身的变化，如文化的繁荣、整合与创新，其中，主要的衡量指标是精英文化与大众文化的相互补充与相互渗透的状况。

　　绩效概念本身是一个蕴涵多种要素的体系，而且其内涵会随着时空和领域的转换而发生变化。将绩效管理从私人部门引入到公共部门这一事实本身就说明了政府绩效与私人部门的绩效观有共同点，但就其脱离了私人部门而成为公共部门绩效管理的依据而言，又不同于私人部门的绩效概念。具体来看，政府绩效应包含六个方面的要素：(1) 经济。要求政府组织以尽可能低的投入或成本提供与维持既定数量和质量的公共产品或服务。这一点是由行政资源的有限性与现代社会对政府职能不断扩展的需求的双重因素决定的。(2) 效率。反映为投入与产出之间的比例关系。绩效的概念必然包含着效率的含义，在现代政府管理的过程中，效率是一个不可缺少的要素，因而也是政府绩效的一个重要方面。(3) 效果。反映了公共服务符合和实现政策目标的程度，以及对于目标群体状态或行为的影响程度。在这里，效果不仅仅强调目标的实现，还强调政府管理行为的实际影响，尤其需要注重短期效益与长期效益的有机统一。对效果的强调是现代绩效观与传统效率观的一个显著差异。(4) 质量。要求政府提高实施社会管理、提供公共服务的水平，保证服务质量和不断提升服务品质。在这里，公共服务质量的高低是以公民满意度为最终衡量指标，辅之以差错率、合格率、优秀率、服务便利程度、反应速度等具体指标。(5) 公平。在现代政治学和公共行政学中，维护社会公平和正义、促进公共利益的实现，是政府首要的和根本性的职能。在具体的社会管理过程中，政府的重要作用就在于弥补市场机制自身的不足，通过提供社会保障、维护社会秩序，保障和促进公民基本权利的实现，从而实现社会公平。能否实现社会公平，已经成为评价政府行为的重要指标。(6) 责任。责任的理念源于责任与权力的对应。政府拥有的公共权力源于公民的授予，在拥有权力的同时，也就需要承担起相应的责任。政府的责任包括维护社会正义、促进社会经济健康有序地发展等。

8.1.3 影响政府绩效的因素

行政管理的实践经验证明，影响政府绩效的因素主要有外部因素和内部因素两种。

1. 外部因素

（1）政治因素。一个国家的政治体制决定着行政体制，政治权威决定着行政权威，所以，国家的政治稳定以及政治生活的民主化、法制化等，是行政活动正常进行的基本条件，也是行政管理高效化的前提。

（2）经济因素。国家经济发展状况是政府绩效的物质基础，也是推动政府绩效不断提高的动力之一。经济发展使得政府可以动员比过去更多的资源，社会力量的壮大则可以使政府从自己并不擅长的领域退出，专心从事自身擅长的工作。这些都对政府绩效有着良好的促进作用。同时，经济发展要求行政管理体系的结构和功能应与经济发展的类型和水平相适应。反过来，政府绩效意识的增强也促进了经济体制的健全和完善。

（3）社会因素。首先是社会团体对政府绩效的影响，比如各种利益集团对政府绩效影响就很大；其次是社会风气对政府绩效的影响，党风、政风以及公民整体绩效意识，都是影响政府绩效的因素。如果一个国家有良好的社会风气和优良的文化传统，那么它就有健康的行政环境，从而有助于政府绩效的提高。

（4）地理因素。一个地区的地理环境决定着该地区的交通、邮政、电信等事业的发展条件，也是影响政府绩效的重要因素。

（5）科学技术因素。在现代化的行政管理中，能否大幅度提高政府绩效，在很大程度上取决于现代科学技术在行政管理活动中的运用情况。在决策阶段，利用科学的决策技术方法，能够帮助决策者更快、更准确地做出正确决策。运用以计算机为中心的信息处理技术，逐步实现办公自动化，也可以大大提高政府绩效。即使是最普通的办公设备的更新与改进，也会对提高政府绩效产生积极作用。

2. 内部因素

（1）组织因素。影响政府绩效的组织因素主要有：第一，行政机构的设置。行政机构的因素主要包括行政机构的功能是否齐全，是否适应社会和经济发展的客观要求，是否事事都有人管；行政机构是否精简；权责是否明确，权责划分和组合是否合理。所有这些，都是影响绩效的实体性因素。第二，行政职位的设置。行政机构中有各种职位,这些职位的设置是由该机构的功能、地位和职责范围等因素决定的。一个机构到底应该有多少个职位才是最合理的,应该根据实现行政目标的需要、按照科学高效的原则去加以设置,并用法律确定下来。一经确立,不可随意更改。第三,行政管理各环节的衔接。高效的行政组织不仅要求自身设置专业化和程序化,而且要做好行政管理各环节的联结工作,形成各司其职、各尽其责的协调局面。行政组织的各部门是否尽职、行政管理的各环节联系是否紧密,是关系到能否顺利实现总体行政目标的问题,同时也是一个能否最大限度地减少内耗,提高绩效的问题。

(2) 人员因素。人员因素对政府绩效有直接影响。第一,人与事的关系。能否做到人人有事做,事事有人做,是衡量政府绩效的重要指标。第二,行政人员素质。包括行政领导者素质和一般工作人员素质两个方面。行政领导者是组织的决定性因素,可以将组织和事业的兴衰系于一身,其政治思想、道德品质、决策能力、指挥能力、用人能力等都对政府绩效有重大影响。一般行政工作人员是大量行政业务工作的完成者,其政治思想、工作态度、效率观念、业务知识和技能等方面的素质直接影响着政府绩效的高低。高素质的行政工作人员能够准确地理解和执行政策,进行科学的管理,恰当地处理社会公共事务,有助于提高政府绩效。

8.2 政府绩效评估

8.2.1 政府绩效评估的概念

政府绩效评估是指由特定的主体以科学合理的政府绩效评估指标体系为依据,运用科学的方法和程序,对特定的政府部门履行政府职能的情况进行全面、客观、公正的评价,目的是要不断地提升政府工作业绩和效率,促进政府提高回应社会要求的能力。

绩效评估赖以展开的前提是绩效目标(也称绩效标准)。绩效标准的确定是一个科学研究的过程,是在对政府管理过程中实际取得的业绩进行评价和划分等级,并根据对各个政府层级和各个部门的要求,进行比较而确立起来的标准,目的是作为对政府及其各个部门进行考核、评估的依据。在这些绩效标准中,除了对不同的绩效等级规定出明确具体的绩效要求之外,还要规定明确、严格的对产出或结果进行评估的措施。在政府以及其他公共部门绩效标准确立的过程中,国家法律是终极依据,同时,也要反映和体现社会公众的利益要求和普遍性的愿望。

政府绩效目标包括"量"和"质"两个方面。"量"所表明的是政府管理效率的状况，包括三个方面：第一，效率比例。主要包括投入与产出的比例、单位时间内提供公共服务的数量比例、单位物质投入内提供公共服务的数量比例、无形损耗与一定公共服务之间的数量比例，以及这种比例发展的趋向。第二，频率大小和行政活动节奏的快慢。主要包括公共服务提供的时间间隔、社会公众提出要求与政府公共部门做出反映之间的时间间隔，以及这种频率变化的情况和趋向。第三，环节多少。包括政府部门从开始进行某项活动到这项活动全部结束之间的距离远近、步骤多少和所经过的部门多少。"质"所表明的是政府提供公共服务过程中的态度、方法与手段、管理能力以及社会公众满意程度等。概括地说，公共部门绩效的"质"包含服务质量和结果两个方面。服务质量是指公共服务是如何提供的，例如提供公共服务是否及时与到位、是否让顾客感到方便以及提供服务时的态度等；服务结果是公共服务供给之后所产生的社会效果。

政府绩效管理以政府现实的绩效表现为根据和以社会经济发展的需要为动力，在现代行政发展中，绩效管理已经成为不断提升政府实施社会管理、提供公共服务能力的一套完整的管理制度。其中，绩效评估处于政府绩效管理的核心地位，通过绩效评估可以为组织的绩效管理提供更多基本信息和资料，从而帮助组织获得更为理想的绩效水平。具体来说，绩效评估具有以下几个方面的主要功能：

（1）价值导向功能。一种管理技术和方法必然包含着特定的价值取向，传统的"效率中心主义"是片面工具理性主义的产物，绩效管理所强调的是工具理性与价值理性的有机统一，两者的差异突出地体现在评估指标的设计上。评估指标是组织管理价值取向的外化，其运行则为组织管理理念的实现提供了可靠的保障。政府绩效管理所倡导的服务取向、市场取向和社会取向等多元化的价值最终都需要落实到绩效评估指标体系的科学设计之中。在具体的评估过程中，对特定指标和程序的注重也很好地体现了管理者的价值导向功能。

（2）计划辅助功能。政府管理工作拥有很强的计划性。计划执行的结果不仅取决于执行的情况，更重要的在于计划的制订是否是在掌握了大量精确、客观信息的基础上做出的，是否具有针对性。通过绩效评估，可以很好地反映出上一个阶段政府绩效的表现，能够掌握精确、客观和真实的信息，从而为下一个阶段计划的制订提供逻辑起点和强有力的支持。虽然政府整体能力的全面提升并不是单纯地通过绩效评估就能解决的，但毕竟绩效评估在改善政府能力方面发挥了重要作用，特别是它能够使政府计划的制订获得客观依据。

（3）监控支持功能。执行计划是政府管理工作的另一个重要环节，为了保证计划目标的实现，执行必须有力、可靠，方向应当准确。绩效评估通过不断收集评估对象的信息，持续反映计划的执行情况，为监控计划执行提供重要的信息来源，使管理部门可以及时有效地对执行过程中出现的问题进行纠偏，保证执行回到正确的轨道上来，从而有效地支持对计划执行的监测和控制。另一方面，政府的计划执行过程由于要面对绩效评估的压力，也会更加注重对计划目标以及计划执行的各环节进行自我检视，以求在绩效评估中获得较好的评估结论。

（4）激励约束功能。绩效评估的结果是对特定政府部门一定时期工作状况的总结，是同政府部门具体的管理目标紧密相关的，它反映出管理目标是否实现以及实现的程度如何。同时，绩效评估提供的信息，会在部门内部和部门之间形成一种比较效应，包括横向比较和纵向比较，如此种种，都会对特定政府部门及其工作人员形成一定的压力。同时，特定的绩效评估往往是与一定的绩效奖惩紧密联系在一起的，评估的结果可以成为奖勤罚懒、奖优惩劣的依据。因此，能够起到特有的激励和引导作用。

（5）资源优化功能。政府绩效状况在一定程度上反映的是其资源配置效果，一般情况下，资源配置合理，绩效就高；反之，绩效则低。因此，通过对绩效状况的分析，找出问题，分析原因，对现有的资源配置情况做出适当的调整，就能够推动绩效不断改进。政府绩效不断改进的过程本身就是一个资源不断优化的过程。在实践上，资源优化的直接结果就是减少浪费和政府财政的不当支出，从而降低行政成本。

8.2.2　政府绩效评估的功能

政府绩效评估功能的良好发挥，依赖于一个成熟的评估模式和评估体系的构建。然而，衡量一个绩效评估体系是否健全，需要充分考虑以下几个方面的问题。

（1）评估的公平问题。就组织内部而言，一个评估体系只有在得到被评估者普遍接受的情况下才有效。只有当评估体系本身是公平、公正的，被评估者才会表现出拥护和愿意接受评估的积极性。如果绩效评估体系本身有失公允，就会使处于不公平地位的成员产生抵触情绪，而由这种抵触情绪引发的不合作态度就会以故意制造虚假信息的形式出现，从而使整个评估结果的有效性大打折扣。就组织外部而言，由于公共部门是一个庞大的组织系统，被评估部门往往处在系统的不同层级中，如果用完全统一的评估指标体系去衡量整个公共部门的话，就会出现形式上的公平、公正却掩盖了实际上的不公平。所以，应该根据公共部门层级、职能和环境，既运用统一的原则和要求，又结合各个部门的实际情况，分别制定具体标准。但是，如果评估体系差异化程度过大，也可能出现各部门之间的绩效无法比较的问题。因此，既应该建构一些比较通用的、统一的评估指标体系，同时又应因部门情况的不同而增设一些特殊的绩效评估指标。

（2）评估主体的多样化问题。对于绩效评估而言，与私人部门的单一评估主体不同，公共部门评估主体显然要复杂得多。事实上，公共部门的绩效评估如果是单一主体的话，往往会造成极大的不公平和不公正。比如，如果一个组织的绩效评估仅仅由内部评估主体做出，由于评估主体与各个部门的平时联系以及利益关联等原因，就会受到各种各样的因素的影响，这些影响决定了评估过程会在各部门之间寻求一种相互妥协的评估结果。这实际上是评估结果的最大不公正。相反的情况是，如果只有外部的评估主体，他们可以超然于各利益方之外去进行客观的评估，但由于对组织内部的实际情况并不充分了解，往往会形成虽然客观却不正确的评估结果。所以，公共部门的绩效评估需要考虑把内部的和外部的评估主体结合起来，组织内部的评估主体既包含上级部门所开展的自上而下的评估，也要有本级部门的评估活动，甚至需要有一个内部的相对独立的部门去专门进行评估。

（3）评估内容的全面性问题。绩效评估应该综合反映被评估者的工作全貌，对于作为个体的被评估者而言，还应包括个人品质和工作态度等方面的内容。绩效评估是绩效管理的一个重要环节，是服务于绩效管理优化的，如果评估内容不全面，就会对整个绩效管理过程造成误导。所以，绩效评估的全面性一方面能够为公共部门全方位进行绩效管理提供依据，另一方面也应有利于组织成员个人的发展。当然，评估的全面性并不意味着评估指标的面面俱到，更不意味着评估指标越多越好。一般来讲，绩效评估指标的项目数应该与部门的职责内容相符合。工作职责简单，所需设立的绩效评估指标就少，反之则多。

（4）评估的可操作性问题。绩效评估也需要遵循有限理性的原则，因为，绩效评估不可能追求面面俱到、无所遗漏的境界。对于部门繁多、部门职责各异的公共部门来讲，绩效评估指标体系的设计是复杂和烦琐的。在设计之初，为了保障绩效评估体系的科学化，体系中每个评估指标的设计和权重都需要经过大量的计算。但在绩效评估体系确立之后，日常工作中的绩效评估体系运行就应尽量简便可行，容易操作。这种简便的评估体系应该有可获得的、可量化的数据资料，还应该在设置时尽量避免形成庞大的评估指标群或层次复杂的评估指标树，既要使评估指标具有尽可能高的信度和效度，又要减少绩效评估工作的复杂性和困难性。

（5）评估的动态性问题。公共部门的绩效评估体系应该与社会经济的发展相适应。绩效评估是一个动态的过程，不可能使用一套评估体系、指标和方法而反复进行，而是需要不断更新。另一方面，公共部门的绩效是一个动态的积累过程，时时受到社会经济以及政治环境因素的影响，而且，公共部门的工作在作用于社会时是不易在较短的时间内取得其真实值的。一旦发现对于绩效评估有价值的新的因素和新的数据,就需要及时地纳入到绩效评估的指标体系中。或者,对原有的指标体系进行序位和权重的调整,以使绩效评估能够做到与时俱进。总之,公共部门及其活动的复杂性决定了其绩效评估过程必须随时准备考虑新的因素,让绩效评估本身拥有动态性的特征。

(6)评估工作的独立性问题。绩效评估的结果应当具有科学性和权威性,它不应因任何个人的主观意志而进行改变和调整。然而,在公共部门中,这种科学性和权威性主要是从避免权力意志的干扰中获得的。因而,绩效评估应被看作一项相对独立的工作。特别是部门内部主体所开展的绩效评估,更应避免领导权力和权威的干扰。不仅领导部门以及领导者要做到充分放权给绩效评估主体,尊重评估主体活动的独立性,而且评估主体自身,也应本着客观公正的态度去开展评估工作,要避免猜度领导意志的情况出现。只有这样,评估的结果才能做到客观、公正,才能成为整个绩效管理的依据。

8.2.3 政府绩效评估的类型

绩效评估的类型多种多样,从现实情况看,根据不同的标准,大致可以把绩效评估分为以下几种类型:

(1)根据评估活动涉及的范围,政府绩效评估可以分为"普适性的机关绩效评估"、"具体行业的组织绩效评估"和"专项活动绩效评估"三种类型。普适性的机关绩效评估是作为政府内部管理机制或管理技术中的一个环节而存在并发挥作用的。也就是说,它并非单独存在,而是渗透于日常的具体管理过程中的。在以往的实践中,往往是以"目标责任制"、"社会服务承诺制"、"效能监察和建设"、"行风评议"和"干部实绩考核"等等形式表现出来的。具体行业的组织绩效评估主要是指在某个行业内部所进行的反映本行业特色的绩效评估。每一个行业都有着明显不同于其他行业的生产和经营内容,组织形式也有着很大差别,对成员的要求也不尽相同,普适性的评估在被运用到具体某个行业之中时必须与其自身的特殊性结合起来,形成适应本行业特点的评估体系。这种绩效评估一般是由政府主管部门设立评价指标体系并组织对所属企事业单位进行的定期评估。关于专项活动的绩效评估往往是针对某一专项活动或政府工作的某一方面所进行的评估。一般说来,主要是针对政府在一定时期内的特定活动进行的评估,如政府实施的大型基建工程、大型社会活动等等。

(2)根据评估的主体划分,政府绩效评估可分为"单一主体的评估"和"多元主体的评估"。以政府内部或外部某一方为评估主体的评估称为单一主体评估。单一主体的评估包括政府内部评估和外部评估。政府内部评估是指由政府及其所属部门自己组织实施的绩效评估。当前进行的政府绩效评估主要是以这种形式出现的,一般是由评估对象的上级主管部门对其进行评估。它具有简便易行、操作性强的特点,便于上级政府部门对于下级各单位情况的掌握以及控制。但是,内部操作的特点也使得这种评估常常在客观性和公正性方面受到质疑,因为上级部门的价值偏好、对人情关系的体验等都会影响评估结果。外部评估一般分为两类,包括广泛的群众评估和第三方评估,前者如一段时期以来的网评政府;后者则又可以分为受委托的第三方评估与独立的第三方评估。广泛的群众评估具有涉及范围广泛的特点,但所需求的信息量大,通常反馈时间也较长,耗费成本较高,其结果也不易把握。多元主体评估是指由来自政府内外的多个主体联合起来共同对特定的评估对象进行评估的一种形式。多元主体评估能够较好地克服单一主体评估中出现的问题。

(3) 根据评估指标的具体设计情况,则可以分为"通用指标评估"与"业绩指标评估"、"综合指标评估"与"单项指标评估"。通用指标评估与业绩指标评估是按照评估指标可比性程度所作的类型划分。通用指标指的是,在公共部门中,至少是在政府组织范围内,各个部门、各个组织有一个统一的评估指标体系;业绩指标则是指每一个特定的政府组织根据自身的职能要求而设定特定的指标。在这里,通用指标评估以政府所有的组织作为评估对象,即政府中的所有部门都必须接受这些指标,而业绩指标评估则以各个不同的政府组织为评估对象,这些具体的业绩指标是根据不同的政府组织以及政府中的不同部门的特点而制定的。综合指标评估与单项指标评估是按照评估内容而做出的类型划分。综合指标是对某个政府组织的职能进行全面的指标设定。单项指标是对某个政府组织的某一项或某几项特定职能所做出的指标设定。综合指标评估和单项指标评估所涉及的评估对象既可以是单个政府组织,也可以是某几个政府组织,还可以是一定层级范围内所有的政府组织。

另外,根据评估的方向性,政府绩效评估还可以分为自上而下、自下而上和横向平行的几种评估方式。自上而下的评估是由上级主管部门对其所辖各部门、各机构和层级进行的评估。这种评估一般是在政府部门内部进行的,属于内部评估的范畴。自下而上的评估是指政府管理对象对政府管理行为及其效果进行的评估,作为内部评估可以是下级部门对上级部门、下属对领导的评估;作为政府管理对象而对政府的评估则属于外部评估,在实质上并不属于自下而上的评估范畴,但在形式上表现为自下而上的评估。横向平行评估则是指同级政府内部不同部门之间的评估。

8.2.4 政府绩效评估的方法

绩效评估的一系列功能都必须通过一定的评估方法的运用才能够得以实现。

在私人部门中，关键绩效指标法（KPI）、目标管理法（MBO）和平衡计分卡法（BSC）等现代评估方法都是得到普遍使用的方法。在公共部门中，也在对这些方法进行一定的改造而加以运用，并取得了良好的效果。在某种意义上，当前政府部门所进行的绩效评估基本上都是借鉴私人部门的绩效评估方法，只是在引入公共部门中后进行了一定的改造，特别是在评估指标体系的制定方面，一直在努力基于公共部门的实际而进行设计。目前，政府绩效评估常用的方法主要有"3E 评价法"、"标杆管理法"、"平衡计分卡法"和"360 度绩效评估法"。

（1）3E 评价法。3E 评价法是率先由美国会计总署提出并加以实践的一种绩效评估方法，目的是为了更好地控制政府财政支出从而节约成本，体现在审计工作中就是把审计重心从单一的经济性审计转向经济（economy）、效率（efficiency）、效果（effectiveness）并重的审计。3E 评价法是政府实施绩效评估的较为原始的方法，它的出现迎合了当时美国既要解决经济上由于政府投入过多而带来的困境又要保障不因公共服务品质降低而带来政治危机的问题，体现了美国政府强调经济上的实用性和对成本加以控制的追求。事实上，通过实施 3E 评价法，美国政府在一定程度上达到了其目的，与此前相比，美国政府的财政支出也表现出趋于合理的趋向。随着经济与社会的发展，"3E"评价法暴露出了一系列的问题，在进一步补充和完善的过程中，加入了"公平"（equity）指标，从而发展为"4E"评价法。

（2）标杆管理法。"标杆"（benchmark）一词在管理学中是"优异典范"的代名词，泛指一个公司通过将自身和其他公司进行比较来实现超越的活动。在 20 世纪 80 年代的政府改革运动中，标杆管理被引入到政府管理中，成为推动政府绩效改进的重要管理工具。标杆管理法的价值准则是要实现政府效能的全面提升，发挥政府对社会的全方位引导作用。政府中的标杆管理（benchmarking）是一个帮助组织发现其他组织更高绩效水平的过程，并尽量了解它们是怎样达到那种水平的，从而使产生那种水准的做法和程序得以运用到自己的组织机构中。实际上，在政府的绩效管理中，标杆管理是被作为一个系统的、持续性的评估过程而加以运用的，是组织将自身的服务、产品与管理模式等情况与标杆组织进行比较从而借鉴标杆组织的先进经验的活动，目的是要改善自身的不足和提高竞争力并实现对标杆组织的超越。经典的标杆管理法的实施步骤分为五个阶段：第一，计划。确认对哪个流程进行标杆管理，确定用于作比较的组织，决定收集资料的方法并收集资料。第二，分析。确定自己目前的做法与最好的做法之间的绩效差异，拟定未来的绩效水准。第三，整合。就标杆管理过程中的发现进行交流并获得认同，确立部门目标。第四，行动。制订行动计划，实施明确的行动并检测进展情况。第五，完成。处于领先地位，全面整合各种活动，重新调整标杆。

（3）平衡计分卡法。平衡计分卡（the balanced scorecard, BSC）是一种着眼

于组织发展战略有效性的管理理念和系统管理方法。它强调从财务和非财务的角度综合评估绩效。该方法通过四个层面开展部门的绩效管理，这四个层面分别是：顾客（customer）、财务（financial）、内部业务（internal business process）和学习与成长（learning and growth）。平衡计分卡在政府等公共部门的适用性是由平衡计分卡自身的特点决定的。第一，平衡计分卡基于平衡的理念平衡公共部门的短期绩效与长期绩效、竞争与合作、稳定和发展等之间的关系。第二，平衡计分卡把发展作为核心，将部门战略目标转换为绩效评估指标，通过具体的规划，将部门的行为、结果等和目标作比较，以求在实现既定目标的同时也提高了部门的绩效水平。

（4）360度绩效评估法。360度绩效评估法又称全方位评估法，体现了组织调查、全员质量管理、发展回馈、绩效评估以及多元评估系统等多个组织绩效原则。通过这种评估方法，被评估者不仅可以获得多角度的反馈，也可从中更加清楚地了解自我，便于今后自身绩效的提升。360度绩效评估有效地体现了公开、公平、公正的精神。360度绩效评估法从多个角度、多种渠道收集、反馈被评估者的信息，使评估结果尽可能公正而且全面。也就是说，在收集评估信息时要求从不同层面的人员中去获取；在对组织成员进行评估时要求从多个视角进行；评估人员由被评估者本人以及与他有密切关系的人组成，包括被评估者的上级、同事、被评估者本人、下级以及客户（包括内部客户和外部客户）等。所以，360度绩效评估法属于一种综合性的评估方法。

8.3 政府绩效管理实践

8.3.1 政府绩效管理的困难

绩效管理因其在私人部门的管理中所取得的巨大成功而引起了人们的广泛关注，因而，在政府改革的进程中被引入到了公共部门，目的是要借助于绩效管理去改变政府中长期存在的官僚主义等绩效不彰的问题。但是，公共部门有着不同于私人部门的特点，从价值取向到工作性质、工作流程、产出内容等各个方面，公共部门都不同于企业等私人组织。所以，如果直接地把私人部门的绩效管理简单地搬到公共部门中来，显然是不行的。事实上，在公共部门的绩效管理实践中，也遇到了诸多障碍。

虽然在管理的意义上公共部门和私人部门所面对的都是组织的管理问题，甚至从表面上看来，有许多相似之处，然而，在本质上，公共部门和私人部门却存在着相当大的差异。与私人部门相比，公共部门的特性可以归纳为三点：第一，公共部门的"公共性"。公共部门的主要目的在于谋求"公共利益"，其动机在于加强服务，便民利民。而私人部门的目的与动机则在于追求企业或组织的经营利润，而且其追求的利润是有形的，是可以以金钱计算的。第二，公共部门的权威性。不同于私人部门，公共部门的行为带有权威性和强制性，它来自于公众所赋予的公共权力。权威性和强制性给公共部门实现其目标带来了很大的便利，同时，这样的行为也更需要得到规范和约束。因此，公共组织的活动具有法律所赋予的权威并受法律法规的限制。与之相比，尽管私人部门也要依法约束自身的行为，但在管理活动中更多的是组织规则和管理行为发挥作用。第三，公共部门的目标难以量化。公共组织的目标不仅是满足某一群体的利益，更多的是维护公共利益和促进公共利益最大化，但公共利益是抽象的和模糊的。与之相比，私营组织的目标则是创造企业利润，员工的绩效是以其对组织创造利润的贡献为标准来加以衡量的，因而显得明确得多了，也容易通过制定量化的绩效指标来进行绩效管理。除此之外，公共部门的独占性、受监督性、相互间的依存性等，都决定了公共部门的绩效评估拥有其自身的特性。因此，公共部门的绩效管理与私人部门不同。

公共部门的产品大都是无形的服务，其质和量缺乏确定性和可度量性。另外，公共部门的产出和最终的社会效果之间还存在时间的滞后性，很难根据产出去对效果做出评估。也就是说，公共服务的绩效难以用定量的方法来加以界定，即使运用先进的计算机技术，也无法结算公共服务产出的效果。同时，很多服务（如国防和公共安全）都是公共部门为作为整体的公众提供的服务，无法衡量每个人从这些服务中所能得到的益处及耗费。更为复杂的是，没有提供同样服务的竞争者，因此，就无法取得可比较的成本与收益的数据。即使在非政府组织以及其他社会力量加入到公共服务的行列中后，公共部门的服务也是很难用量化指标来加以衡量的，多元公共管理主体之间的竞争也主要反映在体制和制度的层面，在具体的管理层面上，还是很难体现出来。

政府部门绝大多数组织存在着多重的甚至相互冲突的目标。一些目标与政治统治相关，一些目标与人事管理和行政效率相关，另一些则与财政和政治责任相关。对于这些多重目标的选择和权重排序，往往会受到价值观和权力等因素的影响，因而很难达成一致。此外，公共部门的目标有很多是抽象的和模糊的，是一些不易量化的软目标，如提高人口素质、实现社会公平等，其衡量标准弹性很大。而且，如何把这些笼统抽象的目标转化成可操作性的量化的管理目标，也是非常困难的。由于政府的主要目的不是营利，因此，衡量一个公共部门的绩效就特别困难。

8.3.2 政府绩效管理的成熟度

与私人部门的绩效管理相比,政府绩效管理的历史要短得多,理论探讨也明显不足。就对政府绩效管理的研究而言,现有的成果大都是在对私人部门绩效管理的改编和修订中产生的,直接针对公共部门的特点而进行的研究尚显不足。在某种意义上,由于私人部门绩效管理在理论上和实践上都取得了巨大成功,这也把关于公共部门绩效管理的研究笼罩在了其阴影之中,使得公共部门的绩效管理研究被束缚在其既有的框架下,无论在哪个方面,都似乎无法实现突破。即使出现了一些立足于公共部门的研究成果,也立即会遭到那些维护私人部门绩效管理理论的学者或出身于私人部门绩效管理研究理论背景的学者们的封杀。所以,直到今天,关于公共部门绩效管理的一些基本概念、管理程序、管理方法和技术等,都存在着较大的分歧,对公共部门绩效体系的一些设计都明显地带有私人部门绩效管理的痕迹,因而缺少直接针对公共部门绩效管理的科学性和系统性理论及其方法。这种理论和方法上的缺乏,在很大程度上制约着公共部门绩效管理实践的发展。

由于绩效管理在公共部门中的实践时日尚短,实施绩效管理的制度保障方面的建设还不完善,实际上,世界各国都明显缺乏统一的法律、法规和相关政策去为绩效管理提供法定依据,很多国家在公共部门绩效管理和绩效评估方面的活动都还处于一种自发状态,更多地表现为政府相关部门或领导人的推动,属于一种管理理念和管理行为层面的努力。当然,在 20 世纪 80 年代以来的这场持续的行政改革浪潮中,各国政府都意识到提高政府绩效的意义,因而,在推行绩效管理方面有着很大的动力。但是,政治部门在推行绩效管理的行动中所表现出来的积极性明显不足,除了美国等少数国家已经有了关于绩效管理的立法之外,绝大多数国家在这方面都还是空白。这种状况所造成的结果是:(1)绩效管理活动难以在政府部门全面系统地推进,也缺乏整体的战略规划;(2)一些政府部门以及地方政府的绩效管理带有盲目性和随意性,缺乏科学有效的方法;(3)绩效管理活动缺乏可持续性,经常采取"运动式"的做法,往往流于形式;(4)绩效管理的实施方法互不统一,难以相互比较而进行经验交流。

从当前绩效管理的实践来看,主要存在着这样几个方面的问题:

其一,存在着绩效评估结果的主观性问题。公共部门绩效管理本质上是对政府机构及其人员业绩的考核和监督,必然要触及或影响被评估者的利益,因而,被管理者就可能会想方设法隐瞒真实信息。这样一来,绩效评估结果的准确性就会大打折扣。除此之外,在绩效评估中,无论是部门评估还是个人评估,领导的意见在评估中都可能发挥关键作用。即便领导能较好地控制私人情感对评估的影响，不同领导对原则性指标的理解也会呈现相当大的差异；这就可能使绩效管理的结果带有很大的主观性，导致对相同的成员及其相同的行为做出完全不同的评价，即得出不同甚至是完全相反的结论。

其二，存在着政府部门绩效管理信息系统尚不健全的问题。政府部门绩效管理需要大量的信息作为支持。信息的筛选、输入、加工、输出和反馈的动态循环直接关系到绩效管理能否达到其预期目标。从目前公共部门绩效管理的现状看，无论是西方发达国家还是广大的发展中国家，都相对缺乏健全的绩效管理信息系统，这无疑给绩效管理工作造成严重障碍。政府绩效管理中的困难主要体现为绩效管理所需信息难以收集以及需要花费大量的人力、财力和物力。在管理过程中，由于信息系统的不完善，管理中常常出现政府与公众的沟通阻碍现象，从而导致评估质量的降低。因此，建立包括审核制度和应用机制在内的快速有效的绩效管理信息系统，对于公共部门绩效管理的发展十分必要。

其三，绩效评估指标体系有待完善。绩效评估指标的确立对于整个公共部门的工作来说是一个引导，建立全面、公平、公正的指标体系不可或缺。但是，在公共部门的绩效管理中，普遍存在着这样两个方面的评估指标确定方面的问题：一是公共部门绩效评估指标体系的权重设置问题。很多发展中国家公共部门绩效管理都过多地以数量化的经济指标为主，过分强调经济总量的增长要求，只关心国内生产总值、财政收入、税收等经济指标的增长，而对一些与国计民生紧密相关的指标，如居民的实际收入、人均住房面积、医疗水平等并不十分关注。在这种只侧重经济指标增长的指标体系下，会使一些公共部门及其工作人员为了完成任务指标而积极干预经济活动，往往忽视了对公共服务状况的改善。长期如此，则会使那些密切关系到执政基础的国计民生指标无法得到发展，最终也会影响经济指标的发展，从而对政府的合法性产生威胁。二是公共部门绩效评估指标体系的统一化问题。由于地区的差异性，即使同一级地方政府，也不能采取完全一致的绩效评估指标体系来加以衡量。如果用同一指标体系来引导各地政府，极有可能导致一个国家的所有地方政府都朝着一个模式发展，而不能做到因地制宜。"一刀切"的做法是不可能给各地带来一致的积极效果的，也无法反映各地政府的真实绩效。因此，不同地方在发展战略方面应当有所区别，而不能用同一绩效指标体系去衡量所有地方政府。

8.3.3 政府绩效管理的改进方向

尽管存在着许多困难，但是，近些年来，政府部门在绩效管理方面所取得的成绩也是巨大的。对于政府部门来说，当前的问题不是要不要开展绩效管理的问题，而是一个如何加以改进的问题。在服务型政府理念统领下的法治政府、有限政府、民主政府、透明政府、责任政府等追求也对公共部门的绩效管理提出了新的要求，因而，需要公共部门在绩效管理中贯彻这些理念。

服务型政府是为人民服务的政府，服务是一种基本理念和价值追求，政府定位于服务者的角色上，把为社会、为公众服务作为政府存在、运行和发展的基本宗旨。服务型政府把政府绩效评估作为提升政府服务能力的手段，并在绩效评估环节中建立关于公众满意度的绩效指标，坚持外部评估和内部评估相结合的绩效评估机制。服务型政府的民众本位的政绩观，决定了政府在进行公共部门绩效管理时要引入公众力量，让公众作为绩效评估的主体，以公众满意度作为一项重要的评估指标，加强政府与社会的互动，从而克服把政府绩效管理仅仅作为政府内部管理措施的现象。也就是说，坚持外部评估和内部评估的统一，以求客观公正地进行政府绩效评估。

法治政府是公共部门绩效管理的前提和基础。如果政府不是法治的，而是完全依靠权力进行治理的话，绩效管理就失去了存在的基础，因为，权力意志的贯彻和落实是与绩效评估的科学性要求完全对立的。只有当政府实现了法治，才能为公共部门绩效评估提供有力的支持，才会提出绩效管理的要求。反过来，对于依靠权力开展治理的政府来说，绩效管理也是没有意义的，特别是与长官意志相冲突的时候，更会被看作一种障碍。法治政府则不同，它需要通过绩效管理来使它更加完善。

有限政府是与无限政府相对应的，也可以看作法治政府的另一种表述，只是内容侧重点有些不同。有限政府的概念所要表明的是政府职能的有限性，政府必须在特定的范围内活动。有限政府确定了政府的职能和权限，提供了绩效评估的对象，使政府绩效目标明确，易于评判。有限政府追求的是有效的政府，所以，有限政府并不是弱化政府责任或者缩减政府规模。有限政府是要重新界定政府治理边界，收缩政府权限，合理划分政府、市场与市民社会的治理领域，以明确各自的职责，把政府有限的资源应用到其核心职能上，高效地提供公共服务。有限政府是实现有效政府的重要途径，而绩效管理恰恰是有效政府实现的途径。所以，绩效管理的发展，也需要朝着有利于有效政府建设的方向努力。

民主政府是现代民主政治发展所提出的要求。公共部门绩效管理是民主政治的产物，政府民主程度的提高，为公民和社会组织参与政府绩效管理提供了合法空间，特别是有利于形成多元化的评估主体机制。民主政府表明政府仅仅以代理人的身份出现，政府是受公众的委托、代替公众对国家和社会行使公共权力的机关。政府的使命是从总体上保护所有公民的利益。政府绩效评估是民主政府的必然要求。政府作为社会公众的代理人必须重视社会公众的利益需求并及时回应。政府的回应能力即政府提供公共服务的能力是衡量现代政府能力的一项重要标准，而政府绩效管理就是对政府这一能力的评判。所以，在政府绩效评估指标中，要把民主政府的内容贯彻进去，要在推动民主政府建设方面发挥应有的作用。

透明政府是对公民知情权的尊重。公民权利有多个层次，在公共生活中，公民权利的一个很重要的方面就是知情权，即一种对政府的"知"的权利。政府在做什么、怎么做、做的效果怎样，公民都应有权知道。政府有义务向公民提供其活动的信息，这已经成为一个社会共识。近些年来，一种旨在满足公民知情权的政府信息公开制度也已经成了政府建设的重要内容。透明政府是对现代政府的基本要求。透明政府要求建立一整套健全的政府信息公开制度，从而使公民和社会团体易于获取和掌握政府活动的充分信息，以便提供外界评估政府绩效所需要的信息资料，保证社会团体和公民谋求通过绩效评估监督和控制政府的要求能够得到实现。

责任政府是指政府能够积极地对社会公众的要求做出回应，并采取积极的措施，公正地、有效率地实现公众的需求和利益。民主政府必然是责任政府，政府在行使其权力时只有承担责任才是合法的。责任政府蕴涵着政府及其工作人员对他们的行为负责的含义，而责任的确定，则需要通过绩效评估来实现。因此，需要基于绩效评估的结果去认定组织成员的责任，并以此为基础去实施奖励和惩罚。公共部门的绩效管理在现阶段主要还是围绕政府展开的，主要目的是通过对政府绩效的评价去提高和改善政府部门绩效。政府绩效管理不是为了管理而管理，政府绩效管理必须围绕绩效评估的结果而采取一定措施去改进政府部门的工作，从而真正实现绩效管理的价值。责任政府意味着政府部门的评价活动都有责任落实机制，政府绩效评估结果的运用就是政府责任在绩效评估中的体现。评估结果的运用，是政府绩效评估的直接目的，也是继续开展新的绩效评估的动力所在。

8.3.4 政府绩效管理环境的优化

继20世纪初的管理科学化运动之后，绩效管理从70年代开始而成为一场新的管理运动，它在公共部门的引入以及发展，对于推动公共部门的改革和发展来说，发挥了非常积极的作用。目前看来，在一个相当长的时间内，公共部门管理优化的追求都需要通过绩效管理来实现。所以，在公共部门的管理体系中，绩效管理有着非常重要的位置。也正是由于这个原因，绩效管理需要得到公共部门领导者的支持，公共部门的领导者应当在对整个管理过程的领导中优先考虑将绩效管理纳入到公共部门管理变革的重要议程之中去。

与政府部门中的一般性考核相比，绩效管理有着很大的操作难度，它需要由组织的领导层提供动力，具体地说，就是对绩效管理提供诸如设立机构、确定人员、划拨经费等方面的支持，在实施绩效管理的过程中，组织领导者特别要关注并督促绩效评估的进度。一般说来，绩效管理工作对于被管理者会产生一定的压力，同时，这种压力也会反过来给绩效管理工作带来一定的阻力。出于部门利益的考虑，一些被评估的部门可能会有消极情绪，甚至会有抵触情绪。出现这种情况，需要领导者有鲜明的态度并切实地帮助绩效管理部门处理问题。在实施绩效管理的过程中，组织高层领导人的承诺、参与等都是非常重要的。如果能够相应地配置所需资源的话，更能体现出组织领导层的决心，对于推动绩效管理的实施和改进，都会起到无法替代的作用。1997年2月，美国NPR颁布了《顾客需求战略规划最佳实践的基准比较研究报告》，报告指出：在设计和部署有效的绩效管理和管理制度时，高级执行者和管理者的参与是成功的绩效管理和管理制度必不可少的一部分，资深领导人应积极参与其组织制度的创造和实施。在所研究的几个公共或私营组织中，主要执行官员不仅亲自给组织内不同层级阐明任务、远景和目标，而且在整个组织中参与绩效期望结果的宣传。同样，在英国，"雷纳评审"的推进也来自当时的首相撒切尔夫人的支持和推动。

政府部门绩效评估作为改革和完善政府治理的依据和手段，体现了服务本位的改革取向和结果为本的评价机制。就其所体现的服务本位取向而言，公共部门绩效评估必然蕴涵着顾客至上的管理理念和公民取向的绩效观。此时的政府机关理应实现从管理者和监控者向公共服务供给者的角色转换，并把为公众提供良好服务作为其最根本、最广泛的职能。作为一项结果为本的评价机制，公共部门绩效评估寻求的是对政府机关公共服务供给的质量、效能、公平性以及回应性的科学测定，目的在于避免供给者利用提供公共服务的机会谋求私人利益，尽可能实现公共利益的最优化。公共部门绩效评估中引入公民参与机制有利于政府更有效地朝着公民需求的方向努力，有利于政府机关及时纠正行动中的失误，有利于增进公民对公共部门绩效评估的监督、支持以及对评估结果的理解和认同。例如，1993年，美国总统克林顿签署了《设立顾客服务标准》的第12862号行政命令，责令联邦政府部门制定顾客服务标准，要求政府部门为顾客提供选择公共服务的资源和选择服务供给的手段。根据该行政命令，顾客至上意味着联邦政府为美国公众提供能够得到的最高质量的服务。

政府部门绩效管理理论的发展取决于实践对它的需要。随着公共部门绩效管理实践的快速发展，必然意味着公共部门绩效管理理论研究时代的来临。加强公共部门绩效管理理论的研究，离不开自然科学、社会科学和人文科学的多学科的共同努力，也需要政府实践工作者与理论工作者的共同努力，需要实现学科整合和运用跨学科的研究方法，更需要加强国家间公共部门绩效评估研究的交流与合作。无论是在西方发达国家还是在广大发展中国家，公共部门绩效管理人才都是十分可贵的,其中一个重要原因就是没有形成一套科学合理的绩效管理人才培养的制度化模式。因此,必须加强绩效管理人才的培养,并将其作为改进公共部门绩效管理的重要途径。

作为具体的绩效管理主体,绩效管理机构属于绩效管理的内在系统,它负责推进绩效评估工作的整体进程,因而对公共部门绩效管理的改善至关重要。高效的绩效管理机构需要具备以下三个条件:一是保证机构的相对独立性。绩效管理的内部主体和客体都是公共部门系统中的组织和个人,如果不能保证机构的独立运行,难免会使管理工作受到多方干扰,无法确保结果的公平公正。二是需要管理机构人员素质的提高。评估工作需要面对众多公共服务部门和相对人,要求工作人员有高度的事业心和责任感,管理者本身就要讲究绩效。三是机构内部的协调一致。绩效管理是一个动态过程,需要各个管理环节之间的紧密衔接,这也要求绩效管理机构本身的人员及部门相互配合、协调互助,保证这一过程的顺利完成。

政府部门绩效管理还需要有相应的法律制度作保障,并逐步走上规范化、法制化和制度化的正轨,如果能够拥有相关的绩效管理或绩效评估法律去为这项管理活动做保障,公共部门的绩效管理肯定能够得到迅速发展和普及。在这方面,西方国家已经取得了进步,即用法律法规来指导、规范公共部门的绩效管理活动。1993年颁布的《美国政府绩效与结果法》是其政府改革推进过程中的重要立法,它要求所有的联邦机构发展和使用绩效评估技术并向公众报告自己的绩效情况。澳大利亚在1992年和1999年颁布了《文官改革法》和《公共服务法》,也将绩效管理和绩效奖金制度纳入规范。

关键概念

效率 绩效 政府绩效 政治绩效 经济绩效 社会绩效 文化绩效 政府绩效评估 政府绩效标准 3E评价法 标杆管理法 平衡计分卡法 360度绩效评估法

复习思考题

1. 简述效率与绩效的区别。
2. 简述政府绩效的内涵。
3. 简述政府绩效的影响因素。
4. 简述政府绩效评估的主要功能。
5. 试述政府绩效评估体系的衡量标准。
6. 简述政府绩效评估的类型。
7. 简述政府绩效评估的主要方法。

8. 试述政府绩效管理的困难。
9. 试述政府绩效管理的成熟度。
10. 试述政府绩效管理的改进方向。
11. 试述政府绩效管理环境的优化。

第9章 政府危机管理

我们正处在一个风险社会中，危机无处不在，危机已经显现出对社会公众的生命、健康与财产安全构成了严重的威胁的状况。危机管理意味着管理者需要在巨大的时间、心理压力下迅速地做出决策，有效地加以应对。危机管理是一种不同于传统管理的全新条件下的管理，也就是说，它是发生在危机状态下的管理，是在人们的生活和社会的安定已经受到挑战的条件下所进行的旨在消除危机恢复常态的管理活动。也就是说，危机管理正在成为一种新的管理形式，它对管理者、管理体制以及管理方式方法都提出了新的要求。目前，危机管理还处在一个刚刚得到自觉的阶段，我们所讲的危机管理还主要停留在建立危机机制去应对危机事件的工作上。但是，随着危机管理成为社会治理活动中越来越重要的主题，关于危机管理的探索也会逐渐深入，危机管理的方式、方法也会逐渐走向成熟。在一个很长的时期内，政府将扮演着危机管理的基本主体的角色。

本章重点问题
- 公共危机的概念
- 公共危机管理的基本特征
- 公共危机管理的原则
- 公共危机管理的过程
- 公共危机管理机制

9.1 公共危机与公共危机管理

9.1.1 危机管理成为公共管理的重要课题

公共危机管理是当前世界各国政府所共同关注的一个重要问题。这是由两个方面的原因决定的：其一，人类在全球化、后工业化进程中进入了一个危机事件频发的历史时期；其二，由于科学技术的发展，人们转变了被动应对风险与灾害的局面，开始积极地预测风险、化解风险，主动地应对、处置灾难，探索进行有效应对的途径。因而，危机管理既是社会治理中的一个时代课题，又表现出人类面对各种各样的危机事件积极行动的进取精神。

20 世纪 90 年代以来，随着经济全球化浪潮奔涌而来，风险社会的特征迅速凸显，各种影响国家安全、公共安全、环境安全与社会秩序的不确定、不稳定因素日益增多，公共危机发生的频率高、危害的程度大、影响的范围广。同时，我国也正处于社会转型时期，经济发展不均衡、社会矛盾积聚、道德滑坡等所导致的各类挑战公共安全的公共危机事件迅速增长。种种迹象表明，在国际与国内因素的共同作用下，公共危机不仅关系着社会的和谐稳定，也考验着政府的执政能力。危机管理已经成为公共管理中的一项重要课题，也是公共管理者必须掌握的一项基本技能。

公共危机的发生对公众的生命、健康与财产安全构成了严重威胁，对社会的安定造成了极大冲击。它需要政府在尽可能短的时间内有效地调集全社会所蕴藏的人力、物力与财力资源，及时地加以应对，以遏制、消除公共危机的后果。在公共管理主体多元化的条件下，非政府组织以及各种各样的社会力量都需要加入到危机管理过程中来，与政府一道去应对危机。而且，在危机预警等方面，非政府组织和各种各样的社会力量能够发挥重要作用。公共危机管理所提供的产品是公共安全，具有效用的不可分割性和受益的非排他性。在一切公共产品中，公共危机管理是最能体现出其公共性的一项管理活动。

"危机事件"是"风险社会"中的必然产物。20 世纪 80 年代，德国社会学家乌尔里希·贝克（Ulrich Beck）提出了"风险社会"理论。后来，英国社会学家安东尼·吉登斯（Anthony Giddens）又丰富和完善了这一理论。贝克所讲的风险社会是后工业化进程中的一种社会现象，即各种自然和人为的事故与灾难频繁发生，如自然灾害、核事故、传染病、恐怖主义袭击等。的确，在今天这样一个社会历史阶段中，社会风险表现了许多新的特征：

第一，风险的扩散性与影响的全球性。贝克认为，在后工业社会中，风险的影响和后果具有扩散性，会超越民族国家的地理疆界。他说，在风险社会里，"占据中心舞台的是现代化的风险和后果，它们表现为对于植物、动物和人类生命的不可抗拒的威胁。不像 19 世纪和 20 世纪上半期与工厂相联系的或职业性的危险，它们不再局限于特定的地域或团体，而是呈现出一种全球化的趋势，这种全球化跨越了生产和再生产，跨越了国家界线。在这种意义上，危险成为超国界的存在，成为带有一种新型的社会和政治动力的非阶级化的全球性危险。"[①] 今

---

① 乌尔里希·贝克著，何博闻译：《风险社会》，译林出版社 2004 年版，第 7 页。

天，发生在一国的危机可以蔓延出国境，造成国际影响，同时，国际上发生的危机也可能传播到一国境内。所以，公共危机管理应该具备一种宽广的国际视野，需要与其他国家开展密切的合作。

第二，风险的不可预知性。作为工业化的产物，现代风险不仅有着全球化的趋势，还有着不可预知的特征。"在今天，文明的风险一般是不被感知的，并且只出现在物理和化学的方程式中（比如食物中的毒素或核威胁）。"① 也就是说，现代风险往往具有高度的不可预测性及不确定性，这对人类在风险问题上的预测、预警能力及处置、干预能力提出挑战。人类的理性是有限的，思维也存在着各种盲区。许多风险和危机是防不胜防的。一些公共危机的发生概率虽小，但其结果则可能会造成极大的损害。因而，我们在强化防范意识的同时，需要具备可以综合性地应对各种危机的能力和实力。

第三，风险的人为性。贝克所关注的主要就是"人为的风险"。他说："自然和传统领域不再具备控制人的力量，而是处于人的行动和人的决定的支配之下。夸张地说，风险概念是个指明自然终结和传统终结的概念；或者换句话说，在自然和传统失去它们的无限效力并依赖于人的决定的地方，才谈得上风险。"② 在人化的环境中，自然灾害的过程可能在表现上是自然的，但其成因或后果却是社会的。因而，我们必须反思人类自身的行为，树立人与人、人与自然、人与社会和谐相处的理念。

第四，风险的平等性。风险使承受者平等地分摊风险的结果，打破了社会阶层的划分。贝克形象地说："贫困是等级制的，化学烟雾是民主的。随着现代化风险的扩张——自然、健康、营养等等的危机——社会分化和界限相对化了……客观地说，风险在其范围内以及它所影响的那些人中间，表现为平等的影响……在这种意义上，风险社会确实不是阶级社会；其风险地位或者冲突不能理解为阶级地位或冲突。"③ 如今，世界各国之间的经济社会联系越发密切，呈现出某种"一荣俱荣，一损俱损"的态势。在应对重大公共危机方面，人类必须同舟共济、彼此合作、风险共担。

在全球化的条件下，充斥着各种的矛盾和冲突，传统安全因素与非传统安全因素相互交织，共同挑战人类社会的生存安全。"国际社会行为主体多元化成为现实，安全研究的领域逐渐扩展。从纵向来看，如果我们把安全问题看作是从个人到国家、国际社会的立体结构，就会发现安全对象出现向垂直两端发展的趋势，更加强调位于最上端的全球（国际体系和国际社会）安全和最下端的人

---

① 乌尔里希·贝克著，何博闻译：《风险社会》，译林出版社2004年版，第18页。
② 乌尔里希·贝克、威廉姆斯：《关于风险社会的对话》，载薛晓源、周战超主编：《全球化与风险社会》，社会科学文献出版社2005年版，第3~4页。
③ 乌尔里希·贝克著，何博闻译：《风险社会》，译林出版社2004年版，第38页。

（国家和国际社会最基本的单位）的安全。从横向分析，如果我们把传统的安全问题仅局限于主权完整和军事安全的话，现在出现了向众多领域蔓延的明显趋向。"① 无论是公共安全、国家安全还是国际安全，其核心都是人类的生存安全，都对公共危机管理提出了更高的要求。

从表现形式上看，公共危机具有偶发性，但偶发性背后往往具有一定的必然性。不仅如此，各类公共危机还具有很强的人为性。因而，我们在加强公共危机管理的同时，决不能忽略公共危机偶发性背后的必然性和人为性，需要及时消除可能诱发公共危机的社会不和谐因素。政府存在的首要意义就是为确保社会公众的生命、健康与财产安全。政府在公共危机管理中发挥着不可替代的作用。所以，加强公共危机管理也已经成为我国政府提高执政能力、维护社会和谐与稳定的重要内容。公共危机管理就是政府履行社会管理和公共服务职能的具体体现。

9.1.2 "公共危机"与"突发事件"

荷兰危机管理学家乌里埃尔·罗森塔尔认为，危机是指"一个系统的基本结构或基本价值和规范所受到的严重威胁"，"由于受到时间压力和处于高度不确定状态，这种威胁要求人们做出关键性的决策"②。从这个概念看，危机具有三个基本的构成要件，即"威胁"（threat）、"不确定性"（uncertainty）和"紧急性"（urgency）。危机对人们的生命、健康与财产安全构成了严重威胁，其演进路线与发展方向具有不确定性，需要管理者在巨大的时间、心理压力下迅速地做出决策，有效地加以应对。

汉语中的"危机"一词包含着"危险"与"机遇"两个方面的含义。从辩证法的角度看，任何坏事都有向好的方面转变的可能性，危险可以化为机遇。但是，化"危险"为"机遇"并不是一个自然而然的过程，它需要特定的条件，如人们从灾害中学习如何应对灾害。为了突出这一点，我们倾向于明确地对"危机"做出负面性的价值判断。正如国外学者所言，危机是指"人们不希望产生、没有预料到的情景：当我们谈到危机时，我们通常是指坏事降临在一个人、一个群体、一个组织、一种文化、一个社会或整个世界头上。人们必须紧急行动，确保这种威胁不会变为现实。"③

在全球化的背景下，危机具有很强的扩散性。企业危机、公共危机、国际危

---

① 刘长敏：《全球化时代的国际危机及其中国的应对》，载李程伟主编：《公共危机管理：理论与实践探索》，中国政法大学出版社2006年版，第80~81页。
② U. Rosenthal. "Crisis Decision Making in The Netherlands", *Netherlands' Journal of Sociology*, 22 (1986), pp. 103–129.
③ Arjen Boin, Paul't Hart, Eric Stern, and Bengt Sundelius. *The Politics of Crisis Management: Public Leadership Under Pressure*, first published 2005, Cambridge University Press, p. 2

机三者之间有时界限是模糊的，甚至可以相互转化。例如，吉林石化公司双苯厂发生爆炸事件，这本来是企业自身的危机。但由于消防队员将苯的残留物冲刷到了松花江中，污染了江水，企业危机演变为公共危机。又因为松花江流入作为中俄两国界河的黑龙江（俄方称阿穆尔河），俄罗斯方面对水污染事件提出严重抗议，国内公共危机从而升级为国际危机。

在我国政府的文件中，"公共危机管理"一词也被表述为"突发事件应急管理"。那么，"危机"与"突发事件"之间是什么关系？一般说来，"事件"是指"历史上或社会上发生的不平常的大事情"。"突发"二字意味着时间上的紧迫性和后果的严重性。2007年我国颁布、实施的《中华人民共和国突发事件应对法》是这样界定突发事件的："指突然发生，造成或者可能造成严重社会危害，需要采取应急处置措施予以应对的自然灾害、事故灾难、公共卫生事件和社会安全事件。"[①] 我们所说的突发事件近似于国外所说的"紧急事件"（emergency），往往是可能诱发危机的"事情"，是一个"点"；而危机则指某个系统所处的情景或状态。

"危机"与"突发事件"往往交织在一起：一个系统内蛰伏的危机因素积聚到一定程度后，就可能引爆某个突发事件。这样一来，突发事件就成了危机开始的标志。在这种情况下，危机因素如果能够被遏制，突发事件就不会发生。与此同时，一个突发事件也可能会引发一场危机，是危机的诱因。在这种情况下，突发事件如果能得到有效的控制，危机就不会爆发。此外，一场危机中可能会出现多个突发事件。同时，突发事件也可能会起到给危机推波助澜的作用。在实践中，我们往往会将危机中的典型突发事件指称为危机。因此，"公共危机管理"与"突发事件应急管理"基本上是一个概念的两种表述方式。

一般而言，公共危机具有以下基本特征：

第一，突发性和紧迫性。由于公共危机往往是平素积累起来的问题、矛盾、冲突等因长期不能得到有效解决，从而在突破一定的临界点后突然迸发，它看似偶然，实则是必然的。公共危机的发生需要应急管理人员在巨大的时间和心理压力之下迅速调动可以掌控的一切人力、物力和财力进行有效地应对，控制事态发展，消除不利的后果与影响。最为重要的还是要贯彻以预防为主的原则，防微杜渐。同时，我们要按照"藏富于民""不求所有、但求所用"的思想，以利于开展应急社会动员时能够迅速调动起有效应对危机的资源。公共危机发生时，应急需求会急剧膨胀；公共危机过后，应急需求会突然缩减。一般来说，一个理性的政府不会在平时储存过多的应急人力、物力和财力而造成不必要的浪费，而是需要建立起高效、快捷的社会动员机制。只要有了这样一种动员机制，就能够实现

[①] 《中华人民共和国突发事件应对法》，中国法制出版社2007年版，第3页。

公共安全效益与经济效益的"双赢"。

第二,不确定性。公共危机自始至终都处于不断的变化之中,人们很难根据经验对其发展方向做出常识性的判断。特别是在经济全球化的背景下,由于各种因素交织与互动,不断地出现前所未有的新型公共危机,显示出了不确定性的特征。公共危机如果得不到有效遏制,就有可能产生"涟漪效应",进而产生次生、衍生灾害。因此,在危机决策的过程中,我们要在经验决策的基础上,注重科学决策,发挥危机管理人员的创新能力。特别是在今天,我们面对的公共危机往往是前所未有的,不确定性很强。危机管理者不仅要有丰富的实践经验,也要具备较强的创新精神和创新能力。创新精神又是与危机管理组织宽容的组织文化分不开的。

第三,危害的易扩散性。公共危机可能会使社会公众在健康、生命和财产方面遭受重大的损失,从而干扰、破坏社会正常运行的秩序,甚至使政府的合法性面临挑战。公共危机往往会突破地域界限,向更广范围的地理空间扩散。在许多情况下,公共危机不仅会造成大量的直接危害,也会引发次生灾害,形成一个灾害链条。这就使构建一个防范和应对公共危机的社会网络成为必要。总之,致灾因素具有突出的连带性、耦合性与叠加性,表现出链状群发、甚至网状群发的特点。因而,我们在公共危机管理的过程中要关注系统性风险,并以系统的眼光来关注公共危机。在实践中,我们要提倡相关部门之间的协同与合作,从而形成应对公共危机的强大合力。

公共危机可以依据其性质、社会危害程度、影响范围等因素而被划分为不同的等级。公共管理者要根据对危机级别的判定配置相应的资源,避免响应不足和响应过度。在我国,自然灾害、事故灾难、公共卫生事件一般分为四级,即Ⅰ级(特别重大)、Ⅱ级(重大)、Ⅲ级(较大)和Ⅳ级(一般)。由于公共危机处于不断演进过程中,所以,分级也是动态的。在实践中,当危机情势不够明朗时,分级一般遵循"就高不就低"的原则。还有,社会安全事件是不分级的。这是因为社会安全事件的演进呈现出非线性的特点,表现出明显的"蝴蝶效应"。

9.1.3 公共危机管理及其原则

公共危机管理要实现常态与非常态的结合。在常态下,我们要做好公共危机的预防和公共危机管理的准备工作;在非常态下,我们要有效地进行处置、妥善地进行恢复。总的说来,公共危机管理应遵循预防为主、预防与应对相结合的方针。因此,我们要本着未雨绸缪的精神,实现预防与应对、常态与非常态的结合。

在公共危机管理的实践中,我们发现:从性质上看,一类公共危机有可能引发另一类公共危机；从地理区域上看，同一类公共危机可能扩散到一定的行政管辖区域之外。同时，随着公共危机信息的逐渐清晰，伤亡人数与损失程度有可能上升，最初所判定的级别有可能被修正。在危机管理过程中，一定要贯彻系统整合的思想：对于管理对象，危机管理要能够覆盖各类公共危机，体现协调、合作的思想，避免水平方向的碎片化；在应对层次上，危机管理要建立不同层级政府、组织之间的合作机制，避免垂直方向的碎片化。

公共危机管理作为管理的一种形式也要体现出分类管理、分级负责的原则，要明确不同类别、级别公共危机应对的责任主体。也就是要根据公共危机的类别确认主责部门，如自然灾害对应的是民政、地震、防汛抗旱等部门，事故灾难对应的是安全监督部门，公共卫生突发事件对应的是卫生、防疫等部门，社会安全事件对应的是公安、外事等部门。但是，现代社会的系统性、复合性风险日益增多，即使是同一类公共危机的处置，也需要多个部门的协调与配合。例如，生化恐怖袭击事件发生后，公安部门负主责，医疗卫生、安全生产等部门的应急救援队伍应协同处置。

公共危机分级的主要意义在于规定公共危机的管辖范围。在我国，一般和较大的公共危机分别由县和地级市人民政府领导，重大公共危机由省级人民政府领导，特别重大的公共危机由国务院统一领导。这是由我国应急资源的配置特点所决定的：政府的行政级别越高，所掌控的危机管理资源越丰沛，处置能力也就越强。

但是，公共危机往往不限于特定的行政区域，且其所造成的影响和损失评估结果也会被不断更新，从而使响应的级别不断扩大升级。不论是哪一级别的公共危机，所对应行政主体的下级政府必须参与。我国公共危机管理中贯彻的是"以属地为主"的原则。这就涉及上下级政府之间的府际协调问题。部门分割、条块分割是我国公共危机管理中常常可以看到的一个问题。对公共危机进行分类、分级，可以有助于划清责任主体，实现分类管理、分级负责。同时，加强整合，使公共危机管理体现出综合性特征，从而构建起综合性的公共危机管理体系。具体而言，综合性的公共危机管理体系是一个"工"字型结构：第一，就危机管理的主体来说，它包括政府、军队、非政府组织、企业和个人等，体现了全社会共同参与、合作治理的原则；第二，就危机管理的客体来说，它包括自然风险、技术风险与人为风险，涵盖了自然灾害、事故灾难、公共卫生事件和社会安全事件四大类危机，体现"全风险"的原则；第三，就危机管理的过程来说，它包括预防、准备、响应、恢复重建等阶段，体现了"全过程"的原则。简言之，综合性就表现为公共危机管理的全参与、全风险和全过程。

成功的危机管理应能调动全社会的人力、物力和财力，构成一个危机管理的网络，实现全民共同参与，形成自救、互救与共救并存的局面。这是因为，公共危机管理的对象不是单一风险，而是多种风险。它要求危机管理必须建立起以政府为领导的管理网络，将政府、市场与非政府的力量协调起来，形成一种强大的合力，应对不同类型的风险。显然，在经济全球化进程加速发展的今天，由于科学技术的突飞猛进和人类生活方式的急剧转变，影响公共安全的新矛盾、新问题日益增多。同时，由于社会联系愈发密切，各类风险的扩散性及相互渗透性提高。在各种突发、频发的自然、技术与人为风险面前，那种"撞击—反射"式、分部门、单灾种的危机管理往往会顾此失彼，现出捉襟见肘、无能为力的窘态，而综合性的应对则显示出优势。同时，在应对任何一种风险时，政府都要调动全社会的力量，经过预防、准备、响应与恢复等阶段，完成对公共危机的全过程管理。

公共危机管理的综合性要求：不仅要强调事后的响应与恢复，更要强调事前的预防；不仅要强调单灾种应对，也要强调多灾种的综合应对；不仅要突显政府的力量，也要体现政府、企业与第三部门力量的组合。所以，公共危机管理应遵循这样几项原则：

（1）预防为主，防救结合。公共危机管理要以预防为第一要务，要实现预防与应对相结合。这是因为，即使是成功的应对与处置，也难以完全消除公共危机的全部影响。

（2）以人为本，生命第一。公共危机管理要突显以人为核心的理念，将人的生命安全置于至高无上的地位，要先救人、后救物，先避险、再抢险，因为人的生命高于一切，是不可复制的。

（3）依靠科学，快速反应。公共危机管理要以科学理念为指导、以科学技术为支撑，采用科学的方法，做出快速的响应，进行高效的处置。

（4）社会动员，全民参与。公共危机管理要发挥政府的主导作用，有效地动员企业及社会蕴藏的人力、物力和财力，形成应对危机的合力。同时，增强全民的公共安全和风险防范意识，提高全社会的避险救助能力。

（5）军民结合，平战结合。武装力量往往在重大公共危机管理中发挥骨干和突击作用，成为各国应对公共危机的最后一道屏障。平时训练、急时应急、战时应战，这是世界大多数国家在公共危机管理中所通行的做法。

（6）安全效益与经济效益兼顾。公共危机管理要以较小的经济成本实现最大的公共安全效益。因为危机管理的资金来自于公民纳税，"不惜一切代价"的说法是值得商榷的。

（7）信息公开，引导舆论。公共危机管理要满足社会公众的知情权，做到信息透明、信息公开。但是，涉及国家秘密、商业秘密和个人隐私的信息除外。不仅如此，危机管理者还要积极关注社会舆情动向，了解社会公众的所思、所想、所愿，并对舆情进行有效的引导。

9.2 公共危机管理过程

9.2.1 公共危机管理中的预防

一般而言，公共危机管理的过程包括四个阶段：减缓（mitigation）或曰预防（prevention）、准备（preparedness）、响应（response）、恢复（recovery）。它们分别代表危机管理中的四种活动。

所谓的"减缓"或"预防"，是指减少影响人类生命、财产的自然或人为风险，包括实施建筑标准、推行灾害保险、管理土地的使用、颁布安全法规等措施，减少公共危机发生的可能性或限制公共危机的影响范围或程度。例如，政府采取严格的法律措施，禁止在灾害易发地带构建房屋。预防是公共危机管理的基石。国际安全科学领域里有一条"海恩法则"：每一起严重事故的背后，必然有29次轻微事故和300起未遂先兆，而这些征兆的背后又有1000个事故隐患。公共危机管理要实现从被动应付向主动应对、从结果导向到原因导向的发展，大力推行风险管理的理念，不断地将公共危机管理的关口前移。

公共危机管理中的预防主要包括以下三个方面的内容：

第一，加强预测预警。预测预警是一项科学监测、数据加工和事件预报的活动，它把科学的信息转化成公众可以理解的警报，通过最大限度地广泛传播警报，以求社会公众及时采取响应行动。预测与预警是公共危机预防的两大关键性环节。预测是在公共危机发生前预先进行的有效监测，它包括三个步骤：（1）危险源排查，是对可能引发风险及危机的危险要素进行辨识、筛选与甄别。从公共危机演进的过程来看，危险源排查是危机管理在事发前最为基础的一个环节。（2）危险源监测，是指在公共危机发生前对各种可能引发危机的重点危险源及其表象进行实时、持续、动态的监视和测量，收集相关的数据和信息。（3）风险评估，即根据通过危险源检测的结果，结合脆弱性分析，确定风险的大小，并判别公共危机发生的可能性。

在公共危机管理中，预警主要是指在危险要素尚未转变为公共危机之前将有关风险的信息及时告知潜在的受影响者，使其采取必要的避险行动，做好相应的准备。公共危机的预测与预警是相辅相成、相互统一的关系。预测可以是危机管理者获得相关的信息并进行研判，而预警则是危机管理者将研判的结果通过特定的渠道将相关信息传递给可能受到影响的受众。一方面，科学的预测是精确预警的前提和基础；另一方面，只有通过有效的预警才能把预测得出的结论及时地传递给受众。所以,预测预警的目的是使社会公众采取响应行动、减少公共危机的危害与影响。因此,预测预警的完整流程是:对危险要素持续地进行监测并对警兆进行客观分析、做出科学的风险评估;如果风险评估的结果显示公共危机不会发生,则返回继续监测;如果风险评估的结果显示公共危机可能发生,则向社会公众发出警示信号;当社会公众采取有效的响应行动后,预测预警的最终目的也就得以实现了。

第二,降低社会的脆弱性。为了确保社会公众的安全和减少风险,危机管理者既要尽可能地排查、消除危险要素又要降低社会的脆弱性。脆弱性是衡量社会在危险要素产生作用的条件下是否会遭受危害的指标。在城市里,它主要与以下因素相关:经济、社会的集中程度;城市系统的复杂性和相互关联性;城市的地理位置;城市的环境保护情况;城市的结构性缺陷,如建筑问题;政治和制度缺陷,等等。在乡村中,脆弱性相对较强,主要是因为农村经济、社会发展滞后,社会公众的防灾、减灾意识薄弱,建筑、设施的抗灾毁能力低。

相对而言,风险要素比脆弱性更具有不可控制性。这就要求我们应在以下两个方面开展公共危机的预防:一是规避风险,要对危险要素进行监督、分析、控制;二是寻求安全,降低社会系统的脆弱性。后者比前者更能凸显人的作为。如果能够降低脆弱性,就能够避免许多公共危机带来的不必要损失。比如,在城市化进程中,为了从源头上预防公共危机,就需要加强对在役建筑的风险排查,并采取相应的防灾、减灾措施;同时,落实新建建筑物的安全规划。

第三,提高社会的恢复力。恢复力(resilience)一词来自拉丁语 resilio,意思是"反弹"。从机械意义上说,恢复力意味着一种物质具有一定的张力,在重负之下不会折断或变形,具有一定的弹性。"从20世纪70年代起,这个概念被赋予了更多的意思,指承受压力的系统有能力恢复,回到最初的状态。"[1] 生态学家用这个概念描述系统在经过暂时的扰动之后恢复平衡状态。在国际上,一些从事生态学和生态经济学研究的科学家还组织了一个"恢复力联盟"(Resilience Alliance),认为"恢复力"的含义有三:系统可以吸收扰动的水平;系统自组织的能力;系统建设、增强学习能力与适应能力的程度。[2] 在公共危机管理领域中,恢复力主要是指一个社会"快速、有效地对灾害进行响应、从灾害中复原的能力"[3]。

我们在公共危机预防的过程中,必须着眼于未来防灾减灾的需要,增强灾区

---

[1] Richard J. T. Klein, Robert J. Nicholls, Frank Thomalla. "Resilience to Natural Hazards: How Useful Is the Concept?", *Environment Hazards* 5 (2003), p. 35.

[2] Richard J. T. Klein, Robert J. Nicholls, Frank Thomalla. "Resilience to Natural Hazards: How Useful Is the Concept?", *Environment Hazards* 5 (2003), p. 40.

[3] David A. McEntire, Disaster Response and Recovery. "Strategies and Tactics for Resilience", 2007 John Wiley & Sons, Inc., p. 27.

的恢复力。其主要途径是:增强灾区对未来灾害的控制力和承受力,降低灾区的脆弱性。为此,我们需要采取以下措施:实现人与自然、人与社会、人与人之间的关系和谐,减少引发公共危机的致灾因素;推行与自然合作而非征服的理念,避免在灾害易发区建设房屋或基础设施;对于不能规避、不得不建在灾害易发区的建筑或基础设施,我们要实行更加严格的设计与建筑安全标准,严把建筑施工的质量关,增强其抗毁损的能力,并采取严密的防护性措施;增强应急响应能力,完善应急救援体系,在公共危机发生后有效应对,尽可能减轻灾害的影响;建立良好的应急保障体系,确保灾后恢复重建的人力、物力、财力等资源充裕。

9.2.2 公共危机管理中的准备

公共危机管理中的"准备"主要包括制订应急预案、建立预警系统、成立危机管理指挥中心、进行灾害救援培训与演练等。充分的应急准备有利于我们在公共危机发生后保护公众的生命和财产,有利于社会快速地恢复到正常状态下。准备活动的核心是事先必须制订周密、详尽、具体的应急预案,确定具有可操作性的程序,储备充足的应急资源。公共危机的准备可以概括为四个方面:建立可以有效应对公共危机的应急救援队伍;编制公共危机应急预案,为公共危机管理勾画出"行动路线图";构建公共危机管理的保障体系,在应急法律、应急资金、应急物资、应急避难场所、应急通信等方面做好准备;开展公共安全教育,塑造公共安全文化,提高全社会预防和应对公共危机的意识。

第一,应急救援队伍的建设。应急救援队伍是公共危机管理的基本要素,为了有效地应对公共危机,应急救援队伍建设需要体现这样几项原则:(1)综合应急的原则。具体措施是:建立综合性应急救援队伍,实现部门性专业救援队伍的一队多能,促进专业救援队伍与兼职救援队伍的有机结合。(2)分工合作的原则。具体措施是:打造具有特色专长的专业救援队,突出其各自在专业领域里的优势,同时锻造其多种应急救援能力。在公共危机的处置过程中,以一个部门性专业队伍为主力,其他部门专业性队伍为补充,综合性应急救援队伍为总预备队,兼职救援队伍为外围。(3)军民结合的原则。具体措施是:发挥军队、武警、民兵预备役部队在抢险救灾、处突维稳中的巨大作用,开展应急救援技能训练。(4)社会参与的原则。具体措施是:政府扶植企业、特别是大型国有企业的专业救援队,鼓励以志愿者为主体的兼职应急救援队伍的发展。

第二,应急预案的编制。通俗地讲,应急预案就是处置公共危机的应急计划。它是危机管理者和相关社会公众在应急管理活动中的行动方案。应急预案的基本内容包括:(1)对紧急情况或事故灾害及其后果的预测、辨识、评价;(2)应急各方的职责分配;(3)应急救援行动的指挥与协调;(4)应急救援中可用的人员、设备、设施、物资、经费保障和其他资源,包括社会和外部援助资源等;(5)在发生紧急情况或事故灾害时保护生命、财产和环境安全的措施;(6)现场恢复;(7)其他,如应急培训和演习规定、法律法规要求、预案的管理等。编制应急预案的主要意义在于:其一,明确公共危机管理相关主体的责任范围和角色期待与分工,保证公共危机管理活动有条不紊地进行。公共危机管理的主体是多元化的。如果没有预案,各相关主体就可能发生角色冲突或推诿扯皮,贻误战机。其二,有助于我们辨识潜在风险,避免或防止公共危机扩大或升级,从而最大限度地减少危机给社会公众的生命、健康和财产造成的损失。其三,有助于将公共危机处置与响应的步骤与措施"格式化",提高应对效率。其四,有利于培养全社会居安思危的忧患意识,塑造预防为主的安全文化氛围。当然,其前提是让社会公众参与预案的制订或向社会公众广泛宣传预案。

应急预案建设是公共危机准备的一项重要内容。但是,我们不能将其等同于危机管理的全部,不应过分夸大应急预案的作用。这是因为,公共危机管理是危机管理者与危机之间的博弈,它需要危机管理者有较高的临机决断水平,需要表现出较强的创新能力。一方面,没有预案就没有行动指南,必须加强应急预案的建设;另一方面,完全照搬预案也很难奏效,危机管理者要被赋予一定的临机决断权。如果一个危机管理组织在危机来临时仅靠临机决断,那意味着它没有做好充分的准备;如果它完全照搬预案,这说明它没有丝毫的创新能力。如何在遵照预案与发挥创新能力之间形成一种动态的平衡,是公共危机管理的关键所在。

第三,应急保障体系建设。依法治国理念是开展各项社会治理的基本理念,在塑造法治政府、责任政府的过程中,也应依法应急。因而,必须建立起强有力的应急法律体系,使应急行为有法可依、有法必依、执法必严、违法必究。目前,我国已经站在国家安全与公共安全的高度出台了公共危机管理的"基本法"——《突发事件应对法》。这部法律的出台标志着我国公共危机管理法制化进程取得了巨大的进步。长期以来,我国危机管理的相关法律、法规多是调整某个单一灾种的部门法,如《消防法》《防震减灾法》等,不能适应现代危机管理对多灾种综合性应对的要求。《突发事件应对法》的颁布、实施,有力地扭转了这一局面,因为它具有以下两个明显的特征:《突发事件应对法》既规定行政部门在紧急状态下可以行使行政紧急权,又维护了公民自由,防止政府滥用紧急行政权,力求在二者之间形成一种平衡。《突发事件应对法》综合性地应对自然灾害、事故灾难、公共卫生事件和社会安全事件,而不是调整其中的某一类公共危机。

第四,加强公共安全教育。公共安全教育是公共危机管理的一项重要工作。社会公众能否采取及时、有效的逃生行动,能否做到临危不惧、临危不乱,在很大程度取决于他们对于风险的认知程度,取决于他们是否有足够的自救、互救意识和技能。因此，开展公共安全教育对于公共危机的准备来说是不可缺少的。这是因为公共安全教育可以：（1）增强忧患意识。公共安全教育可以向社会公众传授有关公共危机的知识，增强防范公共危机的意识。（2）提升风险认知能力。因为人是受意识支配的动物，如果不能对风险有正确的认知，人就不会采取正确的避险行动，公共安全教育可以使人树立正确的风险意识。（3）提高自救与互救技能。公共安全教育可以培养社会公众危机状态下自救与互救的技能。（4）增强公众的批判力。公共危机发生期间，各种流言蜚语很容易滋生，如果社会公众缺少公共安全教育，就很容易听信谣言或流言，甚至采取非理性的响应过度的行为。（5）塑造公众良好的心理素质。公共危机发生后，人最为需要的是镇定、信心和勇气，而镇定、信心和勇气不是与生俱来的，这就要求我们必须加强公共安全教育。只有接受了适当的公共安全教育，社会公众才能做好应对危机的心理准备。

9.2.3 公共危机的响应

公共危机管理中的"响应"是指采取行动以挽救生命、减少损失，如激活应急预案、启动应急系统、提供应急医疗援助、组织疏散与搜救等。一般认为，公共危机响应开始于危机发生时，其活动主要包括：确保受公共危机影响区域的安全；对受公共危机影响威胁的地区进行疏散；对危机现场进行搜索和救援；对伤者提供应急医疗救助；为被疏散者及其他社会公众提供应急避难场所。在危机响应阶段，我们必须同时兼顾三个目标：最大限度地保障社会公众的生命、健康安全；最大限度地减轻危机所造成的财产、经济损失；严防次生灾害的发生。

响应是公共危机管理的核心环节。有时，即使采取了严密的防范措施，也不能完全避免公共危机的发生。当公共危机发生后，危机管理要在精心准备的基础上，根据危机的性质、特点和危害程度，及时组织有关部门，调动各种应急资源，对危机进行有效的响应与处置，以降低社会公众生命、健康与财产所遭受损失的程度。响应行动既要减少危机的初始影响，也要减少危机有可能引发的二次影响。减少危机初始影响的行动包括"确保受影响区域的安全，疏散危险地带人员，对伤者进行搜救，提供应急医疗救护，为被疏散者和其他受害者提供避难场所"。此外，危机管理者还要在相应阶段防范和处置二次灾害，如震后扑灭城市火灾、防止有害物质泄露，洪水发生后识别供水系统受到的污染或其他公共卫生威胁，有害物质被排放到水库中后识别受污染的野生动物或鱼类。

公共危机响应程序包括10个重要环节：

（1）接警与初步研判。危机管理部门及"110""119""120""122"等单位的值班人员在接到事发地有关部门或社会公众的报警后，应详细询问、记录有关情况，其中包括事件发生的时间、地点、性质、规模及人员伤亡或财产损失情况。之后，接警人员应视危机的严重程度，向相关部门及时报告。有关部门在接到报告后，应尽快组织相关工作人员，对危机的级别和管辖范围进行初步的研判。在危机超出自身管辖权范围时，应迅速向上级机关报告。

（2）先期处置。不论是哪一级的突发事件发生，事发地在迅速上报的同时，应派员迅速赶往危机现场，核实、观察有关的情况和发展态势，并就近组织应急资源进行先期处置，防止危机扩大升级。与此同时，现场工作人员应当边处置、边汇报，不断将危机的最新信息传递给管理部门。

（3）启动应急预案。危机的级别被确定后，按照分级响应的原则，拥有相应管辖权的部门应启动应急预案，调集应急救援队伍、应急救援物资，派出应急协调人员和专家赶赴突发事件现场，并成立危机管理现场指挥部。交通部门应全力保障救援队伍和救援物资到达事发现场。当然，在危机继续扩大、升级的情况下，所启动预案的级别应相应地做出调整。

（4）现场指挥与协调。现场指挥部应由有关部门、军地领导、专家学者联合组成，履行对危机处置进行协调的职能。指挥部选址应遵循安全、就近的原则。现场指挥部应根据危机的现状和趋势，科学、合理、果断地确定应急救援方案。现场指挥部一经确定，就必须被赋予现场救援的完全管辖权。

（5）抢险救援。在应急救援的过程中，各相关部门应各司其职、密切协作，有关队伍服从指挥、相互配合。警察应封锁现场，设立警戒区域，进行交通管制，维护现场秩序，确保道路交通的畅通，并防止刑事犯罪的发生；医疗卫生部门应派出医护人员赶赴现场，救治、转运伤员；环保部门应对事故现场进行环境监测；专业救援队伍应携带专业救援装具赶赴现场救援。必要时，武装力量也可投入应急救援之中。

（6）扩大应急。在进行危机处置时，如果事态恶化、难以遏制，危机现场指挥部应启动扩大应急机制，及时向上级政府请求支援，加大应急救援队伍、物资、装备、资金等方面的投入力度，防止危机的进一步恶化。

（7）信息沟通。危机管理现场指挥部应将危机的发展情况和处置的信息及时上报给有关政府部门，并建立新闻发言人制度，将处置的最新信息发布给社会公众，以避免谣言和流言，做好社会舆论的引导工作。

（8）临时恢复。救援活动结束后，环保部门也要对受危机影响地区进行监测，卫生防疫部门要对疫病的流行进行监控，防止次生、衍生灾害的发生。同时，有关部门要清理现场和废墟，进行人员清点和撤离，解除警戒，开展善后处理和事故调查等。

（9）应急救援行动结束。现场指挥部撤销，应急预案关闭，应急救援行动结束。当公共危机的威胁和危害得到控制或消除后，履行统一领导职责及组织处置工作的管理部门应当即刻停止已采取的应急处置和危机响应措施。

（10）调查评估。对公共危机的起因、性质、影响、责任、经验教训等问题进行调查评估，并依法追究相关责任人的责任。特别需要强调的是，调查评估主要是一个学习的过程，而不是一个责任追究的过程。我们应防止"重问责、轻学习"的倾向。

9.2.4 公共危机后的恢复

公共危机管理中的"恢复"是指按照最低运行标准将重要生活支持系统复原的短期行为，也指推动社会生活恢复常态的长期活动，如清理废墟、控制污染、提供灾害失业救助、提供临时住房等。恢复开始于危机响应行动即将结束时。恢复的近期目标是恢复灾区的基础设施。基本的基础设施包括供水、污水、电力、燃料、电信和运输系统。最终目标是使危机影响区域的生活质量恢复到灾前的同一水平。

公共危机的发生干扰了社会生产生活秩序，给社会公众的生命、健康和财产造成了巨大的损失。当危机事态得到有效控制后，公共危机管理也就从抢险救灾为主的阶段转为以恢复为主的阶段。一般而言，恢复主要包括四个方面的活动：其一，最大限度地限制灾害结果的升级；其二，弥合或弥补社会、情感、经济和物理的创伤与损失；其三，抓住机遇，进行调整，满足人们对社会、经济、自然和环境的需要；其四，减少未来社会所面临风险。也就是说，恢复就是要尽量减轻灾害的影响，使社会生产生活复原，推动社会进一步发展，提高社会的公共安全度。

就恢复的内容而言，应着重于消除公共危机的影响。

第一，消除公共危机的社会影响。恢复需要使社会生活重新获得秩序，为社会公众提供基本的民生保障，使整个社会呈现常态运转的态势，如修复卫生设施、为灾民提供临时住宅和必要的生活物品等。在此过程中，恢复要注意以下问题：一是严防次生灾害的发生，确保灾区公众的安全，如在拆除受损的建筑物时设立警戒线；二是保障灾后需求将突然膨胀的重要物资的供应，如药品等；三是特别关注老人、儿童、残疾人等弱势群体，满足其特殊的需要。

第二，减轻公共危机造成的环境影响。危机的环境影响可分为两类：人工环境影响和自然环境影响。从人工环境的角度看，恢复要完成的任务包括：修复或重建居民住房，尽快使灾民安居乐业；修复或重建商业设施或工业生产设施，确保商业和工业生产运转的持续性，保持受灾地区的经济活力和发展的连续性；恢复或重建农村基础设施，保证农业生产的顺利进行；恢复或重建关键性的公共设施，特别是从功能及象征意义两个角度来看特别重要的设施，如灾区的地标性建筑；恢复或重建"生命线"设施，使水、电、气、热、通信、交通等基础设施及服务支撑系统的问题优先得以解决。从自然环境的角度看，危机的影响主要包括生物多样性和生态系统受到严重的影响。灾难或灾害可能会使一些珍稀动物失去栖息地和赖以维持生命的食物，污染事件可能会损坏地方的生态系统，令某些物种濒临灭绝。此外，废物的处理及污染的管理是一个必须面对的挑战。特别是在恢复的初期，危机及其应对活动所产生的废物和污染问题必须妥善加以解决，严防大灾引发大疫。

第三，降低公共危机的经济影响。危机对经济的直接影响非常大，间接影响难以评估。危机的经济影响可以从个人、企业、政府三个层面加以审视。个人在恢复重建中需要得到支持和帮助以维持生计，如确保就业安全等。同时，公众也可以通过购买行为，拉动地区消费来为灾区地方经济的增长做出贡献。在恢复重建中，有关部门要帮助企业尽快恢复或重建生产设施，最大限度地保护企业的财产，也要为企业提供有关决策与规划的信息，还可以通过刺激消费者信心增长的方式帮扶企业。此外，政府在恢复重建过程中要发挥对宏观经济的调控作用，对灾区企业实施税收减免政策，为个体经营者提供小额贷款。同时，中央政府还可以为灾区企业积极拓展海外市场创造条件。

第四，消除公共危机的心理影响。危机往往会给一定数量的社会公众造成负面的心理影响，甚至造成严重的心理创伤。对此，有关部门在恢复的过程中，要为这部分社会公众提供心理咨询服务，开展心理危机干预，进行心理辅导。

公共危机后的恢复的过程大致要经过五个阶段：（1）准备阶段。建立危机恢复重建领导小组，主要负责对受灾地区的状况进行全面的评估，并做出损失评估报告。（2）计划阶段。恢复重建领导小组根据第一阶段损失评估情况，制订具有针对性的恢复重建计划，并向执行部门和社会公众公布。（3）实施阶段。为恢复重建动员、准备、整合各种资源；实施恢复重建计划。（4）验收阶段。对恢复重建工作进行验收与评估。（5）反思阶段。站在应急管理整体的高度，对恢复重建工作进行反思，并将经验及教训纳入未来防灾、减灾的规划中。积极的恢复重建应当体现出未雨绸缪的思想。也就是说，积极的恢复重建并不是开始于灾后，而是始于公共危机应对的前期，在危机发生时，危机管理部门就要根据风险评估的情况，考虑制定灾后恢复重建计划。

9.3　公共危机管理机制

9.3.1　公共危机管理中的前置机制

公共危机管理的机制是指人们为及时、有效地预防和处置公共危机而建立起来的带有强制性的工作制度、规则与程序。公共危机管理的机制主要包括：预测预警机制，信息报送机制，决策机制，信息发布机制，社会动员机制，恢复重建机制和调查评估机制。依据它们在公共危机管理过程中的时间先后，可以将其归纳为公共危机管理的前置机制、处置机制和延展机制。公共危机管理的前置机制主要由预测预警机制和信息报送机制组成。

1. 预测预警机制

预测预警机制的主要功能在于预测可能发生的公共危机及其危害程度，督促社会公众做好应急准备，启动应急响应，最大限度地降低危机所导致的损失，为有效地应对危机赢得宝贵时间。预测预警的关节点是对预测预警功能正常发挥至关重要的关键步骤，它们主要包括：获取丰富的实时数据以支撑预警；根据数据，判断报警的临界点；采用受众容易接受的标准化预警术语；通过多种通信渠道，将警报发送给处于风险中的公众及有关应急响应者；教育、培训公众，使其有能力采取适当的行动；定期评估预测预警的效能，等等。以往，人们过于强调预测预警中的技术因素，突出科学知识与技术的重大作用，表现出很强的科技中心导向。但是，预测预警还具有不容忽视的制度和社会维度。如果警报的内容不容易为人所理解，如果人们的风险意识薄弱或决策产生偏差，人们就不会采取适当的行动，预测预警的目的也就无从实现。而且，先进的技术也是为人服务的。所以，在建设预测预警机制时，需要以人为核心。具体地说，构建预测预警机制，应较好地体现三个原则：

其一，及时性原则。预测预警机制的功能就在于，在危机发生之前就识别出存在着的各种威胁，并在此基础上采取适当的措施发出警报，敦促社会公众采取行动。预测预警机制如果不能及时发现潜在的风险并传递相关的警情，也就不能为提前采取响应措施赢得宝贵的时间，也就失去了存在意义和价值。

其二，准确性原则。准确性原则要求危机预测预警机制必须从客观实际出发，尊重历史和现实资料，分析相关因素之间的本质联系以及突发事件的演化、发展趋势，进行准确的预测和报警。警报一旦发出，公众采取应对措施，就会产生一定的成本。如果预警不准确，付出的成本就不会带来预期的收益。长此以往，社会公众对预测预警的信任度就会降低，进而导致人们对预警信息的熟视无睹，预测预警机制就会变得名存实亡。

其三，全面性原则。全面性原则要求预警信息涵盖所有的利益相关者，而不能挂一漏万、顾此失彼。在突发事件中，损失的降低程度通常与获得警报的人数成正比。为此，在预警信息的传播中，需要调用多样化的信息传递渠道，不仅要运用现代化的信息手段，如电视、广播、互联网、手机等，也要兼顾传统的预警方式，如高音喇叭、鸣锣敲鼓、奔走相告等。同时，传播预警信息要特别关注弱势群体，如鳏寡孤独、残疾人、语言不通的外国人、老人、妇女、儿童等。

预测预警的效果可以用一个公式来表示：预测预警的效果 = 及时性 × 准确性 × 全面性。换言之，预测预警的效果与其及时性、准确性和全面性呈正比关系。预测预警越及时、越准确、越全面，则预测预警的效果越好。所以，预测预警必须依靠科学，但更要以人为本。科学是手段，人的需要才是目的。在构建预测预警机制时，应当以公众的需求为转移，以最终效果为导向。预测预警多一些人性化的关怀，其效果将会更加突出。

危机预测预警机制的构建和运行离不开政府，但是，预测预警机制要为社会公众的参与预留一定的空间。社会公众的参与不仅可以分担政府在预测预警方面的负担，还可以促进人防与技防相结合，提高预测预警的效率。同时，非常态下的精确预警要以常态下的持续监测为基础。预测预警的最终效果还取决于公众是否接受了报警信息并采取了响应行动，这又是与人们在正常状态下接受公共安全教育的程度、社会的准备和响应能力分不开的。因而，需要处理好常态与非常态的关系，在平常状态下就应当为迎接非常态的挑战做好准备。

2. 信息报送机制

信息报送是政府及其有关部门、专业机构、监测网点及公民、法人或其他组织在危机管理的过程中收集、报告、传递危机信息的活动。及时、准确、全面的信息报送有利于公共危机管理主体准确地把握态势，进而适当地投放人力、物力、财力和有效地进行决策。信息报送不仅是公共危机管理中的一项前置机制，而且是贯穿于整个公共危机管理全过程中的，在公共危机处置的过程中，信息报送同样是公共危机处置的决策以及其他行动的基础。在公共危机管理中，信息的流动可分为三类：信息的报送、信息的交流与信息的通报。其中，信息的上报是信息自下而上的流动，信息的通报是信息自上而下的流动。除了纵向对流之外，信息在横向上也存在着交换的关系，即信息的共享与交流。信息报送就是指信息自下而上的流动。

对于政府及相关部门而言，公共危机信息报送可通过政务专网应急平台信息报告系统、电话、传真、报送文件等形式进行。信息报送过程可以分为初次报送、阶段报送和总结报送三个阶段。当危机发生时需要进行初报；如果危机演化、产生次生和衍生灾害或危机处置取得新的进展，要及时地续报；处置结束后，要进行终报。在不同的阶段，信息报送内容的侧重点是不同的。初次报送强调内容的时效性。信息报送责任主体如无特殊原因，应在获得危机发生的信息后立即报告给上级政府的危机管理部门，并说明具体原因。初报的内容包括：报告单位，报告人姓名，信息来源，接报时间，发生的时间、地点、类别和简要情况。阶段报送要求"及时续报"，强调内容的连续性。信息报送责任单位要将危机的基本态势、危机响应情况、事件发展趋势和建议及时报告给上级政府危机管理部门。对性质严重、情况复杂、当天不能处置完毕的危机，要实行"日报"制度，必要时随时续报。总结性报送要求信息报送责任单位向上级政府应急管理部门报送正式文件，并附全部附件。主要内容包括：（1）危机的基本情况，包括危机发生的时间、地点、原因、性质、涉及的人员、财产和事件分类、分级等情况。（2）信息报告情况，包括接报时间、初次报告时间和阶段报告等情况。（3）应急处置情况，包括预案启动时间、数量、名称等情况，开展应急处置的领导、部门、人员和设备、接报和到场时间、领导的指示，采取的主要措施的情况，人员伤亡和财产损失情况，事态影响的范围、控制和发展状况。（4）善后处理情况。包括死者家属抚恤、伤者救治、受灾人员安置等情况，受损财物的赔偿补偿、恢复重建等情况，相关责任单位、责任人的处置、处理和相应的措施等情况。

此外，新闻媒体由于具有议程设置的作用，有时也可以发挥信息报送的功能。危机管理部门可从新闻媒体的报道中获取有关被恶意瞒报的危机信息，对其中所反映的重要情况及时核实，并采取相应的应对及处置措施。基层社会单元可以结合实际情况，积极探索在企业、社区、农村、学校等基层单位建立专职或兼职信息报告员制度，建立风险隐患报告的激励等机制，以保证信息报告员在第一时间获得危机信息，并在第一时间将信息传递给有关部门，为快速开展危机决策提供依据。在信息报送中，社会公众的参与是必不可少的。政府可结合实际情况，通过统一公开的危机举报电话、短信平台、电子信箱等有效途径，接受社会公众有关危机信息的报告，并经核实后进一步报送给有关部门。

9.3.2 公共危机管理中的应对机制

在公共危机已经出现的时候，在应对公共危机的过程中发挥直接作用的机制主要有决策机制、处置机制、信息发布机制、社会动员机制四个方面。把它们看作公共危机管理中的处置机制只是一个相对的划分，是表明这四个方面的机制在危机处置中所发挥的作用尤其明显。严格说来，在整个公共危机管理的过程中，都可以看到这四个方面的机制所发挥的作用。

1. 决策机制

公共危机管理决策机制的重心体现在对决策者的能力和素质的要求上，作为一种机制，主要在于选拔具有相应能力和素质的决策者，并为危机决策行为提供相应的制度保障。在公共危机管理的过程中，管理者要在巨大的时间、心理压力之下做出决策。这说明，危机决策是一种非常规决策，它是在信息高度不确定的状态下进行的,是一种挑战大、难度高的决策。也就是说,危机决策者所处的环境与常规决策者不同,不仅信息来源于多个渠道,既模糊不清,又残缺不全,且变动不居,而且,决策者面临着巨大的时间和心理压力。这就要求危机决策者应当具有特殊的素质:

其一,决断与创新能力。危机突然发生并对社会公众的生命、健康与财产安全造成严重的威胁。在危机的起因、演进路线和未来的发展方向不明的情况下,决策者不能通过民主协商的方式反复斟酌,必须当机立断,做出抉择。在紧急状态下,决策者是具有较大的自由裁量空间的,决策是否正确不仅取决于决策者的经验,还取决于决策者的胆识和创新精神。

其二,前瞻性的推断能力。危机决策关系到社会公众的生命健康与财产安全,也关系到决策者自身的前途与命运。但是,决策者掌握的信息和时间都非常有限,而且决策的后果也难以逆料。所以,需要决策者在既往处置突发事件经验的基础上拥有前瞻性的推断能力。

其三,灵活应变能力。危机情势会不断地发生变化,这要求危机决策者能够灵活、机动地驾驭危机情势,具有很强的权变决策能力和临机决断能力,做到临危不惧、处变不惊、多谋善断、灵活果敢。

2. 处置机制

公共危机的处置机制主要由7项措施所构成,它们是:

(1) 救助性措施。危机处置要坚持"以人为本"的原则,将社会公众的生命安全放在首位。危机已经发生或即将发生时,危机管理部门必须有效地组织人员对伤者进行救治,组织受到或可能受到影响的社会公众进行安全疏散,并予以妥善的安置。这项措施的基本原则是:先避险,后抢险;先救人,后救物。

(2) 控制性措施。危机发生后,管理部门应当对危险源、危险区域和所划定的警戒区逐层实施有效的静态控制,同时进行交通管制以实施有效的动态控制。这样,处置活动就会有一个比较有利的外部环境,危机的扩散和升级就能够得到有效的遏制,应急救援队伍、装备和物资也能够顺利地到达事发现场。

(3) 保障性措施。危机发生后,基础设施部门应当及时修复被灾害损毁的公共设施,如公路、机场、码头、铁路等。现代社会的正常运转高度依赖于基础设施,为了恢复社会生产、生活的正常秩序,基础设施在危机处置过程中应该被格外加以重视。不仅如此,基础设施的修复还可以稳定社会公众情绪,并为应急救援队伍、装备和物资的运输创造有力的保障条件。此外,在处置的过程中,危机管理部门还要切实保障食品、饮用水、燃料等基本生活必需品的供应,使社会公众有水喝、有饭吃、有地方住、患病可及时得到医治,确保大灾之后无大疫。这些都是灾时民生保障的基本措施,可防止受灾地区社会矛盾激化。

(4) 预防性措施。在危机处置的过程中，危机管理部门不仅要着力减轻已经造成的损害结果，还要对有关的设备、设施以及活动场所潜在的风险进行排查，并采取有效的预防性措施，防止社会公众蒙受新的损失。同时，危机管理部门还要注意防止各种次生、衍生事件的发生，比如自然灾害引发的群体性突发事件。

(5) 动员性措施。危机处置不能缺少强有力的资金、物资和人力保障。危机管理部门需要启用本级政府的财政预备和应急物资储备。必要时，危机管理部门可紧急征用企业、社会所储备物资、设备、设施、工具。当然，处置活动结束后，政府应给予被征用单位以适当的补偿。这样，紧急征用活动才具有可持续性。

(6) 稳定性措施。危机发生后，商品供应可能出现短暂性的奇缺。一些人可能会囤积居奇、哄抬物价、制假售假，扰乱市场秩序；还有可能出现一些不法分子趁火打劫，利用危机造成的混乱局面进行违法犯罪活动。这些都会造成不必要的社会混乱，干扰处置工作的开展。危机管理部门应协调国家执法机关，采取有效的稳定性措施，严厉打击违法犯罪活动，为危机处置创造一个良好的外部环境。

(7) 协调性措施。在处置公共危机的过程，协调联动至关重要，部门分割、条块分割、地域分割、军地分割的局面必须被打破。如果公共危机危害程度高、影响范围广、处置难度大、需要不同部门及多种力量进行合作处置，危机管理者就应建立规格较高的危机协调中心，促进各方的合作。为此，危机管理者在平时就要鼓励各相关部门及力量签订互助协议，磨合协同机制。

3. 信息发布机制

危机的信息发布是由法定的行政机关依照法定程序将其在行使危机管理职能的过程中所获得或拥有的危机管理中的相关信息向社会公众公开的活动。信息发布是保障公民知情权的需要，也是对政府权力行使进行民主监督的需要，更是提高预防与处置危机效率的需要。也就是说，信息发布的主体是法定行政机关，是由有关信息发布的法律、法规所规定的行政部门；信息发布的客体是广大的社会公众；信息发布的内容是危机管理中的有关信息，主要指公共信息，涉及国家秘密、商业秘密和个人隐私的信息不在发布的内容之列；信息发布的形式是行政机关主动地向社会公众公开，而且以便于公众知晓的方式主动公开。

在信息发布中，必须遵循的基本原则包括：

(1) 统一性原则。信息发布的方式多样，但不同方式发布的信息内容必须具有一致性，做到数据统一、口径一致。

(2) 真实性原则。真实性是信息发布的生命力所在，缺少真实性保障，信息发布没有任何意义，而且政府形象就会受损，公信力会下降，小道消息将充斥信息空间，会出现流言、谣言盛行的情况，而社会则可能会陷入过度恐慌的状态。

（3）及时性原则。信息的价值随着时间的流逝而递减。信息发布必须快捷、高效，否则，它就不能起到其自身应有的作用。

（4）连续性原则。信息发布要注意保持连续性，以定期或不定期的形式向社会发布危机处置最新进展情况。

（5）公众导向原则。在确保国家安全、公共安全、经济安全、社会稳定的前提下，危机管理部门要尽可能多地提供公众亟须获取的信息。同时，在信息发布的形式与技巧方面，也要考虑公众的可接受性与理解能力，如尽量使用通俗易懂的语言等。

4. 社会动员机制

危机的社会动员是指为成功地预防和应对非战时状态下的危机而有效地调动政府、市场以及其他非政府部门的人力、物力与财力的活动。从本质上看，社会动员是以危机管理为导向的对政府资源与非政府资源的整合，也是社会应急潜力向社会应急实力的转化。从动员规模上看，社会动员可以分为局部动员和整体动员。局部动员是指针对某一范围内的部分地区所实施的社会动员，而整体动员则是在某一范围内的整个地区所实施的社会动员。从动员对象上看，社会动员可以分为应急人力动员、应急物资动员、应急财力动员、应急避难场所动员、应急交通运输动员等。从动员时序来看，危机社会动员可分为前期动员、中期动员与后期动员三类。

社会动员要依法动员。危机管理是社会管理与公共服务的重要内容，在大力倡导法治的今天，危机管理部门更要实现依法动员，以确保社会公众的基本权利和自由最小限度地遭到限制。所谓的依法动员，就是要以国家现行的法律、法规为依据，确保社会动员行为的合法性，在有效处置危机的同时，使社会公众的权益得到最大程度的保障。有时，为维护公共秩序、确保公共利益，政府可以在社会动员过程中行使行政紧急权，但必须充分贯彻人权保障的原则，不能滥用行政紧急权。同时，社会动员也要遵循有条件的强制性原则。危机管理需要以政府的合法强制力为最终保障。应急社会动员有时要牺牲局部利益以保障整体利益、牺牲某些人的利益以保障大多数人的利益、牺牲眼前利益以保障长远利益。因而，社会动员要以法律为依据，有时也要体现出一定的强制性。

社会动员中的强制性是应急法制中"比例原则"的具体表现。比例原则要解决的重要问题就是自由裁量权的行使。这是因为，即便是最完美的法律也难以穷尽在突发危机状态下的复杂情况，当为了挽救突发危机需要采取必要的行政措施而又没有法律的授权，应该允许政府有一定的自由裁量权，决定行使必需的紧急权。这种超出法律范围的行政自由裁量权必须在一定的比例范围之内，以必要性为限。当然，社会动员也需要辅之以合理补偿的措施。在市场经济条件下，对于因社会动员、特别是强制性社会动员措施而给企业、家庭及公民个人所造成的物质、经济损失，政府应该在进行科学评估的基础上给予合理的补偿，以保护社会力量参与危机管理的主动性和积极性。

9.3.3 公共危机处置的延展机制

在应对公共危机取得了阶段性成果即公共危机状态得到基本消除的情况下，就需要正式启动公共危机处置的延展机制，它主要包括恢复重建机制和调查评估机制两个方面。

1. 恢复重建机制

建立恢复重建机制的首要目的是最大可能地消除公共危机的消极影响。危机发生后，即便是危机管理部门有效地组织了各种社会力量积极应对，其所造成的社会、环境、经济和心理影响也不能完全消除。灾区往往会出现人员重大伤亡、公众心理遭受重创，或是房倒屋塌、基础设施严重被毁，或是工农业生产停顿、社会正常运转中断，或是环境遭到严重破坏、产生大面积污染。在这种情况下，政府必须稳定社会秩序，组织群众生产自救、群体互救，重建家园，使灾区的生产生活恢复正常，百姓安居乐业，最大限度地消除危机的不利影响。

恢复重建必须避免二次灾害的发生。危机处置结束后，次生、衍生灾害发生的可能性并没有完全消除，灾害链可能会在现场处置结束后继续延伸，引发新的危机；处置措施的不当也可能引发二次灾害，如在暴风雪灾害中大量使用融雪剂可能会导致路边树木花草的枯死以及道路两边水源的污染；危机结束后因灾致贫、因灾致病或因灾致残者如得不到妥善的救济，生活就会陷于潦倒状态，可能会产生严重的反社会倾向，诉诸暴力手段；危机过后，如果心理干预不及时，则会产生影响社会和谐与稳定的因素，这将成为诱发危机的隐患。

恢复重建机制中还应包含一项内容，那就是促使人们总结教训，加深对公共安全问题的认识，进而提高全社会的抗风险能力。在恢复阶段，人们应当对危机及其应对进行深刻的反思，并将反思的结果体现在应急减缓与准备计划中。恢复重建不仅仅标志着危机应对的结束，更为重要的是要以恢复重建为契机，增强社会公众风险防范意识，提高突发事件的应对能力。此外，在恢复重建阶段，政府需要有效地整合各种社会资源，提倡相互支持、自救互救，增强社会凝聚力与民族凝聚力。

恢复重建要着眼于未来，化危机为社会经济的发展创造机遇。危机本身是需要着力加以预防、应对的，它所造成的影响总体来说是负面的和消极的，但是，如果人们善于化危机为转机，那么，恢复重建就可以促进经济社会的发展。这主要取决于"两个效应"的发挥。其一，是学习效应。灾害可以使人们学到比平时更多的东西，使灾害中所损失的在社会发展中得到加倍的补偿。其二，是后发效应。灾害可能会为灾区经济社会创造重新谋划、重新发展的机遇。如果人们把握适当，就可以实现经济社会发展模式的更新换代，进而体现出后来居上的态势。

在恢复重建机制中，应体现出这样几条行动原则：

（1）政府主导，公众参与。在恢复与重建过程中，政府要起到主导作用，组织、协调有关部门，调动各种资源，尽快恢复灾区的生产、生活秩序，消除灾害所带来的影响。同时，政府在恢复重建阶段要积极开展社会动员，鼓励灾区社会公众开展灾后的自救互救，号召其他地区的社会公众向灾区提供支援。

（2）全面恢复，突出重点。恢复重建不仅要整体规划，全面消除灾害对社会、环境、经济乃至社会公众心理的影响，也要分步实施，首先对灾区的生命线系统进行恢复。

（3）公平公正，关注弱者。在恢复重建中，一定要遵循公平公正的原则，对灾区社会公众进行救助。显然，因为脆弱性高低不一，不同的地区、不同的人群面对同样的灾害受损程度是不同的。因此，老人、儿童、残疾人等弱势群体、经济欠发达地区、受灾严重地区在恢复重建中得到的救助应该更多。

（4）生产自救，多样补偿。在恢复重建中，灾害损失补偿是非常必要的，一是通过经济补偿来保证受灾人民的基本生活条件，避免灾民因灾陷入困境；二是通过经济补偿来保障社会再生产的顺利进行，避免生产因灾中断；三是通过经济补偿来恢复被灾害打乱的生活与工作秩序，避免社会失控；四是通过经济补偿进一步增强抵御各种灾害的能力。在此过程中，既要鼓励灾区民众自力更生，自觉地展开生产自救，避免一味依赖政府救助的倾向，也要启动社会化的补偿机制，通过商业保险、社会保险等多样化的补偿形式，使灾区尽快地恢复生产、生活秩序。

（5）面向未来，寻求发展。在恢复重建的过程中，不能仅仅满足于消除某一次危机的消极影响，还应该总结经验、汲取教训，增强社会的防灾、减灾的能力。同时，还要善于抓住机遇、放眼未来，使灾害成为灾区经济社会发展的新起点。

2. 调查评估机制

公共危机管理中的调查评估是指对危机及其预防和处置进行考察以获取必要的相关信息，并在此基础上开展评价与判断。根据组织活动形式，可以将调查评估分为非正式调查评估和正式调查评估；根据调查评估主体，可以将调查评估分为内部调查评估和外部调查评估；根据调查评估的目的，可以将调查评估分为对危机原因的调查评估、对危机过程的评估、对危机结果的评估、对危机影响的评估等。虽然调查评估是公共危机应对过程中的一项活动，而且是危机过后的一项延展性的活动，但它应当被作为公共危机管理机制而确立下来。

无论是哪一种形式的，也不管是由谁来实施以及针对哪一个方面的调查评估，都需要遵循这样几项基本原则：

（1）客观性原则。调查评估是一项严肃的工作，必须具备客观性，通过调查获得的数据和通过评估得出的结论必须与事实相符合，从而使危机的起因、性质、影响等因素在调查评估的过程中得以真实再现，而不能有任何篡改和歪曲。不符合客观性原则要求的调查评估是没有意义的，也不可能有说服力和公信力。

（2）独立性原则。调查评估的主体要具有独立性，其任务只能是如实调查危机的事实和影响，客观地评估危机管理部门工作的绩效，而不能受到其他外部因素干扰。独立性原则是客观性的重要保证，没有独立性，调查评估就难以实现客观性的要求。

（3）规范性原则。规范性是指调查评估的程序、指标、标准、内容、结果等应形成相对稳定的模式，而不能随意更改。其意义主要在于三个方面：一是可以减少调查评估的成本；二是可以保证调查评估的质量，避免出现避重就轻的现象；三是可以增强横向和纵向的可比性、规范性，有利于不同区域、层级的政府对调查评估的结果进行比较。

（4）公众参与原则。在调查评估过程中，要采取多种措施，尽可能地吸纳社会公众作为调查评估的主体。

（5）目标导向原则。调查评估的终极目的是要提高危机管理的效能，而不仅仅是分出优劣、奖勤罚懒。当然，在危机管理调查评估的过程中，责任的调查与追究是一项重要内容，但它只是实现危机管理效能提高的一个手段，而不是主要目的。

调查评估是一项复杂的系统工程，在实施评估之前，人们需要进行周密的组织和准备工作。准备阶段不仅是调查评估工作的基础和起点，也是调查评估顺利进行的重要保障。充分的准备工作可以保证调查评估工作有计划、有步骤地开展，避免主观随意性和盲目性。调查评估是一个理论与实际相结合的研究过程，它对调查评估人员的专业素养要求很高，调查评估人员的专业素质将直接影响调查评估的质量。因此，我们必须选择适当的调查评估人员，构建具有高水准的调查评估队伍。在选择调查评估小组成员时，要坚持独立、公正的原则，从源头上保证调查评估的公信力。此外，从技术上说，调查评估组组长和组员总数应为奇数，在出现分歧时有利于投票表决。在开始实施调查评估前，还应制订切实可行的方案，作为调查评估的依据和内容。在实施调查评估时，要遵循调查评估方法的基本程序，以保证其科学性。调查评估的最后一个环节就是要写出书面调查评估报告，阐释危机发生的经过，做出相关的价值判断，提出改善危机管理的政策建议。调查评估报告需提交有关领导和实际部门或通过某种方式加以公开，作为以后开展危机管理工作的参考。

关键概念

风险　公共危机　突发事件　危机预防　应急准备　危机响应　灾后恢复
危机预测　危机预警　信息报送　应急决策　危机处置　信息发布　社会动员
调查评估

复习思考题

1. 简述公共危机的概念。
2. 如何理解公共危机与突发事件的关系？
3. 简述公共危机的特征。
4. 简述公共危机管理的综合性。
5. 简述公共危机管理的基本原则。
6. 试述公共危机管理的四个阶段。
7. 如何理解预测与预警的关系？
8. 公共危机管理中的响应包括哪些重要环节？
9. 公共危机管理中的恢复过程是怎样的？
10. 简述危机前置机制、响应机制与延展机制的内容。
11. 危机处置应包括哪些措施？
12. 如何进行危机的信息发布？
13. 什么是危机的社会动员？

第 10 章 电子政务

电子政务是信息化条件下的政府运用计算机以及电子通信手段处理政府事务的方式、方法的总和。电子政务正在改变着政府，使政府的管理具有了新的特征。在技术支持系统的保障下，电子政务经历了十多年的发展，已经得到了广泛的应用。在电子政务建设中，安全问题成为阻碍其发展的重要因素之一。如何保障电子政务信息的机密性、完整性、可用性、可控性和不可否认性，已经成为电子政务安全的主要内容。电子政务是建立在互联网这个平台上的，互联网也通过电子政务而变得丰富多彩和证明了自身的价值。我们已经进入一个网络民主的时代，正是互联网进入了人们的社会生活并对政治领域有着深刻影响，造就了网络民主。对网络民主的规范必须建立在促进其发展的基点上，即促进它朝着健康的方向发展。

本章重点问题
- 电子政务的模式
- 电子政务的技术支持系统
- 电子政务的应用
- 电子政务安全管理
- 网络舆情与网络民主

10.1 电子政务的兴起

10.1.1 信息社会的到来

信息社会是指人类社会实现了高度工业化之后而进入的一个新的历史阶段，对于这个阶段，也有人称之为"知识社会""后工业社会"等。之所以有不同的称谓，是由于对这个社会的基本特征的把握有不同的侧重点，实际上这些称谓所指的是同一个历史阶段。信息社会的发展主要依赖于智力资源,大多数人的工作不是生产商品,而是从事与信息相关的工作,价值的增加主要靠知识,它是使人类智能和创造能力得到普遍开发的社会。这个社会的外在表现就是在社会生活中广泛应用现代化通信、计算机和终端设备以及把这些方面结合起来的新技术去开展活动。

学者们在描述信息社会时,在与工业社会相比较的意义上概括出了它的几个方面特征:(1)信息社会发展的基本技术是计算机,其主要功能是代替和增强人的脑力智能;(2)计算机的发展带来了信息革命,产生了大量系统化的信息和科学技术知识;(3)由信息网和数据库组成的信息公共事业取代了工厂,并成为社会的象征;(4)信息社会中的主导生产部门是"智力工业";(5)在信息社会中,"目标原则"成为社会活动中的基本原理,主要的社会体系是志愿性的社会,人类知识将属于全社会所有;(6)信息社会以实现"时间价值"为目标;(7)信息社会发展的最高阶段是大量地生产知识,增进社会福利,满足社会需要;(8)信息社会是社会活动分散的社会,人们可能在家中生产、学习、办公和娱乐。

信息社会正在向我们走来,相信在一个可预见的未来,人类就会真正进入信息社会。事实上,今天我们正在经受的社会信息化过程已经对人类的社会生活以及社会治理产生了广泛影响。就公共行政领域而言,信息社会的影响首先体现为信息技术所发挥的作用上。

第一,借助于信息技术,如电信、机器办文和办事、远程会议等,打破了时空限制,行政人员可以看到、听到、触觉到以前无法感知的事物,可以完成以前由体能无法完成的工作。互联网提供了获取信息的极大便利,让"秀才不出门,遍知天下事",并能真正"运筹帷幄之中,决胜千里之外"。信息技术节约了原来靠人脑和文件处理信息所消耗的大量时间和精力,使人的活动跨越时空,特别是降低了信息传输的时间成本和人力成本。

第二,信息技术的发展,对于提高决策的有效性以及行政效率有着重要影响。信息技术的发展改变了人类的生活环境,要求行政决策者在决策过程中一切都以公共产品的消费者的满意为决策的根本目标。决策过程应广泛地接纳公众参与,更能实现民主、公开、公正,从而使公共行政的效率追求体现在提供公共服务的过程之中,并通过信息支持而保证社会公平的实现。

第三,信息技术打破了决策者与执行者之间的严格界限。信息技术的发展使从事公共行政活动的每个人都能及时获得所需要的信息,能够在工作现场做出必要的决策,无须事事先向上司汇报再执行上司的决策。同时,信息的反馈和行为的互动都能够即时做出,使决策者与执行者的空间分隔变得模糊了起来,而且决策行为本身也处于一个互动过程之中,决策者同时就是执行者。

第四，信息技术的发展可逐步实现在适当的时候、把适当的信息提供给适当的管理者，这样能够改善决策者根据有限理性进行决策的状况。网络化电子政务的出现，使决策者可以在广泛了解决策所需信息的前提下进行决策，避免靠经验决策和决策信息不完备导致的决策的盲目性现象，从而提高了决策的科学性和合理性，并向最优决策的方向递进。

第五，信息技术的发展使决策支持系统（DSS）、电子会议系统（EMS）、远距离控制、分布式工作的统一协调、动态网络计划成为可能。目前，我国政府上网工程就采用了一整套全新的管理方法，这些方法大大提高了管理效率，也降低了管理成本。

信息技术对组织形式的变革也产生了重要影响，使组织呈现出新的结构形态。我们知道，官僚制组织的科层结构的优点是效率高，但其弊端则是对外部环境变化的适应性差，而且压抑了组织成员的全面发展。信息技术的发展为组织结构的变革提供了支持：其一，使组织的中间管理层得以大大地缩减。庞大的中间管理层是通信技术落后的产物，它承担着"上传下达"的任务，但中间管理层的膨胀既减缓了信息传递的速度，又易造成信息的严重失真。信息技术通过加强执行层（即操作层）与决策高层的直接沟通，逐步缩减了中间管理层。其二，使管理幅度增大。信息技术使管理者和其下属可以随时了解对方的状态和意图，而且仅占用很少的精力和时间。这样一来，一个管理者能够指导更多的下属人员，从而增宽了管理幅度。信息技术实际上促进了管理信息系统的建立和健全。组织的沟通是通过管理信息系统进行的，管理者是通过管理信息系统来了解组织的运行状况的，管理者的命令、指示等也是通过管理信息系统传达下去的，先进的管理信息系统使信息传递迅速、准确，从而增强了管理者的控制能力，因而他的管理幅度也可以大大增加。其三，使组织绩效得到改进。信息技术的发展极大地提高了工作效率，使得一个组织要完成与过去同样的工作所需人员大为减少，从而使组织更加精干高效。信息技术的采用，可保证组织成员间的全方位沟通和组织间的信息交流，有利于提高组织的产出绩效，并能促进组织成员的自身发展。但是，需要指出的是，信息技术使得人们获取信息更加便捷，但也造成了"信息过剩"的问题，人们需要在众多信息中进行甄选，鉴别出有价值的信息。这样一来，如果组织成员并不具备信息选择的能力，则可能降低组织的绩效水平。信息技术如同其他科学技术一样，是一把双刃剑。这就要求组织建立、健全有关信息收集、加工、传递、存储等方面的制度，并且通过培训提升组织成员的信息选择能力。

在当前的社会信息化过程中，显现出来的是对行政管理的挑战。正是这种挑战，为社会治理体系的变革带来了机遇，表明从原先政府的管理向公共管理转变的必然性。回顾人类社会信息化的进程，大致是从20世纪60年代开始的，到了20世纪80年代，信息化问题已经引起了全世界的关注，它对社会发展的影响也相应地引起了重视。一般认为,信息化是人类社会向信息社会前进的动态过程,它反映了从有形的物质产品起主导作用到无形的信息产品起主导作用的根本性转变,进而促进了人类社会生产方式和生活方式由传统模式向网络化生存模式的重大转变。这一转变为各社会主体共同分享信息资源,提高劳动生产力和生活质量提供了一个前所未有的空间。伴随着信息化进程的是整个社会结构发生了根本性变化,在社会治理上则促进了政府、非政府组织及个人之间的网络化互动关系的生成。

信息化具有高渗透性和发展的普遍性。计算机的发明、互联网的出现以及光纤通信和移动通信的突破,使得信息技术成为当今发展最快、影响最大的技术,社会信息化成为当代社会发展的一种大趋势,信息化正在给社会、经济、政治、文化带来巨大的影响和冲击。信息化的渗透性表现为对社会、经济、政治、文化、日常生活等各个层面的深刻影响或改变。

在国际竞争中,信息化突出了国家自主创新的重要性。因为,信息化使国际竞争的性质发生了改变,即从降低生产成本的竞争转向增强创新能力的竞争。同时,信息化又为创新提供了一个新平台,改变了国际竞争的规则。信息化令时空距离大大缩短,知识以难以想象的速度传播,传统工业得到改造,新兴产业不断涌现。信息、资本以及专有知识的流动打破了国与国之间的界限。信息化使得领先者与追随者的差距变得很小,尤其是在信息技术相关的领域,许多发展中国家正从仿制者逐渐向创新者转化。信息化已经成为先进生产力的标志,它加快了产业升级,促进了资源优化配置,加速了经济全球化的进程。信息化也关系到经济、社会、文化、政治和国家安全,已经成为社会发展的战略制高点,信息化发展水平已经成为一个国家和地区的国际竞争力、现代化程度、综合国力和经济成长能力的重要标志。

10.1.2 电子政务的特征

简单地说,政务就是政府中的以及由政府所承担的管理事务。从广义上讲,它不仅指与政府相关的事务,也指非政府组织以及其他社会组织所承担的公共事务。在现阶段,我们在使用"政务"一词的时候,更多地还是指与政府相关的事务。因此,电子政务就是指在信息化条件下政府运用计算机以及信息技术处理政府事务的方式方法的总和。

电子政务真正作为一个独立的概念出现是在计算机网络技术相对成熟和普及之后,只有在网络技术出现之后,大量政务信息的实时共享和双向交流在技术上才成为可能,使得传统的政务开展方式发生根本性的改变。从这个意义上说,电子政务的基础是计算机网络技术。也就是说,电子政务建设决不是将现有的行政管理、运作框架简单地搬到网络上去，更不是将电子手段加诸传统的行政管理方式之中。就电子政务的建构而言，它虽然是与技术密切关联在一起的，但其核心并不是技术，而是借助于技术来实现政府的再造，即按照社会和经济发展的要求，对现行的行政管理职能、组织以及行政流程进行全方面的调整和改革。电子政务的本质就是改变传统的行政管理方式，及时地把政府的决策、服务内容、工作程序和办事方式向社会公布，为公众提供公开透明、高效便捷的公共服务，并自觉接受社会监督。可以相信，电子政务可以成为技术创新与政府创新相结合的典范，是传统行政管理模式的一场深刻变革。

电子政务正在改变着政府，使政府的管理获得全新的特征：

（1）电子政务把现代网络信息技术应用于行政管理及其服务的各个环节中，使得政府具有更强的信息获取与社会控制能力。网络信息技术的可复制性、高速运算、全球接入和工作流程集成化等特征，不仅使政府可以通过建设数据库、聚集信息资源达到共享，还可以建立一张包罗省、市、县以及各行各业在内的电子政务超级大网。一方面，它能够加速政府对公众需要的回应，同时也让公众能更快捷、更方便地了解政府；另一方面，还能在一个政府网站内集成各种各样的服务，在统一的信息平台上实现政府各部门、各行业的数据共享和交换。

（2）电子政务为公务人员提供了现代化的办公手段和应用工具，降低了信息传输的时间成本和人力成本，节约了传统行政管理中靠会议和文件传递信息所消耗的大量时间和精力。同时，网上办公、远程会议、虚拟机关的产生，打破了政府工作的时空界限，加强了政府部门之间以及政府与企业和公众之间的双向互动，网上在线服务，让沟通在网络平台上实现，这些都使行政管理更加精干、高效、快捷。

（3）电子政务造就了建立在网络平台上的"虚拟政府"，使很多原先需要由具体的政府部门提供的服务以虚拟的方式实现，而且这种服务是全天候的服务，可以解决生活中的许多问题。比如，电子纳税、电子审批等诸多服务都可以由公众自己在网络上进行，这不仅提高了行政效率，也提高了公众的满意度。如此一来，传统行政管理的实体管理和实体服务开始实现虚拟化，原先行政管理功能中的很大一部分都会转化为由网络提供的相对应的"虚拟"功能，使得公共服务活动可以在很大程度上脱离物理空间和时间的限制。

（4）电子政务把行政管理和决策建立在数字信息平台上，提供明确、具体的数字信息基础，政府的运行表现出一个数字化的过程，政府的行为过程因此更为精确化。电子政务借助现代信息技术手段搭建了基础信息平台，通过建立起群体决策支持系统，全方位收集、整理、分析、存储和输出信息，使得政府在全面、迅速、及时、准确掌握信息的基础上进行科学决策和科学管理。这就避免了依靠经验或由于信息不完备而导致的盲目决策的现象，从而提高了行政管理的科学化水平。

(5) 电子政务促进了行政管理规范化。电子政务的主要目的是运用信息技术打破政府人为的界限，实现行政管理的电子规范化。行政管理中的大量日常事务都是通过设定好的程序在网上实施，这就避免了"人为操作""暗箱操纵"，有着较强的业务可靠性、安全性、开放性、实用性和程序性。同时，电子政务的发展也要求政府通过网站实施政务公开化、透明化，会使那些对于应该公开的公共信息资源而不加公开的做法无法遁形。

(6) 电子政务为行政管理确立起了全球化视野。全球化对各国政府特别是发展中国家政府的职能、权力和能力，都提出了新的要求，因而，电子政务不可能不打上全球化的烙印。传统的行政管理具有很强的封闭性，很少受到外部环境的影响。而电子政务管理所利用的是对外开放的网络平台，这使得电子政务带有了全球化的特征，行政管理和服务的对象已不限于国内公众，在许多方面还要受到外部环境特别是国际环境的影响，需要按国际规则来处理相关事务。

上述几个方面是电子政务给行政管理带来的正面的影响。但是，电子政务也可能引发一些新的政府伦理问题。在1998年的美国公共行政协会（ASPA）年会上，克劳德（Claude）提交了题为《密码学以及有关的伦理问题和对互联网中的公告：对政府规章的新挑战》的论文。该文主要探讨了政府信息被滥用的问题。该文还指出，互联网是以"用户控制"为主体，而非政府掌握主动权，由此带来了对政府规章的挑战。门泽尔（D. C. Menzel）在1998年发表了《www. ethics. gov：摆在公共管理者面前的问题与挑战》一文，针对美国国家大部分公共机构上网后所面临的伦理问题提出了自己的看法。在门泽尔看来，存在着两个方面的伦理问题：一方面，公共行政人员存在伦理问题。当通过网络与公众打交道时，由于非"面对面"式的接触，行政人员很有可能在回答公众的问题时去避免那些"不愿意的社会接触"，也就是只选择对自己便利的"接触"。此外，在信息共享问题中，也存在着伦理问题。同样，在如何防止政府数据库的信息被滥用方面也存在着伦理问题。

总的来看，电子政务正在日益显示出它在行政管理中的技术优势，由于电子政务的开展，原先由人工处置的许多事务正在逐渐地为电子系统所取代，这不仅提高了行政管理的效率，也大大降低了成本。最为重要的是，电子政务的客观性使政府形象得到了大幅改善。公众原先在与政府工作人员打交道时，经常性地产生对官僚主义态度的不满情绪，由于电子政务的实施，不再需要直接地与官员个人正面接触，从而使这一问题得到缓解，能够提升公众对政府的满意度和增进公众对政府的信任感。对于政府自身的管理而言，电子政务提高了政府部门之间的沟通能力，增强了政府的公开性和透明化，在促进政府勤政、廉政和抑制腐败方面也发挥了重要作用。特别是电子政务把行政管理过程置于公众的视野之中，使公众能够有效地监督政府及其官员。随着技术的进步，相信电子政务的发展也会有着更为良好的前景。

10.1.3 电子政务的模式

1. 电子政务的三种模式

大致是在 20 世纪 90 年代，电子政务广泛开展起来。应当说，"电子政务"的理念一经提出就引起了世界各国的重视，而且发展速度之快是人类历史上的任何一项技术的应用实践都难以相比的。现在，学者们在总结世界各国电子政务的发展时，认为形成了三种模式。

（1）以电子行政（E-administration）为核心的模式。这主要是指这样一种做法或思路：把电子政务看成是现代信息和通信技术在行政管理活动中的应用以及由此带来的政府流程再造乃至行政管理方式和制度的变革。按照这个思路提出的电子政务战略要求政府不断地采用先进的信息和通信技术，并在此基础上推动行政管理变革，以提高政府绩效。这一模式的关键是"电子化"，而目标则是通过电子化去推动行政管理的变革。就当前而言，世界上大多数国家所采用的是这一模式。在日常的文献和媒介中，这种战略也被称为"政府流程再造"。其主要措施包括减少传统的管理层次、压缩职位分类、创建工作团队、开发行政人员的综合技能、缩短和简化各种业务程序、使管理流水线化等。在企业流程再造的启发下，西方一些国家的政府开始利用信息技术改变传统的工作流程，进行政府流程的再造，并取得了一些成功。

（2）以电子服务（E-service）为核心的模式。这种模式的特征是：把电子政务看成是行政管理和服务方式的创新，即认为现代信息和通信技术是提供公共服务的一种新途径，其目的是要通过政府的电子化去弥补传统行政管理和服务的不足，以实现行政管理和服务的改革和创新，从而提高政府的管理水平和服务质量。事实上，这一模式在提高政府服务质量、改善政府形象等方面已经显示出了良好的效果。首先，政府应用信息技术和通过信息网络改变了政府服务的窗口形象，降低了老百姓进政府办事的门槛。多种形式的电子通道（如个人计算机系统终端、公共计算机系统终端、电视机顶盒、手机等）的应用，使公众可以方便地进入经过精心设计的富有亲和力的政府网站，享受便捷而高效的政府服务。以前所谓"门难进，脸难看，话难听，事难办"的现象得到了很好的解决。其次，由于政府公共服务的信息化，政府工作人员的观念发生了转变，知识层次不断提高，综合素质逐步提升，服务意识得到增强。再次，由于公共服务信息资源在网络平台上实现了共享，公共服务的成本大幅度下降。最后，政府为社会提供服务的质量和效率不断提高。

（3）以电子社会（E-society）为核心的模式。该模式将电子政务视为国家信息化的一个重要领域，是政府及其活动领域的信息化，与社会事业信息化、国民经济信息化一起构成国家信息化的完整体系。因而，这一模式要求把发展电子政务纳入到国家信息化的整体战略之中，从国家信息化的整体战略高度来规划和建设电子政务。应当说，政府是社会系统的一个构成部分，政府的发展也自然反映了社会的发展，政府与社会处在一个互动的过程中，离开了国家与社会，政府的信息化无论在何种意义上，都很难取得持续的进展。中国政府的电子政务建设在一开始就采用了这一模式。我国电子政务的发展，基本上是作为整个国家信息化战略的组成部分出现的，是在国家信息化这个战略平台上实施的。

2. 我国电子政务发展的几个阶段

我国电子政务建设可以追溯到 20 世纪 70 年代开始的办公自动化。在此之后，经历了如下发展阶段：

（1）办公自动化阶段。作为行政管理信息化的基础和重要组成部分，办公自动化（office automation，OA）是对现代办公过程和组织重新整合、完善和数字化的再造过程。1985 年，面对信息革命浪潮所带来的挑战和机遇，中国政府启动了以政务信息化为主要内容的"海内工程"，开始利用计算机技术辅助实施一些最基础的政务活动，如文件处理、档案管理等，并且成立了专门的领导工作组，划拨了专门的编制和经费。那时还没有电子政务这个概念，当时的建设目标是：在中央政府开展办公自动化建设，逐步实现决策与政府行政管理信息网络化。20 世纪 90 年代中期以后，随着信息网络技术、通信技术、数据库技术、多媒体技术、虚拟现实技术等的飞速发展以及政府转变职能的需要，办公自动化的发展进入快车道，开始突破部门和地域限制，向交互性和互联网的方向发展。

（2）"三金"工程阶段。随着我国经济体制改革的深化和市场机制的建立，跨部门、跨地区的信息通信与交换日益频繁，信息网络成为现代社会重要的基础设施。在这种背景下，1993 年 3 月，中国提出了建设"三金"工程，即"金桥""金关""金卡"工程。"金桥工程"成为"三金工程"的启动工程。"金桥工程"属于信息化的基础设施建设，是中国信息高速公路的主体。金桥网是国家经济信息网，它以光纤、微波、程控、卫星、无线移动等多种方式形成空、地一体的网络结构，成为国家公用信息平台。"金关工程"是国家经济贸易信息网络工程。1993 年，国务院提出实施"金关工程"，推动海关报关业务的电子化，用以取代传统的报关方式以节省单据传送的时间和成本。2001 年，"金关工程"正式启动。金关的核心包括海关内部的通关系统和外部口岸电子执法系统。"金卡工程"是以电子货币应用为重点的各类卡基应用系统工程。

(3) 政府上网阶段。1999年初，40多个部委（办、局）的信息主管部门共同倡议发起了政府上网工程。政府上网工程计划分三步进行：第一步，实施"政府上网工程"，在公众信息网上建立各级政府部门的正式站点，提供政府信息资源共享和应用项目，初步目标是在1999年实现60%以上的部委和各级政府部门上网；第二步，政府站点与政府的办公自动化网联通，与政府各部门的职能紧密结合，政府站点演变为便民服务的窗口，使人们足不出户即能够完成政府办事的程序，从而构建电子政务；第三步，利用政府职能启动行业用户上网工程，如"企业上网工程""家庭上网工程"等，实现各行各业、千家万户接入网络，通过网络既实现信息共享又实现多种社会功能，形成"网络社会"。1999年5月17日，我国正式开通了政府上网工程主站点（http：//www.gov.cn）。这个站点是我国政府网站的导航中心和服务中心，它既为我国各级政府部门上网提供了全面的宣传和服务，也为国内外企业和个人通过网络了解和接触中国政府各级部门提供了重要途径。

(4) "三网一库"建设阶段。2000年5月，国务院办公厅下发了《关于进一步推进全国政府系统办公自动化建设和应用工作的通知》，通知中首次提出了"三网一库"的概念。"三网"是指政府机关内部的"办公业务网"（又称"内网"）；与内网有条件互联、实现地区级政府涉密信息共享的"办公业务资源网"（又称"专网"）；以互联网为依托的"政府公众信息网"（又称"外网"）。"一库"是指政府系统共建共享的信息资源数据库。建设"三网一库"旨在实现政府机关信息资源的共享和快速传递，逐步实现网络化、协同化办公，节省人力、物力与财力，提高工作质量和工作效率。

(5) 数字城市与城市信息化试点阶段。为了积极探索城市信息化建设的规律和做法，研究制定国家推进城市信息化的有关方针、政策和措施，更好地分类指导城市信息化建设，我国有关部门确定了一批信息化建设试点城市。这些试点城市既有地处东南沿海的经济发达地区（如南海、广州等），也有欠发达的西部地区（如包头、贵阳等）。试点内容也各有侧重，既有综合性试点，也有侧重以信息化带动工业化、农业产业化、电子政务、电子商务的尝试。各试点城市都具备一定信息化基础和条件，能够把城市信息化和本市经济相结合，探索出符合各自情况的信息化发展道路，对促进全国城市信息化建设具有典型示范意义，取得了初步的成绩。

(6) 中国电子政务应用示范工程阶段。2002年8月，经科技部批准，由国务院办公厅和科技部共同组织实施的国家十五重大科技专项——电子政务试点示范工程正式立项。电子政务试点示范工程是我国电子政务建设中的一项重大应用工程，共包括23个子课题，除了综合性、专题性研究如电子政务战略研究、电子政务地理信息系统等外，还涉及中央和地方16个试点示范单位。在电子政务应用示范项目启动的过程中,电子政务示范领导小组根据该项目的特点决定组建由信息技术、系统工程、行政管理等多方面的专家组成总体专家组,使之承担电子政务示范工程的总体方案的制订。

(7)"智慧政府"建设阶段。近年来,从"智慧地球"、"智慧国家"到"智慧城市"等理念的提出以及愿景阐释和建设的兴起,进一步刺激和带动了日渐成熟的物联网、云计算、大数据分析、新一代互联网、移动宽带网、无线传感器网络等新的信息技术在政府管理领域得以综合应用,正在成为政府构建电子政务乃至智慧国家的倚重。当然,"智慧政府"建设还处在探索阶段,需要充分利用新一代信息技术以实现政府管理与公共服务的智能化、精细化、社会化。当前得到广泛使用的政务微博、政务微信和移动电子政务等,都可以看作是"智慧政府"建设的具体应用。

目前,我国电子政务建设已经取得阶段性成果,但在电子政务建设上也存在一些问题,如对建设电子政务的重要性认识不够,电子政务系统存在"条块分割"现象,重内部管理、轻外部服务等。针对上述问题,电子政务的发展方向主要是整合与服务两个方面:第一,整合就是在充分利用现有的网络基础设施和资源的基础上进行跨部门的业务、资源与服务的整合与集成。第二,服务是通过电子政务建设来改善公共服务。随着政府职能的转变,我国电子政务建设将由注重加强政府内部管理、提高政府效率、降低行政成本转向注重社会服务,可以相信,以公众为中心全面建设服务型政府将成为我国电子政务发展的基本趋势。

10.1.4 电子政务推动治理变革

互联网虽然是信息技术的成果,但发展到今天,已经走出了单纯技术的范畴而演变为具有无限能量与延展空间的公共领域。互联网为公共管理提供了新的技术条件、提高了行政管理的效率。但作为新生的公共领域,它为公民参与和治理多元化做出了贡献的同时也催生了新的公共问题,冲击了管理型的社会治理结构。网络公共领域是以互联网为基础而形成的,其技术能量不断地被人们所发掘和使用,最为重要的是,它重塑了公共领域的功能,而且有着无限发展前景。网络公共领域是新生的社会空间,与工业社会中的公共空间相比具有完全不同的特征,它具有多元化、开放性、复杂性等特征。因此,我们必须在社会治理变革的框架中来确定电子政务的发展方向。

电子政务所依靠的是信息技术,信息技术的发展又是当代所有技术发展中最为迅速的一项技术,这方面的任何一项技术创新的积极进展又都推动了电子政务走上一个新的台阶。但是,电子政务毕竟是一项由政府开展的社会活动,它建立在信息技术的基础上却不能完全归结为技术。换言之,信息技术并不能直接导致治理变革。

对此，简·芳汀（Jane E. Fountain）论证道："在大多数讨论信息技术及其影响的文献中，连接技术和制度的因果机制是简单直接的，即信息技术→可以预见的制度变化。按照这些叙述，互联网会导致一系列可以预见的变化，其中包括日渐消失的等级界限、不断增长的跨功能团队、更加合作的文化以及更加容易跨越的组织边界。最后一点将导致组织间网络的进一步使用。然而，20多年的技术和组织研究至少表明：遵循某种技术逻辑而发展的这些预见，一般说来不会得到验证。举个例子，20世纪50年代李维特（Harold Leavitt）和维斯勒（Thomas Whisler）预言信息技术将导致中间管理层的消亡。办公室的自动装置能够轻松地完成许多原本属于中层管理者的程序性的工作，这一点即使在50年前也是显而易见的。但是，信息技术毋庸置疑的逻辑并没有带来所期望的组织变化，这种状况一直延续到80年代中期。从那时起，各种组织开始进行结构重组，以应付经济的衰退、全球竞争的加剧以及导致经济大幅度缩小规模的政治文化。"① 甚至，"在很多时候，因特网没有导致制度变革，而是被用来加强现状"②。"在集权政体（authoritarian regimes）中，因特网是一个矛盾的存在，它既威胁又加强了政府对信息及社会的控制。"③ 比如，沙特阿拉伯的皇家伊斯兰政府，运用全世界最复杂的一些过滤技术，执行着更为苛刻的社会控制。其实，在美国也有针对外国人的电子指纹档案库、政府迫使民航提供乘客名单等等，信息技术越来越多地被用来实施控制。"棱镜门"事件曝光了美国国家安全局自2007年起开始实施的绝密电子监听计划，而这项以"反恐"为名的计划严重侵犯了公民的隐私权。显然，信息技术是一把双刃剑，信息技术终究还是技术，具有工具的性质，可以被用来从善，也可以被用以行恶。

这说明，信息技术只是电子政务发展的必要条件，而非充分条件，电子政务的发展还会受到政府改革、经济和社会发展、法律法规的变动以及领导能力、业务需求、管理手段和信息安全状况等各个方面的影响。尽管如此，电子政务的发展已经引起了政府及其提供公共服务的方式和路径上的变革，并将进一步推动治理变革的进程，而且，也会要求治理变革的速度越来越快。

（1）电子政务建设将推动新一轮的政府改革。在信息化的时代，一个国家信息能力的强弱，直接决定这个国家的国际竞争力和未来发展潜力。随着信息化建设的逐步深化和成熟，对于提升国家竞争力的重要影响也愈加明显。一方面，信

---

① ［美］简·芳汀著，邵国松译：《构建虚拟政府：信息技术与制度创新》，中国人民大学出版社2004年版，第12页。
② ［美］简·芳汀著，邵国松译：《构建虚拟政府：信息技术与制度创新》，中国人民大学出版社2004年版，第11页。
③ ［美］简·芳汀著，邵国松译：《构建虚拟政府：信息技术与制度创新》，中国人民大学出版社2004年版，第3页。

息化和信息社会建设本身是各国竞争的焦点；另一方面，借助信息技术提高自己的整体竞争优势也是各国考虑的问题。现在，互联网已经渗透到经济社会的各个领域，发展电子政务已成为世界新一轮行政改革的重要内容。传统的行政管理模式不再能适应当前日益复杂化、多样化、信息化和全球化的社会事务与经济事务，这从根本上冲击着传统的政治理念和行政管理模式，并呼唤着新的理论和实践。发展电子政务实质上是改造传统工业社会形态下的政府组织模式与工作方式，使之能够适应虚拟的、全球化的、以知识为基础的数字经济，同时也适应社会的根本性转型。电子政务将加快政府职能转变、提高行政效能、增强政府监管和服务能力、促进政务的公开透明以及政府决策的科学化、民主化，逐步建成高效的政府，进而引领社会经济又好又快地发展，从而提升国家的整体实力和在国际社会上的竞争力。电子政务建设水平已经成为衡量国家竞争力水平的显著标志之一，所以，电子政务的发展既提出了改革政府的要求，同时又是政府改革的一项重要内容。

（2）电子政务建设推动了政府的管理创新。随着电子政务建设的不断深化，电子政务对政府创新的作用和重要性正在进一步增强。事实上，电子政务与政府创新已经构成一种互为促进的关系。当前，正在显现出来的一个重要趋势是，电子政务发展的推动力已经不再仅仅是技术，而是取决于政府的全面管理创新。一方面，政府的管理创新需要电子政务来做支撑；另一方面，电子政务的发展也需要通过政府管理的不断创新来推动。随着信息技术水平不断提高，公众对电子政务的期望和需求也不断地被提到新的高度。尽管各国电子政务建设仍在不断推进，但与公众的预期还有一定距离。各国政府已经意识到，造成这种差距的原因虽然是多方面的，但是，政府自身能力无法满足新的信息技术环境和公众的需求，则是一个非常重要的方面。也就是说，加快政府的管理创新是各国电子政务建设亟待解决的问题之一。从电子政务发展的这段不算长的历史中可以看到，它在推进政府的管理创新方面的作用引起了越来越多的重视，而且这种积极作用也已经显现了出来。可以预见，未来几年，各国在推进政府的管理创新方面将取得更大突破，其中，电子政务的作用也将更加明显。

（3）电子政务建设将进一步促进民主行政的发展。随着电子政务建设的深入，公众对政府的期望值会不仅仅停留在对政府办事程序和服务信息的了解上，还会要求借助于现代通信技术更多地与政府进行交往互动，在获得服务的同时也表达自己的意见及观点。事实上，也有越来越多的国家和组织开始在电子政务建设中增加民意调查，利用在线方式让民众更多地参政议政，如采用了开设在线论坛、开通专门的民意征询网站、针对具体规划发出征询稿等方式，让民众积极地参与讨论，讨论的话题也涉及国家大政方针的制定、地方政府的绩效、具体政策的出台等各个方面。可以预见，"以公众为中心"的电子政务建设必将对民主建设起到越来越大的推动作用。未来几年，各国在利用电子政务手段加强民主建设方面将会有更多新的举措。

（4）电子政务正在促进公共服务整合朝着新的方向发展。随着电子政务建设的不断深化，公共服务的整合已经取得积极进展。纵观电子政务建设促进公共服务发展的历程，可以发现，在电子政务建设初期，各国关注的焦点主要是对服务前台的集成，即建设"一站式"服务网站等，通过集成的前端系统为公众提供各种服务。随着电子政务建设的推进，公共服务网站逐步完善、成熟，公众对电子化公共服务的需求也在发生变化，政府开始根据公众对公共服务的要求而对政府后台系统进行集成，以便为公众提供更好、更快捷的服务。因而，电子政务的重心逐步转向后台建设。随着公众掌握的信息技术技能不断提高，随着公众对电子政务服务的需求水准不断提高，一些电子政务建设比较先进的国家逐渐意识到，即使通过综合的服务门户网站为公众提供综合性的政府服务，也已经不能充分满足公众的需求了。所以，很多国家开始把"以公众为中心"作为电子政务建设的首要原则，采取了一些新的措施去为公众提供更多所需的服务。

当然，电子政务建设本身也存在着诸如信息安全等问题，事实上，对于电子政务而言，信息安全是一个需要格外关注的问题。信息安全虽然是一个技术性问题，但也是电子政务建设中的一项重要内容。电子政务关系到国家安全和政府工作的正常运转，同时也关系到接受电子政务公共服务的公众和企业的切身利益，积极采用安全技术、认真研究防范措施、预防病毒感染和黑客入侵等，都是政府所要关注的问题。

10.2 电子政务的技术支持与制度环境

10.2.1 电子政务的技术支持系统

电子政务的技术支持系统应包括电子政务的基础平台（包括网络平台、资源平台），以及基于基础平台的信息处理平台和应用平台。此外，还应包括整个系统的维护管理体系、保证电子政务安全运行的安全体系和作为电子政务建设依据的标准化体系。

1. 电子政务网络体系

电子政务的网络体系提供了电子政务管理赖以实现的网络环境资源，一般分为政府内网、政府专网和公众服务网。政府内网服务于政府机构的日常电子化办公，实现包括公文收发、会议管理、人员管理、项目管理、财务管理等完整的电子办公功能，极大地提高了政府机构的管理能力和工作效率。政府专网实现政府内部上下级单位之间的垂直互联。在政府专网中，按照政府业务可划分为各种办公业务资源网，它包括各类政务处理系统、管理信息系统、决策支持系统以及应急指挥系统。公众服务网实现政府与公众之间的横向互联，公众服务网为政府对社会所实施的各种管理与大量的公共服务提供了平台，由它构成的整个网络体系提供了纵横交错的全方位网络服务。

电子政务网络体系的建设主要是在完善政府专网和公众服务网的物理隔离平台网络体系的基础上，遵循国家统一的技术标准和业务规范体系，建立域名管理系统、目录服务系统、信息与安全规范和政务交换系统，形成结构合理、功能完善、管理规范、安全可靠、灵活实用的基础支撑体系。同时，在专网内部办公业务资源网与公众服务网之间，实行物理隔离，以确保政务信息的安全。在政府的公众服务网和互联网之间则实行逻辑隔离，则可以使信息传递更加方便、畅通。

电子政务网络基础支撑平台应基于政府内、外网结构的网络体系而进行建设。在建设过程中，要遵循国家统一的技术标准和业务规范，建立域名管理、目录服务、信息安全服务和政务信息交换等系统，切实形成标准统一、结构合理、功能完善、管理规范、安全可靠、灵活实用的电子政务网络基础支撑体系。

2. 电子政务的资源体系

政府信息资源是十分丰富的，包括诸多方面的内容，如国家和地方的政策、法律条例；国际、国内重大政治新闻，经济运行分析，社情民意动向，统计报表；各种公文、会议情况；等等。政府信息资源构成了电子政务系统的基本内容，如果说网络基础设施主要是电子政务系统的硬件，那么信息资源就是电子政务的重要软件。电子政务的资源体系是围绕信息资源展开的建设工作和管理工作的有机系统。资源体系应建立在政府信息资源开发和应用的基础上，要体现政府信息公开和面向社会服务的原则。资源体系的建立包括一系列配套性的工作，如制定政府信息库建设规范、信息资源采集、加工和发布以及管理实施标准，制定统一的规划和技术标准等。

在电子政务的资源体系中，信息资源库的建设是核心。因为信息资源库的建设不仅是推动电子政务发展的重要基础，而且是促进电子商务、企事业单位信息化、城市信息化乃至国家信息化的重大战略措施。政府信息资源库的建立，能够从根本上打破信息资源的零碎或垄断状态，能够有效地整合政府信息资源，强化信息资源的开发、利用和维护。而且，这项工作的开展是有助于社会共享政府信息资源的，能够带来更大的经济效益和社会效益。

鉴于政府信息资源内容繁杂，规模庞大，需要满足社会和公众的需求多样，信息资源库的建设也需要充分考虑多方面的因素。一般来说，信息资源库的建设应包括：(1) 政府信息资源开发的总体规划；(2) 制定信息资源管理制度；(3) 政府信息资源的管理与存储规划；(4) 政府信息资源的建设与利用；(5) 政府信息资源标准体系建设。

3. 电子政务的应用体系

电子政务应用体系是建立在电子政务数据信息及中间件平台基础之上的，是由各类业务应用基础支撑组件、多个业务管理和政府信息应用系统等共同组成的复杂应用体系。电子政务应用体系主要包括基础数据中间件层、基础应用组件平台层和业务应用系统层。基础数据中间件层在应用系统中主要起着异构系统整合、通信可靠性保障及提高应用系统运行效率等作用。基础应用组件平台层是基于当前分布式多层架构和组件技术构建的，组件为电子政务应用系统提供了标准化模块，组件平台就是这种成熟的标准化模块的集合。业务应用系统层是直接面向政府机构、面向服务对象、面向应用领域的工作系统。不同机关、不同行业、不同功能的业务系统构成了电子政务应用体系的主体。政府部门的应用需求各有不同，办公流程在细节上也千差万别，但围绕电子政务相关的三大行为主体（政府部门及其工作人员、企事业单位及其他社会组织、社会公众）形成了"办公自动化系统"、"电子政务门户网站"、"公众服务系统"、"信息资源管理系统"和"智能化分析与辅助决策系统"五类应用模式。

电子政务应用体系的构建必须坚持"以需求为导向、以应用促发展"的指导思想，认真进行系统调研和需求分析；要紧密结合政府职能转变和管理体制改革的实践，根据政府业务需求和广大人民群众的普遍要求，有所选择地确定电子政务应用的重点领域。例如，可以在如下领域中重点加强电子政务建设：政府为社会提供的应用服务及信息发布；政府部门之间的应用系统；政府部门内部的各类应用系统；涉及政府部门内部的各类核心数据的应用系统；以政府电子化采购为主的政府电子商务的应用；大力发展电子社区，通过信息手段，为基层群众提供各种便民服务等。

4. 电子政务的安全体系

为保证政府网的各种信息系统安全，往往在电子政务系统中采用多种手段，如通过物理隔离、逻辑隔离、数据加密、防火墙、系统安全加固、入侵监测与漏洞扫描、安全审计、病毒查杀、身份认证与授权、系统备份与灾难恢复等技术手段以及安全策略管理、规章制度建设等管理手段的综合运用，去为政府提供一个安全的信息平台。总的说来，电子政务的安全体系是对电子政务信息系统安全功能的抽象描述。在实践中，电子政务安全体系的设计主要包括这样几个方面：

（1）网络域的控制和安全数据交换；（2）信息传递过程中加密；（3）操作系统的安全性；（4）基础安全体系的建立；（5）可信时间源的获取；（6）数据备份与容灾。

5. 电子政务的标准体系

电子政务标准是以电子政务的理论研究和实践发展为基础，经政府相关部门与代表厂商协商一致，由政府主管部门批准，以特定形式发布，在电子政务发展过程中需要共同遵守的准则和依据。电子政务标准体系涉及面较广，总的来说，可以分成一个总标准和五个分标准两个层次。电子政务总标准是关于电子政务发展的总体性标准，主要包括电子政务基础性标准、总体规范及技术框架等，在整个电子政务标准体系中具有全局性、指导性的地位。相对来说，总标准概括性比较强，而且一旦确定以后，有相对比较长时间的稳定性。

电子政务的五个分标准则是：（1）网络基础设施标准。网络基础设施标准是为电子政务提供基础通信平台的标准，它包括基础通信平台工程建设标准、网络服务商互联互通标准、网络安全标准等各个方面。（2）应用支撑标准。应用支撑标准是为电子政务应用系统提供支撑和服务的标准，包括信息交换平台、电子公文交换、电子记录管理、日志管理、数据库等方面的标准，是电子政务标准体系中基本的组成部分。（3）应用标准。应用标准是为规范电子政务应用开发设计而制定的相关标准，包括基础信息、数据元及其代码、电子公文格式、流程控制等标准。（4）信息安全标准。信息安全标准是为电子政务实施提供安全服务所需的各类标准，包括安全级别管理、身份鉴别、访问控制管理、加密算法、数字签名、数字证书格式等标准和规范。（5）电子政务管理标准。电子政务管理标准主要是为确保电子政务工程建设质量的标准，它包括电子政务软件工程、电子政务项目验收与监理、电子政务系统测试和评估，以及电子政务信息资源评价体系等涉及工程建设管理的标准。

10.2.2 电子政务的应用

1. 政府间的电子政务

政府间的电子政务（government to government，G2G）主要是指上下级政府、不同地方政府、不同政府部门之间的电子政务应用。这类应用致力于政府办公系统自动化建设，促进信息互动、信息共享以及资源整合，提高政府内部的行政效率。政府间的电子政务应用主要包括：

（1）政府内部网络办公系统。这是指政府部门内部利用办公自动化系统

（OA）和 Internet/Intranet 技术完成机关的许多事务性的工作，实现政府内部办公的自动化和网络化。

（2）电子政策法规系统。G2G 电子化方式可以传递不同政府部门的各项法律、法规、规章、行政命令和政策规范，使所有政府机关和工作人员真正做到有法可依，有法必依，具有十分明显的速度和管理成本优势。

（3）电子公文系统。在电子政务条件下，公文制作及管理实现计算机化作业并通过网络进行公文交换，使得公文制作更加规范化、科学化和无纸化。

（4）电子档案管理系统。电子文件的产生向电子政务提出了电子档案管理的问题。在电子档案管理的整个流程中，包括案卷管理、目录管理、档案借阅、档案统计、档案销毁等环节，都有着与传统档案管理不同的内容和要求。电子档案管理系统就是为了解决上述问题应运而生的。

（5）电子财政管理系统。电子财政管理系统可以通过网络向政府主管部门、审计部门和相关机构提供分级、分部门、分时段的政府财政预算及其执行情况报告，包括从明细到汇总的财政收入、开支、拨付款数据以及相关的文字说明和图表，便于相关部门和领导及时掌握和监控财政状况。

（6）政府网络管理系统。政府网络管理系统主要是为政府处理各种业务提供服务的，包括纵向网络管理系统和横向网络管理系统。纵向网络管理系统主要适合于一些垂直管理的政府机构，如国家税务系统、海关、国土资源等部门通过组建本系统的内部网络，形成垂直型的网络化管理系统，以实现统一决策，分层控制和实施、信息实时共享，提高系统的整体决策水平和反应速度。横向网络管理系统是通过网络在政府不同部门、不同地区政府部门之间进行横向业务协调来实现政府的有效管理，其目的主要是通过网络的应用，使原本分散在不同部门、不同地区的决策信息做到有机集成，为不同决策者所共享，减少部门间、地区间的相互扯皮现象，提高决策准确性和作业效率。

2. 政府与公务员间的电子政务

政府（government）与公务员（employee）之间（G2E）的电子政务模式包括：

（1）在对公务员的日常管理中利用网络进行日常考勤、出差审批、差旅费异地报销等，这既可以为公务员带来很多便利，又可节省领导的时间和精力，还可有效降低行政成本。

（2）公务员招聘可以在网上进行。网上招聘具有两大优势，即方便快捷和信息丰富。方便快捷是因为求职者可以直接从网上获得自己所需要的信息，而不需要亲自去招聘单位了解情况；人力资源管理部门利用数据库对求职者在网上提交的信息进行审核、查询等处理，大大提高了工作效率。信息丰富是指两个方面：关于岗位招考、招聘的信息丰富，可以链接到有关政府部门的介绍；政府部门也可以有对比性的找到合适的人才。

（3）对公务员的培训也可以在网上进行，公务员可以借助网络随时随地注册参加各类培训课程、接受培训、参加考试等，为打造知识型政府、学习型政府奠定良好的基础。

（4）政府通过建立整体性的电子邮递系统，并提供电子目录服务，从而实现政府部门与公务员之间的沟通效率。

（5）对公务员进行网络业绩考评，即利用网络技术构筑起业绩考评系统，既可以对业绩考评的各项指标进行量化考核，又可以通过网络实现远程考评，与此同时还可以实现公务员之间的横向比较以及不同时期的纵向比较，使考评更加科学、公平与公正。

3. 政府与企业间的电子政务

政府（government）与企业（business）之间（G2B）的电子政务可以让政府通过电子网络系统高效快捷地对企业提供各种管理、服务和政府采购活动。G2B模式的具体应用主要有：

（1）政府采购部门可以利用电子化政府采购及招标系统实现网上采购。供应商直接将标书传送到网站，政府采购部门可以按照招投标程序开标，并邀请有关专家在线评议，在网上实时发布评估结果。这种采购及招标对于减少暗箱操作有重要意义，同时还可减少政府和企业的招投标成本，缩短招投标的时间。

（2）建立电子税务系统使企业直接通过网络足不出户地完成税务登记、税务申报、税款划拨等业务，并可查询税收公报、税收政策法规等。这既方便了企业，也减少了政府的开支。

（3）建立电子工商行政管理系统，让政府通过网络来实现证照管理，这既可大大缩短证照办理时间，还可减轻企业人力和经济的负担。电子证照系统可使企业营业执照的申请、受理、审核、发放、年检、登记项目变更、核销以及其他相关证件如建筑许可证、环境评估报告等的申请和变更都在网络上进行办理。

（4）通过网络进行电子外经贸管理，如进出口配额许可证的网上发放、海关报关手续的网上办理以及网上结汇等，都是行之有效的外经贸管理方式。

（5）建立与企业经营管理活动相关的电子资料库，收集政府各方面的数据和信息，为企业和社会提供多种信息服务，如商标注册管理机构可以提供已注册商标的数据库，供企业查询；科技成果主管部门可以把有待转让的科技成果在网上公开发布；质量监督部门可以把质量不合格的产品和企业名录在网上公布，以保护有关厂家的利益；政策、法规管理部门可以向企业开放法律、法规、规章、政策数据库等各种重要信息。

4. 政府与公民间的电子政务

电子政务广泛地应用于政府（government）与公民（citizen）之间（G2C），是政府通过电子网络系统为公民提供从出生、入学、就业、社会保障到死亡等整个生命周期中的各种服务的途径。G2C致力于网络系统、信息渠道以及在线服务的建设，为公众提供更便捷、质量更佳、内容更多元的服务。G2C是电子政务的重要方面，主要发生在政府职能部门与各种社会团体及个体之间。具体内容包括：

（1）电子身份认证，即通过一张智能卡集合个人的医疗资料、个人身份证、工作状况、个人信用、个人经历、收入及缴税情况、公积金、养老保险、房产资料、指纹等身份识别等信息，通过网络实现政府部门的各项便民服务程序。电子身份认证使得公民能够通过电子报税系统申报个人所得税、财产税等个人税务，政府不但可以加强对公民个人的税收管理，而且可方便个人纳税申报。

（2）面向公民的电子公共服务，如公民日常管理服务、电子化社会保障服务、电子化教育服务、电子化就业服务、电子化交通运输服务、电子化旅游服务等。

（3）接受公民通过网络发表对政府有关部门和相关工作的看法，参与相关政策、法规的制定，公民还可以直接向政府有关部门的领导发送电子邮件，对某一具体问题提出意见和建议。

10.2.3 电子政务安全管理

在电子政务建设中，安全是一个需要特别重视的问题，就整个互联网来看，病毒、黑客侵袭信息网络系统的例子不胜枚举，这些破坏行为会带来巨大的经济损失。尤其对于政府网络系统而言，除了经济损失外，还会对国家安全、社会稳定甚至是人类生存等带来重大影响。所以，如何保障电子政务信息的机密性、完整性、可用性、可控性和不可否认性，成为电子政务安全的主要内容。

电子政务安全的管理就是采取一整套科学合理的管理手段来实现电子政务的安全目标，具体内容包括：第一，设备安全，即建立起防范机制去防范电子政务物理设备不因自然灾害、设备老化或人为破坏等原因而遭受损失。第二，信息安全，即在信息传输、信息存储、信息访问等环节上建立起完整的保障机制。第三，技术安全，也就是说，在技术体系上要有有力保障的防火墙技术、防病毒技术、入侵检测与漏洞扫描技术、认证与加密技术；要提高核心技术的国产化和自主开发能力；对应用于政府网络中的所有设备、软件必须进行严格的安全检测。第四，管理安全，即制定统一的安全管理规范和相关的法律保障，使电子政务的安全管理制度化、法制化。第五，政治安全，即增强政治防范意识，采用法律威慑、管理制约、技术保障和安全基础设施支撑的全局治理措施，防止国外不良势力和国内的不法分子利用网络进行各种煽动、颠覆和破坏活动。

根据电子政务的典型业务模型，电子政务的安全管理需要从以下几个方面着手：

（1）办公环境的安全问题。为了保障电子政务安全，首先需要考虑办公环境的安全问题，即电子化的办公系统在运行过程中的安全问题。其中包括办公人员的身份确认问题，不同级别的政府官员和办公人员的权限控制问题，办公系统中的数据安全使用和存储问题，日常的病毒防范问题，对付网络攻击的问题，以及物理环境安全问题等。

（2）内部网络的安全问题。电子政务系统是在网络环境下运行的，因此，网络安全是安全保障的重要内容之一，它具体包括不同政府部门或不同级别的机构之间广域网数据传输的机密性和完整性问题，上下级之间网络互访的可控性问题，以及广域网有效带宽的可用性问题等。此外，还包括政府移动办公的安全问题，如政府官员移动办公的身份确认、权限控制和数据通信加密等问题。

（3）对外服务的安全问题。电子政务不仅仅是内部办公的问题，还涉及许多对外服务的内容，包括对企业和个人的服务。这其中也存在很多安全问题，例如公众访问权限可约束的问题，信息服务文档的防篡改问题，网络服务平台的可用性问题，网络访问的可控性问题，信息交互的机密性、完整性及不可否认性问题等。

电子政务的安全管理还包括风险控制和风险管理。从客观方面说，自然灾害、电力供应系统的故障、静电或强磁场、设备本身机能缺陷等都有可能出现；从主观上讲，也可能会出现人为过失或者恶意破坏等，还可能存在着管理上的漏洞。这些情况中的任何一项如果在某个时刻出现的话，都会对电子政务系统造成极大的危害。因而，需要在电子政务管理中提高安全警觉和防范意识，只有做到有备，方能无患。

10.2.4 电子政务的制度环境

1. 电子政务的法律政策基础

世界各国在建设电子政务实践中都有正面的经验和反面的教训：如果不构筑起相应的法律政策基础，电子政务就会失去赖以生存和健康发展的基本条件，甚至会引发一系列混乱。对于正处于转型期的中国来说，夯实电子政务的法律政策基础，是确保电子政务良性发展的前提。

法律政策先行，至少不要严重滞后，这可以说是电子政务发展水平较高的国家所采取的一致做法。美国、加拿大、英国、法国、日本、新加坡、韩国等，在建设电子政务的过程中都非常注重相关法律政策建设。以美国为例，在电子政务建设过程中始终认为奠定法律法规基础是推进电子政务积极有效发展的重要条件之一。电子政务建设需要以信息资源管理、信息交换、信息发布、信息技术应用与管理、信息系统与网络安全、信息系统和网络建设标准等诸多方面的法律法规为制度基础。美国从20世纪60年代开始，相继制定了各种相关的法律文件，从制度上为电子政务建设铺平了道路，提供了政策保障。其中较为重要的有1993年制定的《政府执行结果法案》（GPRA），它的实施使得美国政府在实现政府采购合理化方面取得了重大成果；1995年5月由克林顿签署的《文牍精简法》，推动了各部门呈交表格的电子化，法案要求到2003年10月政府部门须全部使用电子文件；此外，1996年修改的《信息公开法》，也大大促进了政府信息公开的电子化。2002年12月，美国总统布什正式签署了《2002年电子政务法案》，将"实现政府部门向公民提供服务的自动化"纳入美国法律。这一法案的签署标志着联邦政府向电子时代又迈进了一大步。

我国电子政务发展所取得的每一项成绩也无不是相关法律政策建设的成果。从1985年的"海（中南海）内工程"，到1993年底启动的"三金工程"，再到1999年的"政府上网工程"，直至今天从中央到地方大范围推广的电子政务，其中每走出的一步，几乎都与相应法规和政策的建设密切相关。我国相继出台了《中华人民共和国电信条例》《互联网信息服务管理办法》《互联网站从事登载新闻业务管理暂行规定》《互联网电子公告服务管理规定》《全国人大常委会关于维护互联网安全的决定》等法律、法规和部门规章。

整体上看，目前我国电子政务的法律政策基础还十分薄弱，更多的是运用行政手段去调整电子政务实践中所遇到的问题，随意性很大，在公众中引起一些不认同的问题，也包含着引发国际争执的可能性。法律政策基础薄弱对于电子政务发展的制约作用首先表现在因无法可依的问题，致使政府在电子政务工作环境中缺乏法律政策依据和保障。另一方面，由于相应法律法规建设长期滞后，也必然会引起这样一些问题，即行政机关为规避"非法""违法"而畏首畏尾，不敢有所作为，以至于出现了严重问题后才以运动式的方式去加以处理。

法律政策基础薄弱对电子政务发展的另一个制约作用表现在因无法可依而造成了社会公众的权益失去法律保障，政府合法性受到质疑。政府行为涉及社会生活中最重要也最复杂的社会关系，电子政务则进一步衍生出一系列新的社会关系。这其中有中央与地方的关系、中央部门与地方的关系、部门与部门的关系，更包括政府与社会公众的关系等。而调整这些关系的依据和准则就是法律法规和政策，特别是在处理各种矛盾和利益冲突时，更需要依靠法律法规行事。如果失去这些准则和依据，一方面会不可避免地出现社会混乱，另一方面也会引发行政机关或公务员对社会公众权益的侵害。

法律政策基础薄弱对电子政务发展的第三个方面的制约作用表现在因无法可依而使电子政务建设中出现了严重的无序现象。我国电子政务事业确实取得了很大进步，但在发展过程中却存在着非常有害的因缺乏规范而形成的混乱和失序现象。特别是对于一些地方行政机关来说，电子政务还只是一种理念或口号，能够构建电子政务系统并真正实施的，往往只是少数政府机构，或者是兼有企业色彩的"经济技术开发区管理委员会"等。之所以如此，主要原因是，在缺少相应法律政策的情况下，行政机关因担心出现可能危害国家安全和利益的漏洞而不敢去做。

2. 电子政务的管理基础

电子政务的核心并不在于"电子"，电子政务绝不是电子技术手段与传统行政管理的简单相加。信息技术本身并不能保证提高政府效能，电子政务的关键在于优化管理、用好信息技术。电子政务是行政管理的革命性变革，电子政务的本质是行政管理的创新。因此，电子政务更需要有一个全面优化的管理基础。事实上，各国政府建设电子政务的目的之一就是要运用信息技术推动行政管理的变革。美国的电子政务建设过程一直伴随着"政府重塑"，也就是政府不断根据公众的要求和电子政务发展的需要进行行政改革。从1999年开始，联合国经济和社会事务部就把推进发展中国家政府信息化作为工作的重点，希望通过信息技术的应用改进政府组织，实现办公自动化和信息资源的共享。在我国，关于电子政务的管理基础建设已经取得了一定的成效，管理水平也有了一定程度的提高，但是，与电子政务日益刷新的要求相比，还有很大的距离。所以，在当前电子政务建设中，需要努力构建与电子政务发展需要相适应的管理基础，必须树立全新的管理理念，运用全新的管理形式，实施全面的管理规范化。

电子政务建设首先需要我们完成一次管理理念的革命，即树立起全新的管理理念。这些理念包括民主理念、科学理念、法治理念、责任理念、效率理念、公平理念、服务理念、安全理念、文化理念、形象理念等十个方面。这些理念是对传统行政管理环境、职能以及组织和人员的挑战。这是因为，电子政务不仅仅是利用先进的信息技术来替代手工劳动，更为重要的是通过行政管理手段的革新，促进行政管理方式的变革。因此，在建设电子政务的过程中，需要结合信息技术的推广利用，不断对政府结构、决策方式、运行机制、管理和服务模式、工作流程等进行相应的改革和调整，建立与先进信息技术手段相适应的组织机构与工作流程，从根本上提高行政管理的水平。总之，电子政务建设必须强调管理的规范化。管理的规范化建设实际上是管理基础建设的集中和综合的反映。管理的规范化主要表现为制度化、程序化和标准化。

10.3 网络平台上的电子政务

10.3.1 电子政务与互联网的关系

互联网是在20世纪60年代末开始出现，早期的网络是美国专门用于军事研究的专用计算机网。90年代中期，计算机网络技术的迅速发展而使它成了一个普及全球的信息网络。互联网的英文名字是Internet，汉译音译为"因特网"。它是指一种网络实体，没有一个特定的网络疆界，而是通过网关连接起来的网络集合，由各种不同类型和规模的独立运行与管理的计算机构成，通过普通电话线、无线网络、高速率专用线路、卫星、微波和光缆等通信线路，把不同国家的大学、公司、科研机构和政府等组织的网络资源连接起来，组成全球范围的计算机网络，从而进行通信和信息交换，实现资源共享。

互联网是20世纪的一项基础性的重大科技发明，它引发了人类社会生产方式和生活方式的深刻变化，对世界经济、政治、文化、社会发展产生了巨大影响，将人类社会带进了前所未有的信息化时代。现在，所有的文字、声音、影像都可以转化成数字形式，并突破了时空限制，经由网络而在瞬间实现全球共享。电子政务就是通过接入互联网的政府网站进行行政管理和提供公共服务的活动。用户在互联网上进行交流，一般是从进入网站开始的。所谓网站，就是在互联网上建立的互联网服务站点。从访问网站的用户角度看，网站是互联网上人们传递、共享信息的聚集地。电子政务以政府网站为载体，通过政府网站进行，而政府网站则是政府在互联网上提供信息和服务的站点，它拥有独立的域名。

从政府网站的实际应用看，它首先是政府公布和发布信息的地方，也是用户检索和利用信息的场所。可以说，迄今为止，政府公布和发布信息及用户检索和利用信息是政府网站的基本功能，也是电子政务其他各个方面的内容得以展开的基础。在信息和知识成为社会发展的最重要资源的当代，公众越来越强烈地要求获取真实、完整、可靠和及时的信息。政府在满足用户的信息需求方面负有主要责任，政府既承担着"统筹规划、组织协调、统一制度、监督指导"国家信息资源的宏观管理职能，同时也承担着具体的信息服务的任务。政府机关具有向社会提供信息的责任，而通过网站向社会公布和发布信息则是一条有效的信息服务途径。

政府网站在向社会公布和发布政府信息方面具有许多优势：其一，受众面广泛。政府信息在网站上公布，用户就是全世界的网民，极大地提高了信息的传播范围，相比其他信息公布办法，可以收到事半功倍的效果。其二，信息范围广、种类多。从信息变动情况看，政府网站公布的信息主要有静态信息和动态信息两种。静态信息主要包括法规、指南、手册、档案资料、研究报告等；动态信息主要有通知、展览、办事程序、部门设置、官员名单、联络方式等。其三，实时性强。政府机关要在广播、电视、报纸等媒体上公布信息，必须先向这些媒体传递。而且，这些媒体登载政府信息还要受节目档期或出版周期的限制，因此会有一定程度的延时。如果张贴公告，还需要事先印刷多份，费时费力去加以张贴。政府网站为政府机关所有，可以在第一时间将最新的消息提供给用户，具有较强的实时性。其四，效益/成本比高。政府信息在网上公布，只需要实现信息的一次输入，就可以多次输出。用户可以随时随地利用信息，而不必在指定时间内到指定地点去查阅或咨询，还可以将信息下载进行灵活的处理。这使得政府信息的提供方和利用方均可实现较高的效益/成本比。其五，查询方便。用户通过政府网站提供的导航系统和搜索系统，可以非常快捷地找到所需信息。

上述特点使得政府网站发布信息成为最引人关注的一条政务公开途径，而政府信息的公开则是政务公开的关键内容和主要手段。在网站上公开政府信息，用户人数多，查询方便，实时性强，受到社会越来越多的关注。政府网站上的信息来源于政府，客观上也会给公众以"权威、公正、可信"的印象。因此，相对于其他网站的信息来源而言，政府网站提供的信息质量较高。除此之外，政府网站也可能成为政府展示和宣传自身形象的阵地，也是用户了解政府的窗口。如果在网站上建立互动设置，用户就可以通过网站向政府反映情况，而政府则能够收集公众反馈信息从而了解民情。随着电子政务外延的扩展和内涵的深化，政府公共服务中的很大一部分事项和内容都在网站上进行。总之，互联网所搭建起来的是一个无限广阔的平台，而每一个网站都是互联网上的一个节点，政府网站通过互联网而使自己的身形和声音得到无限的放大，也使自己提供公共服务的能力得到极大的增强。电子政务是建立在互联网平台上的，互联网也通过电子政务而变得丰富多彩和证明了自身的价值。

10.3.2 网络舆情对公共行政的影响

舆情也就是"舆论情况"，是存在于社会之中的，是较多的社会成员对某一或某些事情所表达的信念、态度、意见和情绪等等的总和。互联网的发展已经造就了一个"虚拟世界"，人类社会中的许多方面被投射或复制到了这个虚拟世界中来了，所以，在互联网上也会出现各种各样的"舆论情况"。

传统的社会舆情存在于民间，存在于大众的思想观念和日常的街谈巷议之中，舆情的获取往往需要通过对社会的明察暗访、民意调查等方式进行，获取效率较为低下，样本少了还容易失之偏颇，而且耗费巨大。随着互联网的发展，大众往往以信息化的方式发表各自看法，从而形成了网络舆情。对于网络舆情，可以采用网络自动抓取等技术手段而获取，极其方便，而且效率高、信息保真（没有人为加工）度强，覆盖面也非常完整。网络舆情形成迅速，对社会影响巨大，会随着互联网而在全球范围内迅速扩散。现在，网络媒体已被公认为是继报纸、广播、电视之后的"第四媒体"，网络成为反映社会舆情的主要载体之一。网络舆情信息的主要来源有新闻评论、网络论坛、博客、微博、微信等。网络舆情表达快捷、信息多元，特别是基于人际关系网络的社交媒体，通过便捷的评论和转发功能，使信息可以迅速传递，从而形成独特的裂变式传播效应，具备传统媒体无法比拟的优势。

网络的开放性和虚拟性决定了网络舆情具有以下特点：其一，直接性。通过网络媒体，网民可以立即发表意见，下情直接上传，民意表达更加畅通。其二，突发性。网络舆论的形成往往非常迅速，一个热点事件的存在加上一种情绪化的意见，就可以成为点燃一片舆论的导火索。其三，偏差性。由于发言者身份隐蔽，并且缺少规则限制和有效监督，网络自然成为一些网民发泄情绪的空间。网民在现实生活中遇到挫折，对社会问题片面认识等等，都会利用网络加以宣泄，因而在网络上往往容易出现庸俗、灰色的言论。对于网络舆情的这些特点，行政人员应了然于心，如果行政人员对现实中出现的各种网络舆论能做出及时反馈，就会防微杜渐和防患于未然。因此，必须利用现代信息技术对网络舆情予以分析，从而进行控制和引导。由于网上的信息量十分巨大，仅依靠人工的方法难以应对网上海量信息的收集和处理，这就需要加强相关信息技术的研究，形成一套自动化的网络舆情分析系统，及时应对网络舆情，由被动防堵而化为主动梳理、引导。近年来，我国网络舆论热点持续增加，总体呈上升态势，在一定程度上映射出了社会紧张度的上升。这些事件中暴露出了地方以及基层处置乏力，常规民意表达渠道不畅等问题，应当引起关注。据分析，大多数网络舆论事件的发源地都在基层，但解决路径却依赖于高层；对于事件的处理，网民大都对党政高层存在较高期待和好感，对基层则持失望和不信任态度，表现出显著的舆论落差。

从网络舆论事件传播路径上来看，传播者一般都会绕开本地网站，直接寻求在全国性的、访问流量大的综合性网站、社区发表。近年来的网络舆论事件越来越表现出走出虚拟世界而影响现实世界的趋势。当前，由于社会阶层分化，理想和现实的差距极易造成民众"相对的被剥夺感"，引发情绪淤积，此时尤其需要畅通的民意表达渠道。如果常规的体现政府公信力的民意表达渠道出现阻塞，民意表达就会被"挤压"到道德约束、行政约束、社会秩序约束相对薄弱的网络世界中，以网络舆论事件的形式释放出来。

在我国，传统意义上的民意表达渠道大致分为几个层次。一是人大代表、政协委员通过采集民意形成议案、提案,对有关部门进行质询、咨询等方式来传达群众的关切。二是通过群众写信、上访、领导干部下访接访等形式,反映群众对某些具体问题的呼声。三是通过各种形式的听证会,就某一事务听取利益相关方的意见。此外,传统媒体也是表达老百姓心声和愿望的重要渠道之一。在网络时代,各政府网站也纷纷开设了市长信箱与民沟通。然而,现实生活中的民意表达渠道往往不够通畅,从而使网络舆论焦点表现出持续高温的状况。如果现有的民意表达渠道得到充分利用,通过网络表达意见的热度就不会像现在这样高,更不会出现数量猛增的网络舆论事件。

所有这些,对于行政人员来说都具有警示的意义,对于政府工作的改进以及行政体系的完善也具有极大的促进作用。应对网络舆论事件,"堵"是不管用的,只能疏导。目前紧迫的任务就是,疏通常规的民意表达渠道,解决这一渠道畸重畸轻的问题,以多种形式、多管齐下地满足不同社会群体的意见表达需求。当然,要从根本上解决那些情绪化的网络舆论问题,还需要行政人员提高社会责任感,公平公正地提供公共服务,以求从根本上消除公众的不满情绪。对于政府来说,则需要进行多方面的战略性规划,以求消除社会的结构性失衡及其贫富分化等问题。只有这样,消极的网络舆论才会减少,积极的网络舆论才会逐渐增多。

10.3.3 网络民主的兴起

民主是一个政治话题,但与公共行政又是联系在一起的,特别是作为民主新形态的网络民主,对行政管理以及政府的社会治理造成了极大的冲击。互联网作为一种新的媒介,正在从技术上突破传统媒介民主形式的局限,为民主政治注入了新的活力,也给现实政治生活带来了前所未有的改变。"网络民主"就是在互联网技术中衍生出来的新话题。马克·波斯特(Mark Poster)在《网络民主——因特网和公共领域》一文中把网络民主界定为"网络民主为公民借助网络技术,通过网络公共领域加强和巩固民主的过程"。随后,美国的罗莎·查葛若斯(Roza Tsagarous)出版了《网络民主——技术、城市与城市网络》一书,布朗宁(Browning)、阿特温(Artvin)等人出版了有关电子民主、数字民主方面的专著,由此拉开了网络民主研究的帷幕。

上述有关网络民主的研究成果主要是针对西方发达国家的政治现实做出的,没有反映发展中国家的状况,所以,在这一话题的讨论中,难免会存在着对话时的话语指向模糊性等问题。在中国,虽然理论界对网络政治表现出极大的热情,并在现实中可以深刻地感受到网络给民主以及整个政治生活带来的影响:如网络政治表达、网络政治交流、网络政治宣泄、网络结社、网络政治监督等现象的出现都引起了学者们的关注,但对于网络民主这一形式的理解还显得比较模糊。总的说来，目前我们有关网络民主的理论研究远远滞后于网络民主发展的实践，处于相对滞后的状态。关于网络民主的认识基本上可以概括为：公民借助网络技术以直接参与为主要形式和以网络空间为载体去培育、强化和完善民主的过程，目的是要达到现实政治生活中的民主均衡状态。

从西方国家网络民主的实践来看，网络民主兴起于互联网已经进入人们的社会生活并对政治领域有着深刻影响的时代，它的基本历史背景可以概括为以下三个方面：

首先，传统政治生活媒介的功能异化及民主危机。传统大众媒介曾经被认为是西方民主的重要基石，是公民知情权、表达权、参与权的重要实现途径，具有相对的独立性，而且这是它发挥民主功能的前提。同时，传媒的自由竞争可以提高效率、减少成本，能够更好地与公众的口味相吻合，还能带来竞争之后多元化选择的优势。然而，到了20世纪后期，媒体普遍受到了官僚政治的控制，一些强势利益集团也把媒体作为自己的喉舌。在这种情况下，普通大众的声音是很难见诸媒体的，社会中的那些代表最广大人民的利益诉求的声音往往被媒体听而不闻，政治谎言和低级趣味的东西反而充斥媒体。所以，媒体所担负的民主功能丧失了。不仅如此，由于媒体的引导，大众被引向了对消费娱乐性内容的关注，而对政治的冷漠却不断地增强。互联网的出现使媒体结构发生了变化，而且互联网所提供的是一个互动性的平台，这一点是任何传统媒体都无法比拟的。同时，互联网给人们带来了进行政治表达的新途径，任何一个声音，只要它是有着实质性内容的，是对政治生活以及社会治理有价值的，都可能通过互联网而得到无限放大，从而使人们空前地感受到参与政治生活、参与社会治理的希望。这就是媒体的变化而引起的民主的再生。

其次，突破了代议制民主的框架。资产阶级革命后建立起来的民主制度是一种代议制民主，虽然在几百年的时间内有各种各样的民主理论被提出，但在实践中，代议制民主的框架一直未被突破。而且，长期以来，民主被看作是政治生活的范畴，在由政府实施的社会治理活动中，民主一直受到排斥。20世纪后期虽然出现了民主行政的理论，其后又通过参与治理的设计而将其付诸实施。但是，由于传统的参与途径往往对参与者有诸多限制，公众即使有参与热情也很难真正参与到治理过程中来，所以，公众依然是在政治生活中通过投票以及其他途径去表达意愿和选择自己的代表，实际的治理过程还是交由政府去承担的，公众并不能真正直接地参与到政府的治理实践中去。互联网的出现，解放了公众的表达自由，让公众可以自由地表达对社会治理的意见，特别是可以对政府的日常治理活动做出有效的监督，对于改进治理方式、杜绝权力的滥用发挥了巨大作用。因而，网络民主体现了很强的互动性，实现了公众对社会治理的有效参与。

第三，互联网的出现激发了人们的参与热情，再一次唤醒了人们对民主的追求。作为一种新媒介（传播媒介和参与媒介），网络整合了传统媒介的许多优点，又具备了诸多传统媒介所不具备的优势，非常有利于民主生活的开展。与电视、广播等传统电子媒介相比，网络作为一种新兴媒介，其互动结构、参与结构和控制结构发生了根本性改变。网络不但是一种信息在瞬间生成、瞬间传播、实时互动、高度共享的传播媒介，还是一种新的生活方式。网络的隐蔽性特点还使参与主体完全抛弃了现实中的身份藩篱，在网络参与中，谁也不比谁的机会多，谁也不比谁的机会少。网络的交互性特点决定了它不处于某种静止的状态，也不是某种单向信息流动状态，而是动态的多元化的相互作用状态。在网络中可以形成一对一、一对多、多对多的互动关系。某个事件一经发起，就可以借助于网络的快捷性、交互性特点而得到迅速传播，并在很短的时间内激发网民的参与热情，聚集相当规模的网络民意，最终呈现"星火燎原"之势。

如果说民主这个概念在一开始的时候是作为集权的对立面而出现的，是反对集权控制的，那么，网络满足了民主的这一形式要求。这是因为，网络具有控制结构上的隐蔽性。网络建设之初，出于保障隐私的目的，就没有设定有效身份鉴别的功能。一组代码、一个角色符号就成为一个网民身份的标识。因而，网络具有再造隐蔽的功能，能够把网民身份随意进行修饰涂抹，使网民完全可以掩盖其自身的真实身份、性格、年龄、职业乃至在社会中所扮演的角色。网络的隐蔽性特点使得网民能够以"隐形人"的身份在网上参与社会治理活动，大大减少了现实中政治参与的不安全感，也使得传统的政治控制变得困难起来。当然，不断发展的网络监控技术以及大数据技术使得网络的隐蔽性特点大打折扣。理论上讲，网民在网络上的一言一行是完全被置于监控之下的，在网络上个人的隐私权更加难以保障。

同样，民主的过程是建立在人的自由平等等权利得到承认的时代的，而网络以一种新的方式展现和保障了这种权利，它以参与结构上的平等、参与行动的自由而对人的权利形态做出新的诠释。通过网络的社会治理参与活动在方式上是十分便捷的，它与依赖报纸、电台、电视等信息传递渠道的参与有着根本区别，更不同于通过其代表而进行的意见表达，它使人为的过滤机制失去了发挥作用的功能。在网络时代，网民们对社会治理的参与更加直接，无论在哪里，人们只要点一下鼠标，就能马上对各种公共事务进行投票、参与讨论、发表见解，使公众和政府实现了没有中间环节的直接的而且是平等的沟通。此外，网络还具有离散性的、无中心的结构模式和运作特征，基本消除了身份歧视，实现了地位平等。在网络上，无论人们在现实社会中的身份、地位、贫富状况如何，只要达到法律允许的条件和一定的物质条件即能够上网，就可以自由地参与。在网络中，不论平民还是国家元首、穷人还是富人，都可以发表自己的见解，参与讨论，可以根据自己的认识和觉悟去对政府的政策评头论足。

10.3.4 对网络民主的规范

"网络民主"使民主的形式和内容都得到了极大的扩展,网络所具有的互动性、即时性、开放性等不同于传统媒体的特性,把人们带入了一个拥有广泛的参与治理空间的地带,使公平、公正、社会正义等价值追求得以张扬。但网络的上述特性也决定了网络民主的双重性,那就是,网络民主也完全可能演化成网络上的噪音,亿万个网民可以发出亿万种声音,展现出的是网络无政府状态。还有一种可能,那就是出现一种失控了的"技术进步",把人变成技术的奴隶,特别是信息泛滥,可能会让人表面上拥有无数信息却失去了思想,把分析和判断信息的能力拱手让给技术专家甚至计算机本身。特别是在当前复杂的环境下,网络的无国界特征非常容易成为他国敌对势力干预一国内政的工具,即使在一国内部,也可能有不法分子利用网络煽动起不利于国家民族利益以及不利于公共利益的舆论。因此,如何引导公众有序地利用网络参与社会治理,使"网络民主"和网络时代的公共生活朝着科学化、理性化的方向发展,是当今各国政府不容忽视的问题。也就是说,网络民主并不是一种随意的"任性",而是应当有规可循的。

秩序化、规范化和法治化是"网络民主"得以健康发展的前提,而这又需要政府去为网络确立秩序、建立规范和实施法治。所以,在电子政务发展中,促进和引导网络民主朝着健康的方向发展也是一项重要内容。

首先,政府应当承担起对网络的管理责任,力求把网络上的一切活动都纳入秩序的范畴中来。网络已经进入了人们的生活,成为人们开展社会生活的基本途径和人们社会生活的重要构成部分,同时也是政府社会治理活动中的一项重要内容。政府如果简单地通过对网络上的言论进行屏蔽不可能达到确立网络秩序的目的,因为互联网是没有国界的,我们无法设想一国政府能够屏蔽所有来自国外网站的信息。政府必须转变传统的舆论控制思维,适应网络时代的要求,遵循"以疏代堵"的原则,采用"以网治网"的方式去达成治理的目标。具体地说,政府需要通过加强电子政务建设去为公民从政府网站上获取信息和服务提供方便,降低信息收集和传播的成本,让公众能够更加方便地在政府网站上表达意见和建议。如果政府网站"办活了",能够真正成为政府与公众直接交流的平台,能够为网络民主提供充分的自由表达空间,那么,发表消极信息以及恶意言论的网站也就会相应地减少。公众对社会治理问题发表意见,目的是要使问题得到解决,当政府网站成为意见表达的场所,而且能够直接地得到政府相关部门的回应,公众也就不会借助于其他的网站去表达意见了。可以相信,当政府网站成了健康的网络民主生活场所的时候,其他网站即使出于竞争的需要也会主动地去办得更好。这样一来，一个健康的网络民主秩序就在政府网站的引导下确立了起来。

其次，政府需要自觉地加强和促进网络生活的道德建设。网络民主是人们网络生活的一部分，在网络已经构成了一个虚拟世界的时候，在绝大多数社会成员开始在这个虚拟世界中开展社会生活的时候，这个世界理应成为道德规范发挥作用的世界。人类社会生活中的道德是在数千年的历史发展中积淀下来的，而互联网作为一个虚拟世界则是一个新生的社会，由于虚拟世界中的生活具有自主性、开放性、多元性以及匿名的特征，人类社会中的道德及其价值观念并不能被完全复制到这个世界中来。在这种情况下，政府担负着为虚拟世界建立新的道德体系的任务。本来，互联网是一项技术成就，但它毕竟是人类社会文明进步的象征，它包含着对人类社会中的道德文明加以吸收和提升的可能性。但是，互联网发展的实际情况并没有证实这一点，相反，网络上的暴力、煽动、辱骂、攻击和非理性等随处可见，这说明我们关于虚拟世界中的道德建构工作是缺位的。所以，要求政府在这方面发挥作用，甚至可能通过技术创新为促进网络道德的生成提供支持。只有当网络道德成了规范人们的虚拟生活的重要因素时，网络民主才能得到相应的规范。

第三，政府需要加强网络法治建设。社会治理中的法治文明是工业社会这一历史阶段所取得的最伟大成就之一，即使在后工业社会的治理体系中，这一文明成就也需要得到充分的吸纳。在此意义上，网络虚拟世界也需要体现出法治文明的特征。在当前，政府正是推进网络法治的基本力量，需要在充分考虑了网络虚拟世界特征的情况下积极地为网络立法并切实地强化网络执法。就网络是一项技术而言，技术进步是不可阻挡的，而且任何力量也无法阻碍技术进步，这就要求在实现网络法治的过程中必须尊重技术进步的规律，以促进网络健康发展为目的而实施网络法治。网络法治不仅要有强制性，还应该具有激励性，应该做到在制裁网络不法行为的同时又不束缚信息的传播和应用，既要有威慑力又要有推动力。同时，网络法治还要考虑到现实的可操作性。网络技术日新月异，从而要求把网络法治与网络技术发展衔接起来，使制定出来的网络法律能够被有效地、低成本地贯彻实施，真正成为符合网络特点的法律。一旦实现网络法治化，网络民主也就会被纳入到法治的范畴中来了，不仅为社会治理提供支持，而且它本身就是社会治理的一部分。

从网络的最初设计思路来看，它是在指挥中心遭到破坏的时候而保证网络内各节点之间的沟通仍然可以顺畅进行，所以网络被设计成了一个分散的却又联为一体的体系，它的这一结构决定了不需要某个集权机构去对它进行控制。正因为如此，网络上的每一个节点都是自由、平等的，在网络上活动的每一个人也都是自由、平等的，网络天然就具有自由、平等、民主和开放的特点。随着网络在世界范围内的发展和普及，它为大众参与社会治理过程提供了非常便利的技术支持，尤其是在进入新世纪后，网络技术得到了进一步的发展，正在开拓出网络民主生活的新天地，而且其发展具有难以想象的广阔空间。

我们看到，网络作为一种新兴的信息传播和交换媒介，引发了信息传播从单向流动向交互交流的质变。网络中的信息不再是沿着线性路径传播，而是以网状的方式分布和流动，呈现出个性化的趋势。由于网络中的利益表达更加自由，有相同兴趣爱好的人们在网络上即使进行跨国界的交流和聚会也相当容易，不必提交申请或支付有形的管理费。网民们甚至可以自己进行民意测验，围绕各种争论组成自己的"电子社团"。公共生活变得如此方便和容易，从而使得公众参与治理的热情空前高涨。正是这样，创造出了网络民主这一全新的民主形式。当然，网络民主还是一种新生事物，它有着许多缺陷和不完善的地方，因而需要对它加以规范。但是，对网络民主的规范必须是建立在促进其发展的基点上，即促进它朝着健康的方向发展。

关键概念

电子政务　信息社会　政府网站　虚拟政府　电子公共服务　信息安全　政务事务处理系统　电子政务安全　电子政务标准　网络舆情　网络民主

复习思考题

1. 简述信息社会的特征。
2. 信息社会对公共行政会产生哪些影响？
3. 论述电子政务的特征。
4. 论述电子政务的三种模式。
5. 电子政务是如何推动治理变革的？
6. 论述电子政务技术支持系统的构成。
7. 论述电子政务的应用。
8. 如何做好电子政务的安全管理？
9. 论述电子政务与互联网的关系。
10. 论述网络民主兴起的历史背景。

第 11 章 行政改革的实践

我们处在一个变革的时代，通过自觉的改革去适应社会发展的要求已经成为我们这个时代的基本特征。在一切自觉性的社会改革行动中，行政改革都处要冲，这是因为，政府在社会发展中扮演着引导者的角色，政府担负着协调和促进社会发展的使命，政府的特殊地位决定了政府改革是全部社会改革行动的先导。自 20 世纪 80 年代以来，全球都进入了一场持续的行政改革过程之中。概括起来，世界各国行政改革的内容基本上都是以精简机构为切入点的，其目标是要实现政府职能的根本性转变，以求建立起适应人类社会新的历史阶段的职能体系。就行政改革的本质而言，是要从根本上改变政府与社会、政府与公众以及政府部门之间的关系，以求型塑出全新的社会治理关系和建立起全新的社会治理结构。在全球性的行政改革过程中，各国基于自身的条件而探索出了不同的改革路径，采用了不同的改革方式。总结各国的改革路径和方式，发现其经验和教训，是有利于今后改革的进一步开展的。

本章重点问题
- 行政改革的含义
- 行政改革的外部动因
- 行政改革的内部动因
- 当代西方行政改革的基本特点
- 改革开放以来中国行政改革的背景
- 改革开放以来中国行政改革的经验

11.1 行政改革概述

11.1.1 行政改革的含义

关于行政改革，不同的学者有不同的理解。美国学者蒙哥马利（J. D. Montgomery）认为，行政改革是一个政治过程，它主要是指这样一些活动，即调整行政机构与社会其他各要素间的关系、调整行政机构内部各部门间的关系，改革的目标和所发现的各种弊病都会随着政治情势的不同而改变。凯顿（G. E. Caiden）认为，行政改革是指克服阻力并人为地去诱导行政转变的过程。国内的研究者对行政改革的界定是：行政改革即行政组织和行政人员的改革，是有意识地改变行政组织的结构、功能和行政人员的行为方式的行动，目的是要增强行政效能，以适应环境变化和要求。

概括地说，所谓行政改革，就是指为了适应行政环境的变化和行政系统内部的要求而对公共行政的组织、人员、技术、制度和观念等所进行的自觉创新、发展和调整的过程。也就是说，行政改革是：其一，一种有意识的行动。所谓有意识，主要体现在行政改革的目标、计划和自觉性上。其二，一种主动的适应过程。行政环境的变化，行政要素的发展，都对行政系统提出了新的要求，行政改革正是人们为了适应这种要求而进行的自我调整、自我适应的行动。其三，一种综合性的系统化的自觉调适过程。行政改革的对象，不仅包括人员、机构和技术，而且包括行政制度和观念、文化；不仅包括这些要素自身的变革，而且包括这些要素之间关系的变革，因而，这要求我们设计的行政改革措施具有综合、全面和配套完整的特征。

从学理上看，可以对行政改革做出以下几个方面的辨识和理解：

（1）行政改革与行政变革。行政变革也是指涉行政系统变化的概念，但其内涵更加广泛，既包括人们主动进行的有计划的变革（planned change）活动，也包括行政系统的自然演变（evolution）过程。从这一点上看，行政变革的概念也包含行政改革（administrative reform）的内涵，而行政改革无非是行政变革的一种形式，是指其中的一种自觉促进行政变革的过程。

（2）行政改革与行政创新。熊彼特（Joseph A. Schumpeter）曾将"创新"定义为将一种从来没有过的生产要素和生产条件的新组合。按照这一看法，行政创新（administrative innovation）是人们引用新的行政要素（如信息技术）或进行新的要素组合的过程。行政改革实际上就是行政创新的过程，它既包括引入新的要素而对行政体系及其过程进行新的组合，也包括对原有的要素或要素组合进行新的调整。当然，行政创新所指的是具体的行政改革行为，而行政改革则是行政创新的"连续统"，是包含着一系列行政创新行为的总过程。

（3）行政改革与机构改革。机构改革是在中国行政改革实践中经常使用的概念，我们在使用这个概念的时候，其实所指的就是行政改革。但是，如果对概念进行辨析的话，可以发现，机构改革只是行政改革的一部分，一般说来，会成为行政改革的切入点。机构改革的本意主要是指对机构进行精简和对机构的组合方式进行调整，而行政改革则包含着更为广泛的内容，不仅包括对行政机构的精简和调整，也包括行政技术、行政体制和行政文化等方面的改革。

（4）行政改革与行政发展。行政发展（administration development）是20世纪50~60年代西方经常使用的一个概念，系由行为主义组织理论中的组织发展（organization development）概念转化而来。用在行政学中，指的是运用组织和行政的基本知识（尤其是行为主义的知识）对行政组织实施有计划的干预，以求完善行政组织并提高行政组织效能。可见，行政发展概念主要指的是行政组织的发展。由于其浓厚的行为主义特征，自20世纪70年代行为主义式微后，行政发展概念随之衰落，只是在国内尚有部分文献提及。但是，广义地看行政发展的概念，它应当是指行政体系及其过程的一切方面的进步，一切行政改革或变革都可以看作是行政发展的具体环节。

在中国的行政改革实践中，也经常性地使用行政体制改革或行政管理体制改革等提法。确切地说，行政体制改革所要突出强调的是自觉推动行政体制方面的变革，在此意义上，它是行政改革的一部分。另外，中国的行政体制改革的现实语境又决定了这一提法所指的是"体制改革"总体工程的一部分，是在将其与经济体制改革、政治体制改革等相对应的一项改革，主要是针对传统行政体系中的那些体制性障碍而言的。所以，突出强调行政体制因素变革的改革只是行政改革内容的一部分，并不能涵盖行政改革的全部内容。

根据改革的目标、程度和方式等的不同，行政改革可以分为不同的类型。在一般意义上，行政改革的程度和实现方式通常有两种情况：一种是激进式的改革，即在较短时间内集中力量对整个行政系统进行全方位的、彻底的变革，甚至包含着行政系统根本性质或目的的转变。另一种是渐进式的改革，通常是在不触动原有政治体制和行政系统根本结构的前提下进行小规模的、缓慢的微调。从世界各国行政改革的目标和路径来看，也有学者将其划分为调适型、转轨型和发展型三种类型。西方发达资本主义国家的行政改革基本上都属于调适型改革，第三世界国家的行政改革往往属于发展型改革，而中国的行政改革则应归于典型的转轨型改革。

就改革的取向而言，我们还可以将行政改革分为回应性和前瞻性的改革。回应性的行政改革是基于行政系统无法满足现实的各种需求而被动地做出回应，局限于"刺激—反应"模式，完全是现实主义取向的，具有一定的消极回应特征。前瞻性的行政改革则是在行政系统尚未出现大的缺陷和发展困境的情况下而基于社会发展的未来趋势和要求进行的富有预见性的主动变革，这种改革包含着通过行政系统的完善去引领社会发展和促进社会进步的追求，具有积极的战略性规划的内容。从某种意义上讲，这是一种未来主义取向的改革。

11.1.2 行政改革的动因

行政改革是由行政环境的变化和内部要素的发展提出的新的要求引起的，因此，也可以把行政改革的动因分为外部动因和内部动因两个方面。

1. 外部动因

外部动因是指行政环境因素的变化对行政体系及其过程造成了一定的客观压力，引起或促使行政改革，以求通过这种改革去适应环境的变化。在这种情况下，外部环境的变化是以改革动力的形式出现的，所以，称作行政改革的外部动力。行政环境因素包括政治、经济、文化、社会以及自然地理等方面。本来，行政体系的建立和行政过程的设计都是根据对它们的认识进行的，反映和适应了它们的综合性要求，但当这些环境因素发生了变化的时候，就会置行政体系于不适应的地位上，就会要求通过行政改革去重新适应它们的要求。所以，行政环境的变化是推动行政改革的重要力量。

（1）经济。经济是政治（包括行政）的基础和集中体现。行政必须与经济运行和发展的状况相适应，经济发展中的重大的、根本性的变化必然会对行政管理提出新的要求，从而促使行政体系及其过程做出相应的调整。当一个社会原有的行政体系不能有效地促进和保护经济的发展时，行政改革就开始了。从经验上看，经济环境的变化作为行政改革的动力发挥作用可分为三个阶段：第一阶段是在原有的行政模式下政府不对自身作任何改革，只调整经济管理政策；第二阶段是经济政策的调整已经到了能够发挥作用的极限，出现了政策工具失灵的状况，从而要求改革行政机构，也包括提高行政人员的素质和办事效率以及引进新的行政管理方法、技术等；第三阶段，机构改革带来的经济发展潜力已经完全变为现实，已无法实现进一步促进经济的功能了，政府就必须对自己的职能模式进行改革，更新自己的干预战略，即深入到了行政体制的层面。到了第三个阶段，不仅要对行政管理体制进行根本性的调整，而且需要引进或培育新型的行政文化，需要型塑新型的行政行为模式。这三个阶段是周而复始、循环往复的，是一个动态性的行政与经济调适的过程。从理论上说，这三个阶段也构成了一轮行政改革的完整过程。

（2）政治。行政是政治的一部分，在很大程度上，行政体制也可以看作是政治体制的组成部分。行政的本质是为了保障政治生活的顺利开展，政治因素必然会渗入行政的各个环节、各个层面。因而，政治是行政改革的最为基本的和最为主要的外部动力。从世界各国的行政改革实践来看，虽然行政改革发生在政府内部，却是作为一个政治过程呈现出来的。不仅行政改革需要在政治领导下进行，而且，政治部门的推动和支持本身就是行政改革能否得以启动和取得成效的决定性因素。可以说，一切行政改革都直接地由政治因素所驱动，政治力量格局的调整决定着行政决策的目标和方向的变化，政治意识形态的起伏影响着行政的价值理念和评价标准。一国政治上的任何变化，都会立即反映到行政过程中来，要求通过行政变革与其相适应。其实，在许多国家，行政改革本身就是被作为政治改革的一部分来看待的。

（3）文化。文化是社会系统中处于较深层次和具有较强的稳定性的社会构成因素。相对于经济和政治的发展而言，文化的变迁总是显得相对滞后。文化的影响是深远而持久的，一般说来，一个社会即使在政治、经济等方面发生了重大变化，也提出了行政改革的要求，文化的因素却有可能对旧的行政体系的维系提供支持，使行政改革的进程无法得以启动。但是，文化的稳定性并不意味着文化在社会发展中处于一种静止的状态，它也是处于发展变化过程中的。一旦文化的发展提出了行政改革的要求，那么，这种要求必然是极为深沉的。在这种情况下，如果由于政治上的原因而阻碍了行政改革的话，这个社会就极有可能以一种激烈的形式提出行政改革的要求。所以，文化作为行政改革的外部动力具有双向功能：其一，文化的因素可能妨碍行政改革的启动，由于这个原因，改革的设计师和领导人往往都是通过倡导改革的理念入手，希望用改革的理念去冲击既存的文化；其二，文化的因素可能会以极其激进的方式提出行政改革的要求，可能会把行政改革导向与政治、经济的要求相去甚远的方向上去，因而，改革的设计师和领导者又总是努力干预文化的发展方向，以求它能够在正确的方向上实现变迁，并对行政改革发挥积极的促进作用。

（4）技术。技术是社会系统中最为活跃的因素，人类历史发展的进程，基本上可以看作是技术进步引发的其他社会构成要素的变化。技术总是走在社会发展的最前列，技术的进步往往首先表现在促进经济发展上，所以，人们也往往把技术看作与经济直接相关的社会因素。从逻辑进程来看，可以说技术引起经济的发展，经济的发展又引发生活方式的变革和思想观念的变化，进而促进政治的发展和引起行政改革。不过，就其对行政改革的影响而论，技术并不能被看作行政改革的充分条件，技术本身并不能促动行政改革，至多，它仅仅为行政改革提供了条件。比如，人们可以说信息技术的应用促进了电子政务的发展，而电子政务又促进了行政流程的变革，但那只是一种表象层面的变化。因为，任何一种类型的政府都有可能援用信息技术而不对行政的性质和目标进行调整。所以，技术虽然是最为活跃的因素，却需要在引起了其他因素的变化后才能够对行政改革提出要求并成为行政改革的动因。也就是说，技术不是行政改革的直接动因，而是一种间接性的动因。

2. 内部动因

行政改革的内部动因所指的是那些存在于行政体系内部的引起行政改革的因素。与外部动因相比，内部动因对行政改革的影响会显得更为直接。当然，在不同的行政层级中，外部动因与内部动因的影响会显现出不同的情况。就国家层面的行政改革而言，一般说来，受到外部动因的影响较大，即使是由政府自身的问题所引起的，也往往是由于政治部门对政府的现状无法容忍了，通过一种政治压力而迫使政府去进行改革；就政府部门的基层或地方政府的行政改革而言，往往更多地受到内部动因的影响，是主要由内部动因引发的。构成行政改革的内部动因是非常复杂的，概括起来，主要包括以下几个方面：

(1) 行政组织的演化。行政组织是行政体系最为基本和最为重要的构成部分，组织是实体，行政体制、行政过程和一切行政行为都是由行政组织所承载的。行政组织是行政体系中较为稳定的因素，但行政管理过程中的一切问题却都首先反映到组织上来，并要求通过组织的调整去适应解决新问题的要求。所以，行政组织又是处于变动之中的，组织的各个部门会在权力和资源分配上因时因事而做出一定的调整，组织的结构也会因新技术的引进而发生变化。就行政改革总是以机构改革为切入点而言，行政改革首先是对行政组织所进行的改革。行政组织既是行政改革的内容也是行政改革的经常性动因。这是因为，行政组织具有自我生长的能力，它所掌握的公共权力、它所处的财政软约束环境、它在行政管理过程中与社会间的信息不对称等，都支持它的自我膨胀。一旦行政组织的膨胀达到了某个临界点，就会引起财政危机、人浮于事、效率低下等问题，从而引发人们的不满。这时，就必须通过行政改革去改变它。

(2) 组织分工—协作方式的变化。近代以来的整个社会就是一个分工—协作体系，特别是在生产的领域中，是通过分工—协作的方式去处理一切复杂问题的。分工可以把复杂事务简单化，可以在一切个人能力不及的地方把事务化解为一个个小的单元，由许多人去共同处理。政府也是一个分工—协作体系，官僚制组织就是一个典型的规范化的分工—协作体系。一般说来，政府所面对的是一个复杂的对象，而且政府自身也是一个复杂体系，在它面对复杂的对象时，需要通过分工的方式去处理事务，而政府自身如果能够以一个整体的面目出现，也需要以严密的分工体系的形式存在。但是，政府所面对的整个社会都是处在不断变化之中的，政府的任务也不断地发生着变化，这些都会反映到政府的分工体系中来，要求对分工—协作的方式做出不断的调整。每一个细小的调整都会被积累起来，并最终促使分工—协作方式发生改变，即提出行政改革的要求。

(3) 行政权力的异化。近代以来，随着行政体系公共性的生成和增长，行政权力被赋予公共权力的性质，应当用来为人民服务、促进公共利益的实现和增长。但是，在现实的行政权力行使过程中存在着行政权力滥用和以权谋私的问题，而且随着行政环境和行政事务的日趋复杂化，理论上作为行政权力主体的人民群众在行使对行政权力的监督权时，就变得越来越困难。因而，经常性地出现行政权力异化的问题，使行政权力丧失了维护和促进公共利益、服务于人民和社会的功能，这经常性地引起人民群众的不满。为了解决行政权力异化的问题，就需要通过行政改革去健全行政权力的运行机制，完善对行政权力运行的监督和制约，防止和消除行政权力的异化。

（4）行政文化的僵化。广义的行政文化包含着行政思想、行政观念和行政心理，也包含着行政人员的行为习惯。在行政体系的运行中，往往会形成固定的行政思想、观念和意识，它们会作用于行政人员的行为，以一种稳定的行为模式出现。就这些行政文化的内容及其行为模式的生成而言，是适应行政管理活动的需要而产生的，但随着时间的演进，行政文化稳定的心理结构就会以行政人员行为的惰性呈现出来，产生人们常常批评的所谓官僚主义作风，对行政效率、行政创新等都有着严重的危害。对于政府而言，即使通过一场思想运动去冲击旧的行政文化，也无法避免旧的行政文化以"潜规则"的形式存在。所以，需要通过行政改革去铲除旧的行政文化赖以存在的土壤。

10.1.3　行政改革的目标

行政改革的目标是由改革者确立起来的一种需要在行政改革的过程中去努力达成的结果，其实也就是行政改革的出发点和归宿。一项行政改革成功与否，主要的判断标准就是它是否实现了其目标。

行政改革目标肯定是在出现了行政改革需要时确立起来的。所谓行政改革需要，是指改革者的心理得不到满足的状态。从主观的意义上看，改革者在心理上会对行政的状态有一个理想预期，对现实行政状态也会有一个认识，这种认识到的现实与理想之间的差距就激发出了行政改革的需要。只要改革者的心理需要得不到满足，改革者在心理上就存在着张力。为了缓解这种张力，改革者就会产生改革的动机，从而发动和推行行政改革。当然，行政改革需要是有着客观基础的，或者说，这种需要根源于现实行政过程中的各种各样的客观问题，是要消除这些客观问题而产生的主观要求。

行政改革的目标是改革者在其改革需要的基础上结合改革所面对的主客观条件和客观限制而确立的。就改革者而言，行政改革的结果最好是达成理想状态的行政管理。但是，要实现理想，可能会受到一些条件（如改革所耗费的资源）的限制，可能会因为代价太大而得不偿失。于是，改革者就以理想为方向，根据现实条件所提供的改革空间而制定改革所要达到的目标。

从理论上看，行政体系的运行基本上包含着发展与稳定两个方面的内容。其中，发展代表着公共行政的活力和变化的一面，而稳定则意味着秩序和正常运行。对于公共行政来说，这两方面都是非常重要的。离开了发展，公共行政便失去了应对社会和公民需要的能力，便得不到人民的支持；频繁的变迁则影响着行政的正常运行，影响着行政功能的发挥和职能的实现。因而，如何处理好发展与稳定的关系，保持二者的动态平衡，就是确立公共行政改革目标必须慎重考虑的问题。

一切自觉的社会变革都具有前景的不确定性，行政改革在根本上也属于一项社会工程，它不可能在事前绘制出一个清晰的路线图，而是需要在不断的探索中前行。这就是邓小平所说的"摸着石头过河"。但是，基本的改革目标是需要确定下来的，没有改革目标，也就意味着"盲动"，是一种没有方向和看不到前景的"瞎折腾"。所以，行政改革目标的确定也是行政改革得以进行的依据。

一般说来，行政改革目标应当具有以下几个方面的特性。

（1）面向未来的指向性。改革绝不是维持现状的活动，而是一项面向未来的行动，或者说，改革意味着打破现状和开拓未来。行政改革也是这样，它所要改掉的是当前行政体系及其过程中的各种各样的弊端，目的是要提升政府应对重大的、紧迫的或新出现的问题的能力，赋予整个行政体系以新的面貌。所以，行政改革需要建立在对行政发展未来做出预测和基本判断的基础上。在确立行政改革目标时就要包含着行政发展未来的基本构想和规划，行政改革的目标一经确立，就应当具有指导的意义，即指导行政改革的行动朝着某个方向前进。

（2）改革内容的具体性。行政改革绝不是盲目的行动，更不能演变成为了改革而改革，行政改革的启动必然是整个行政体系已经遇到了不适应社会要求的状况，或者是行政效率严重低下，或者是存在着严重的社会公平问题，或者遇到了严重的财政危机等等。也就是说，只有当行政管理活动出现了许多不尽如人意之处的时候，才会谋求通过行政改革的方式去解决问题。一般说来，行政改革具有综合性的特征，它与存在于行政体系的某些部门或某些领域中的微观调整不同，但行政改革的综合性特征并不意味着改革内容的模糊不清。在启动行政改革进程的时候，在改革的重心、需要着重解决的是哪些方面的问题等方面，都必须有着清醒的认识，也就是改革的内容必须是明确的和具体的。只有这样，行政改革的目标，才具有可操作性。

（3）行动过程的自觉性。行政改革的目标包含着改革者对未来行政状态的预期，其中，也必然会受到改革者的价值、旨趣、意愿等的影响，但行政改革目标的确立是一个理性的过程，包含着改革者的理性判断。或者说，行政改革目标中既包含着改革者的理想，也包含着改革者的理性。理想与理性的统一就表现为改革目标的可行性，就能够保证改革的过程是一个自觉行动的过程。改革者绝不应是空想家，他必须更加理性地对待改革，才能更注重改革行动的可行性问题，才能保证改革是一项自觉性很强的活动。

我国 30 多年来的行政改革是适应经济改革的要求而进行的，随着经济改革的不断深化，也引起了社会的深刻变革，不仅原先政府管理经济的方式、方法不再适用，而且，政府在作用于社会的过程中也遇到了许多新问题。经济改革以及社会变革都在日益深入，从而要求行政改革也必须不断地谋求新形势下管理经济和社会的新的方式方法。新的方式方法又只有通过新的行政体系来加以承载，全面而系统的行政改革正是建构新的行政体系的唯一路径。

中国行政改革的近期目标是建立有利于提高效率、增强活力和调动各方面积极性的领导体制。效率、活力、积极性在很大程度上是体现在政府机构的行政管理活动中的，也是体现在政府行政改革的成效中的。因此，行政改革必须紧紧围绕追求效率、活力和积极性这个总目标。作为政府机构改革的具体目标，是要建立和完善同新的经济体制、政治体制相适应的和符合现代化管理要求的功能齐全、结构合理、运转协调、灵活高效的科学管理体制。

11.1.4 行政改革的模式

所谓行政改革的模式，是指在行政改革理论和经验的基础上形成的相对固定的行政改革方式。20 世纪 80 年代以来，世界各国在行政改革的实践中大致形成了以下几种行政改革模式。

（1）以组织为中心的改革和以技术为中心的改革。这是根据组织发展理论而对行政改革模式所做的分类。其中，以组织为中心的改革着眼于行政组织的规模、结构、人员编制和组织权力的集中和分散。这是常见的行政改革模式，主要目标是行政组织的合理化和科学化。我国改革开放 30 多年来所进行的行政改革基本上属于此类。以技术为中心的改革往往着眼于行政方法的改良，注重新兴科学技术的引进和运用，更多地体现在行政流程的简化与再造方面，属于策略性调整的范畴。事实证明，改进行政方法和技术在提高行政组织效能方面发挥了很大的作用。20 世纪 50 年代以来，西方推行的设计—计划—预算（PPB）制度、计划评审技术（PERT）、零基预算（ZBB）、目标管理、全面质量管理、电子化政府等等，均属于此类改革。我国近些年来在注重以组织为中心的改革的同时，也逐渐地把重心转移到以技术为中心的改革上来了。

（2）以外延为主的改革和以内涵为主的改革。这是根据行政改革的内容所作的分类。以外延为主的行政改革侧重于行政实体的外部规模和技术特征，包括政府规模的大小、行政机构的增减与合并、行政组织幅度和层级的扩展与缩小、行政人员的补充与精简等。这是 20 世纪 80 年代和 90 年代中国行政改革的主要类型。其优点在于易于推行,政治效应强,在一定程度上对于促进行政效率的提高发挥了很大作用。但是,其成果不易巩固,存在着学者们所讲的"精简—膨胀—再精简—再膨胀"的问题。以内涵为主的行政改革侧重于行政职能的调整、行政权力结构的调整、行政体制的改革等。这种行政改革的内容广泛,能够切实地推动行政的发展,然而其难度较大,所需要的周期较长。近些年来,中国行政改革确立了服务型政府建设的目标,这意味着向以内涵为主的行政改革的全面启动。

(3) 以理性为典范的改革和以民主为典范的改革。这是根据价值取向而对行政改革所作的分类。以理性为典范的改革表现为以"效率"的全面提升为行政改革的目标,试图通过官僚制的调整和完善去提高行政组织的能力,其内容主要包括官僚组织的重组、流程的重塑、设备的更新、技术的进步和人员技能的提高。当今绝大多数国家(尤其是发展中国家和欠发达国家)的行政改革均属此类。以民主为典范的改革以推进"民主"进程为行政改革的目标,试图通过限制官僚的权力、增强官僚的职责、提高行政参与、加强行政监督、限制行政的自由裁量空间等去促使官僚更好地服务于民,主要表现为政府与政治、与社会、与企业之间关系的重建和全面改善,力求保证官僚与群众之间沟通渠道的畅通,促进行政责任制度的完善,实现行政的法治化,大力推进行政伦理和道德的建设等。此类行政改革是西方发达国家提出的新模式,目前主要停留在概念上,真正付诸实施的不多。近些年来,我们在推行行政问责制、行政承诺制和政务大厅建设方面取得了积极进步,也表明了我国在这一改革模式方面取得良好的进展。

(4) 出于建构需要的改革和基于调适要求的改革。这是根据行政改革的思维特征而作的分类。出于建构需要的改革表现为以理论为指导,以专家为主要设计者,在改革之初制定"科学"而完备的方案,并付诸实施。这种改革的特点是将行政改革视为有着预测的未来的可控制过程,强调理性和理论的作用,以是否达到设计目标作为改革是否成功的标准。其优点在于理性较强,改革的目标明确,周期较短,可以一举革除原有弊端,成果易于评估。但是,它对于改革条件的要求比较苛刻,改革的代价比较大。基于调适要求的改革所指的是以协商为基本机制,以政治家、专家和群众的综合意见为依据,在实践中不断地调整改革内容和改革方向,表现为一种渐进的、持续推动的行政改革。其特征是将行政改革看作政治问题,强调改革意见的折中和改革方案的边际调整。改革是否成功的标准不再有一个明确的标准,而是取决于政治主体的满意程度。这一改革模式体现出了实务性强、民主程度高、易于操作等优点,但其缺点也比较明显,那就是改革的周期长,容易出现反复,成果难以衡量。

11.2 当代西方国家的行政改革

11.2.1 当代西方行政改革的背景

在20世纪70~80年代,全球化和后工业化的迹象显现了出来,人类社会处于一次新的转型过程中,许许多多新的问题涌现了出来,让政府感受到不再能够适应社会发展的要求,因而,行政改革浪潮席卷了几乎所有国家,从发达的资本主义国家到新兴的工业国家,行政改革都成为各国政府势在必行的选择。在过去几十年间,肇始于撒切尔政府和里根政府的改革迅速扩展到世界,并一直持续到现在。所以说,这场持续至今的行政改革浪潮,有着其深刻的时代背景和社会动因。从直接意义上讲,这场改革运动产生于西方国家特定的社会问题之中;从间接意义上讲,行政改革是整个人类社会变迁和发展进程中的必然要求。

1. 行政改革的直接原因

通常认为,直接导致西方国家进行行政改革的根源是与经济危机这一特殊的社会背景密不可分的。在这一危机背景下,西方政府普遍面临着各种各样的挑战。

(1)财政危机。第二次世界大战后,随着军备竞赛以及政府对经济生活干预的加强,发达资本主义国家的财政支出进一步膨胀,财政赤字越来越大。20世纪70年代中期以来,发达资本主义国家的经济陷入"停滞膨胀"的困境,财政收入相对减少,而政府用于公共工程和"社会救济"的费用反而增加,使得国家财政收支严重失衡。为了弥补连年巨额财政赤字,各国不得不大量发行国债,从而使还本付息的负担越来越重。利息支出的增加扩大了财政赤字,财政赤字的扩大反过来又增加了利息支出。这就使发达资本主义国家的财政预算陷入严重的恶性循环。这场日益严重的财政危机在西方世界引起了经常性的通货膨胀,要使政府走出财政危机的泥潭,就必须开展行政改革。

(2)政府信任危机。伴随着财政危机的持续恶化,西方国家还面临着普遍的政府信任危机。一方面,长期以来奉行的"福利国家"和"凯恩斯主义"致使政府职能急剧膨胀,大规模的政府干预、冗员增长、效率低下等致使公众对政府的不满情绪与日俱增。另一方面,公共部门的管理落后和权力失控造成了管理危机,并逐渐对公民权利和社会自由构成挤压,公共行政缺乏责任感和使命感,造成公民对政府合法性的质疑,政府被认为不但没有解决麻烦,反而是麻烦的制造者。所以,在西方国家,政府除了面临财政赤字的困境,也陷入了"信任赤字"的尴尬之中，加之西方社会对政府与生俱来的怀疑和警惕，使政府的信任危机变得日益严重。在这种情况下，也需要通过行政改革来重建政府与公众的信任关系。

（3）官僚制困境。作为与工业社会的发展相适应的组织形态，官僚制曾一度以严明的组织纪律、规范的层级结构以及非人格化的特征显示了其特有的优越性，并成为公共部门和私营部门争相确立的典范。到20世纪后半期，官僚制几乎成为一切组织形态的主导范式。然而，随着人类从工业社会向后工业社会迈进，官僚制的弊端也日渐凸显了出来，它传统的优越性正逐渐消失。面对飞速变化的世界、迅猛发展的信息技术、激烈的全球竞争、多元的利益需求，组织严密、层级节制、程序复杂的官僚制结构无论是在公共部门还是私营部门都已经变得不合时宜了。无论是在效率还是在民主问题上，也无论是在个人自由还是社会平等问题上，官僚制都面临着重重困境。在不少西方学者看来，官僚制在当代社会已显得老态龙钟、踟蹰难行了。因此，"远离官僚制""摒弃官僚制""超越官僚制"的呼声不断高涨，以官僚制为主要基石的传统公共行政也备受质疑。正是这种改革官僚制的要求，促进了行政改革步伐的加快。

2. 行政改革的历史背景

从世界范围看，当代西方国家的行政改革是在全球化、后工业化的历史背景下展开的。全球化、后工业化是人类社会整体变迁中的一场全新的运动，它必将把人类带入一个全新的历史时期，需要一种全新的政府及其行政模式与这个新的历史时期相适应。

（1）全球化。从20世纪末开始，对人类社会影响最为深远的现象之一当属全球化。尽管对"全球化"的认识各异，但作为一个普遍认同的概念，全球化描述了在20世纪末期发生的许多新变化和新特征。我们已经进入了这样一个时代：世界经济有了更为密切的联系并相互依存，跨国机构和行动越来越普遍，全球贸易得到了普及，全球性问题（如饥荒、疾病、大气污染、生态恶化等）的出现对作为整体的人类构成威胁，文化冲突把世界置于一个不安宁的动荡之中……所有这些都对公共行政造成了冲击和提出了挑战。一方面，全球化使公共行政的领域越来越复杂。由于资金、技术、信息和人员的全球性流动，加大了政府间的联系，使得公共事务的主权界限变得越来越模糊，政策的制定和执行需要更多地依赖政府间的沟通以及广泛的国际合作。另一方面，全球化也促使各国政府在许多方面需要建立起统一的标准和规则体系，并使得公共行政具有了国际化的趋向。此外，由于日益增强的各国政府间的竞争，也迫使政府必须在透明性、责任性、回应性等合法性的获得方面做出新的努力。

（2）信息化。信息技术的飞速发展使得信息化成为20世纪末期以来最为主要的社会发展驱动力。信息化极大地促进了社会生产技术领域的变革，引起了产业结构及市场关系的深刻变化，同时，也在很大程度上促进了社会结构、生活方式乃至思维观念的转变。对于公共行政而言，信息化的影响也是非常深刻的。首先，信息化加快了知识、思想和文化等的传播速度，提高了信息的共享程度，为公共行政提供了极大的便利和支持。其次，信息化改变了原有的信息管理和储备方式，电子化和网络化的管理方式极大地节省了时间和成本，有利于提高行政效率。第三，信息化使得利益需求的表达更为便捷，公众对公共事务的监督和参与也更为直接和方便，这也必然导致政府与社会关系的变化，为公共行政的发展带来革命性的影响。第四，信息化也改变了政府流程，由于信息技术的应用，造就了电子政务模式，在技术的意义上把政府引向了一个新的历史起点。此外，信息化也带来了许多新的社会问题，形成了新的管理领域，伴随网络技术的扩展，并以网络空间的形式促生一种新型的虚拟社会关系，给公共行政带来了前所未有的管理难题。

（3）民主化。如果说信息化是晚近几十年的社会发展趋势，与之相比，那么民主化的历史进程则可以追溯到较为久远的历史源头中去。尤其是在近代以来的历史时期，民主几乎成为主流政治学说和政府变革的基本价值诉求之一，民主化的趋势在世界范围内也逐渐成为人们不得不加以接受的现实。继代议制民主、选举民主之后，民主化也呈现出多元化的发展方向和实践模式。在理论上，参与民主、协商民主等日益受到理论家的追捧，并不断有新的理论出现。在实践中，政治民主也逐渐"向下"沉降，转而到公共行政领域中去寻求突破，提出了民主行政的构想。可以预期，在今后较长一段时期内，民主化将仍然是行政改革的主要推动力之一。

11.2.2　当代西方行政改革的基本模式

西方国家并不是一种统一的模式，因为各国都有着自己特殊的国情，即使在政治上、经济上和社会运行模式上也都有着很大的差别。所以，西方国家在行政改革方面也呈现出很大的差异。在改革的不同阶段，西方各国所采取的改革战略和行动方式也是各不相同的。美国政府在里根时代，主要实行私有化方案；而到了克林顿时期，则着力于以企业家精神来重塑政府。英国政府在撒切尔夫人执政时期，展开了以雷纳评审为先导的政府绩效改革；到了布莱尔政府时期，则更加关注公共服务的公民导向。其他如澳大利亚的大部门制改革、新西兰的文官制度改革等都各具特色。但在总体方向上，西方各国的行政改革又表现为某些趋同的特征。这些改革趋势既超越于意识形态的特征，又超越于政党派别和政府体制。有学者将这些西方国家的行政改革概括为市场式模式、参与式模式、弹性化政府模式以及解制型政府模式。

（1）市场式政府模式。这一模式是针对传统公共部门的结构弊端提出来的。公共部门传统结构的弊端主要是，公共行政管理过分依赖垄断性的、缺乏外部监督制约的官僚机构。这种机构几乎完全忽略了市场信息和得不到外部环境的监督和指导，主要是通过规章制度和权力对政府行为做出协调。同时，对其行政管理行为的质量和效率也无法进行准确的评估、考核。公共部门结构的这些弊端决定了改革特征是：第一，实现政府部分机构市场化，引入竞争机制，下放决策和执行权力。该模式主张把庞大的政府公共部门分解为若干可以相互竞争的运作部门，把大量的服务职能下放给低层机构，甚至转让民营部门承担，其目的是要迫使公共部门无法进行垄断性控制。这样一来，就可以降低管理成本、减少服务费用和提高服务质量和效率。这一改革模式在组织结构上的表现是减少政府的机构和结构层次，使多层次的金字塔式的结构逐步变成层次少而扁平化的结构。第二，对政府官员实行合同聘用制和个性化的绩效工资制。目的是要打破终身雇佣制和官员按章办事的行为模式，主张仿效企业雇佣经理的做法聘用政府部门主管人员，并在雇佣合同中明确官员的绩效标准。个性化的绩效工资制其实是对"功绩制"原则的进一步拓展，它尽力打破公务员的岗位和职位限制，根据公务员在市场上可能获得的收入来确定工资收入，贡献（绩效）突出的给予高收入，贡献（绩效）不明显的给予低收入。以此来调动公务员的工作积极性，提高行政效率。第三，在政府与公众的关系上以公众为中心，政府围绕公众需求转。传统官僚体制是由政府来规范公众行为，而企业家政府模式则视公众为"消费者"，正如企业要根据消费者的需求来生产产品一样，政府也要根据公众的要求来提供服务，即政府以公众为中心，政府围绕公众的需求转。

（2）参与式政府模式。这也被称为"授权模式"，该模式认为，传统的官僚制组织结构和管理方式是影响行政效率发挥的主要障碍。因为，官僚制把行政只看成是对政治决策的执行，而执行又是以按层级逐级发指令为行为特征的，到了组织结构的底层，就只能完全按指令和规章办事了。这既不能调动低层公务员的勤政积极性，又抑制了他们创造潜能的发挥，最终导致行政效率低下并引起了社会公众的不满。因此，该模式主张放权于基层，把被排斥在决策过程以外的基层团体、政治力量吸收到政府的社会管理活动中来。同时，在与社会管理对象之间的关系上，给服务对象更多的权利，从而形成一个有效地吸收基层公务员和社会团体公众参与社会管理、共商行政决策大计的政府模式。由此可见，授权模式反映了政府重视并激励公民参与社会管理的价值理念。在决策上，授权模式不赞成依据传统的自上而下的集权方式进行决策，即主张通过自下而上的分权方式进行决策，充分发挥低层机构和人员在政府中的积极性和创造性。同时，鼓励社会公众通过成立多种多样的委员会，或通过咨询、公民投票等方式参与政府决策，以求社会管理最大限度地体现和满足社会公众的利益。在体制结构上，授权模式极力反对传统金字塔式的组织结构，主张控制体系宽松，减少中间层次，尽可能地缩短组织高层与低层的沟通路径使信息快速准确地传递，给低层组织更多的根据具体环境机动灵活决策的权力，不必凡事准奏办事，其最终目的是为了提高社会管理的质量和效率。在管理上，授权模式推崇内部参与管理，尤其强调给低层公务员更多地参与权力分配的机会。在信息管理方面，强调自下而上的信息获取途径，以此来增加行政决策的有效信息量。在业务管理方面，提倡全面质量管理并强调以群体（小组或集体）为单位进行评估和奖惩，通过增强团体协作意识去提高整体行政质量和效率。

（3）弹性化政府模式。该模式主要表现为要求革除官僚制带来的政府僵化等弊端，强调政府机构的灵活性。该模式主张在组织上建立临时性机构，诸如建立一些一般性的和特别的工作委员会、工作小组或项目小组等，完成一些日常事务和专门性的特别任务。在人事上增加短期的或临时的雇佣，任务完成后即解雇。在权力上根据地缘管理原则下放权力，使权力具有灵活性和多样性。最为重要的是，这一模式特别强调：在政府内部应不断创新组织结构，即通过取消过时、僵化部分的机构和建立临时性的充满活力的机构来不断整合、创新政府组织机构，以避免传统科层体制下常设机构普遍存在的僵化问题。同时，又保持了应对瞬息万变的社会经济环境的快速反应能力，还可以起到降低行政管理成本、减轻财政负担、提高行政管理效益的效果。显然，这一改革模式对政府所提出的要求是较高的。首先，需要依据行政工作量去合理地确定和安排公务员数量，公务员的投入既不能不足也不可过多，否则会影响行政效率和效益。其次，临时雇员的制度安排会产生一些负面影响，临时雇员可能会因为其"临时"性而缺乏献身精神，甚至会丧失道德准则和职业感，产生社会管理的短期行为。同时，有些临时雇员也可能工作生疏，专业知识不够丰富，从而影响社会管理的局部质量。

（4）解制型政府模式。解制型政府模式又称"放松政府管制模式"，它通过废除公共部门众多的束缚公务员及社会公众办事手脚的规章制度，依靠公务员的责任心和能力来从事新的创造性工作，从而提高办事效率和增进社会的整体利益。这一模式的主要思想就是改变官僚制下的官员严格按章办事、循规蹈矩的传统，让政府官员尽可能发挥出潜能和创造力，以令社会各阶层满意。解除政府管制主要包括这样几个方面的内容：第一，在管理决策方面，强化官员的决策作用，认为经过严格考核选拔的公务员专业理论知识丰富，又直接跟社会公众打交道，既有理论又有实践，理应让他们做出更多的决策，在执行规章制度时，也应给他们更多的灵活性。第二，在组织结构方面，淡化行政组织结构，强化有效行动的能力。这一模式要求政府官僚机制的高层决策者依靠一定的行政文化来调整、规范整个机构的行动，即要求政府官僚机构的高层决策者依赖个人的价值观念、伦理道德来实现管理目标。第三，在公共利益方面，要求协调好各方面的利益关系，促进社会整体福利水平的提高。该模式认为，通过取消政府内部限制公务员积极性、创造性发挥的规章制度，充分调动公务员的积极性和创造性，充分发挥政府的管理协调功能，处理好各种社会利益关系，进而使得整个社会福利水平得以提高。

上述四种模式是对西方行政改革的概括，从现实来看，在行政改革的实践过程中，有的国家可能更侧重于某一种模式，而有的国家则可能兼具多种模式的特征。此外，从不同的视角来看，西方国家的行政改革还可能划分更多不同的类型，如效率驱动型、追求卓越型、公共服务取向型等，但不管做出怎样的划分，西方国家的行政改革在总体趋势上仍然具备了某些共同特点。

11.2.3 当代西方行政改革的基本特点

尽管西方各国的政治体制和文化传统各有不同，改革的出发点和目标也存在着一些差别，但就行政改革本身而言，存在着许多相似之处。其一，行政改革都是计划性的、渐进式的。在推行改革之前，都会制订详细的实施方案。通常是分阶段、分步骤地进行，体现了渐进调适的特点。其二，依法改革，并辅以立法配套。在西方国家的行政改革中，法律既是依据也是保障，几乎所有的改革都遵循现有的法律规范，并严格按照法定程序推行，对既有的改革成果，又通过立法加以肯定和巩固。其三，广泛的社会参与。从改革方案的制订、改革措施的落实到改革成效的评价，充分考虑到社会的普遍参与，形成了自上而下和自下而上的良好互动。其四，实行改革领导班子专任。从改革初期就成立专门的改革领导小组或委员会，甚至由行政首长亲自负责，具有高度的权威性和专业性。其五，对改革绩效进行评估。建立起专门的考评体系，对改革实施的效果和影响进行全面评价，并及时地加以总结和反馈。除了在行政改革的形式方面具有这些相似性特点，在改革的具体做法和内容上，当代西方国家行政改革也体现出了几个方面的共同特征。

（1）政府职能的市场化。主要包含两个方面的内容：第一，政府职能收缩。根据市场经济的要求重新确立政府的行政职能，将原来由政府承担的部分社会职能和经济职能推向市场，从而减轻了政府负担，缩小了政府规模，精简了政府人员。政府职能的市场化主要表现在：压缩社会福利项目，以市场化的安排来代替政府的安排；放松对企业进出口及价格的管制，市场定价代替了政府定价；推行国有企业私有化改革。第二，公共服务的市场化。在公共服务供给领域引入市场机制，其实质就是整合政府权威制度与市场交换制度的功能优势，形成一种新的公共服务供给制度安排。具体内容包括：其一，通过竞争性招标，在不扩大政府规模、不增加公共财政支出的情况下，将原先政府垄断的公共产品的生产权和供给权向私营公司、非营利组织等机构转让，完成公共服务提供的"准市场化"供给，进而改善公共服务的质量。其二，以政府特许或其他形式吸引中标的私营部门参与基础建设或提供某项公共服务，在政府的规制下，私营部门通过向消费者收费来收回成本和追求回报，从而实现了公私合作。其三，让使用者付费，主要是让家庭、企业和其他私营部门在消费政府提供的具有消费可分性的服务和设施（如学校、医院、公园等）时支付一定的费用，以显示公众对公共服务的真实需求，从而达到合理配置资源的目的。其四，通过建立凭单制度，即政府对某些特定集团的人购买某些特定的货物或服务发放一定的有价证券，主要存在于政府提供的食品补助、医疗补助、教育补助和住房补助等领域。

（2）公共服务的社会化。在行政改革中，西方各国政府除了充分利用市场机制外还积极借助社会的力量提供公共服务。其一，让非营利组织通过自主筹资、捐款或税收优惠等途径获取资金，与政府部门合作提供公共服务。近些年来，随着改革的逐渐深入，形成了非营利组织在提供公共服务上逐渐与政府、市场鼎足而立的格局，成为支持社会稳定发展，弥补政府和市场失灵的重要社会力量。其二，政府以授权的方式鼓励社区建立老人院、收容院、残疾人服务中心等公益机构，提供一些政府未能提供或不便提供的公共服务。这是一项依据受益者所居住的地域或从事的行业而提供公共服务的做法，其成本的补偿往往通过自愿或由社区委员会依据民意的方式征收。这种方式是把公共服务的提供范围缩小到一个以生活或工作为纽带联系起来的小团体之中，它更容易获得有效率的生产，也更容易将消费者的偏好与生产数量联系起来。其三，鼓励志愿者参与到公共服务的供给行列中来，表现为让个体志愿者或志愿者组织无偿提供公共服务，或者，以捐赠、互惠等方式寻求代理去提供公共服务。

（3）行政权力的分散化。西方国家在行政改革过程中，大都着力于缩小政府行政管理的范围，努力分散政府行政权力。这既表现为中央政府与地方政府之间的分权，又表现为政府行政组织内部层级间的分权。从中央政府与地方政府之间的分权来看，它体现为中央政府将若干权力如项目管理权、法规制定权等下放给地方政府，使地方政府较之以前拥有更大的权力。一般说来，西方国家推行分权的做法表现为"财权相对集中，事权相对分散"。20世纪80年代以来，从政府行政组织内部层级之间的分权来看，它主要体现为压平层级，授权一线。此外，西方国家在改革政府机构、调整行政权力的过程中还把一些政府经济部门改组为准政府机构或者干脆独立出去而以社会组织的形式出现。其中以英国的"下一步行动方案"最具典型意义。该方案旨在把原政府部门内的中下层组织转变为具有独立性质的单位，从根本上实现决策权与执行权的分离。

（4）内部管理的企业化。所谓"政府企业化"，就是用企业家所追求的讲效率、重质量、善待消费者和力求完美服务的精神去重塑政府。这一方面的改革被新公共管理运动加以广泛推荐,并在一定程度上提升到了理论高度。美国学者戴维·奥斯本(David Osborne)和特德·盖布勒(Ted Gaebler)在《改革政府:企业家精神如何改革着公共部门》一书中就大力主张以企业家精神来重塑政府,并归纳出改革的10个方面:第一,起催化作用的政府:掌舵而不是划桨;第二,社区拥有的政府:授权而不是服务;第三,竞争性政府:把竞争机制注入到提供服务中去;第四,有使命感的政府:改变照章办事的组织;第五,讲究效果的政府:按效果而不是按投入拨款;第六,受顾客驱使的政府:满足顾客的需要,而不是官僚政治需要;第七,有事业心的政府:有收益而不浪费;第八,有预见的政府:预防而不是治疗;第九,分权的政府:从等级制到参与和协作;第十,以市场为导向的政府:通过市场力量进行变革。①

(5)管理方式的信息化。面对信息技术和信息社会的挑战,西方各国均注重运用信息技术来对政府进行改革,以求借助于信息技术提高政府服务效率和治理质量,并通过构建电子化政府去谋求国家竞争力的提升。在美国,1993年,由副总统戈尔所领导的全国绩效评估委员会(National Performance Review,NPR)发表"运用信息技术改造政府"的报告,试图通过信息技术改善政府的效率、产品与服务的品质,强调一个现代化的"电子化政府"应给予民众更多机会,让民众以最有效的方式取得政府服务。1994年12月,美国"政府信息技术服务小组"(NII小组)提出了"政府信息技术服务的远景"报告。该报告称,改革政府不仅仅是减少政府赤字,更为重要的是运用信息技术的力量,彻底重塑政府对民众的服务工作。在美国的影响和带动下,英、法、德、日等西方国家也都把构建电子化政府作为其国家发展的一个战略性任务,制定并开始实施政府治理电子化的规划。

11.3 改革开放以来中国的行政改革

11.3.1 改革开放以来中国行政改革的背景

行政改革是行政系统自觉适应社会环境变化的过程,是一个不断从平衡到不平衡再到新的平衡的动态过程。自新中国成立以来,我国的行政系统都在不断进行着适应和调整,尤其是在改革开放以后,行政改革更是作为政府的重要议程被多次提出并推行。每一个国家的行政改革都不是孤立的,而是受到国际国内特定

---

① 参见戴维·奥斯本、特德·盖布勒著,周敦仁等译:《改革政府:企业家精神如何改革着公共部门》,上海译文出版社2013年版。

的历史条件和社会政治经济文化等发展状况的影响。在中国，改革开放以来的行政改革也同样是由国际和国内两大背景所决定的。

1. 中国行政改革的国际环境

从国际环境来看，改革开放之初，中国试图打开长期受到内外原因而封闭的国门，全方位地向国际社会开放。因此，国际大环境的影响和冲击对中国的行政改革无疑是至关重要的。这一时期影响至深的国际背景主要体现在两个方面。

（1）全球经济一体化。随着国际贸易的扩大和世界市场的形成，世界各国在经济上越来越表现出相互依存的状况，商品、服务、资本、劳务和技术在国际范围内流通而使得世界经济体系出现了一体化的趋势。在这种大趋势之下，中国不可能独立于世界经济体系之外谋求发展，而是必须参与到国际分工的大格局中，在国际经济体系中扮演属于自己的角色。原有的相对封闭状态下的行政管理体制，自然无法适应这种国际分工条件下的要求。这是因为，第一，全球经济一体化使得国际竞争不断加剧，对政府的管理效率和质量提出了更高要求。随着国家与国家之间，地区与地区之间的竞争日益激烈，综合国力和国际竞争力的较量就成为各国政府关注的焦点。要增强本国的国际竞争力，就必须发挥政府的主导作用，这就迫使政府必须推行强有力的改革，不断提高自己的管理水平和服务质量。第二，全球经济一体化逐渐形成了统一的服务标准和规则体系，任何国家要参与到国际经济体系中来，就必须调整和修改原有的部分规则体系，改变落后的管理方式和相冲突的法律规章。第三，全球经济一体化使得政府的部分权力发生了转移。一方面，由于经济活动不断向外扩张，政府不仅需要履行国内的行政管理职能，更需要承担更多的国际事务，政府权力的活动空间也不断向国际领域延伸；另一方面，随着国际性和区域性组织的出现，原来属于一国政府的权力也开始向超国家形态的组织机构流动。因此，为了适应全球经济的一体化要求，更好地参与国际竞争与合作，提高本国的经济实力和谋求在世界经济体系中的有利地位，就必须进行行政改革。

（2）世界范围的行政改革浪潮。20世纪后期，随着经济全球化的兴起和后工业社会的来临，西方社会相继陷入了一场严重的经济危机，与此相伴生的是持续的政府信任危机和管理危机。福利国家成为最大的财政包袱，凯恩斯主义陷入了理论困境，传统的官僚制模式也弊病百出，政府受到普遍质疑并被斥责是不负责任的，使得政府管理困难重重。为摆脱治理危机，寻求更好的政府管理之道，西方各国不得不重新审查政府的管理理念，反思行政行为，调整政府与社会关系。1979年，英国撒切尔政府实行了私有化运动，揭开了西方国家行政改革的序幕。在这些国家中，通过重新界定政府职能、公共服务市场化、政府间关系调整、政府内部结构优化、行政管理方式转变以及公务员制度改革等方面的措施，有效克服了一些政府管理中的弊端，在一定程度上提高了管理效率和服务质量。这场改革很快波及世界其他地方，产生了极大的示范效应，形成了一股世界范围的行政改革浪潮。西方国家行政改革的理论与实践，也引起了中国的积极关注。尽管这一时期中国对国外行政改革的成功经验引入借鉴还相对较少，相关的理论也没有像进入90年代后那样大规模引入并得到讨论，但这场席卷全球的行政改革浪潮通过新闻媒体而影响了中国，对中国改革开放初期的行政改革产生了很大影响。

2. 中国行政改革的内部环境

改革开放初期，从国内情势看，中国刚从"文化大革命"的浩劫中走出来，百废待举，需要尽快地从"国民经济陷入崩溃的边缘"中走出来。1978年，中国共产党十一届三中全会对历史进行了反思，涤清了思想路线上的种种错误，并提出了改革开放的总方针。由此，中国进入了重大的历史转折时期，经济社会的发展进入正轨。因而，原先适应计划经济要求的政府也必须转变到适应新形势要求的政府方向上来，这就要求政府通过行政改革去建立起全新的政府模式。综观中国行政改革的国内背景，可以概括为以下几个方面。

（1）思想观念的转变。长期以来，由于受特权政治环境的影响以及意识形态的束缚，个人崇拜、权威迷信、教条主义等充斥着整个中国社会，思想观念一度陷于混沌和僵化之中。"文革"结束以后，在"真理标准大讨论"的推动下，人们开始从传统的思维方式中走出来。在十一届三中全会闭幕式上，"两个凡是"的错误思想被彻底推翻，邓小平做了《解放思想，实事求是，团结一致向前看》的重要讲话。邓小平讲话的第一个问题就是"解放思想是当前的一个重大的政治问题"。他说："一个党，一个国家，一个民族，如果一切从本本出发，思想僵化，迷信盛行，那它就不能前进，它的生机就停止了，就要亡党亡国。"① 自此开始，长期束缚人们的精神枷锁逐渐被打破，中国开始对传统思想观念进行深刻反思，并在思想解放中走向了改革的方向。

（2）政治主题的转变。改革开放以前，"以阶级斗争为纲"成为统摄政治生活的核心主题，激烈的意识形态论战、持续的路线斗争以及大规模的政治运动重复发生，随着"文化大革命"的爆发，也被推向了极端。这一政治主题虽然在新中国成立初期的政权巩固中发挥了积极作用，但随着政权的巩固，当经济发展和社会进步成为基本任务的时候，其消极影响也就显现了出来。随着十一届三中全会确立了"以经济建设为中心"和"大力发展社会生产力"的思想路线后，政治主题才逐渐发生转变。此后30多年的发展，都是围绕提高社会生产力这一主

---

① 《邓小平文选》（第2卷），人民出版社1994年版，第143页。

题进行的。因而，这一阶段的行政改革也基本上是在这一核心主题下进行的。

（3）计划经济体制的终结。受苏联模式的影响，新中国成立以后建立了高度集中的计划经济体制。在计划经济体制下，生产资料和土地完全归国家所有或集体所有，从事经济活动的人没有任何独立性，完全依附于政府和其所在的单位。无论在农村，还是在城市，个人的生产和生活都依附于单位，整个社会成为个人单位化、单位行政化、生活政治化的特殊形态。也就是说，整个社会呈现泛行政化的状况，政府机构支配社会生产和生活的一切。这一高度集中的计划经济体制所产生的弊端也是非常突出的：由于政府对社会、对企业管得太宽、统得太死，政企不分，政事不分，严重地束缚了社会和企业的自主性与活力；全能主义的政府模式也导致了政府自身的困境，职能庞大，机构臃肿，行政效率低下等现象普遍存在。要改变这些状况，探索更加符合经济规律和社会发展的经济模式，必须进行行政改革。

（4）机构改革的"加减法"亟待突破。自新中国成立以来，为适应政治、经济形势的发展和变化，我国实际上开展了多次对国家行政组织进行调整的活动。从整体上看，这些活动主要反映在调整中央与地方的关系，调整国民经济结构，调整社会管理等方面，其最基本的表现形式则是调整机构和精减人员，对于我国行政管理体制的深层次问题并没有触及，因而，机构改革陷入了"精简—膨胀—再精简—再膨胀"循环往复之中。

11.3.2 改革开放以来中国行政改革历程

改革开放之后，社会发展进入了一个全新的历史转折时期，在30多年的改革开放进程中，政府也先后进行了七次较大规模的行政改革。

（1）1982年的行政改革。"文革"结束后，从1977年开始，国务院很快恢复了部门管理体制，至1981年，国务院设部委机构52个，直属机构43个，办公机构5个，高达100个工作部门，达到了新中国成立以来的最高峰。机构大量膨胀不仅使国务院机构林立、职责不清、人浮于事、运转不灵，而且导致了严重的官僚主义问题。对此，邓小平同志尖锐指出，这个问题不解决，不仅"四化"建设没有希望，而且可能要亡党亡国。在这种背景下，党和政府做出重大决策，下决心进行领导体制和管理制度的改革。1982年1月13日，邓小平在中共中央政治局讨论中央机构精简的会议上指出，精简机构是一场革命，是对体制的革命。2月22日至3月8日，五届全国人大常委会举行第22次会议，通过了《关于国务院机构改革的决议》，这是改革开放后第一次行政管理体制改革。重点是对各级政府机构进行了较大幅度的精简，提出干部队伍革命化、年轻化、知识化、专业化的"四化"标准，大批年轻知识分子走上领导岗位。打破领导职务终身制,开始建立正常的干部离退休制度。这次改革是在党和国家工作重心全面转移到社会主义现代化建设上来所进行的首次行政改革。

(2) 1988年的行政改革。在认真总结经验教训,深入分析机构状况及存在问题的基础上,1988年再次进行了机构改革。这次改革是在经济体制改革刚刚铺开的背景下开展的,党的十三大提出了政治体制改革的整体思路,提出了机构改革必须抓住职能转变这一关键。转变职能实际上成了1988年改革指导思想上的一次重大突破。在转变政府职能的思路引领下,此次改革按照政企分开的原则,把政府部门直接管理企业的职能分化转移出去,强化政府宏观调控、行业管理和监督的职能。这次改革调整了国务院机构的总体格局,强化了综合部门、经济调节部门、监督部门和社会保障部门,适当弱化了专业经济管理部门,也就是说,强化了实行间接管理的部门,弱化了进行直接管理的部门。改革前,国务院有部委机构45个,直属机构22个,办事机构4个,以及国务院办公厅,共72个常设机构。改革后,设部委机构41个,直属机构17个,办事机构7个,以及国务院办公厅,共设66个常设机构。非常设机构从75个减少到49个。在精减人员方面,有31个部门弱化了职能,减少13900人;有35个部门增强了职能,增加了6000人。改革前实有人数52800人,改革后为44800人,减少8000人。

(3) 1993年的行政改革。随着政治体制、经济体制改革的深化,根据八届人大一次会议关于机构改革的决议,我国从1993年起进行了新一轮机构改革。1992年党的十四大所提出的建立社会主义市场经济体制的目标为此次机构改革指明了方向。此次改革的指导思想是:适应社会主义市场经济的要求,按照政企职责分开和精简、统一、效能的原则,转变职能,理顺关系,精兵简政,提高效率。这次改革对政府不同部门的职能转变提出了不同的要求。综合经济部门重点是加强宏观调控体系。专业经济部门重点是由部门管理转向行业管理,打破部门界限和所有制界限,实行以经济、法律手段为主的间接管理。流通部门重点是发展统一、开放的市场,逐步打破部门分割和地区封锁,制定市场法规,规范市场秩序。社会保障的有关部门,要逐步建立和完善社会保障体系,以利于企业转换经营机制,维护社会稳定。其他部门也要结合本部门特点,转变职能,简政放权。通过这次改革,国务院各部委和直属机构作了若干调整,重点是经济部门。改革后,国务院部委和直属机构、办事机构减为59个;85个非常设机构,经过清理和调整,改为29个议事协调机构和临时机构,精简66%。国务院各部门内设的司局机构精简8%。机关行政编制原有近5万人,经过1988年改革精简18%后,这次又精简20%,减为3万人,完成了八届人大一次会议确定的精简任务。

(4) 1998年的行政改革。这次机构改革以1998年3月举行的第九届全国人民代表大会所通过的国务院机构改革方案为标志。1997年召开的党的十五大提出了依法治国、建设社会主义法治国家的治国方略,使1998年的机构改革体现了国家机构组织、职能、编制、工作程序法定化的指导思想。这次改革的目标是：建立办事高效、运转协调、行为规范的行政管理体系，完善国家公务员制度，建设高素质的专业化行政管理干部队伍，逐步建立适应社会主义市场经济体制的有中国特色的行政管理体制。这次改革的具体做法是：第一，加强宏观调控部门。将综合经济部门改组为宏观调控部门，其主要职责是：保持经济总量平衡，抑制通货膨胀，优化经济结构，实现经济持续快速健康发展；健全宏观调控体系，完善经济、法律手段，改善宏观调控机制。第二，调整和减少专业经济管理部门。为适应社会主义市场经济的要求，政府与企业之间就必须取消行政隶属关系，专业经济部门不再是企业主管部门，不再对企业的合法经营活动进行任何行政干预。企业实行自主经营、自负盈亏、依法经营、照章纳税。第三，适当调整社会服务管理部门。政府社会服务管理部门的任务是提供公共服务，包括教育、卫生、文化、体育以及社会保障与社会福利。第四，加强执法监督部门。按照行政决策立法与行政执法监督分开的原则，行政决策机构制定市场运行规则，执法监管机构建立综合执法队伍，实行市场与社会的统一执法监督。同时，机构也得到了大幅精简。

（5）2003年的行政改革。2003年3月第十届全国人大一次会议审议通过了新一轮的国务院机构改革方案，启动了改革开放以来第五次大规模的行政体制改革。本次改革的目的在于解决行政管理体制中的一些突出矛盾和问题，以求通过这次改革而为促进改革开放和现代化建设提供组织保障。此次改革涉及7个方面：深化国有资产管理体制改革，设立国务院国有资产监督管理委员会；完善宏观调控体系，将国家发展计划委员会改组为国家发展和改革委员会；健全金融监管体制，设立中国银行业监督管理委员会；推进流通管理体制改革，组建商务部；加强食品安全和安全生产监管体制建设，在国家药品监督管理局基础上组建国家食品药品监督管理局，将国家经济贸易委员会管理的国家安全生产监督管理局改为国务院直属机构；将国家计划生育委员会更名为国家人口和计划生育委员会；不再保留国家经济贸易委员会、对外贸易经济合作部。

（6）2008年的行政改革。2007年10月，中共十七大明确提出加快行政管理体制改革，并要求推进政府机构改革，加快建立职能有机统一的大部门体制。2008年2月召开的党的十七届二中全会审议通过了《关于深化行政管理体制改革的意见》和《国务院机构改革方案（草案）》。其中，机构改革方案草案经2008年3月15日十一届全国人大一次会议第五次全体会议表决通过，这标志着改革开放以来的第六次行政体制改革拉开了帷幕。这次改革的主要任务是，围绕转变政府职能和理顺部门职责关系，探索实行职能有机统一的大部门体制，合理配置宏观调控部门职能，加强能源环境管理机构，整合完善工业和信息化、交通运输行业管理体制，以改善民生为重点加强与整合社会管理和公共服务部门。这次改革突出了三个重点：一是加强和改善宏观调控，促进科学发展；二是着眼于保障和改善民生，加强社会管理和公共服务；三是按照探索职能有机统一的大部门体制要求，对一些职能相近的部门进行整合，实行综合设置，理顺部门职责关系。

（7）2013年的行政改革。2013年的行政改革的重点是，紧紧围绕转变职能和理顺职责关系，稳步推进大部门制改革。具体内容是：第一，实行铁路政企分开。将铁道部拟订铁路发展规划和政策的行政职责划入交通运输部；组建国家铁路局，由交通运输部管理，承担铁道部的其他行政职责；组建中国铁路总公司，承担铁道部的企业职责；不再保留铁道部。第二，组建国家卫生和计划生育委员会。将国家人口和计划生育委员会的研究拟订人口发展战略、规划及人口政策职责划入国家发展和改革委员会；国家中医药管理局由国家卫生和计划生育委员会管理；不再保留卫生部、国家人口和计划生育委员会。第三，组建国家食品药品监督管理总局。保留国务院食品安全委员会，具体工作由国家食品药品监督管理总局承担；不再保留国家食品药品监督管理局和单设的国务院食品安全委员会办公室。第四，组建国家新闻出版广电总局。不再保留国家广播电影电视总局、国家新闻出版总署。第五，重新组建国家海洋局。国家海洋局以中国海警局名义开展海上维权执法，接受公安部业务指导；设立高层次议事协调机构国家海洋委员会，国家海洋委员会的具体工作由国家海洋局承担。第六，重新组建国家能源局。将现国家能源局、国家电力监管委员会的职责整合，重新组建国家能源局，由国家发展和改革委员会管理；不再保留国家电力监管委员会。这次改革，国务院正部级机构减少4个，其中组成部门减少2个，副部级机构增减相抵数量不变。改革后，除国务院办公厅外，国务院设置组成部门25个。

11.3.3 改革开放以来中国行政改革的经验

1. 中国行政改革的成效

经过30多年持续不懈的努力，中国的行政改革取得了明显成效。改革开放以来，我国社会大局总体稳定，各项事业全面发展，经济增长和社会进步都是与不断推进行政改革密切联系在一起的。概括起来，中国行政改革的成效主要体现在以下几方面。

第一，政府管理理念发生了重大变化。与改革开放以前相比，政府的角色定位和基本理念适应时代潮流取得显著进步。一是确立了责任政府的理念。各级政府及部门的责任逐步得到明确和强化，一切权力来自人民、必须对人民负责的意识逐步深入人心。二是确立了服务型政府的理念。各级政府及部门逐步实现了从

"管字当头"到"服务至上"的转变,能否为人民群众提供更多更好的公共服务成为衡量政府工作成效的重要标准。三是确立了法治政府的理念。市场经济就是法治经济、政府及其工作人员必须尊重与维护法律权威、在宪法和法律范围内活动的意识逐步形成。

第二,政府职能转变取得实质性进展。经过改革,政府职能逐步与社会主义市场经济发展的要求相适应,逐步与人民群众不断增长的公共服务需求相适应,建立起了引导型政府职能模式。一是政府、市场、企业三者的关系逐渐理顺,政企分开基本实现,企业成为自负盈亏、自主发展的独立市场主体。政府调控市场、市场引导企业的模式逐步形成,市场在资源配置中的基础性作用得到发挥,以间接手段为主的政府宏观调控体系逐步完善。二是社会管理和公共服务职能不断加强,政府着力维护社会稳定和促进社会和谐,社会利益协调机制、矛盾疏导机制和突发事件应对机制等逐步建立;同时,政府着力发展社会事业和解决民生问题,义务教育、公共卫生和社会保障体系建设等迈出了重要步伐。三是社会组织在经济社会事务中的作用逐步增强,政府在推动其职能转变的过程中,能够积极培育社会力量,促进各类社会组织蓬勃发展,初步实现了由单纯依靠政府管理向政府与社会合作治理的转型。

第三,政府组织机构得到调整优化。经过改革,与计划经济体制相适应的以计划为主线、综合部门管理专业部门、专业部门直接管企业的机构框架彻底改变。与市场经济体制相适应的以宏观调控部门、行业管理部门、市场监管部门、社会管理和公共服务部门为主的机构框架初步建立。特别是党的十六大以来,为了适应政府全面正确履行职能的需要,建立和加强了宏观调控、金融监管、应急管理、安全生产、能源规划、资源环境、公共卫生、社会保障等领域的管理体制和机构设置。

第四,各级政府及其部门之间的职责关系逐步理顺。中央和地方事权划分趋于合理,中央和地方的积极性得到更好发挥。不同层级政府经济社会事务的管理权责得以合理界定,各级政府职能配置的合理化状况得到改善。政府各部门之间的职责关系进一步清晰,一些重要领域的部门职责交叉问题得到了解决,部门间协调配合机制逐步建立。特别是行政执法职责体系逐步理顺,多头执法、多层执法、执法扰民等突出问题得到了有效解决。

第五,政府的制度建设和能力建设得到加强。政府运行机制和管理方式不断创新,制度化建设持续推进,行政效能明显提高。一是科学民主决策机制得以建立,公众参与、专家论证和政府决策相结合的决策机制逐步完善。二是政务公开不断推进,机制日趋健全,范围不断扩大,保障了人民群众的知情权、参与权、监督权。三是政府应急管理体系初步建立,形成了分级响应、属地管理、信息共享、分工协作的应急体系。四是行政监督和问责力度不断加强,包括外部监督、层级监督和监察、审计等专门监督的行政监督体系初步形成，行政问责制在重大事故处置中发挥了重要作用。五是公务员制度进一步完善，人事管理和干部制度的一系列科学目标正在逐步实现。

2. 中国行政改革的经验

30多年来的行政体制改革取得了上述成效，同时，也累积了丰富的改革经验。这些经验的总结，既有助于进一步提高今后的改革效力，又有助于丰富行政改革的理论知识。概括来说，这些经验主要包括以下几个方面。

（1）维持相对和平稳定的改革环境。中国的行政改革是一项长期而艰巨的系统工程，之所以能够在30多年的时间内得以持续推行，与和平稳定的改革环境是密不可分的。改革开放以来，中国积极顺应时代潮流，将和平与发展奉为时代主题，并始终推行和平友好的外交政策，维持了良好的国际局势，为改革赢取了和平的外部环境。在国内，大规模的政治运动和路线斗争被终结，政治局面逐步恢复理性和稳定状态。随着经济形势的不断好转，人民生活水平得以不断提高，安定团结、和谐有序的国内环境为行政改革创造了难能可贵的历史机遇。这一和平稳定的国际国内环境，使得党和政府排除了大的干扰，能够一心一意搞建设、谋发展，有条不紊地推进行政体制改革这项系统工程。

（2）依靠统一有效的中央权威。同大多数西方国家的行政改革运动一样，中国的行政改革也是在中央政府的强有力的主导下推行的。历届中央政府都将行政改革作为任内重要的工作议程，统一制订改革方案，依靠强大的中央权威加以实行，每一轮大规模的行政改革几乎都是自上而下推动的，中央权威的充分发挥起到了至关重要的作用。而且，行政体制改革和历次机构改革都是在执政党的领导下进行的，改革的方向和各项重大措施都是按照党中央关于经济社会发展的重大决策和战略部署确定的，并充分发挥了党在总揽全局、统筹协调中的主导作用。

（3）遵循积极稳妥循序渐进的改革策略。行政体制改革涉及方方面面和整体利益格局的调整，必须综合考虑社会各方面的需求和各种制约因素，把改革的力度、发展的速度与各方面的承受程度统一起来，处理好改革、发展和稳定的关系。在改革进程中，我国党和政府始终采取积极稳妥的方针，按照先易后难、由浅入深、梯次推进、逐步到位的原则进行，让那些改革方向明确和条件成熟的先行一步，不追求整体同步推进。特别是历次机构改革涉及机构精简和人员分流时，能够通过多种渠道和办法妥善安置分流人员，避免引发社会不稳定的因素出现。

（4）坚持以转变政府职能为核心。政府职能规定了政府管理的基本方向和主要内容，推动职能转变一直是我国行政管理体制和机构改革的一条主线。从1982年机构改革开始，中央就提出要转变政府的经济管理职能。1988年机构改革明确提出转变职能的要求，此后一直是把转变职能作为深化行政管理体制和机构改革的核心。2003年以来，按照科学发展观的要求，突出强调政府要全面正确履行职能，更加注重社会管理和公共服务，转变职能在新的发展阶段有了新的丰富内涵。在整个改革过程中，中国政府已经形成了适应社会主义市场经济要求的引导型政府职能模式。

（5）发挥中央和地方两个积极性。我国幅员辽阔，人口众多，各地情况差别很大，地区间发展很不平衡。行政改革充分考虑到了这种发展不平衡的现实状况，走了一条既要树立中央的权威、加强领导、统一部署又要照顾各地的特殊性的改革路线，充分调动和发挥了地方的主动性和创造性，使各地在遵循统一的改革原则和方针的同时确定该地区的改革内容和方法，积极地进行探索和开展创新。同时，中央政府又对各地方在改革创新中的一些做法和经验进行总结，并加以逐步推广。

（6）立足本土同时借鉴国外成功经验。一个国家的行政体制，受其历史背景、文化传统和政治制度等多方面的影响。因此，中国的行政改革能够立足于本国基本国情，认识和把握自身所处的历史发展阶段和面临的突出问题，制定切合本国实际的改革方案和措施。这一成功经验应当归功于我党一贯坚持的"一切从实际出发"和"实事求是"的工作路线。同时，中国的行政改革又坚持走开放道路，充分吸收其他国家尤其是西方发达国家行政改革的新鲜经验，从而使我国行政体制改革紧跟世界发展趋势。

30多年的行政改革创造了辉煌成就和累积了丰富经验，它对于进一步深化行政改革是极为有利的。中国行政改革走过的30多年路程证明，历次改革都是在改革目标上的不断明确，在改革方式上的不断改进，在改革领域上的不断拓宽，在改革程度上的不断加深。现阶段，行政改革已进入关键时期，越来越触及到各种深层次体制性障碍，越来越牵涉各方面利益格局调整，继续深化改革的阻力和难度空前加大，未来的改革仍然面临着许多重要的议题。30多年的成就和经验，都是走向未来的新起点。

关键概念

行政改革　回应性改革　前瞻性改革　财政危机　政府信任危机　官僚制困境　市场式政府模式　参与式政府模式　弹性化政府模式　解制型政府模式　全球化　信息化　民主化　市场化　社会化　企业化

复习思考题

1. 简述行政改革的基本含义。
2. 简述行政改革的外部动因。
3. 简述行政改革的内部动因。

4. 简述行政改革目标的基本特性。
5. 试述行政改革的主要模式。
6. 试述当代西方行政改革的背景。
7. 试述当代西方行政改革的基本模式。
8. 分析评价西方行政改革的基本特点。
9. 试从国际、国内两大方面分析中国改革开放以来行政改革的历史背景。
10. 结合行政改革的主要历程分析评价中国行政改革的基本经验。

第 12 章 公共行政（学）的新理论

20 世纪后期以来，世界各国都通过行政改革的途径去适应社会发展中出现的新情况，即通过政府自身的改变去寻求解决新问题的方案。行政改革本身就是传统的改变，是一个"非正典化"过程。近代社会的发展证明，一切实践上的要求都会首先反映到理论上，在行政改革的进程中，在政府面对全球化、后工业化压力的情况下，公共行政学也进行了新的探索，形成了各种各样的理论。这里介绍的所谓"新理论"主要是在西方国家所进行的新探索，其实，进入 21 世纪后，公共行政学的最新理论成果基本上产生在中国，但由于中国学术界在自我认同方面有着严重障碍，我们不便集中介绍中国学者所取得的新成果。不过，通过介绍西方公共行政研究的新进展，也可以让我们认识到这门学问是处在不断地前进过程中的。

本章重点问题
- 民主行政理论
- 新公共服务理论
- 网络治理理论
- 后现代公共行政理论

12.1 民主行政理论

12.1.1 民主行政理论的思想源流

一般认为，"民主行政"属于 20 世纪 70 年代新公共行政运动的主张，但是，如果对文献进行认真梳理的话，可以看到，在 20 世纪初期，就已经有了与"民主行政"概念相近的表达了。马克斯·韦伯在对"官僚制行政"进行深入的探讨时也提出了"民主制行政"的两条标准：其一，它意味着所有人原则上都具有相同的领导共同事务的资格;其二,它把命令权力的范围降低到最低的程度上。当然,在韦伯那里,这些标准对于组织的权力关系和效率追求是负面的,所以他不是把"民主制行政"看作替代官僚制行政的理想选择,而是认为它只适用于"地区性的、参加人员有限、任务比较简单和稳定的"场合,是一种"类型上的边缘状态",不应视为"任何典型的(或者普遍的)发展进程的历史性出发点"。① 所以,根据韦伯的这一认识,"民主制行政"只能作为某种特定场合下的特定选择,不具有普遍意义。

一些持有激进民主行政主张的学者认为美国立国之后的历史中一直存在着民主行政的思想资源,文森特·奥斯特罗姆(Vincent A. Ostrom)甚至到《联邦党人文集》中去寻找民主行政的思想源头。按照奥斯特罗姆的总结,从《联邦党人文集》中可以归纳出民主行政的两个原则:(1)联邦体制中的共存行政。这涉及权威体制的内部设计问题,交叠管辖是其重要特征。奥斯特罗姆的根据是麦迪逊(James Madison)的一句话:"只有在特定的范围里,联邦权力才能得到很好的发展"。奥斯特罗姆将其引申为根据公共事务的不同范围制定出与之相应的制度安排,这样一来,就不再是政府集权体制了。(2)自治原则。奥斯特罗姆认为,在汉密尔顿(Alexander Hamilton)和麦迪逊所想象的美国联邦体制中,行政体制运作与政治体制具有一致性,所有的政府单位均根据自治原则进行设计。

从发展历史看,公共行政是按照威尔逊所概括的逻辑演进的。因为,近代以来,逐渐显现出了政治与行政的分化,整个社会治理体系是由政治的部分和行政的部分构成的,政治依据民主的原则加以建构,而行政则成了完全的集权体系。1887年,威尔逊发表了《行政学研究》,这标志着"行政"与"政治"相分离的状况得到了科学认识和理论上的确认,因而,行政也被作为一个相对独立的领域来加以研究了。很快,古德诺对政治与行政进行了分别定义,认为"政治"是国家意志的表达,而"行政"则是国家意志的执行。作为国家意志表达的政治显然按照民主的理念和方式来加以建构,否则,一部分人的意志就会排挤另一部分人的意志,从而无法形成国家意志。但行政不同,作为国家意志的执行的行政所追求的是效率,所要解决的是"政府怎样才能以尽可能高的效率及在费用或能源方面用尽可能少的成本完成这些适当的工作"②。既然行政所追求的是效率,就必须实现统一指挥,就必须拥有命令—服从组织体系及其机制的结构性支持,因而必须是集权的。根据民主的原则来建构行政,其效率追求简直是一件不可想象的事情。结果,整个治理体系就表现出了"政治民主"与"行政集权"的既矛盾又统一的状况。

然而,20世纪60年代起,行政体系却遇到了官僚主义、效率下降等问题,

---

① 马克斯·韦伯著,林荣远译:《经济与社会》(下卷),商务印书馆1998年版,第271页。
② 彭和平:《国外公共行政理论精选》,中共中央党校出版社1997年版。

特别是决策与执行的界限变得模糊起来，政府在其自身的管理和社会管理过程中需要决策的事项迅速增长，使威尔逊关于政治与行政二分的理论丧失了合理性，也使韦伯关于行政执行需要祛除价值"巫魅"的要求变得不可能了。公共行政的大量决策事项都需要充分考虑价值的问题，都包含着政治的内容，因而出现了对经典公共行政时期理论的反思。1967 年，瓦尔多（Dwight Waldo）发起了由数十位年轻学者参加的明诺布鲁克（Minnowbrook）会议，发表了"明诺布鲁克观点"，强调"新公共行政"的切题性（切合时代主题）、后逻辑实证论（事实、价值与规范并重）和重视社会变革的主题，其中，民主行政的观点就是最具争议的论题。

20 世纪 70 年代，文森特·奥斯特罗姆在美国阿拉巴马大学举办的公共行政系列讲座中系统地讨论了行政体系与民主之间的关系。在《美国公共行政的思想危机》一书中，奥斯特罗姆努力追溯美国"民主制行政"的思想资源，特别是对威尔逊的政治—行政二分原则提出了质疑，认为它因"效率"追求而忽略了公共行政的基本目标。奥斯特罗姆通过对美国联邦体制的思想与实践的系统阐释，结合当时政治经济学和实在性宪法理论的研究成果，努力去证明当时盛行的官僚行政理论不仅犯了知识上的错误，而且把美国公共行政的研究与实践导入歧途。按照奥斯特罗姆的看法，威尔逊以来的行政理论错误地理解和偏离了美国宪政创始者的意图，而且在实践上产生了极大的危害。所以，他认为，必须推动公共行政范式的转变，由官僚制行政走向民主制行政。他甚至倡议美国政府管理通过建立多元的交叠管辖和权力分散的体制来实现"公民自治"，由多元决策主体运用市场机制进行公共决策和提供公共服务，以为做出这样一种制度安排就可以摒弃威尔逊范式，并代之以民主行政范式。

在整个 80 年代，行政改革的实践更多地钟情于新公共管理运动的理论，但新公共行政运动以及受到新公共行政运动影响的学者们并没有中止畅想民主行政的"书院"式活动。1983 年，美国弗吉尼亚理工学院暨州立大学公共行政与政策中心的多位教授合力完成了《公共行政与治理过程：转变政治对话》（Public Administration and the Governance Process: Shifting the Political Dialogue）一文，这就是学界称为《黑堡宣言》（Blacksburg Manifesto）的文献。虽然《黑堡宣言》的作者们不是新公共行政运动的追随者，但他们实际上接受并继承了新公共行政运动的民主行政主张，同样要求把政治引入到行政过程中来。1988 年，新公共行政运动的代表人物再度集会，回顾并检讨了第一次明诺布鲁克会议以及公共行政学的发展，对 60 年代与 80 年代的公共行政理论和研究重点进行比较，再一次探讨了伦理（ethics）、社会公正（social equity）、人群关系（human relations）、公共行政与民主政治的调和（reconciling public administration and democracy）等问题，会议成果以《第二次明诺布鲁克会议：公共行政的变迁纪元》（Minnowbrook Ⅱ：Changing Epochs of Public Administration）为名发表。1990 年，《黑堡宣言》的作者也将其宣言以及几篇延伸宣言观点的论文合编成《重建公共行政》（Refounding Public Administration）一书出版。到 1996 年，黑堡学者又出版了《重建民主的公共行政：现代的吊诡、后现代的挑战》（Refounding Democratic Public Administration：Modern Paradoxes，Postmodern Challenges），进一步对宣言中重建民主行政的理念做出补充，并对里根政府时期"政府再造"中的管理主义做法进行了批判。

12.1.2 民主行政的主要观点

"民主行政"观点是在新公共行政运动中提出的，虽然新公共行政运动的理论重心是要扭转传统行政学过于重视"效率"和忽视社会回应的局面，但这一运动所提出的公众参与、伦理意识、价值多元化、重视回应与沟通等主张都为民主行政的追求打下了理论根基。较早对民主行政做出具体阐述的是奥斯特罗姆。他在《美国公共行政的思想危机》一书中，通过分析制度价值与公共组织现实之间的矛盾，指出"威尔逊—韦伯"模式由于过于关注行政过程中的效率和通过集权控制的机制来追求效率而造成了公共行政学的"知识危机"，要求以"交叉重叠的职权""权威多中心"为特征的民主行政模式来取代原来的"官僚制行政模式"。1982 年，黑堡学派明确提出"重建民主行政"的理论主张。在黑堡学派看来，当时美国社会所存在的社会、经济问题以及政府的低效问题并不完全是由官僚体系造成的，而是因为政治体系本身就存在着不可治理的问题。因此，需要建构一个全新的行政体系，使其能在民主政治的环境下重新找到定位与合法性，确保公共利益最大化。

新公共行政运动的民主行政观包含的是一种"公平至上"的理念。20 世纪 60 年代初，由于民权运动的兴起，把社会公平的问题推展到了社会生活的中心地带，成了美国政治上的一个最为重要的问题。新公共行政运动一出现就遇到了这一话语环境，因而也突出了社会公平的主题，主要体现在以下五个方面：（1）社会公平。强调全体公民拥有平等的政治和社会机会。（2）代表性。官僚机构的公务员应在政治代表性结构中得到代表的约束，同时，公务员又必须能够代表并致力于实现公众的需求。（3）回应性。政府需要更多地回应公众的需求。（4）公众参与。鼓励公民以个体或集体的形式广泛地参与公共行政。（5）社会责任感。政府中的工作人员应有道德意识，应以公共利益为准绳，切实地履行他们的誓言和责任。

在新公共行政运动对上述五个主题的关注中，显然包含着对政治—行政二分原则以及官僚体制的拒绝，包含着对社会公平和民主价值的追求。因为，政府的

"代表性"和"回应性"必然要在与公众的互动中去实现。进而，行政组织也就不可能是封闭的了，在官僚这里，必须从关注行政组织的自我完备和运转效率转移到对公众的利益、对社会的道义和责任上来；对政府而言，必须寻求公众对行政以及公共事务的参与。这个思路的逻辑结果就是，原先的单中心权威体制被突破，而管辖交叠、权威分散的行政体制则得以生成。其中，公众参与则是破解一切行政难题的钥匙，也正是公众参与被置于公共行政的中心地位。所以，它也就是民主的行政了。

奥斯特罗姆是一位把民主行政作为一种行政范式来加以建构的学者，在他看来，现代政治经济学和早期民主理论家的著作中都包含着民主制行政科学，其基本定理可以概括为这样几个方面：

（1）在政治与行政制度的分析和设计中，不应对人性有理想化的假设，而应把人看作理性的"经济人"。

（2）公民私有权与官员的公共权力都要受到民主宪法的约束，并相互制约。

（3）公共权力尽管是行善之所需，却可能被用于作恶，因此，权力必须分立并相互制约，以恶制恶、以权力对抗权力，确保公共权力服务于公共利益的需要。

（4）公共行政属于政治的范畴，公共物品和服务的提供都需要以政治决策民主作为其保障。

（5）需要破除政府行政组织的垄断，采用多种多样的组织形式提供公益物品和服务。也就是说，政府组织应当与公益组织、企业组织、社会团体和公民开展协商合作，共同治理公共事务，政府与其他组织之间的关系可以包括互利性的交易和协议、竞争性的对抗、裁定冲突以及有限等级的命令权力。协调不仅可以依赖官僚制的命令与控制结构，也可以通过与多种独立的公共管辖机构之间的合作、竞争、冲突以及冲突解决的复合程序来实现。

（6）单一权力中心的行政体制不仅会削弱行政系统对公民多样性偏好的回应能力，而且会削弱其应付各种环境条件的能力。这是因为，公民有权要求其个性化需求得到政府的重视并予以满足，同时，社会环境也是处于不断变化之中的，如果一味秉承官僚行政范式，势必会忽略公共行政的民主责任和忽略对民众需求的回应。

（7）行政改革的方向不应是完善官僚行政体制的行动，而应是行政管理的民主化。单一权力中心的官僚行政体制在实质上是反民主、反效率的，因而行政改革应致力于多中心的权力结构设计、多样化的治理结构安排和切实可行的民主参与制度设计。

（8）根据地方自治和民主决策的原则，建立适合民主自治的政府规模和多中心的决策权力体制，奥斯特罗姆称之为"复合共和制"，认为这一体制可以彰显和提高公民个体和非政府组织的决策在公共政策选择中的地位。

以《黑堡宣言》为标志的所谓黑堡学派的民主行政主张主要体现在重建民主式的官僚体制上，所提出的是一种改造官僚制的方案。也就是说，黑堡学派并不试图摒弃官僚制，而是希望改进其技术主义的路线，要求行政官僚以其专业知识和经验传承而成为公共利益的保证和民主治理的参与者。在黑堡学派看来，公共行政不限于官僚体制的组织形式，对于民主国家而言，还须有民主式的官僚体制，应使民主的哲学融入行政组织中，服务于公共利益。黑堡学派的观点可以概括为这样几个方面：

第一，《黑堡宣言》开宗明义地要求美国的政治对话需要改变鄙视公共部门的心态，呼吁美国必须纠正政治文化中鄙视与苛责公共部门与常任文官的风气。

第二，黑堡学者抨击了20世纪70年代末兴起的崇拜市场机能、以企业为师的新公共管理风潮，指出公共行政与企业管理不同，这是因为，首先，常任文官是与政治过程中的其他参与者竞逐辖区、正当性与资源的，而不是追求利润的市场主体；其次，公共部门与其对象的关系不同于私人部门的消费者与供货商间的关系，他们对行政体系的效能各有特殊的认知与期待；最后，行政体系运行所需的技能、所关注的焦点以及工作的特质等都与私人部门不同，公共行政不但要在较复杂的政治环境中进行管理工作和展现管理的能力，更要有能力维持自身的代表者地位和维护公共利益，保证治理过程合于宪法规范。

第三，尽管行政体系的部门划分会在各部门之间产生不同的立场与观点，而且它们也都有对这些立场和观点加以表达的权利和正当性，但行政人员是各部门知识、经验、职能与共识的受托者，所应关注的是公共利益。尽管公共利益的实质内涵无法明确界定，但它在行政人员的思维决策中有重要的实用价值。因此，行政人员应在具体的语境里，以动态的、更全面的观点考虑决策结果、从更长远的观点考虑决策的利弊得失、从更多元的立场去衡量问题及决策、搜集更丰富的知识和信息、培养良好的决策习惯，以期在行政实践过程中体认公共利益。

第四，政治与行政的关系有三个层次，在最高的治理层次上，不可能对政治与行政做出区分；在中层次的治理过程与行动过程中，可以对政治与行政做出区分；在参与者的层次上，统治者（民选人员与政务人员）与治理者（文官）应有所区别。治理是以社会整体为名的奖罚机制，包括政治与管理，治理的格局与层次大于也高于行政或管理，它意味着运用权威来掌管船舵与提供方向。公共行政是社会中唯一能运用强制力进行奖罚与分配的制度，是治理过程的一部分，而权威是治理过程中不可或缺的要素。

第五，选举并不是治理权威正当性的唯一来源。文官集团在政策制定与执行过程中与民众的偏好较为相近，可能更具有代表性。公共利益是是非对错的最高和最终裁决标准，而文官的正当性则来自于宪法、人民和专业性。因此，常任文官应扮演执行与捍卫宪法的角色、人民受托者的角色、贤明少数的角色、平衡轮的角色和分析者与教育者的角色。

12.1.3　民主行政的实践

20世纪的公共行政发展在职业化、专业化的路径上飞速前进，从而使公共行政成了一个专业领域。与其他各种各样的专业化领域一样，它也有着自己的保密性和组织的相对独立性。结果，使得公民与公共行政机构之间产生了巨大的距离，以至于公共行政成了民主政治条件下的一个集权体系，进一步加大了政府与公众之间的隔膜，使公民与政府处于一种紧张、陌生甚至误解的状态中。这种形势的发展既损害了公共利益，也降低了政府工作的威信与效率，同时也是对公共行政精神的否定。民主行政的主张就是在对这些问题的反思中提出的，所反映的也是一种改革政府、重理政治与行政关系的要求，在本质上，所代表的是一种不同于新公共管理运动的行政改革之路。可能由于其可操作性不强，民主行政的主张对20世纪后期的行政改革并没有发生多大影响，然而，进入21世纪后，基于民主行政理论而提出的许多方案纷纷受到各国政府的重视，特别是许多能够把公众参与落实到行动中去的方案得到了采纳。

在民主行政的理论叙述中，黑堡学派所强调的是公共行政在公共对话中的重要性，认为公共行政的基本使命就在于创造有效的参与。之所以公共行政能够达成这种使命，其原因就在于：第一，公共利益为行政人员的职业与志向提供了基础，行政人员的一切行动都必须围绕着公共利益展开。因此，促成各种利益诉求进入公共对话之中也就成了行政人员担任职务的成败标准。第二，行政人员的职业在宪政体制中居于臣属位置，行政人员并不拥有独断的权力，他们的所有行政活动都必须顾及宪政体制中的三个部门——行政、立法以及司法。这种臣属地位使公共对话所需要的开放性获得强化。第三，行政过程所处理的事务具有具体性和实时性，因此，行政人员面对具体事件时必须做出适当的裁量，听取参与者的意见。第四，公共行政作为一个正式的制度体系提供了卓越的实验性场所，它能够修正语言的模式以降低组织的非理性。因此，公共组织必须顾及广泛和深层的利益，教导人们如何谈论以及倾听他人的言谈，创造适当的沟通方式。

从20世纪后期以来行政改革的进程看，新公共管理运动的主张在改革前期所占据的是主导性的地位，随着行政改革的深入，民主行政的主张开始逐渐得到了更多的认同，因而，民主行政所倡导的公众参与在改革实践中越来越多地被落实到制度安排之中。比如，公共行政中的"听证会"制度显然就是公众参与的直接体现，而从"听证会"制度出发，我们看到了关于建设透明政府的要求。因为，公众只有在其知情权得以实现的条件下，"听证"才是有意义的。而知情权一旦得到实现，公众就不会满足于通过"听证会"这样一种方式参与行政活动，而是会要求通过各种各样的途径去参与行政活动。结果，就会对整个行政体系造成冲击，即打破公共行政中的固有集权。即使在那些允许集权存在的地方，也会要求强化行政监督去保证权力行使的正当性、合理性。

民主行政的主张推动了决策民主化。从 20 世纪公共行政的发展来看，由于凯恩斯主义政府干预模式的兴起，威尔逊关于政治—行政二分的规定已经被抛弃，行政不再是严格的执行部门，而承担起大量的决策任务，即通过公共政策的途径去实现社会治理。在官僚体制未受到触动的情况下，行政决策是政府自己的事情。然而，民主行政的主张却改变了行政决策的理念，使公众参与行政决策的理念得到广泛认同，而且也确实建立起了公众参与行政决策的民主决策机制。

在行政决策过程中，公众的意愿表达受到重视并影响了决策过程。在政治—行政二分的条件下，政治民主与行政集权构成了公众意见表达的两个阶段。在政治的阶段中，依据代表性结构，公众的意见表达是自下而上进行的，通过民主机制的整合，公众的意见被转化成国家意志，然后由行政部门加以执行。这样一来，如果说公众的意见作为国家意志的实质性内容的话，所走的是一条自上而下的路径。也就是说，公众的意见表达在政治的意义上是走了一条上行的路线，而在行政的意义上则走了一条下行的路线。民主行政的主张改变了公众意见表达的路径，使公众的意见表达得以通过两条路径进行。一方面，在传统的路径上通过代表性结构进行意见表达；另一方面，则直接地向政府表达。公众直接面向政府的意见表达主要体现在行政决策的过程中，形成了公众参与行政决策的机制。从近些年来的情况看，政府的行政决策越来越注重听取公众的意见，咨询、协商、公示、听证等方式得了广泛应用，在获取决策信息、均衡各方利益、寻找决策依据等方面都显示出了积极的成效。这不能不说是得益于民主行政的主张。

一般认为，集权是有效率的，而民主则是没有效率的。然而，公众参与行政决策恰恰提高了政府的行政效率。这是因为，公众参与行政决策保证了社会问题能够及时地转化为政策问题。在政府是一个集权体系的情况下，它与社会之间的关系是疏离的，政府表现出很强的封闭性，在觉察社会问题方面表现得非常迟钝，妨碍了社会问题向政策问题的转化，以至于许多社会问题被搁置起来和积累起来，直至引发社会冲突和危机事件。公众参与决策改变了这种情况。也就是说，由于公众参与行政决策的机制生成了，公众可以通过制度化的渠道将自身关注的或与自身利益相关的问题及时地表达出来，并反映到政府的行政决策层，从而使社会问题迅速地转化成了政策问题，并及时地引起了决策层的注意。由此可见，当政府以行政行为的方式开展社会治理时，集权也许是更为高效的，但当政府需要通过政策手段去实现社会治理的时候，民主则比集权更有效率。所以，民主行政的主张在公共政策途径成为社会治理的基本路径的条件下显示出了其实践意义。

公众参与的结构性基础是非政府组织,虽然非政府组织并不是因为民主行政主张的提出而生成的,但非政府组织的出现则使民主行政的主张得到了社会构成因素的支持。也就是说,在20世纪后期的行政改革过程中,在全球化、后工业化的进程中新生的非政府组织对民主行政的主张提供了充分的支持,使公众参与有了组织化的主体,放大了公众参与的力量。民主行政的主张与非政府组织的生成过程几乎是在同一个时间起点上,这说明它们都契合了历史趋势,反映了社会发展所提出的要求。非政府组织的出现意味着,拥有共同价值观的人们通过组成社会组织的方式参与到原先由政府垄断的社会治理过程之中,不仅在行政决策方面向政府提供咨询和政策建议,而且在更广泛的社会治理领域与政府开展合作,在某种意义上实现了近代早期的"共治"理想。

12.2 新公共服务理论

12.2.1 新公共服务理论的形成逻辑

2000年,登哈特夫妇(Robert B. Denhardt & Janet V. Denhardt)在《公共行政评论》(Public Administration Review)上发表了《新公共服务:服务而不是掌舵》(The New Public Service: Serving Rather than Steering)一文,首次提出"新公共服务"的观点;2001年冬,他们又发表了《新公共服务:民主优先》(The New Public Service: Putting Democracy First)一文,再一次阐述了这一主张;2003年,他们出版《新公共服务:服务,而不是掌舵》(The New Public Service: Serving, not Steering)一书,标志着这一理论的正式形成。从现实来看,新公共服务理论的生成和完善过程受到了"9·11"事件的影响,因为,"9·11"事件发生后,在对这一事件的处理过程中,被学者们称作政府"空洞化"(hollow state)的现象更显突出,公民精神得到了进一步彰显。从理论上看,新公共服务理论对"新公共管理运动"进行了反思,批评了新公共管理运动所制造的管理主义泛滥,并要求恢复公共行政中的宪政主义传统。从思想路线看,新公共服务理论是对民主行政理论的直接继承和进一步发挥。

新公共管理源于英国,表现出对私营机构的管理技术的推崇,认为分权、放松规制、委托经营等方法可以医治政府管理机制的僵化痼疾,主张"小而美"的政府,要求师法企业。到了20世纪90年代中期,批评新公共管理运动的声音便一浪高过一浪,并开始了寻找企业家政府替代方案的理论探索。其中,登哈特夫妇所倡导的"新公共服务"（new public service）理论产生了较大的影响。其实，"新公共服务"一词是最先出现在英国布莱尔政府的执政蓝图中的，而登哈特夫妇的"新公共服务"理论叙述则是由"9·11"事件所诱发的，是因为"9·11"事件中那些奋勇营救同胞的公务员所表现出的服务精神和积极参与的公民行为引发了登哈特夫妇的思考并提出了"新公共服务"理论。

当然，新公共服务理论的提出是不能够完全归结为一场偶然的"9·11"事件的，在此之前，已经有了较为充分的理论准备了，按照登哈特夫妇的说法，新公共服务理论是基于已有的多种理论和实践而提出的：

第一，公民资格理论。社群主义者桑德尔（Sandel）认为国家和公民间关系的基础是在政府借由某些民主程序（例如投票）去保障个人权利，使公民可以通过积极地参与治理去实现个人利益。在桑德尔看来，政府的存在就是要建立一定的程序（如投票程序）去确保公民权利得到实现，使公民能够根据自身利益做出选择。同样，金和斯蒂沃斯（King & Stivers）也认为，行政人员应该"看公民为公民"，而不只是把公民看作投票者或顾客；行政人员应该让公民分享其权力，应当降低控制并相信合作的效力。

第二，社区自治理论。金和斯蒂沃斯认为，政府的作用就在于帮助创立和支持"社区"，并且支持公民和社区之间良好的互动关系。因为，人们是需要在社区的利害关系体系中实现自己的利益的，而且，公民是可以通过个人对话和讨论的形式参与到社区治理中来的。所以，政府需要帮助建设和支持社区自治。比如，可以通过建立和健全积极的调解制度（mediating institutions），促进公民参与社区治理并积累经验，进而参与到大型的政治系统中去。

第三，协商对话理论。20世纪70年代以后，一个公共问题的思维路线逐渐得到广泛的认同，即认为通过对话而不是通过客观的测量和理性的分析来解决问题，其依据是因为我们彼此依靠。所以，要求社会治理必须以真诚和开放的各方对话为基础，其中也包括公民与行政官员之间的对话。在这一背景下，登哈特提出必须增强公共对话，重新振作公共官僚体系和复原公共行政的正当性。

当然，新公共服务理论主要是在对新公共管理运动及其企业家政府的反思中提出的。其实，到了20世纪末，新公共管理运动受到了来自各个方面的批评，普遍认为它很可能会损害诸如公平、正义、代表制和参与等宪政价值。登哈特可以说是收获了批评新公共管理运动的成果，所以，提出了新公共服务理论。

12.2.2 新公共服务理论的主要观点

新公共服务理论所突出的是以公民为中心的治理理念。在新公共服务理论家看来，行政官员在其管理公共组织和执行公共政策时，应集中于承担为公民服务和向公民放权的职责，他们的工作重点应该是建立一些明显具有完善整合力和回应力的公共机构。用机场的隐喻来说，政府不宜再担任空中交通管制者的角色，而应该转化为机场建造者，通过授权和带动公众参与而形成公共利益的共识和实现公共利益。政府需要在提供公共服务和接纳公众参与的过程中积累社会资本，建立人际间的信赖感，并培养长期的专业规范与合作信任，以便建立起以公民为中心的治理。具体地说，新公共服务理论的主要观点可以概括如下：

（1）政府的职能是服务，而不是"掌舵"。新公共服务理论认为，行政官员日益重要的角色就是要帮助公民表达并满足他们的共同利益需求，而不是试图通过控制或"掌舵"使社会朝着新的方向发展。在新公共服务理论家看来，尽管过去政府在为"社会掌舵"方面扮演着十分重要的角色，但在今天，为社会领航的公共政策实际上是一系列复杂的相互作用过程的后果，其相互作用的过程涉及多重群体和多重利益集团，为社会和政治生活提供方向的政策方案其实是许多不同意见和利益的混合物。在这种情况下，政府的作用在于同私营的以及非营利的组织一起去寻求解决问题的办法。所以，政府的角色需要从控制转变为议程安排，以求使相关各方坐到一起而为促进公共问题的解决进行协商。也就是说，政府官员所应扮演的角色越来越不是服务的直接供给者，而是调停者、中介人甚或裁判员。这些新角色所需要的不是管理控制的老办法，而是做中介、协商以及解决冲突的新技巧。

（2）公共利益是目标而不是副产品。新公共服务理论认为，行政官员必须致力于建立集体的、共享的公共利益观念，公共利益实现的过程绝不是在个人选择的驱使下找到快速解决问题的方案，而是要创造共享利益和共同责任。对于政府来说，建立社会远景目标的过程是不能仅仅委托给民选的政治领袖或被任命的行政官员的，而是需要求助于广泛的公众对话和协商。政府的作用应当更多地体现在把人们聚集到能够无拘无束、真诚交流和对话的环境中，去共商社会应该选择的发展方向。除了这种促进作用，政府还有责任确保经由这些程序而产生的解决方案完全符合公正和公平的规范，确保公共利益居于主导地位。所以，行政官员的职责就在于积极地为公众对话、表达共同的价值观念和形成公共利益观念提供舞台，应当鼓励公众采取一致的行动，而不是仅仅通过促成妥协而简单地回应不同的利益需求。这样，他们就可以理解各自的利益，具备更长远、更广博的社区和社会利益观念。

（3）在思想上要具有战略性，在行动上要具有民主性。新公共服务理论认为，满足公共需要的政策和方案可以通过集体努力和协作过程而得到最有效的实现，这样做也是最负责任的。集体努力是建立在集体意识的前提下的，为了实现集体意识，就应对角色和责任做出明确规定，即对所要实现的预期目标确立具体的行动步骤。在做出这些规定后，使所有相关各方共同参与到朝着预期方向发展的政策方案执行过程中来。在新公共服务理论看来，广泛的公众参与以及对公众领袖的培养，可以激发出人们重新恢复原本应有的公民自豪感和公民责任感，而且这种自豪感和责任感会进一步发展成为在许多层次都会出现的一种更强烈的参与意愿。在这种情况下，所有相关各方都会更加努力去为参与、合作和达成共识创造机会。为此，政治领袖应该明确地表示并鼓励对公民责任感的强化，进而支持群体和个人参与到社区契约的订立活动中去。也就是说，政府特别是政治领袖应当能够有效地和负责任地动员公众参与治理，能够让人们逐步认识到政府是开放的并且是可以接近的，政府是有回应力的，政府存在的目的就在于满足他们的需要，政府能够为公众服务并为公民权的实现创造机会。

（4）为公众服务，而不是为顾客服务。新公共服务理论认为，公共利益不是由个人的自我利益聚集而成的，而是在一种关于共同价值观的对话之中产生的。因此，行政人员不仅要对"顾客"的要求做出回应，而且应集中精力与公众以及在公众之间建立起信任与合作关系。在对新公共管理的批判中，新公共服务理论家指出，政府与公众间的关系不同于企业与顾客的关系。在公共部门，我们很难确定谁是"顾客"，因为政府服务的对象不只限于直接的当事人，而且，政府的有些"顾客"可能会凭借其所拥有的资源和更高的技能而使自己的需求优先于别人。所以，在政府提供服务时，不应该首先或者仅仅关注"顾客"自私的短期利益，而是应当把公正与公平作为它必须考虑的一个重要因素。同样，公众也应当关心更大的社区，必须对一些超越短期利益的事务承担义务，必须愿意为他们的邻里和社区所发生的事情承担个人的责任。

（5）责任并不简单。新公共服务理论提出，行政人员所应关注的不只是市场，他们还应该关注宪法法律、社区价值观、政治规范、职业标准以及公共利益。新公共服务理论批评传统的公共行政理论以及新公共管理理论都把责任问题简单化了，指出传统的公共行政理论把行政官员看作仅对政治官员负责的职业活动者，而新公共管理理论则要求行政官员听凭基于效率、成本—收益以及对市场需求的回应性等方面的绩效评估。这些都是把行政人员的责任简单化的做法。新公共服务理论认为，传统公共行政理论和新公共管理理论的这些做法都不能反映当代公共服务的需求和现实，责任问题其实极为复杂，行政官员已经受到并且应该受到包括公共利益、宪法法律、其他机构、其他层次的政府、媒体、职业标准、社区价值观念、环境因素、民主规范、公众需要等在内的各种制度和标准的综合影响，而且他们应该对这些制度和标准等复杂因素负责。

（6）重视人，而不只是重视生产率。新公共服务理论在探讨管理和组织时十分强调"通过人来进行管理"的重要性，认为，如果公共组织及其参与网络能够以对所有人的尊重为基础去进行合作和分享领导权的话，那么，从长远的观点看，它们就更有可能获得成功。通常，人们往往将生产力改进、过程重塑和绩效测量视为组织设计的基本途径，新公共服务理论则认为，从长远的观点来看，这种试图控制人类行为的理性做法在组织成员的价值和利益并未同时得到充分关注的情况下很可能要失败，即使它们取得了一时的成功，却无法培养出具有责任心、献身精神和公民意识的雇员。所以，新公共服务理论要求行政官员善待公民，即使是在行政系统内部，也应分享领导权。只有分享领导权，才能为公共雇员和公民提供机会，以便他们的言行符合其公共服务的动机和价值。而且，分享领导权必定会带来相互尊重、彼此适应和互相支持的结果。特别是通过人民或与人民一起来行使领导权，完全可以改变参与者，可以把参与者的关注焦点转移到更高层次的价值观念上。在这个过程中，公民和公共雇员的公共服务动机同样可以得到承认、支持和报偿。

(7) 公民权和公共服务比企业家精神更重要。新公共服务理论认为，企业家精神往往会让行政官员把公共资金视为己有，其实，政府对社会的治理所应追求的是公共利益，只有那些乐于为社会做出贡献的行政官员和公民，才能促进公共利益。在新公共服务理论看来，新公共管理理论鼓励行政官员采取企业家的行为方式和思维方式，其结果必然导致一种十分狭隘的目的观，所追求的目标只能是最大限度地提高生产率和满足顾客的需求。新公共服务理论针锋相对地指出，行政官员不是他们所在的机构和项目的所有者，政府的所有者是公民，行政官员有责任通过担当公共资源的管理员、公共组织的监督者、公民权利和民主对话的促进者、社区参与的催化剂以及基层领导等角色去为公众服务。正是基于这个认识，新公共服务理论要求行政官员不仅要学会分享权力，通过人民来工作，通过中介服务来解决公共问题，而且要将自己在治理过程中的角色重新定位为负责任的参与者，而不是"企业家"。

12.3　网络治理理论

12.3.1　网络治理概念的由来

人类社会发展到了20世纪90年代，信息科技的扩展无远弗届，网络以及运用了信息科技的生产方式改变了时间与空间的概念，无论是在虚拟网络中的联结或者在实体生活的联结方面，都呈现出绵密的网络形态，在全球化趋势下，网络社会隐然成形。从社会变迁的角度看，作为组织人类活动最重要因素之一的政府，在适应社会变迁的要求中也形成了不同于以往的治理形态和做出不同于以往的制度选择。网络治理、政策网络分析等理论也正是在这一背景下生成的。

"网络治理"的概念最先出现在经济学和工商管理学中,是与网络、网络组织以及网络社会等概念联系在一起的。网络(network)可以被界定为联结一组人、物或事件的特殊关系形式。存在网络中的人、事物或事件可以被称为行动者或节点(actor or node)。"网络组织"是指一群地位平等的"节点"依靠共同目标或兴趣自发聚合起来的组织,这种组织以平等、开放、分权为特征。也就是说,网络组织中的每一个体的地位都是平等的,不同于"层级组织"或"金字塔组织"。网络组织中不存在必然的上级和下属,只有独立的"节点"。网络组织是一种开放性成长的组织,所有游离在网络之外的人们都可以自愿加入组织。和传统的封闭型组织不同,网络组织中具体的"节点"个数可能无法统计,因为它们随时都在变动。网络组织中的行动者的行为是由模式化的关系所界定的,每一个行为者在网络中的社会角色都是由其社会凝聚力决定的。网络中的联结关系是不对称的关系,直接与间接的联结关系是同时存在的。

网络社会的概念是由曼纽尔·卡斯特(Manuel Castells)提出的,他在《网络社会的崛起》一书中,结合后现代社会中的两股力量(全球化与信息化)而对现代性进行了论述,认为信息时代的特征表现为网络社会的生成,这一社会以全球经济的力量而彻底摇动了以固定空间领域为基础的国家或任何组织形式。在曼纽尔·卡斯特看来,人们以往思考社会的知识范畴在信息化的社会中已经变得过时了。在全球化与信息科技发展两股浪潮的冲击之下,人类社会产生了巨大的、彻底的变化,使整个世界变成一个单一体系,国家与国家间的界限变得愈来愈模糊,知识或信息通过信息科技所建立的网络进行传递。安东尼·吉登斯给予曼纽尔·卡斯特以高度评价,认为他的著作分析了正在浮现中的新的社会结构,将正在呈现出来的社会结构概念化为"网络社会"。吉登斯甚至指出,现代社会崛起于工业秩序的建立中,诞生于西欧封建社会的废墟上,时至今日,信息时代的到来引发了新的巨变,宣告了"网络社会"的出现。

网络组织理论首先在经济学领域产生,20世纪80年代以来,网络组织理论已经成为经济学家分析经济全球化与区域经济创新现象时经常运用的理论。网络组织理论认为,网络组织是处理系统创新事宜时所需要的一种新的制度安排,是一种在其成员间建立有强弱不等的、各种各样联系纽带的组织集合。它比市场组织稳定,比层级组织灵活,是一种介于市场组织和企业层级组织之间的新的组织形式。根据网络组织理论的观点,无论是在市场之中还是企业内部,市场机制和组织机制都是共同存在的。也就是说,市场和企业不是相互对立的,而是相互联结、相互渗透的。这种相互联结和相互渗透导致了企业间复杂易变的网络结构和多样化的制度安排。因此,在公司治理的过程中,企业外部的环境因素与企业内部的动因相互作用而促使网络组织的生成。就网络组织生成的外部因素而言,社会、经济和技术构成了网络组织的三个基本平台,即社会平台、经济平台和技术平台。从企业内部来看，由于信息技术对组织变革产生了巨大影响，迫使企业组织扁平化，同时，业务流程重组（BPR）、企业资源计划（ERP）、供应链管理（SCM）、精益生产（LP）、准时生产制（JIT）、客户关系管理（CRM）等管理技术和组织技术也应运而生，极大地推动了组织网络化的进程。所以，在企业与市场的互动中，实际上是以网络组织为经济活动载体的。而且，网络组织的出现，也把组织内部和组织间的合作推到了前所未有的高度，使传统的单一竞争进化为既竞争又合作的复合形式。

网络组织、信息技术的快速发展，扩展了公司的生存空间与发展环境，促使公司的治理形式发生变化，从以科层治理（hierarchical governance）为主导的公司治理结构向网络治理（network governance）的治理形式发展。美国学者卡登斯·琼斯（Cadence Jones）等对交易费用经济学（transaction cost economics，TCEs）理论进行扩展，在《网络治理的一般理论》中引入任务复杂性这一维度，对网络治理做了界定，认为网络治理是有选择的、持久的和结构化的自治企业（包括非营利组织）的集合，这些企业以开放契约为基础而从事生产和服务，以适应多变的环境而协调和维护交易。其他一些学者则运用网络治理的理念对联盟与网络、战略网络进行研讨，并从企业家精神、治理效率、投票权占少数的董事利用网络治理的效应等角度发展了网络治理的相关理论。另一方面，企业间网络、联盟网络、小区网络的不断发展也为网络治理理论提供了实证基础。特别是在战略联盟、企业集团这些以网络为基础的组织形式中，企业间的交易不仅有价格机制所发挥的作用，而且企业间的契约也发挥着效力。因此，在企业与市场之间出现了一些"中间组织"，它们不是对企业与市场的替代，而是以兼有企业与市场特性的杂交（hybrids）形式而存在的。就企业间的网络而言，这些中间组织形态表现为企业间复杂多样的制度安排。

对于企业来说，由于治理环境的变化，使治理任务所依赖的路径都发生了变化，从而引发了治理方式的改变。原先那种以科层组织为基础，以股东会、董事会与经理层为主体的治理结构向以中间组织状态为基础的网络治理方向演化。这是因为，首先，科层治理结构在快速变化的环境中显得反应滞后。面对环境的快速变化（highly volatile environment），科层治理结构在信息的获取、传输、利用与反馈上都呈现出严重滞后的状况，因而影响了决策及其实施，而股东会因科层治理模式中的定期会议制度所限，难以与董事会、经理层进行及时的信息交换与沟通，也削弱了治理的整体效应。其次，科层治理结构所提供的选择性渠道是非常小的。在科层治理结构中，股东会、董事会与经理层之间的关系是相对固定的，会议的定期制或预定制以及股权与层级的限制，使科层治理的范围与程度都显得狭窄，不仅对小股东以及内部职工的治理行为造成诸多制约，而且外部的非股东个体与群体参与治理的可能性也非常有限。再次，科层治理结构中的股东行为往往具有被动性与消极性。由于治理渠道较为狭窄以及信息的不对称,股东、非股东个体与群体参与治理的成本会大大地提高,股东也只能采用被动与消极的行为——"用脚投票"的方式来参与治理,而非股东的个体与群体要么是通过改变游戏规则来强制性地影响治理(如政府),要么是利用变更合约或"毁约"来退出治理(如银行、供货商)。网络组织的出现改变了这种状况,由于信息的透明度的增强、信息流动的高速化,信息的对称性也得以提高,从而使治理者能够进行及时的信息交换、反馈和共享。同时,多种社会因素的嵌入也为行为主体提供了多种多样治理行为选择途径和机会,而且能够做到节约治理成本,方便治理行为。这样一来,大大地提高了公司内部治理者、股东群体、外部的非股东个体与群体参与治理的主动性与积极性,并取得良好的治理效果。

12.3.2 网络治理理论的基本内容

从网络治理理论的形成来看,与新公共管理运动有着一定的理论渊源关系,琼·皮埃尔和盖伊·彼得斯(Jon Pierre & B. Guy Peters)把它看作与科层体制、市场及社群并存的一种治理结构或过程(政策网络);斯蒂芬·戈登史密斯和威廉·D·伊格斯(Stephen Goldsmith & William D. Eggers)认为网络治理是与一种政府类型关联在一起的;荷兰学者沃尔特·科克特(Kickert)则把网络治理看作是一种特殊的治理模式。学者们也试图在实践中去发现网络治理的范型,如英国的威斯敏斯特模式(Westminster model)就被认为是从新公共管理转向地方网络治理(local network governance)的范式,而欧盟的多层级治理模式(multi-level governance)则被看作是跨国网络治理的典型。根据学者们对网络治理的论述,它是指一种复合中心的治理形式,具有自我组织的特征,表现出对政府的干预抵制,能够制定自己的政策并构建自己的环境。也就是说,网络治理意味着治理主体能够按照相互达成的博弈规则和信任进行资源交换、妥协以及博弈式互动。网络治理与传统的行政控制不同,它是由政府部门和非政府部门(私营部门、第三部门或公民个人)等众多行动主体彼此合作而开展的治理,众多参与治理的行动者在相互依存的环境中分享公共权力,共同管理公共事务。因而,被认为是最能够实现和增进公共利益的一种新的治理形式。

网络治理理论是围绕着"相互依赖""促进协调""协商""妥协""信任""合作"等概念展开的。比如,关于府际关系的研究,网络治理理论就认为,府际之间的联结以及分享目标而开展的行动是基于网络进行的,表现出府际间的网络关系。在分析政府与社会间的关系时,网络治理理论也把网络治理称为"共同治理",认为今天的治理已经与传统的治理不同了,政府与市场都不再单独行动,而是一道行动,是在参与者都看到了集体行动的好处并认识到了集体行动的收益远大于自己单独行动收益的条件下所开展的共同行动。

网络治理理论相信,网络治理是一种提升集体问题解决能力与促进政策发展的领航(steering)形式,这是与传统的参与者出于个人的利益需要的策略运用根本不同的。因为,为了在相互依赖的情境中达到目标,参与者必须运用各式各样的途径以影响政策,也同时把依赖其他参与者的效果融入自己的策略中。总之,网络治理的目的就在于通过协商和协调去达成结果,参与者行为的调整是通过协商而展开的互动过程,这不仅与传统的政治、科层体系的协调不同,而且与个人独立选择的市场协调不同。罗格与魏滕(Roger & Whetten)认为,网络协调策略可以采用统合、联盟以及相互调整三种形式:统合模式借由正式规则、中央权威去保证集合目标的实现;联盟模式表现为中央权威与相互同意策略的协同运用;相互调整模式则是在自主目标前提下的相互影响。

关于网络治理的定位问题,目前学术界存在三种意见。

其一,认为网络治理是一种新的治理工具。一些学者看到,在网络的环境系统中,每一位网络成员都拥有一定程度的领导能力,这就使管理者如何去影响其他行动者成了一个重要问题,而网络治理正是基于解决这一问题的需要而建构起来的。学者们认为,网络治理是对传统的、自上而下的单一行动者领导方式的改良,而不是对它的全盘推翻重组。因为,网络治理所实现的改良依然严守单一领导原则,并以目标导向的方式来影响其他行动者或利益团体。如果说网络治理与传统的领导方式之间存在着差异的话,也主要是突出了网络关系,因而不再将管理者视为绝对的权威。根据这种主张,网络治理其实是在传统的管理框架下增强了领导的诱导性、交往的沟通性和管理过程的契约性,所以,是一种经过改良了的管理工具。

其二,突出强调行动者间的互动关系的重要性。一些学者认为,网络治理与传统管理的根本不同就在于它是一种以共同行动为特征的治理活动。因为,网络治理的目的不在于目标的达成,而是着重于规划出最适当的方法以助共识的达成和集体行动的产生。所以,网络治理的关键就在于行动者间关系的建立,而行动者间关系的建立又是基于影响力的运用而不是通过控制力的实现去达成的。所谓影响力的运用而不是控制力的实现,本身就是一个互动过程,是在一切行动者间的互动之中达成共识和开展集体行动的过程。

其三,认为网络治理是制度层面的重新设计和安排,是在制度层面重视网络机构的多重目标以及网络组织内部制度安排的结果,即在制度层面体现出了网络的特性并根据这一特性而把行动者、关系、资源以及组织等安排到网络结构之中去,从而取得治理的效果。

尽管学者们对网络治理的定位尚存在分歧,但在探讨网络治理的问题时,一般都是从网络的成员、资源、规则与认知四个方面入手的,而且在关于网络成员互动关系、资源配置形态、规则的渐进调适以及价值规范整合等方面都能够取得大致相近的见解。概括起来,网络治理理论对于网络治理的功能做出了如下描述:

（1）网络治理表现为对行动者互动关系的调整。网络治理对网络成员互动关系的调整既包括经由推介而引进新成员也包括计划性地排除现有成员,无论是新成员的加入还是对现有成员的排除,都是要改变网络成员构成的方式,目的是要通过这种方式去改变既有网络成员间的互动形态与模式。因为,环境是处于不断的变化之中的,组织成员的利益偏好与组织资源也必然发生变化,已经结构化了的网络互动关系可能会显现出不再适应新情势的状况,所以,需要加以调整。引进新成员和计划性地排除现有成员就是最好的调整策略。当然,新成员的加入对网络结构的改善有着积极的正面作用,同时,对现有成员的排除也不应过度,不应造成对既有网络结构产生损害的结果。所以,网络治理对于新成员的引进需要考虑到利益偏好与组织立场的相容性,能够达到增益于组织和补充组织之不足的效果。

（2）网络治理表现为对资源配置形态的调整。一般说来,在网络关系中,在资源拥有上具有相对优势的成员会经常占据网络核心的位置,而资源拥有相对较弱的成员只能在边缘徘徊。问题在于资源拥有相对优势者并非总会提供与它的资源拥有相对应的服务与贡献,这样的话,就会使网络运作的成效呈现递减的趋势。为了解决这个问题,网络治理就必须有效地实现对资源配置形态的调整,给予贡献较大的劣势资源拥有者以较多的资源,以提高其在网络中的地位。同时,最为根本的是要扭转网络结构中资源配置不均衡的状况,强化网络在资源配置上的灵活性等特质,以求均衡地在网络成员间配置资源,避免资源不均的分配状况。

（3）网络治理表现为对规则的渐进修正与调适。在网络系统中,规则的主要目的只在于协助网络关系的稳定和网络的正常运行,但是,由于网络不存在强制性的控制力,经常是在网络成员共识的基础上制定规则,往往只能依靠网络成员间的志愿遵守。如果网络系统中的这种规则是有助于网络成员间的互动以及网络的正常运行的话,要取得网络成员的同意与共识而对细部规则进行修正和调整是不困难的,而网络治理所应做的一项重要工作恰恰是对这种细部规则进行修正和调整。当然,这种细部规则的修正工作需要采取渐进式的调整方法,一方面,根据网络成员关系和网络正常运行的需要进行规则调整;另一方面,又应当通过这种调整而促进网络成员间的互动关系形态朝着积极健康的方向变化。所以,对于网络治理者而言,如果发现网络的运行出现了不良情况,却又无法取得全体成员的共识而大幅度地修正网络规则,这时,就需要积极规划未来网络运行的体制,同时研究网络成员所能接受的变化幅度,以便采取细节修正的方法而达成渐进调适网络结构互动机制的目标。

（4）网络治理应当关注价值规范认知的整合问题。从事社会治理的网络是由不同的次级结构（如政府、非政府组织、专业市场等）结合而成的，由于这些不同的次级结构在价值认知和观点上存在着差异，会导致对网络机制的认知也呈现出多元、复杂的情形，进而出现彼此竞争领导地位的状况。如果这种情形持续存在又无法相互包容的话，就会使网络无法和谐运行并妨碍共同目标的实现。因此，网络治理者有必要营造一个自由的对话空间，开放不同的价值观点，使其有相互说服与包容的机会，或者至少拉近彼此间的规范认知距离，凝聚网络结构间的共识基础。

总之，网络治理需要掌握个体层面上的事务管理和总体层面上的结构管理，前者的重点在于保证网络成员间的互动顺畅，后者的重点则在于健全网络结构。只有当这两个层面的管理都合乎网络治理的要求，才能使网络成员的服务承诺和资源投入都得到保障，才会出现真正的网络成员间平等、互惠与信任关系。健全的网络治理通过建立制度性的沟通协调机制，通过提供可行的沟通渠道，能够大大地提升网络成员间的互动品质，从而减低成本和创造共赢的局面。因此，荷兰学者威廉·科克特（William Kickert）区分了网络治理的两大类管理战略：经营管理与网络构建。经营管理是指对现有网络结构内的关系进行管理，而网络构建则是指改变网络结构的努力。在经营管理的问题上，往往需要政府为网络成员间的妥协创造共同行动环境。比如，一个政府机构可以为一项新规制的通过召集所有的利益相关方进行对话，以保证一项新规制是有益于网络成员各方利益的。在网络建构的问题上，则包含着更多的介入式干预，因为它要求改变行为主体之间的关系、转变资源分配方式和寻求政治方向上的变动。新的成员被带入到网络中之后，需要授予其合法性和资源，这就要求政府深入其中。比如，政府可以在居民和开发商关于如何复兴城市公园的讨论中引入一个受过生物学训练的环境保护主义者小组，以期通过更为专业化的信息输入去得到有利于野生动植物保护的结果。

丹麦学者伊娃·索仑森（Eva Sorensen）认为，存在着四种网络治理方式，即"自我构建式的不介入方式"、"故事叙述式的不介入方式"、"支持与促进式的介入方式"和"参与式的介入方式"。后两种方式属于干预型的网络治理，表现为政府通过支持与促进网络成员间的交换或直接介入交换过程而推动特殊利益实现的过程。至于前两种"不介入"方式，所指的主要是政府通过推动立法为网络的发展指明大致方向，而达到目标的路径和机制则留给组织自由定义和细化，也包括政府采取激励性措施鼓励组织通过特定方式互相合作。之所以称其为"不介入"方式，是因为在这两种情况中，国家都不是以直接干预的方式行动的，而是在网络之外给予指导，这种指导可以通过立法、财政等手段进行，也可以通过叙述、讲故事的方式而对网络施加影响。索仑森解释说,通过讲故事,可以建构利益关系,树立"敌—友"形象,为个人、群体和整个社会描绘过去和未来的景象,从而塑造出理性行为的形象。所以,讲故事成了一种不通过直接干预而影响自治主体政治战略的方式。换言之,网络可以受到政府给予它的看待和理解世界的方式的影响。

在莱斯特·萨拉蒙(Lester M. Salamon)看来,新的治理已从强调大官僚组织控制的管理技能转变为强调"授之以渔"的管理技能。这种技能要求将处于互相依赖情境中的所有伙伴都纳入网络体系中,在共同目标下将多元的利益相关者凝聚起来。为了实现这一点,萨拉蒙认为,需要培育三种关键技能,即"激活技能"、"组织技能"和"调节技能"。激活技能可以帮助所有的相关人员都加入解决问题的行列中来。不管是在促进环境改善的计划中,还是在确保市场中有足够的老年人健康服务供给方面,都对网络治理中的管理者提出了要求,即要求他们劝导公众广泛地参与,努力构建一个符合参与者所追求的公共价值的环境。

组织技能表现在能够协助网络中各要素开展高效的相互合作,它包括合作中通常需要的外交能力、沟通能力和讨价还价能力。调节技能反映在建构激励与惩罚相结合的机制方面,特别是通过这种机制调节组织内部成员的行为以保证预期目标能够得到实现。戈登斯密斯(Goldsmith)和伊格斯(Eggers)在《通过网络进行管理》一书中也指出,对所有类型的公共组织而言,管理网络的技能与其管理员工的技能一样对组织的成败至关重要,管理者的关键任务是在伙伴关系中建立目标联盟,避免沟通中断,克服信息不足和能力缺陷。

英国学者格里·斯托克(Gerry Stoker)认为,网络治理的全部目标都在于实现"公共价值",同样,马克·摩尔(Mark Moore)也认为,管理者应该问的问题是"他们的公共干预是否能取得积极的社会效益和经济效益,是否符合公共价值的要求"。根据斯托克的意见,关于公共价值管理的叙述是与网络治理的视角最为匹配的范式。公共价值管理在很多方面都带来了深刻的启示,它要求我们考虑如何在公共领域运用不同的方式,要求我们重新思考那些过去可能已经有过诸多回应的问题,即如何实现效率、责任与公平。所以,在斯托克看来,网络治理同时超越了传统公共行政和"新公共管理"。

12.3.3 网络治理的实践

目前,网络治理理论还在成长中,已经建立起来的基本上还只是一个理论框架,虽然研究者众多,但观点混杂,尚未形成一个统一的理论体系。从当前已经取得的成果看,较多的学者集中在政策网络的分析中,而且关于政策网络分析的理论成果也已经被应用到了实践之中。

所谓政策网络，是指政策制定过程中政府与不同的社群团体、非政府组织以及其他的行政参与者之间所形成的互动关系形态，主要表现出了三个方面的特征：其一，存在着多元的行动者和多元的政策目标；其二，行动者之间存在着相互依赖的关系；其三，在行动者之间有着持续性的互动。由于当代社会的复杂性和不确定性都达到了很高的程度，政府已经无法独立承担社会治理的任务，因而必须联合次级系统的能力与资源去进行共同治理。

政策网络被视为一种不同于层级权威体系与市场的一种新型治理模式，它的运行既不沿袭传统的政府形态，也不复制市场的交易机制。也就是说，它既不把传统的权威和命令指挥作为协调的原则，也不把极大化个体利益作为原则，而是由政府广泛地动员公私部门中的资源和接受公众的广泛参与去进行平等的合作，以解决传统政府形态的反功能问题，同时消除市场无法控制的负面效应。因此，政策网络被看成某一特定政策领域内所有参与政策制定与执行的行动者的结合体，按照传统的标准，他们之间的关系可能会被判定为非正式的，但是他们所追求的利益却是相互依赖的，他们必须协力合作，以非层级化的集体行动去解决问题和达成目标。网络治理理论认为，政策网络应当是一种相对稳定与持续的关系网，它能够动员与汇集广泛分布于公私部门的资源，能够通过平等协商而形成政策共识，能够通过集体协力的行动去解决问题。

网络治理理论认为，政策网络的出现反映了国家与社会关系的变迁。国家与社会间的边界不再被严格地加以区分，政府组织也不再是政策过程中的唯一主体，从政策的形成到公共服务的提供再到各项社会管理活动，不再全然集中于权威层级体制的官僚政府手中，而是分散于公私部门中广泛的行动参与者那里，是通过公私部门间协力合作、资源联合、平等协调而达成共识并行动，而且能够顺利地解决公共问题。然而，网络治理理论在政策网络上的这些观点也受到了批评，一些学者指出，如果官僚行政无限制地开放竞争，允许各种利益集团竞争决策权力，必然会导致断续渐进的政策弥漫，国家权威会因此招致严重的割裂与分离，甚至可能导致基本治权的合法性与正当性难以存续。这一对网络治理理论的批评也表明，通过政策网络实现治理有两个必须解决的难题，即"如何节制网络中的竞争性局面"和"如何建构合理性的合作结构"。

由于政策网络内部存在着多元行动者，每一个行动者都有自身的利益偏好和目标追求，他们会凭借自身所拥有的资源随时与对手进行策略性互动，以求自身目标与利益得以实现，这就必然会使政策网络中产生结构殊异、动态复杂的紧张关系。网络治理理论认为，政策的制定与执行是政策网络成员间资源互动的结果，这种结果并非问题的解决，而是要在一定的结构内运作，受到某种程度行为规则的限制。然而，结构规则却无法限制可能结果的发生，成员间竞争议价以及妥协的结果是难以甚至是无法预期的。由于结果的无法预期，网络成员间的行动便有可能损及集体共识和目标的达成。因此，网络治理的重点便在于如何选择行为者的参与、正确地进行资源动员、规则的互动以及共同意向的描述。换言之，政策网络的治理重点在于整合其成员的行为、资源、规则与认识，使网络成员能够朝着一致性的目标行动。

首先，在成员的选择性参与问题上，网络治理有必要了解网络成员可能的政策参与偏好与贡献程度，以便在不同的政策行动者中吸纳适当的成员，同时技巧性地排除可能的负面贡献者。其次，在资源动员的问题上，由于不同的政策场域会吸引资源各异的参与偏好者，形成特殊的资源供需图谱，因而要求参与者能够贡献本身的专业专才资源，并从其他参与者的资源贡献中弥补自己的不足。但是，在现实的政策网络运行中，总会出现有些资源供给者的垄断、支配性和不愿轻易释放资源的情况，也会出现一些资源需求者无视自己的可能贡献而过度索取资源的问题。因此，网络治理需要正确评价网络成员间资源供需的紧张关系，科学地动员特殊资源供给者的领导角色，弱化资源需求者的需要诉求。第三，在规则的运用问题上，由于网络成员的参与是建立在平等的基础上的，带有强烈的志愿色彩，所以，规则的设计是建立在互信和共识的前提下的，不具有强制性的作用。但是，如果网络规则得不到其成员的诚意遵守，又会让成员间的互动关系缺乏基本的操作规范，流于"各自为政"的情形，无法整合出共同目标。因此，治理者需要正确掌握规则设计的精神与原则，在紧张关系的缓和与目标达成的共识之下，权宜性地扩张或收缩对规则的解释，使规则因为其弹性而保证网络成员们志愿遵守。第四，在联合意向的形成问题上，由于政策网络的成员们各有不同的利益偏好与特殊立场，对于同一政策目标的诠释会因为认知上的不同而有差异，甚至集体共识和目标也会在执行上有着手段与方法上的分歧。因此，网络治理有必要清楚地了解网络成员的特殊利益偏好与立场，积极地协调冲突，在成员间的认知差异中寻求积极的妥协方案，促进联合意向与认知的形成，开创共赢的局面。

除了以政策网络为途径的网络治理之外，作为公共行政的延伸或者说作为公共行政的替代形式的网络治理也在实践中迅速发展，并取得了一定的可供考察的实践经验。总的说来，作为公共行政替代形式的网络治理更多地表现出了"自组织"特征。"自组织"的网络治理是在行政改革和全球化的过程中产生的。行政改革在各国的表现多是以分权为特征的，出现了中央政府权力下移地方，从而出现了政府权力相对于社会弱化的情况。政府权力的弱化为社会的成长提供了更大的空间，出现了各种各样的社会自治组织，并在社会治理过程中发挥了越来越重要的作用，而且已经形成了政府的社会治理也需要得到它们的参与的治理结构。全球化不仅使原先存在的国际组织发挥了越来越重要的作用，凸显了世界贸易组织、世界银行、国际货币基金会等组织的地位，而且在诸多国际冲突问题的解决上，也越来越倚重于国际合作。在全球化的条件下，一国的国内政策也越来越多地具有国际成分，即使是决策过程也呈现出从国家向国际流动的迹象。总之，形成了一个从国际到国内、从中央到地方、从政府到社会的复杂的治理网络，造就了网络治理模式。

在一些具有网络治理理论主张的学者那里，英国的地方治理是被作为典型案例来看待的。由罗兹（Rhodes）领导的一项研究认为，英国通过20年的改革建立起了网络治理的模式。罗兹的研究发现，20世纪80年代以后，英国逐渐实现了国家空洞化（hollowing out of the state），对"民营化"的持续坚持减少了公务员数量、缩小了政府规模，政府的公共服务被分割到了各机构并被外包。结果，建立在政府官僚模型基础上的权威控制失去了存在的合理性，跨部门作业、府际管理（intergovernmental management）等具有协调性质的工具得到越来越多的运用。出现在英国的这种府际管理，使管理者的控制角色转化成了网络治理者的角色，他们不再追求自己目标的达成，而是扮演协调、整合和促进的角色。根据罗兹的总结，英国在府际管理中已经形成了包括统合、咨询协商、交易、规避、诱导、劝服等一系列网络治理工具。当然，官僚制组织依然是英国重要的治理结构，行政命令却不再像以往那样存在于所有领域，甚至有的时候，行政命令会引起回避或抗拒的行动。府际网络治理不同，它表现出了比官僚制组织更为优越的问题解决优势。

欧盟被学者们看作多层次网络治理的典型，被认为是"时间与空间镶嵌的区域治理"典型模型。欧盟的网络治理主要表现在两个方面：第一，欧盟设有欧洲委员会（European Commission）、部长会议（Council of Ministers）、欧洲议会（European Parliament）与司法法庭（Court of Justice）四个政策制定机关，其中，部长会议握有决策的最后决定权，但所有立法权操之于欧洲委员会手中。尽管欧洲委员会垄断立法权，如果部长会议不支持也毫无用处，所以在法案草拟时就必须与部长会议进行密切互动，透过咨询委员会（consultative commission）协商法案。此外，由于欧盟的决策制定渐趋惯例化与去政治化，议题网络提供了巨大的决策制定空间，使部长会议的专业工作团体扮演着举足轻重的角色。第二，欧盟会员国与欧盟具有结构互嵌的相互信赖关系，会员国在参与欧盟决策过程中会考虑到这个政策的制定对后续的国内政策的影响，会员国彼此相互依赖，集体的利益受到各会员国代表的考虑，在伙伴关系（partnership）的前提下，通过欧盟政策而将国家、国家中的公私部门以及利益团体结合了起来。

总的说来，网络治理的兴起对传统的公共行政提出了挑战，也吸引了许多当代学者展开热烈讨论，甚至被一些人奉为公共行政的新典范。但是，也有一些学者对其做出了激烈的批判：第一，认为政策网络无论是运用到国内或欧盟的政策过程，都明显地偏向多元与志愿参与的方向，忽略了权力与制度的讨论；第二，认为政策网络只不过是结合了多元论方法论的个人主义，在实质上是一个"领航悲观论"（steering pessimism），过于天真地高估了政府的调解能力；第三，对政策网络的民主合法性提出了质疑，认为政策网络是一个不透明的、难以渗透的利益代表结构，可能会阻碍公共政策改革，甚至会威胁到公共部门的效能、效率以及民主的合法性。特别是英国通过公投退出欧盟后，一直被作为典型的欧盟网络治理模式也受到了质疑，相应地，在其他方面，关于网络治理的怀疑声音会不断地加强。当然，这些批评主要是针对现实中的网络治理实践，而不是直接针对网络治理理论做出的，而持有网络治理理论观点的学者则认为批评者所指出的这些缺陷是可以在网络治理的充分发展中得到解决的。

12.4 后现代公共行政理论

12.4.1 后现代主义与后现代公共行政

20世纪后期，随着工业社会走到了其顶峰，工业文明的各种缺陷也暴露得更加清晰了，因而，一种旨在全面否定工业文明体系的所谓"后现代主义思潮"逐渐地走向了人文社会科学话语的中心地带。后现代主义反对工业社会建构起来的官僚政治，批判现代科学技术取得成功的背后所引发的摧毁人的价值的后果，反对工具理性的思考方式，宣告资本主义文化的没落，要求建立新的文化价值体系去取代工业文明，特别是对现代民主政治的虚伪性给予了激烈的批评。后现代主义是具有叛逆性的一股思潮，在一定程度上具有近代社会诞生前的文艺复兴运动的特质。后现代主义在思维上具有明显的反向思考特征，可以看作是包括后逻辑实证论、公共经济学、社会批判理论、社会建构理论、现象学、诠释学等在内的许多当代西方思潮的混合物。在后现代主义看来，如果说现代社会的特征是理性化（rationalization）整合过程，那么后现代社会的情势则是合理化（reasoning）过程，而合理化又是一种联结碎片（fragments）的过程，通过联结各种不同参与者的言谈（discourses）取代了现代社会的理性整合。

现代社会的生产是大规模的大工厂、大资本形态，在公共领域中也是由国家以劳动分工的方式去组织公共行动；后现代社会虽然仍是大规模的大生产，却以外包（contractor）与次级外包的复杂网络方式进行。同样，在公共领域中，后现代社会中公共服务提供尽量使这种服务接近其使用者，尽量适应他们的需求，公共的和准公共的组织迅速增加，形成了多元化的服务提供部门。结果，提供公共服务的公权力分化并交于地方政府以及各种各样的参与者手中。在治理结构上，由于新形式的组织和更多形态的组织在复杂的市场关系或外包关系网络中互动，使政府的责任转移到了多元的参与者身上，管理也因此变成一种复杂的治理事务，网络的参与者不能再像传统管理那样被动地接受指令或接受信息，必须随时保持处在网络互动之中。

后现代主义是一种非常复杂的社会文化现象。它集中体现了当代西方社会政治、经济、文化和生活方式的一切正面与反面因素的矛盾性质，是产生于现代资本主义社会内部的一种心态和一种社会文化思潮，目的是要反省、批判与超越现代社会的"现代性"，即要求解构工业社会占统治地位的思想、文化与历史传统，提倡一种不断更新、永不满足、不止于形式与不追求固定结果的自我突破的创造精神，试图探索重建人类文化创新的道路。同时，后现代主义作为一种实践，也是一种反传统的策略游戏，是对西方文化所经历的整个路程的彻底反思，其根本诉求是在摧毁传统文化的过程中寻求思想上与生活上的最大限度的自由，尤其是要达到精神活动的最大自由，实现它所期望的不断超越。

后现代主义表现出明显的反历史主义特征，一方面，它否认传统文化所确认的历史秩序，否认存在着某种有方向的、有目的与有意义的历史过程；另一方面，它也反对启蒙运动以来基于历史主义而提出的"进步"的口号与基本原则，反对将历史看作"规律性"的事物。后现代主义者反对传统的时空观，反对将各种历史与时间当作连续不断的流程。认为所谓历史无非是人为的与被宰制的，都是经过逻辑加工而系统化的和被乔装的"元叙事"。所以，后现代主义要求批判与解构这种"元叙事"，要求揭示历史的断裂与突变性。后现代主义的"后"（post-）本身就意味着永远保持对于历史事物与现有秩序的超越。后现代主义强调一种无中心、无主体、无体系的思考活动，并且把这种思考活动直接等同于实际行动。

后现代主义是一种新的语言或符号表达方式，也是一种论述策略，目的在于表现某种不可能精确表达或难以表达的离经叛道的心态、思想观念与生活方式。后现代主义不但以批判与"解构"某领域内的传统观念与道德原则为目的，而且也通过反传统语言的表达方式而进行自我表现。后现代主义不仅是采用隐喻或换喻的表达方式去模糊与掩饰事物背后的意义，而且也有意地将表达手段与方式本身转变成为一种复杂的理论与思考过程，转变成为一种精神再创造与再生产的过程。

后现代公共行政理论的兴起是植根于后现代主义思潮的。波林·罗斯诺（Pauline Marie Rosenau）说过，"后现代主义像幽灵一样时常缠绕着当今的社会科学。在许多方面，几分可信几分荒诞的后现代方法对最近三十多年来的主流社会科学的基本假定及其研究成果提出了诘难。后现代主义提出的挑战似乎无穷无尽。"[1] 公共行政领域也不可避免地受到了后现代主义的冲击，并出现了后现代

---

[1] 转引自丁煌：《法默尔的后现代公共行政理论析评》，《上海行政学院学报》2005 年第 11 期。

公共行政思潮。不过，在公共行政研究中，后现代主义并没有像其他社会科学领域中那样大获全胜，行政学者对后现代主义的理论和方法是持谨慎的态度的。①

根据查尔斯·J·福克斯（Charles J. Fox）和休·T·米勒（Hugh T. Miller）《后现代公共行政——话语指向》一书中的解释，现代性和后现代性有着很多不同之处，后现代公共行政秉承解构的特性对传统公共行政进行改造，从而建立后现代公共行政的话语理论。后现代公共行政理论用哲学和社会学理论的一套词汇和概念集来构建话语理论的基础，并对"结构主义"进行了创新，试图传播一种新的视角，说明公共行政领域观点的变化。福克斯和米勒认为，制度与制度化这样的符号表示的是偶然的结合，而不是永恒和必然的结合；制度固定的程度会有很大的变化，但永远不会是绝对的；制度是习惯，而不是事物。所以，他们以吉登斯的结构化理论对构成主义的观点进行改良，认为物化的制度和机关是可以超越的；政策网络、功能交叉的社会团体、公民代表的特别工作组等等，也是可以超越的。在此基础上，福克斯和米勒用构成主义解构了官僚制，提出了一种新的话语模式，并指出这一模式假设的逻辑递进关系是：现象学是构成主义的基础，现象学与构成主义的结合是结构化理论的基础，现象学、构成主义、结构化理论三者的结合是能量场的基础。因此，指涉物从现代性的官僚制转向了后现代的公共能量场。

按照美国学者法默尔（David John Farmer）的理解，所谓公共行政理论，从某种意义上说，就是一种语言。语言不仅仅是用来表达和交流思想的思维工具，它还是观念、方法、直觉、假定和强烈欲望的加工厂，所有这一切构成了我们的世界观，塑造着我们的形态和人格。虽然法默尔不是一位后现代主义者，但他对后现代公共行政所进行的学术解读，被公认为最准确地理解并叙述了后现代公共行政的思想。在法默尔看来，现代主义和后现代主义是我们看待公共行政的两个基本视角或两种基本的语言范式。在现代主义的视角中，公共行政被建构为一种科学，一种技术，一种阐释；而在后现代主义的视角中，公共行政则通过对"想象""解构""非领地化"等的强调而掀起了一场变革官僚制的革命。

学术界认为，存在着两种后现代公共行政理论，即建构性的和解构性的后现代公共行政。建构性后现代公共行政理论比较注重以心理学为基础，往往以态度、期望、知识、信念等作为基本因素来解释行为，具有明显的认知取向色彩。建构性的后现代主义倡导开放、平等，注重培养人们倾听、学习、包容和尊重"他人"的美德，鼓励多元的思维风格，提倡对世界采取家园式的态度等。落实到公共行政的领域，就是认为一切组织过程的中心点和主要方面是话语，一切属于人的理解与关系，都是通过语言来建构和调解的。根据吉纳斯（Geuras）和盖

---

① 张康之、张乾友等著：《公共行政的概念》，中国社会科学出版社2013年版，第325~326页。

罗夫洛（Garofolo）的看法，怀特（Jay White）、哈蒙（Michael Harmon）、伯克斯（Richard Box）、福克斯和米勒等人都可以被作为建构性后现代公共行政理论的代表人物来认识，甚至包括利奥塔（Lyotard）、詹姆逊（Jameson）等人也都被看作是建构性后现代公共行政的主要代表人物。

所谓解构性后现代公共行政中的"解构"一词最初是由法国著名后现代主义理论家德里达（Jacques Derrida）在1969年提出的一个概念，他的"解构"所指的是对那些渗透在我们的文化并使我们的信仰、思想和行为产生了扭曲的不合理的价值等级以及不对称的权力关系进行挑战。在德里达看来，解构性方法是被用来识别叙事文本中的断裂的，通过发现这种断裂而证明文本因二元对立和不可通约的隐喻而必然受到曲解的情况。法默尔很欣赏德里达的解构概念，他认为，解构本质上是对文本的一种良好解读，可以比作是对一幅绘画所进行X光透视并使其显现出潜在的图像。解构与解释不同，解释的目的是要发现文本中的同一，而解构所要发现的是文本中的差异。

法默尔认为，解构概念对于公共行政理论研究者和实际工作者都是一种重要的资源，可以利用解构来拒绝给予源自于官僚制的权力话语以任何特权。法默尔强调，在公共行政的语境中，解构能被用来质疑我们据以建立现代主义公共行政的前提和基础，可以开辟一种反行政的新视野、新观念，可以让公共行政思维摆脱官僚等级观念，可以为摆脱等级偏见的束缚扫清道路。在法默尔看来，现代公共行政理论是很有价值的，并且已经产生了显著成果，但作为一种解释和催化力量，对于解决有关官僚机构弊端的问题却是有局限性。所以，需要通过采用一种反思性语言范式去实现对这些局限性的超越。

法默尔探讨了如何解构官僚制的效率追求问题。首先，官僚制的效率追求是社会建构的，取决于人们怎样对它进行解释。它是属于一种特定文化的概念，是与生产的提高相关联的。其次，效率与无效率间的二分法是含糊的，例如，它不能确保一个合理的结果，效率概念只有在一个强调控制的社会里才会产生优势。虽然对于现代主义而言，效率概念是中心话语，而对于后现代主义而言，效率并不是非常重要的。吉尔诺（Gillroy）的观点可以证明法默尔对后现代主义的概述是准确的。吉尔诺主张，后现代语境下的公共行政人员必须重审他们对既定范式、概念的假设，后现代公共行政的价值选择应当指向公正、平等、公共事业以及自治权等这些对振兴公共行政更有意义的因素。

12.4.2 后现代公共行政理论的主要观点

1. 福柯的微观权力说

米歇尔·福柯（Michel Foucault）在后结构主义和后现代主义思潮中具有举

足轻重的地位，他通过一系列著作和自身的行动开启了反启蒙的传统，质疑现代社会的理性、知识型的社会制度和意识形态。尽管福柯所探索的领域包括了西方社会几乎所有的根本问题，跨越了正常的学科界限并不断变换着思考角度，但关于主体和权力问题的思考贯穿了他的思想的每一个方面，尤其是他的微观权力论产生了广泛的影响。在福柯对极其重要的"边缘"问题（如癫狂、犯罪、性等）的梳理中，虽没有直接对现代公共行政进行抨击，却细致深刻地剖析了通常具有暴力特征、政治倾向和国家形象的权力的作用和性质。

福柯认为，权力并不仅存在于战场、刑场、绞刑架、皇冠、权杖、夹板或红头文件中，而且也普遍地存在于人们的日常生活、传统习俗、闲谈碎语、道听途说乃至众目睽睽之中。权力绝不是一种简单的存在，它是一种综合性力量，一种无处不在的复杂实体。权力由各种因素构成，因此在人类社会中，无论是知识、话语、性、惩罚、规训与教育，都与形形色色的权力密切相关，都充斥着各种样式的权力。当一个国王头戴王冠而惶惶不可终日的时候，这本身就证明在他所统治的臣民中也同时存在着威胁该种王权的权力。同时也说明，权力作为一种势力关系、一种自由意志、一种强制性话语、一种渗透性力量，必将作用于人类活动、人类关系的一切方面。

当然，权力的行使过程通常都表现为排斥性、支配性、控制性、影响力、感染力、教化、熏陶、渗透、反思、悔悟、自律等基本特性和作用。其中，权力最普遍的表现就是对每一个社会中的话语生产进行控制、选择、组织和再分配，尤其是对那些具有潜在威胁性、危险性和煽动性的话语形式，掌握权力的人总是千方百计地企图施加影响和加以控制。而且，这种控制的表现是多方面的，除了进行战争、讨伐、镇压、大兴"文字狱"、大搞"文化专制"和意识形态的垄断之外，其他方面，诸如专业活动、职业行话、科学范式、行业规则、理论权威、个人资历、任职资格、党派组织、行动纲领、政治方向、建国方略等无数领域，都体现着权力的话语形式和构成。

在对政治生活中的微观权力进行分析时，福柯论述了惩罚、制度和权力三者之间的关系。在他看来，自18世纪起，统治和惩罚的形式进入规训时代，资产阶级的民主政治使权力的形式、功用和性质发生了变化，权力不再是某些权势者的私有财产和固有权力，而是逐步转化为一种确立人们的地位和行为方式并影响着人们日常生活的力量。如果说过去的王权或皇权是对个别或少数犯人的肉体惩罚的话，那么资产阶级民主时代的权力则成了对广大民众进行精神统治和普遍奴役的力量，而且在权力的威慑和干预下促使民众自我惩罚和自我约束。

同样，在对权力的性质和功用进行微观分析时，福柯又提出了一种"权力压抑"的假设。他指出，权力本质上是用来压制人的，只有真理才能够解放人。福柯认为，每个人的思想、行为都受到镶嵌于肉体之内的"生命权力"（body power）的支配，只是以前人们更看重国王的权力，把自己的希望主要寄托在英明的君主身上，而现在人们更看重国家的权力，认为只有国家才能够保障人民的生产力，只有国家才会想方设法保持人民的健康、强壮、活跃、勤奋和安全。其实，国家要想实现这些目标，就需要借助于两样东西："知识体系"和"行政设置"，而这两个方面的发展都是建立在企图控制、规范和支配人们的行为之上的，目的是要人民成为"顺从的身体"（docile bodies）。结果，正义、自由、平等、理性、革命和启蒙的思想、理论和话语逐渐被知识权力和行政权力所取代，普遍流行的"规训程序"接管了启蒙计划，普遍发挥作用的"隐秘权力"填补了启蒙运动试图清空的权力位置，使国家权力无处不在，让任何个人都无法逃避。而且，每一个人都最终在某种程度上受到国家权力的控制、支配和奴役。

2. 后现代公共行政的话语指向

查尔斯·J·福克斯和休·T·米勒的《后现代公共行政——话语指向》是一部根据后现代精神写作的公共行政学专业著作，直接地对现有公共行政模式即官僚制以及其替代模式进行了全面的观察和分析，提出了后现代背景下公共行政的话语理论和体系的重建问题，并认为这样做有利于消解现代公共行政的种种基础主义假设。福克斯和米勒对传统的话语模式做出了激烈的批判，认为其一方面表现为"少数人"的对话，属于官僚制的独白性话语；另一方面表现为"多数人"的对话，属于一种非参与式的独白，而所有人都自说自话的结果是导致了某种表现主义的无政府主义状态。他们认为，现在是到了建立"一些人"的对话的话语模式的时候了，即通过建立类似政策网络的治理机制与话语平台取代所有独白性的话语，从而实现真正民主的和公共的真实话语。

福克斯和米勒认为，传统的公共行政理论模式及其替代性模式都存在着局限性，基于这一认识，他们逐一分析了传统公共行政中的环式民主模式和作为传统模式替代模式的宪政主义或新制度主义、社群主义或公民主义等理论，认为它们都无法适应后现代的多元化语境。这不仅是因为民主难以靠"政治—行政二分"中的政治运行来予以保证，而且传统公共行政中的规则运行也常常陷入失调，无法有效地服务于民众的主权，从而使民主的愿望落空。

从方法论的角度看，福克斯和米勒认为，传统的公共行政理论以实证主义研究方法为根本，将公共行政领域区分为事实与价值两部分，所强调的是运用自然科学领域所运用的实证方法对事实因素进行观察和测量。这就将民主、公正等价值因素排除在了公共行政的研究范畴之外。与此不同，后现代话语所要求的是采用知识获得的解释方法来进行分析和研究，由于分析者的立场对研究结果的影响至关重要，所以，恰恰是价值而不是事实应当得到研究者的高度关注。因此，福克斯和米勒认为，公共行政问题的解决必须仰仗对话交谈而不是所谓实证分析方法的运用,客观的测量和理性分析是无助于公共行政问题的解决的。

在对传统公共行政"独白式对话"的批判中,福克斯和米勒指出,传统公共行政过程中公共政策达成和运行的主动权和控制权都基本上是掌握在官僚们的手中的,政府及其官僚对公共政策话语权拥有独占权,而公民则受到他们的支配,无法参与到公共政策形成和运行的过程中,更无法对公共政策发挥实质性的影响,以至于公共政策成了"少数精英人物"们偏爱的令人迷惑不解的符号,沦为政府和官僚们的绝对权威和意识形态,从而无法形成与民主理想相一致的主张。基于这一判断,福克斯和米勒要求构建后现代公共行政的话语理论,建立起公共对话得以进行的符号。

福克斯和米勒提出了"公共能量场"的概念,并认为它是后现代话语理论中的核心概念,通过这一概念,能够超越和包容现存的体制、组织和官僚制度。福克斯和米勒认为,公共能量场中"公共"一词来自汉娜·阿伦特(Hannah Arendt)和哈贝马斯(Jurgen Habermas)的公共领域概念;"能量"的概念可以追溯到古希腊的原子论,所指的是一种内在的力量;把"场"的概念与"能量"概念合为一体,则意味着一种时空的广延性,能量在其中潜在地或能动地表现着。"能量场"的概念可以描述一个由人的意向性控制的现象学的在场,是人在不断变化着的当下进行谋划时所包含的意图、情感、目的和动机所构成的总体形态。公共事务就是一种公共能量场,而公共能量场就是公众表达社会话语的场所,公共政策在这里制定和修订。在公共能量场中,组织的行为者与环境的行为者之间是互动的,他们的动机与场内的能量具有自由性和不同意向性的政策话语在某一重复性实践的语境中为获取意义而相互交流、论争,因而,是对传统官僚制与环境分离的状况以及官员独白式话语等的超越。

福克斯和米勒指出,在决定论和或然论者看来,政策是由精英们制定出来的,或者是传达下去让人们服从的(决定论的),或者是像诱饵一样引导人们做出适当的行为选择(或然论的),而能量场却呈现出一个源头多元化的公共氛围,犹如太阳黑子,它可以从任何的和所有的点上燃烧起来,燃烧产生的能量以波的形式向外传导,进而作为一个整体而影响到整个领域,也影响到其他潜在的火焰点。所以,在公共能量场中没有价值预设或判断标准,公共政策过程就是不同政策话语相互影响的结果。当然,为了避免陷入后现代话语的无政府主义或陷入官僚制民主模式的独白性言说,福克斯与米勒在哈贝马斯交往理论和阿伦特的对抗性紧张关系基础上提出了话语正当性的四个要求:真诚、切合情境的意向性、自主参与、具有实质意义的贡献。这也就是公共能量场中的话语规则。总的说来,公共能量场没有排他性,只要遵守话语规则都可以参与对话,而话语本身就是一种民主过程。

关键概念

民主行政　官僚制行政　新公共行政运动　黑堡学派　回应性　公共参与

公共对话　决策民主化　参与治理　新公共服务理论　公民精神　企业家政府　网络治理　网络社会　网络组织　政策网络　后现代主义　后现代公共行政　解构　微观权力　话语指向　公共能量场

复习思考题

1. 试述民主行政思想产生的背景。
2. 简述民主行政思想的基本观点。
3. 你认为民主行政思想与合作治理之间有何关联?
4. 简述新公共服务理论产生的背景及逻辑。
5. 试述新公共服务理论的主要观点。
6. 什么是网络社会?什么是网络组织?
7. 如何理解网络治理理论?
8. 试举例说明网络治理理论的运用。
9. 如何理解后现代主义以及后现代公共行政的产生?
10. 如何理解福柯的微观权力观?
11. 评述《后现代公共行政——话语指向》的基本观点。
12. 如何理解公共能量场的概念?

参考文献

陈振明主编:《政府再造:西方"新公共管理运动"评述》,中国人民大学出版社2003年版。
陈振明著:《理解公共事务》,北京大学出版社2007年版。
方振邦著:《战略与战略性绩效管理》,经济科学出版社2005年版。
郭小聪主编:《政府经济学》,中国人民大学出版社2008年版。
胡建淼著:《比较行政法:20国行政法评述》,法律出版社1998年版。
胡象明主编:《行政管理学》,高等教育出版社2005年版。
李传军编著:《电子政府管理》(第2版),对外经济贸易大学出版社2014年版。
李传军著:《电子政府与服务型政府》,现代教育出版社2008年版。
刘旭涛著:《政府绩效管理:制度、战略与方法》,机械工业出版社2003年版。
彭和平、竹立家主编:《国外公共行政理论精选》,中共中央党校出版社1997年版。
孙柏瑛、祁光华编著:《公共部门人力资源管理》,中国人民大学出版社2010年版。
孙本初著:《公共管理》,智胜文化事业有限公司2001年版。
唐兴霖著:《公共行政学:历史与思想》,中山大学出版社2000年版。
王乐夫、许文惠主编:《行政管理学》,高等教育出版社2000年版。
王伟、鄯爱红著:《行政伦理学》,人民出版社2005年版。
魏娜主编:《公共管理的方法与技术》,中国人民大学出版社2004年版。
吴爱明、朱国斌、林震著:《当代中国政府与政治》,中国人民大学出版社2010年版。
夏书章主编:《哈佛行政管理全集》,红旗出版社1998年版。
夏书章主编:《行政管理学》(第3版),中山大学出版社2007年版。
肖鹏军主编:《公共危机管理导论》,中国人民大学出版社2006年版。
张国庆主编:《公共政策分析》,复旦大学出版社2007年版。
张国庆主编:《行政管理学概论》(第2版),北京大学出版社2000年版。
张金马主编:《政策科学导论》,中国人民大学出版社1992年版。

张康之、李传军编著：《公共行政学》，北京大学出版社 2007 年版。

张康之、李传军主编：《行政伦理学教程》（第 3 版），中国人民大学出版社 2015 年版。

张康之、李传军主编：《一般管理学原理》（第 3 版），中国人民大学出版社 2010 年版。

张康之、石国亮主编：《中国政府管理》，研究出版社 2009 年版。

张康之、石国亮著：《国外社区治理自治与合作》，中国言实出版社 2012 年版。

张康之、张乾友等著：《公共行政的概念》，中国社会科学出版社 2013 年版。

张康之、张乾友主编：《当代中国政府》，南京大学出版社 2016 年版。

张康之、张乾友主编：《公共行政学》，中国人民大学出版社 2016 年版。

张康之、张乾友著：《公共生活的发生》，高等教育出版社 2010 年版。

张康之、张乾友著：《共同体的进化》，中国社会科学出版社 2012 年版。

张康之、张桐著：《世界的中心—边缘结构》，中国社会科学出版社 2016 年版。

张康之等编著：《公共管理导论》，经济科学出版社 2003 年版。

张康之等著：《任务型组织研究》，中国人民大学出版社 2009 年版。

张康之著：《公共管理伦理学》，中国人民大学出版社 2007 年版。

张康之著：《公共行政的行动主义》，江苏人民出版社 2014 年版。

张康之著：《合作的社会及其治理》，上海人民出版社 2014 年版。

张康之著：《论伦理精神》，江苏人民出版社 2012 年版。

张康之著：《社会治理的历史叙事》，北京大学出版社 2006 年版。

张康之著：《为了人的共生共在》，人民出版社 2016 年版。

张康之著：《走向合作的社会》，中国人民大学出版社 2015 年版。

［美］阿尔蒙德、维尔巴著，马殿君等译：《公民文化：五国的政治态度和民主》，浙江人民出版社 1989 年版。

［美］安东尼·唐斯著，郭小聪等译：《官僚制内幕》，中国人民大学出版社 2006 年版。

［美］B. 盖伊·彼得斯著，聂璐译：《官僚政治》，中国人民大学出版社 2006 年版。

［美］B. 盖伊·彼得斯著，吴爱明、夏宏图译：《政府未来的治理模式》，中国人民大学出版社 2001 年版。

［美］比尔·盖茨著，蒋显璟、姜明译：《未来时速：数字神经系统与商务新思维》，北京大学出版社 1999 年版。

［美］彼得·布劳、马歇尔·梅耶著，马戎等译：《现代社会中的科层制》，学林出版社 2001 年版。

［美］查尔斯·T·葛德塞尔著，张怡译：《为官僚制正名：一场公共行政的

辩论》，复旦大学出版社2007年版。

［英］查尔斯·汉迪著，方海萍等译：《组织的概念》，中国人民大学出版社2006年版。

［美］戴维·奥斯本、彼得·普拉斯特里克著，谭功荣、刘霞译：《摒弃官僚制：政府再造的五项战略》，中国人民大学出版社2002年版。

［英］戴维·毕瑟姆著，韩志明等译：《官僚制》，吉林人民出版社2005年版。

［美］丹尼尔·贝尔著，高铦等译：《后工业社会的来临：对社会预测的一项探索》，新华出版社1997年版。

［法］米歇尔·克罗齐埃著，刘汉全译：《科层现象》，上海人民出版社2002年版。

［英］简·埃里克·莱恩著，谭功荣等译：《公共部门：概念、模型与途径》，经济科学出版社2004年版。

［美］简·芳汀著，邵国松译：《构建虚拟政府：信息技术与制度创新》，中国人民大学出版社2004年版。

［美］拉塞尔·M·林登著，汪大海、吴群芳等译：《无缝隙政府：公共部门再造指南》，中国人民大学出版社2002年版。

［美］罗伯特·丹哈特著，项龙、刘俊生译：《公共组织理论教程》，华夏出版社2002年版。

［德］马克斯·韦伯著，林荣远译：《经济与社会》，商务印书馆1997年版。

［美］曼纽尔·卡斯特著，夏铸九、王志弘等译：《网络社会的崛起》，社会科学文献出版社2006年版。

［美］尼古拉·尼葛洛庞蒂著，胡泳、范海燕译：《数字化生存》，海南出版社1996年版。

［美］尼古拉斯·亨利著，项龙译：《公共行政与公共事务》，华夏出版社2002年版。

［美］R. J. 斯蒂尔曼著，李方等译：《公共行政学：观点和案例》（上册），中国社会科学出版社1988年版。

［美］R. J. 斯蒂尔曼著，李方等译：《公共行政学：观点和案例》（下册），中国社会科学出版社1989年版。

［美］史蒂文·科恩、威廉·埃米克著，王巧玲等译：《新有效公共管理者：在变革的政府中追求成功》，中国人民大学出版社2001年版。

［美］特里·L·库珀著，张秀琴译：《行政伦理学：实现行政责任的途径》，中国人民大学出版社2010年版。

［美］文森特·奥斯特罗姆著，毛寿龙译：《美国公共行政的思想危机》，上海三联书店1999年版。

［美］詹姆斯·E·安德森著，唐亮译：《公共决策》，华夏出版社1990年版。

［美］珍妮·V·登哈特、罗伯特·B·登哈特著，丁煌译：《新公共服务：服务，而不是掌舵》，中国人民大学出版社2004年版。

Arjen Boin, Paul't Hart, Eric Stern, and Bengt Sundelius. *The Politics of Crisis Nanagement: Public Leadership Under Pressure.* Cambridge University Press, 2005.

David A. McEntire. *Disaster Response and Recovery: Strategies and Tactics for Resilience.* John Wiley & Sons, Inc., 2007.

David Osborne and Ted Gaebler. *Reinventing Government: How the Entrepreneurial Spirit Is Transforming the Public Sector.* Reading. Addision – Wesley, 1992.

James G. March and Herbert A. Simon. *Organizations.* John Wiley & Sons, Inc., 1958.

Jay M. Shafritz. *International Encyclopedia of Public Policy and Administration.* Westview Press, 1998.

Ronal W. Perry and Michael K. Lindell. *Emergency Planning.* John Wiley & Sons, Inc., 2007.

Victor A. Thompson. *Modern Organization.* Alfred A. Knopf, Inc., 1961.